공부가 되는 아시아 이야기

〈공부가 되는〉 시리즈 **51**

공부가 되는
아시아 이야기

초판 1쇄 발행 2013년 4월 12일
초판 5쇄 발행 2017년 5월 31일

지은이 글공작소

책임편집 주리아
책임디자인 박지혜

펴낸이 이상순
주　간 서인찬
편집장 박윤주
기획편집 한나비, 김한솔
디자인 유영준, 이민정
마케팅 홍보 이상광, 이병구, 김수현, 오은애
펴낸곳 (주)도서출판 아름다운사람들
주소 (413-756) 경기도 파주시 회동길 103
대표전화 (031)955-1001 **팩스** (031)955-1083
이메일 books777@naver.com
홈페이지 www.books114.net

ⓒ2013 글공작소
ISBN 978-89-6513-218-9 13910

공부가 되는 아시아 이야기

지음 글공작소 | **추천** 오양환 (前 하버드대 교수)

아름다운사람들

공부가 되는
아시아 이야기

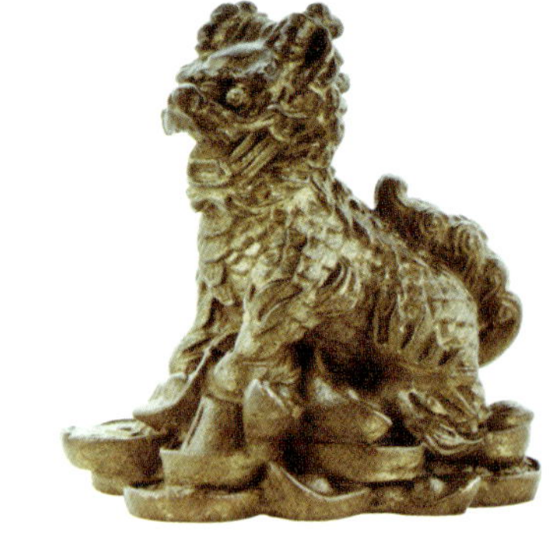

다채로운 색깔을 지닌 대륙, 아시아 ··· 14

지구에서 가장 큰 대륙, 아시아 | 그리스어에서 유래한 아시아 | 우리나라가 속해 있는 동북아시아
시베리아가 있는 북아시아 | 비단길로 통하는 중앙아시아 | 석유와 코란의 대륙, 서남아시아
힌두교와 불교의 발생지, 남아시아 | 열대림과 관광의 동남아시아

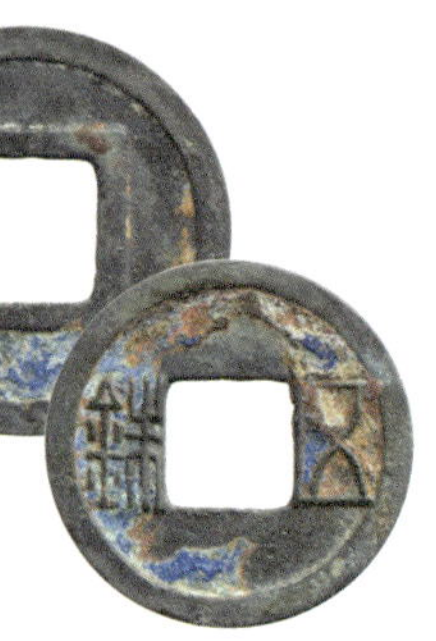

중국 이야기 만리장성만큼 긴 역사의 나라 ··· 23

무엇이든 먹는 요리 천국 | 세계 최고의 토목 공사, 만리장성 | 빨간색을 좋아하는 중국인
56개 민족과 중화사상 | 중국의 세계 3대 발명품 | 티베트의 독립 운동
중국의 시작, 하나라와 은나라 | 봉건 제도와 주나라 | 제자백가가 나타난 춘추 전국 시대
시황제와 진나라 | 중국 문화를 통일한 한나라 | 후한과 황건적의 난
영웅호걸의 위진 남북조 시대 | 고구려가 무찌른 수나라 | 태평성대 당나라
성리학을 발전시킨 송나라 | 칭기즈 칸의 후예가 세운 원나라 | 서민 문화가 싹튼 명나라
가장 오래 버틴 왕조, 청나라 | 중화 인민 공화국의 시작

일방적인 동북공정 · 달라이 라마 · 갑골 문자 · 달기와 주지육림 · 진나라와 차이나
진시황릉과 병마용갱 · 사마천과 『사기』 · 불교의 전래와 둔황 석굴 · 성리학
마르코 폴로와 『동방견문록』 · 경극 · 명나라의 4대 문학 · 자금성 · 천안문
중국을 이끈 문학가, 루쉰

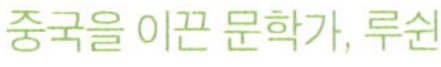

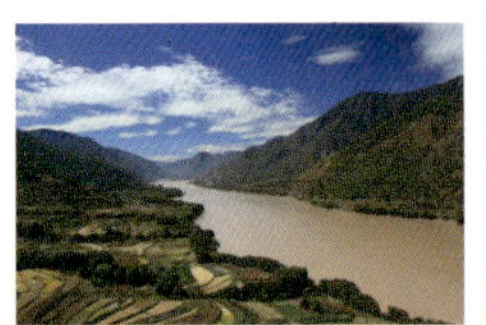

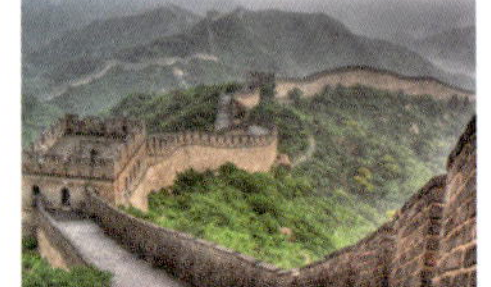

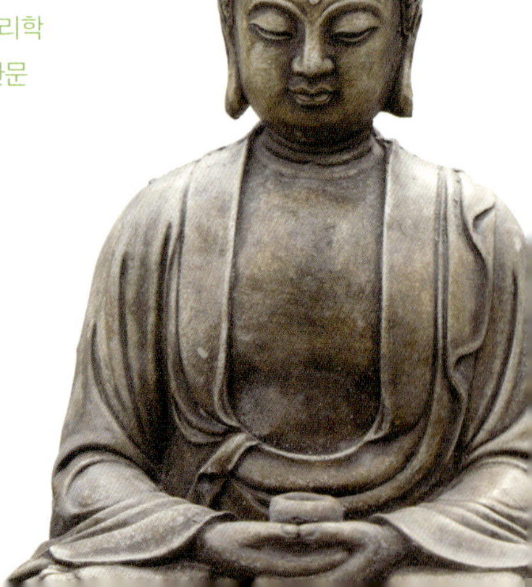

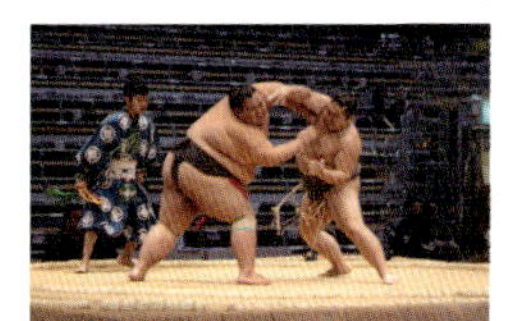
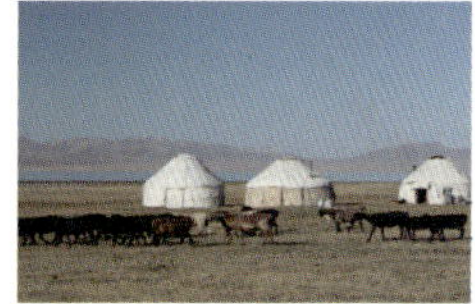
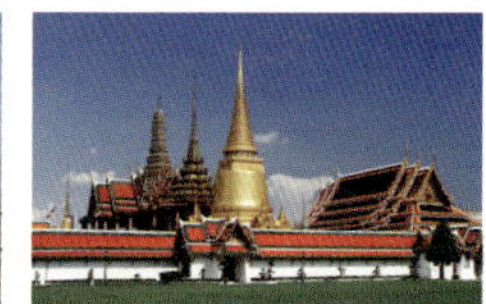

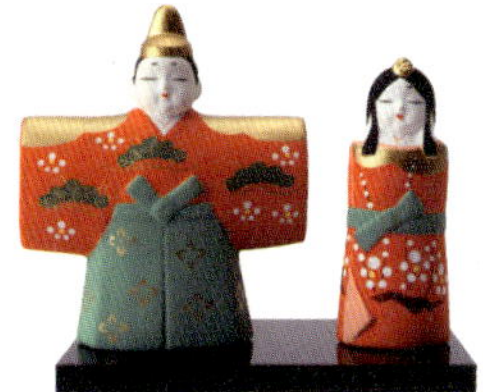

일본 이야기 사무라이의 혼이 깃든 섬나라 … 67

작지만 부유한 섬나라 | 건국 신화와 천황 | 애니메이션의 천국 | 일본의 3대 영웅

일본의 기원과 야마토 시대 | 나라 시대와 헤이안 시대 | 무사의 전성기, 막부 시대의 시작

영웅이 탄생한 센고쿠 시대 | 평화를 찾은 에도 시대 | 막부 시대가 막을 내리다

근대화가 시작된 메이지 시대 | 제국주의와 태평양 전쟁 | 새로운 출발과 경제 발전

가나 문자의 탄생 · 불교를 받아들인 쇼토쿠 태자 · 일본의 무사, 사무라이

왜구로 돈을 번 무로마치 막부 · 오사카 성 · 세계 최초의 장편 소설 · 가부키 · 청일 전쟁과 러일 전쟁

몽골 이야기 아시아를 호령한 칭기즈 칸의 후예 … 93

용감한 부족의 나라 | 초원을 떠도는 유목 민족 | 대제국을 건설한 칭기즈 칸

고려를 완전히 정복하지 못한 몽골 | 둘로 나뉜 몽골 | 다시 주목 받는 유목민

역사상 가장 중요한 인물, 칭기즈 칸 · 백식과 홍식

태국 이야기 에메랄드 사원이 있는 불교의 나라 … 105

소승 불교의 나라 | 아유타야 왕조와 차크리 왕조 | 유일하게 식민지가 되지 않은 나라

이색적인 수상 시장 | 동남아시아 최고의 관광지 | 태국의 수도, 방콕

아시아 대표 휴양지, 파타야 | 태국의 진주, 푸껫 | 소수 민족이 있는 치앙마이

태국의 무술, 무에타이

존경의 의미가 담겨 있는 와이 · 세계 3대 수프, 똠얌꿍 · 동남아 최고의 동물 보호 구역

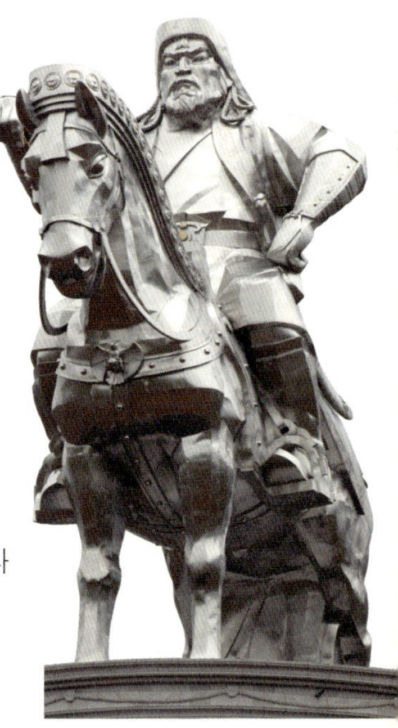

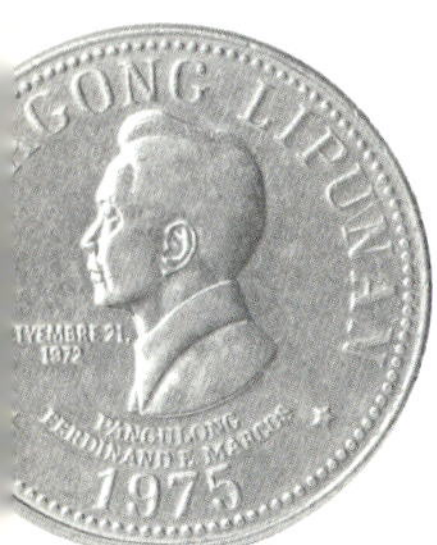

필리핀 이야기 7,000여 개의 섬으로 이루어진 나라 ··· 123

부족 국가를 이루다 | 스페인의 식민지가 된 필리핀 | 가톨릭교의 천국
스페인에서 미국으로, 미국에서 일본으로 | 마르코스의 독재 정치 | 필리핀의 민주화
코르딜레라스 계단식 논

마젤란의 세계 일주 · 호세 리살 · 막사이사이와 막사이사이상 · 열대 과일의 천국

인도 이야기 인더스 문명의 중심지 ··· 135

불교가 탄생한 나라 | 카스트 제도 | 위대한 영혼, 간디 | 소를 숭배하는 힌두교의 나라
아름다운 무덤, 타지마할 | 인더스 문명의 탄생 | 마우리아 왕조와 쿠샨 왕조
갠지스 강 유역의 굽타 왕조 | 이슬람의 나라 무굴 왕조 | 식민지가 된 인도와 독립 운동
혼란을 딛고 일어선 인도

요가 · 인도의 할리우드, 발리우드 · 간다라 미술 · 0의 발견 · 자이나교 · 아잔타 석굴
인도의 이슬람교

네팔 이야기 석가모니가 태어난 신비의 나라 ··· 159

히말라야 산맥에 있는 나라 | 히말라야 산맥의 셰르파
힌두교를 믿는 네팔 사람들 | 석가모니의 탄생지, 룸비니

여러 문화가 뒤섞인 네팔

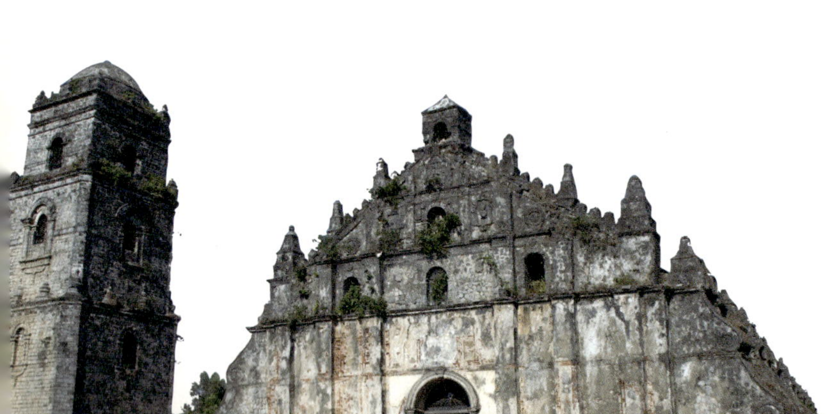

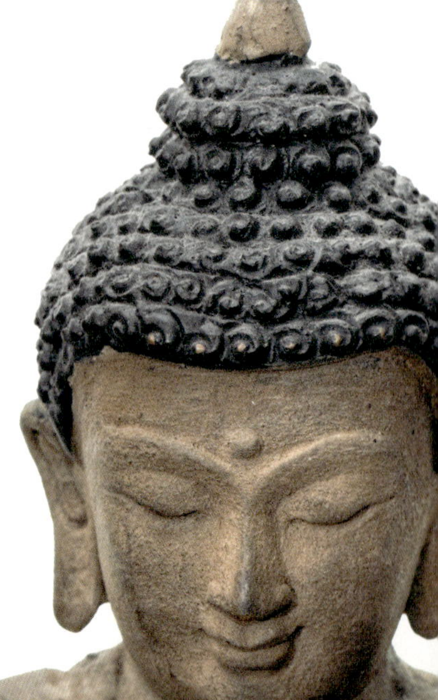

파키스탄이야기 인도에서 독립한 나라 ··· 167

세계에서 두 번째로 이슬람교도가 많은 파키스탄 | 혼란스러운 파키스탄
파키스탄에서 독립한 방글라데시 | 찬란한 도시 유적, 모헨조다로

베트남이야기 메콩 강이 흐르는 나라 ··· 173

벼농사가 발달한 베트남 | 중국의 영향을 받은 베트남 | 독립 왕조를 세우다
프랑스의 식민지가 되다 | 계속되는 독립 운동 | 베트남의 영웅, 호찌민
미국을 이긴 베트남 전쟁 | 무섭게 발전하는 오늘의 베트남
베트남 쌀국수 · 독립 운동에 나선 쯩 자매 · 전통 의상, 아오자이

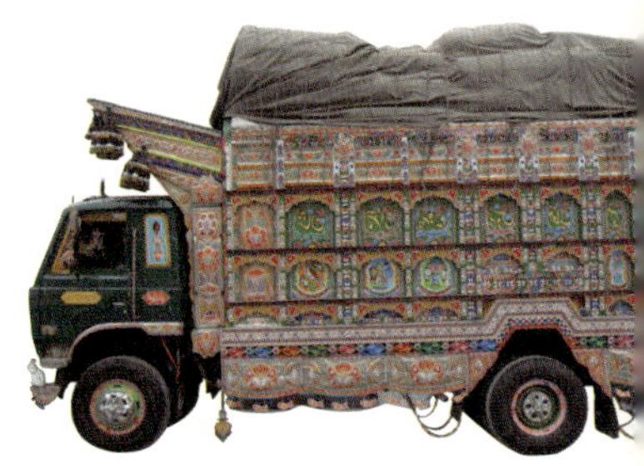

캄보디아이야기 앙코르 와트가 있는 힌두교 사원의 땅 ··· 183

빛나는 크메르 왕국 | 고대 문명의 신비, 앙코르 유적지 | 우주를 담은 앙코르 와트
끊임없이 외국의 침략을 받다 | 비극의 킬링필드
크메르 루주

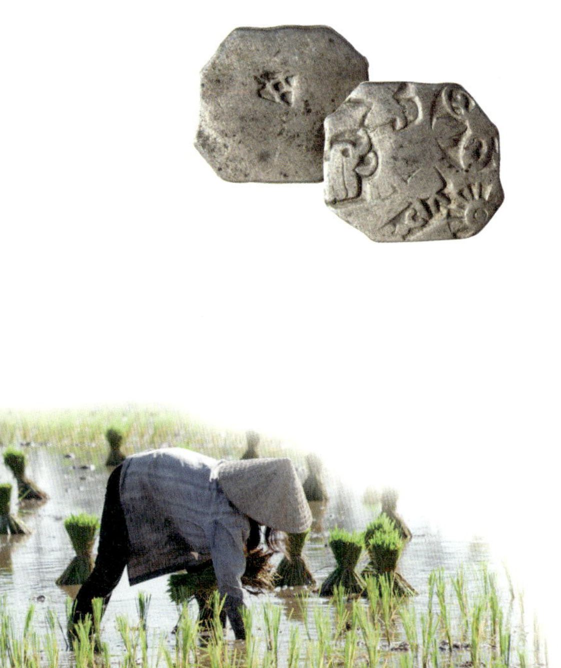

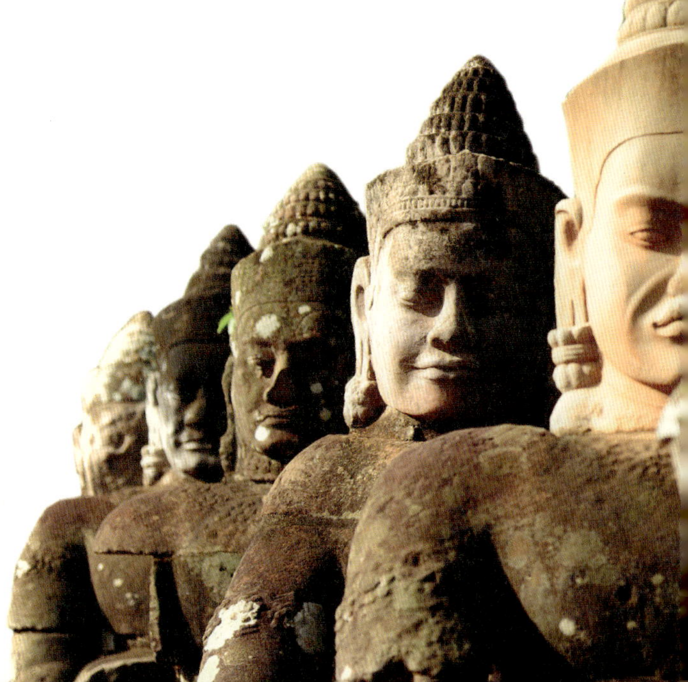

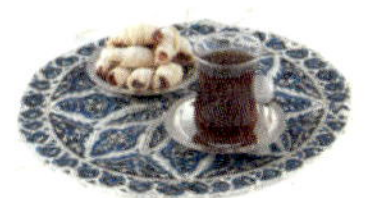

사우디아라비아이야기 이슬람교의 최대 성지 ··· 191

세계 최대의 원유 생산국 | 이슬람 성지인 메카 | 이슬람의 창시자, 마호메트
수니파와 시아파 | 여성은 얼굴을 가려야 한다? | 사우디아라비아의 탄생
석유 수출국 기구, 오펙(OPEC) · 술을 못 마시는 나라

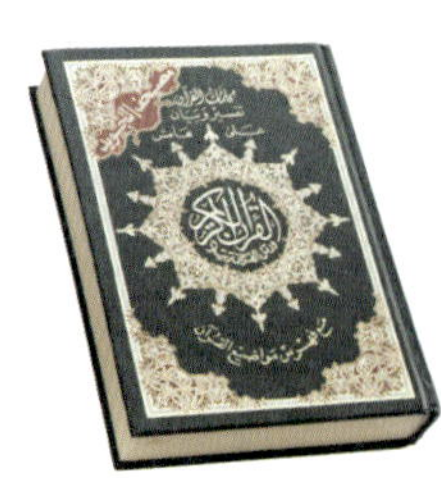

이란이야기 페르시아 제국을 세운 아리아인의 나라 ··· 203

찬란한 페르시아 제국 | 사파비 왕조와 카자르 왕조 | 팔레비 왕조
호메이니가 만든 오늘날의 이란 | 이란·이라크 전쟁과 현대의 이란
이스파한의 이맘 사원 · 느긋한 이란 사람들

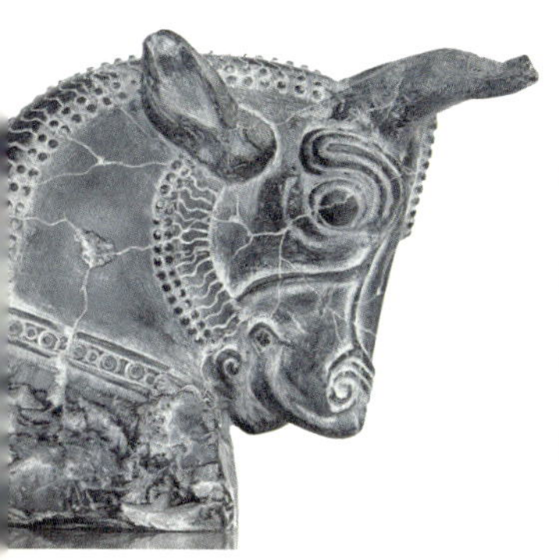

이라크이야기 석유를 둘러싼 끝없는 전쟁의 나라 ··· 215

메소포타미아 문명의 나라 | 이슬람의 나라가 되다 | 새로운 이라크의 탄생
이란과 쿠웨이트를 공격하다 | 이라크 전쟁과 후세인의 죽음
바그다드 · 아라비안나이트 · 사담 후세인의 독재 정치 · 하트라

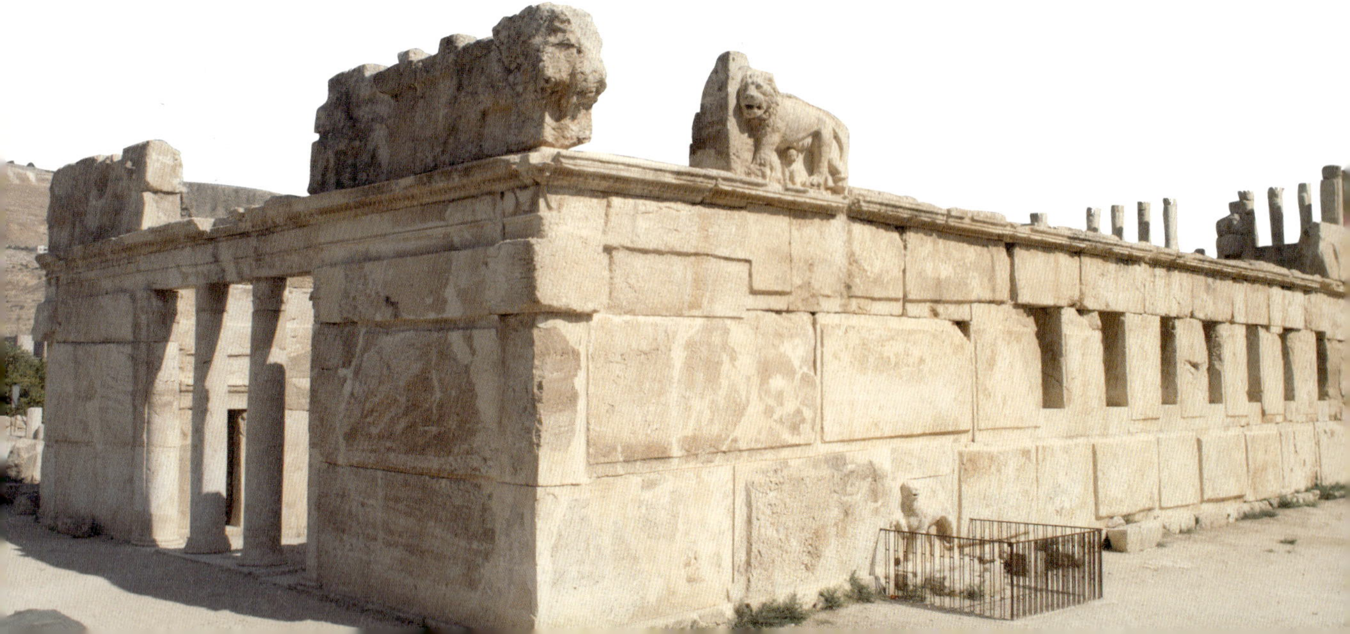

쿠웨이트 이야기 비교적 개방적인 이슬람 국가 ··· 225

이슬람교를 믿는 쿠웨이트 | 돼지고기를 먹지 않는 나라

1년에 30일은 음식을 먹지 않는 라마단

석유로 부자가 된 나라 | 인사를 중요하게 여기는 쿠웨이트

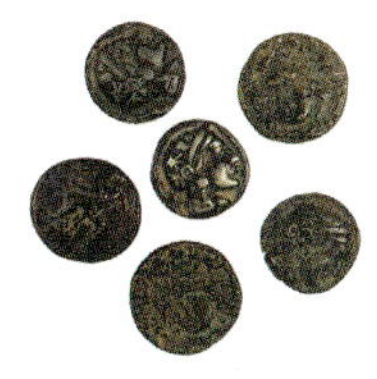

터키 이야기 아시아와 유럽의 통로 ··· 233

동양과 서양의 문명이 조화된 터키 | 셀주크 제국의 등장 | 위대한 영광, 오스만 제국

터키의 탄생 | 터키의 아버지, 무스타파 케말 | 다양한 터키의 음식

튀르크족 · 지도자 술탄 · 술탄 아흐메트 모스크 · 터키의 발달된 목욕 문화

이스라엘 이야기 성경과 탈무드의 나라 ··· 243

똑똑한 유대인의 나라 | 대대로 전해 내려온 유대교 | 유대교의 선민의식

모두의 성지, 예루살렘 | 이스라엘 왕국 | 로마 제국의 지배 | 유대인 대학살

팔레스타인은 우리의 땅 | 이스라엘 · 팔레스타인 전쟁

유대인의 독특한 교육 방식 · 랍비와 『탈무드』 · 통곡의 벽

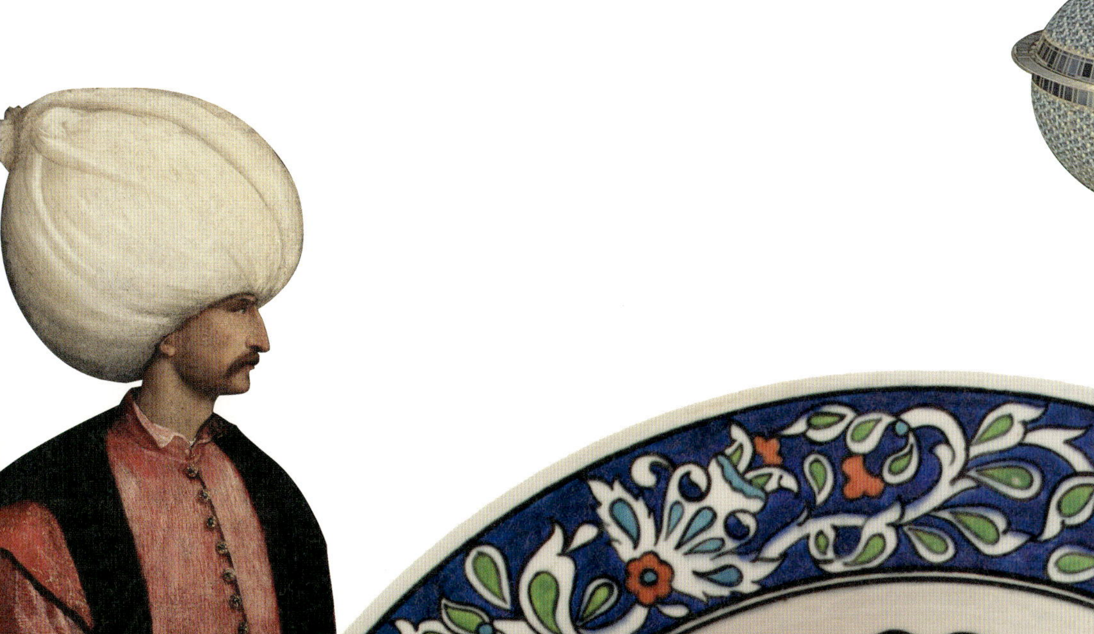

아이들이
『공부가 되는 아시아 이야기』를
읽으면 좋은 이유

1 아시아의 문화와 역사를 한눈에 볼 수 있습니다

세계를 호령한 중국과 작지만 큰 섬나라 일본, 이슬람 문화가 꽃을 피운 이란과 터키, 유대교의 나라 이스라엘, 세계적인 휴양지 태국 등 다양한 문화와 역사가 어우러진 곳이 바로 아시아 대륙입니다. 아시아에 있는 나라들은 이슬람교, 불교, 유교 등 저마다 다른 종교를 믿으며 각양각색의 문화를 이루어 냈습니다. 열여섯 개 나라들의 이야기를 살펴보면 아시아의 문화와 역사를 한눈에 볼 수 있습니다.

2 아시아를 이해하면 우리 역사가 보입니다

우리나라의 역사는 아시아 역사의 일부이기도 합니다. 아시아는 우리나라가 지금의 문화를 이루는 데 커다란 영향을 미친 대륙입니다. 불교가 어떻게 전해졌는지, 종이는 왜 만들어졌는지, 한자 문화권이란 무엇인지까지, 아시아를 알면 우리나라가 다른 나라와 어떻게 관계를 맺고 어떤 길을 걸어 왔는지도 쉽게 알 수 있습니다. 더불어 우리나라의 역사뿐만 아니라 아시아가 세계에 미친 영향력도 자연스럽게 알게 되어, 보다 넓은 시각으로 세계를 바라볼 수 있는 눈이 트이게 될 것입니다.

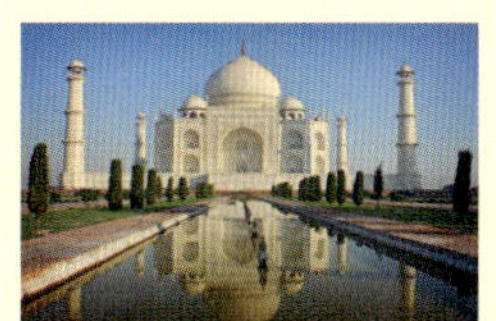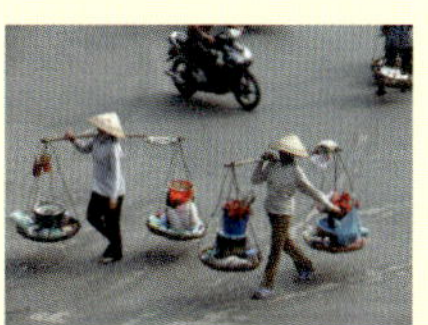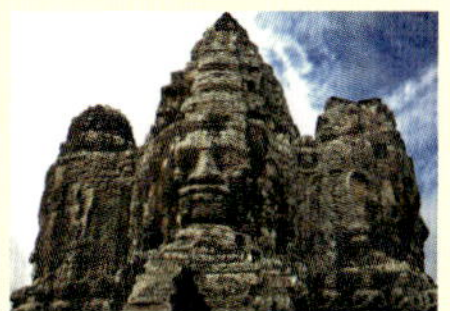

3 교양을 쌓아 주는 아시아 이야기

『공부가 되는 아시아 이야기』는 아시아의 문화와 역사를 백과사전식으로 나열만 해 놓은 책이 아니라, 우리 아이들이 호기심을 갖고 볼 수 있는 생생한 정보들을 풍부한 사진 자료와 함께 담았습니다. 각 나라의 전통 음식과 의상, 이색적인 풍습, 문화유산 등을 보며 아이들은 낯선 문화에 대한 갈증을 채워 나갈 수 있습니다. 열린 마음으로 다른 문화를 받아들일 줄 아는 태도 또한 길러줄 것입니다.

4 공부의 즐거움을 깨치는 〈공부가 되는〉 시리즈

공부가 되는 시리즈는 공부라면 지겹게만 여기는 우리 아이들에게 "아, 공부가 이렇게 즐거운 것이구나!" 하는 것을 깨쳐 주면서 아울러 궁금한 것이 많은 우리 아이들의 지적 호기심도 동시에 해결해 주는 시리즈입니다. 공부의 맛과 재미는 탄탄한 기초 교양의 주춧돌 위에 세워질 때 그 효과가 배가됩니다. 그리고 그 기초 교양은 우리 아이들이 학습에서 자기 주도적 능력을 내는 데 큰 밑거름이 됩니다. 『공부가 되는 아시아 이야기』는 아시아의 여러 나라를 알고 이해하는 과정을 통해 아시아뿐 아니라 아시아 역사와 이어지는 세계사의 흐름을 자연스럽게 잘 이해하도록 만들었습니다. 우리 아이들이 이 책을 통해 교양인으로 거듭나기를 바랍니다.

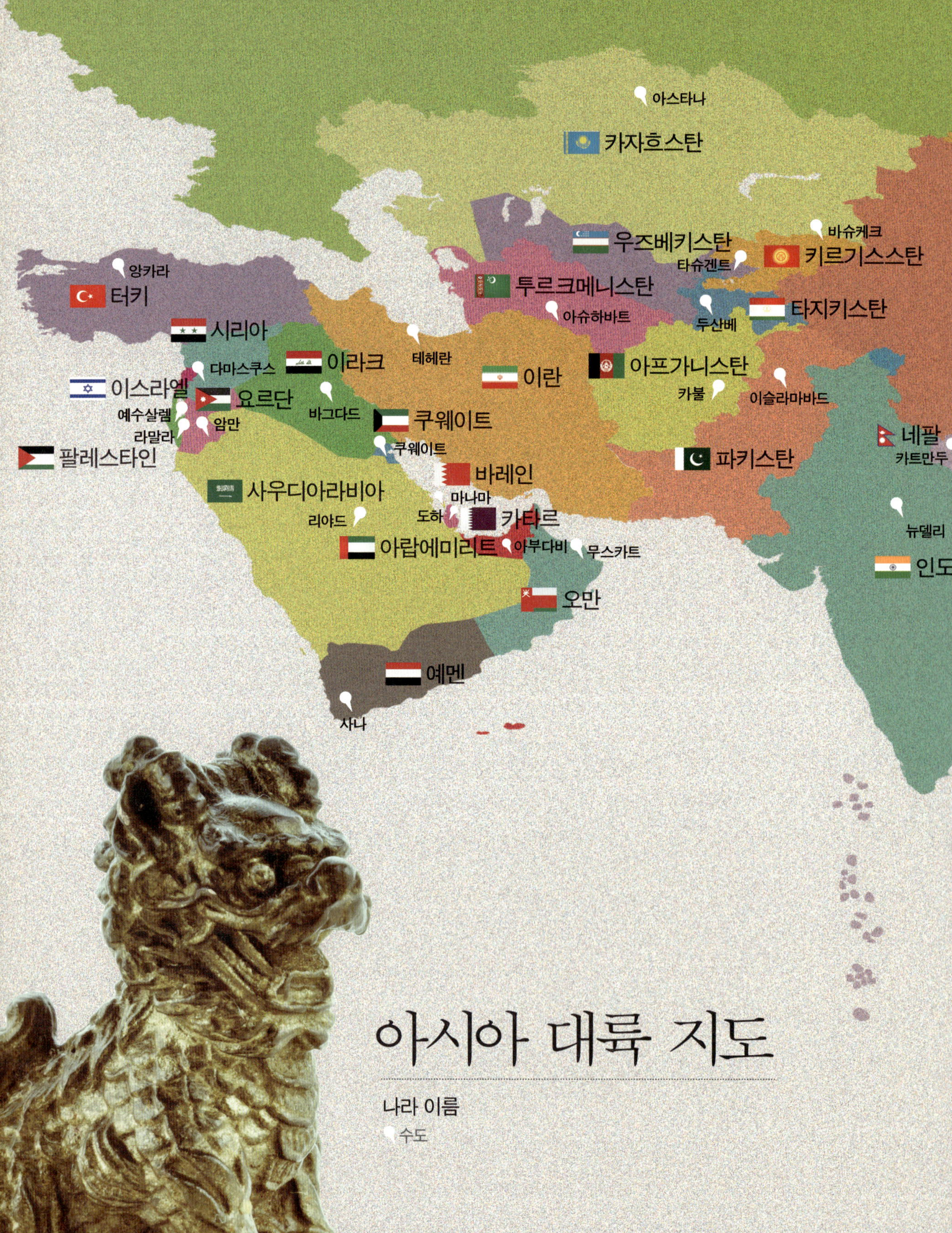

아스타나
카자흐스탄
우즈베키스탄
바슈케크
키르기스스탄
타슈겐트
투르크메니스탄
앙카라
터키
아슈하바트
두산베
타지키스탄
시리아
이라크
테헤란
이란
아프가니스탄
다마스쿠스
이스라엘
요르단
카불
예수살렘
암만
바그다드
쿠웨이트
이슬라마바드
라말라
네팔
팔레스타인
쿠웨이트
파키스탄
카트만두
바레인
마나마
뉴델리
사우디아라비아
카타르
리야드
도하
인도
아랍에미리트
야부다비
무스카트
오만
예멘
사나
아시아 대륙 지도
나라 이름
수도

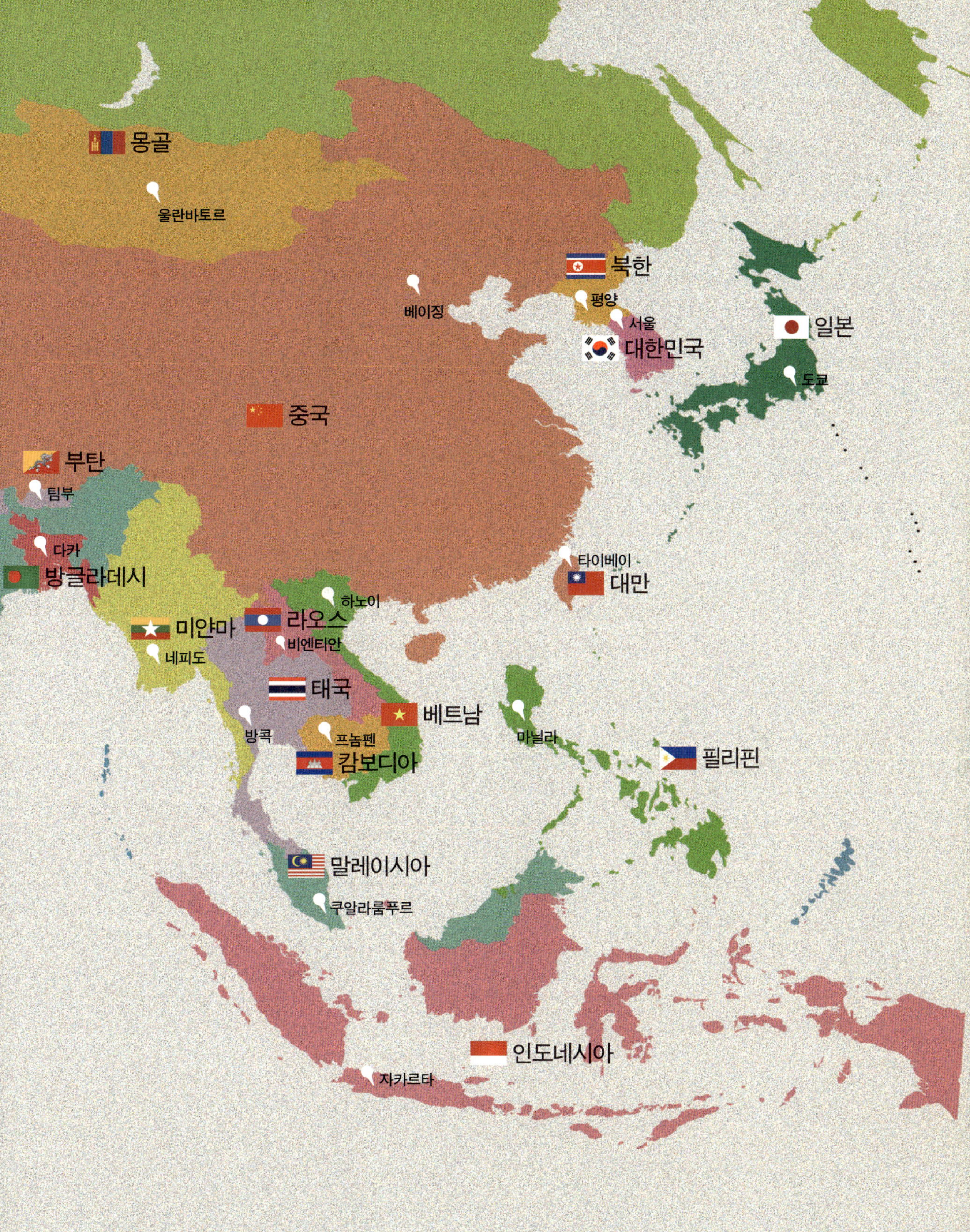

몽골
울란바토르
북한
평양
서울
일본
도쿄
베이징
대한민국
중국
부탄
팀부
다카
방글라데시
타이베이
대만
미얀마
라오스
하노이
네피도
비엔티안
태국
베트남
방콕
마닐라
프놈펜
캄보디아
필리핀
말레이시아
쿠알라룸푸르
인도네시아
자카르타

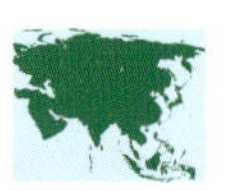 다채로운 색깔을 지닌 대륙, 아시아

지구에서 가장 큰 대륙, 아시아

아시아는 전 세계 육지의 30퍼센트 이상을 차지하는 가장 넓은 대륙이에요.

아시아에는 세계 인구의 60퍼센트가 넘는 60억 이상의 사람들이 살고 있어요. 인도와 중국만 합쳐도 20억이 넘는 인구가 살고 있지요. 아시아에서는 전통적으로 사람들이 벼농사를 했기 때문에 인구가 많아졌어요. 벼농사를 지으면 다른 작물을 키우는 것보다 더 많은 사람들이 먹고살 수 있기 때문이에요.

또한 아시아는 지역과 환경에 따라 생활 방식과 문화가 다양해요. 아시아 중에서도 거리가 가깝고 문화가 비슷한 나라들끼리 묶어서 동북아시아, 북아시아, 중앙아시아, 서남아시아, 남아시아, 동남아시아로 구분하고 있어요.

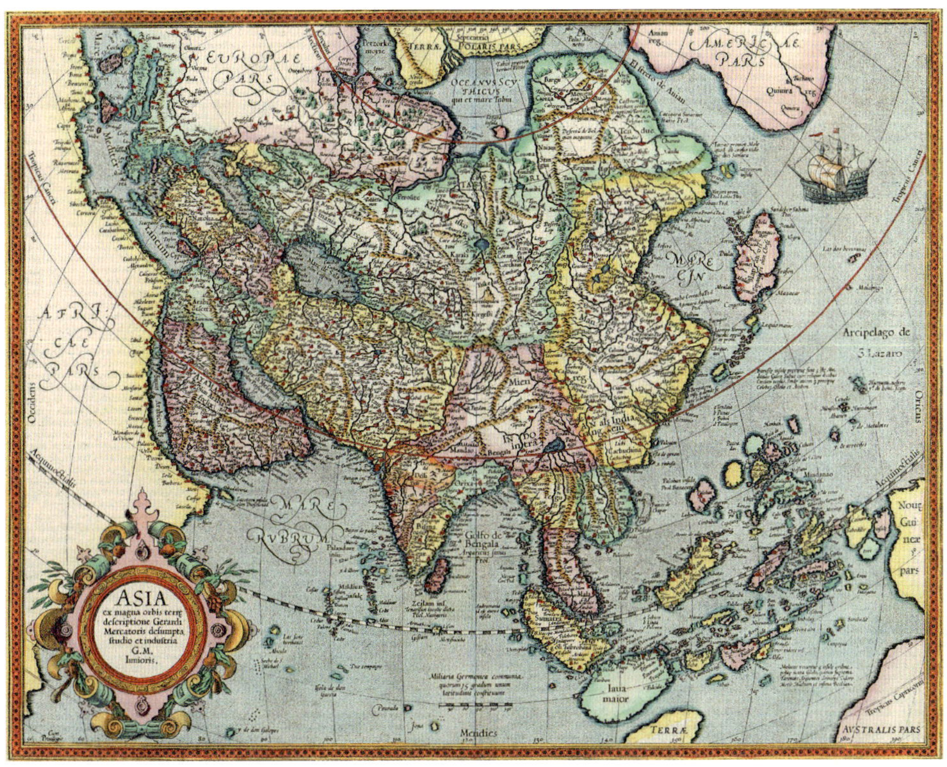

17세기에 만들어진 아시아의 옛 지도

그리스어에서 유래한 아시아

'아시아'라는 말은 그리스어에서 왔어요. 그리스 사람들은 그리스 동쪽에 있는 나라들을 가리킬 때 동쪽이라는 뜻을 가진 '아수'라는 말을 썼어요. 이 말이 변해서 아시아가 되었어요. 처음에 아시아는 인더스 강 서쪽에서 지중해 쪽까지를 가리켰지만, 지금은 태평양에 접한 동쪽 대륙을 모두 가리켜요.

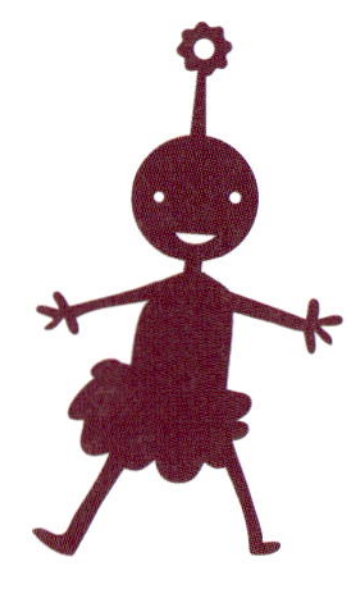

우리나라가 속해 있는 동북아시아

동북아시아는 아시아 대륙의 동북쪽에 있는 지역을 말해요. 우리나라와 중국, 일본, 대만 등이 여기에 속하지요. 예로부터 동북아시아는 중국을 중심으로 문화가 발달하여 한국을 통해 일본에 문화가 전해지는 과정으로 역사가 발전했어요. 그런 과정에서 각 나라마다 개성 있는 문화를 만들어 나갔지요.

중국의 황허 강 유역은 고대 황허 문명이 시작된 곳이에요. 신석기 시대부터 일찌감치 황허 강 주변에는 사람들이 많이 모여 살았어요. 강 주변은 물이 풍부해서 농사를 짓기 쉬웠기 때문이에요. 이 지역을 중심 삼아 사람들은 씨족 단위로 마을을 만들었어요. 그곳에서 토기를 사용하고 원시 종교를 만들면서 황허 문명이 생겨났어요.

동북아시아는 여름에는 덥고 습하며, 겨울에는 춥고 건조한 온대 기후예요. 온대 기후에서는 벼가 잘 자라서, 동북아시아에 있는 나라에서는 쌀을 주식으로 하는 농경 문화가 발달했어요. 또 동북아시아의 나라들은 중국의 한자 문화에 영향을 받아서 대부분 한자를 쓰고, 불교를 받아들였어요.

동북아시아는 아시아 중에서도 가장 영향력이 큰 지역으로, 세계의 중심으로 점점 커가고 있어요.

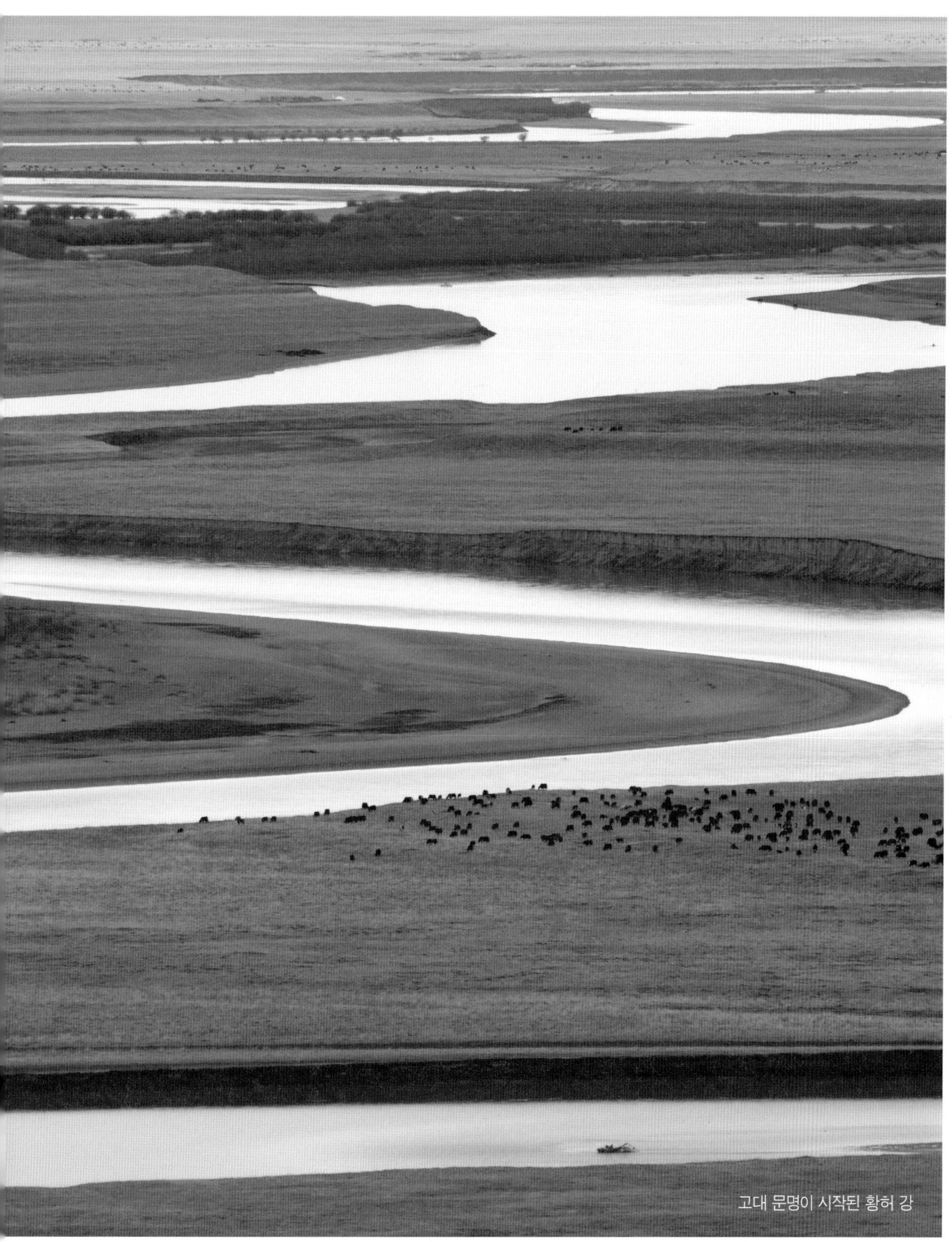

고대 문명이 시작된 황허 강

시베리아가 있는 북아시아

　　시베리아는 북아시아 지역 중에서도 러시아의 우랄 산맥에서 태평양 연안에 이르는 추운 지역을 가리켜요. 그래서 농사를 지을 수 없기 때문에 주로 가축을 많이 길렀어요. 가축을 먹일 먹이를 찾아 옮겨 다니는 유목 생활을 했기에 사람들이 모여 살기 어려웠어요. 그래서 러시아가 생겨나기 전까지는 국가가 이루어지지 못했어요.

　　현재 시베리아에서 사는 사람들은 주로 추위에 잘 견디는 순록이나 사슴을 길러요. 그리고 야생 동물을 사냥하며 살아가지요. 이곳 사람들은 추위를 견디기 위해 지방이 많은 육류를 주로 먹고 카누, 스키, 순록이나 개가 끄는 썰매를 주요 교통수단으로 이용해요.

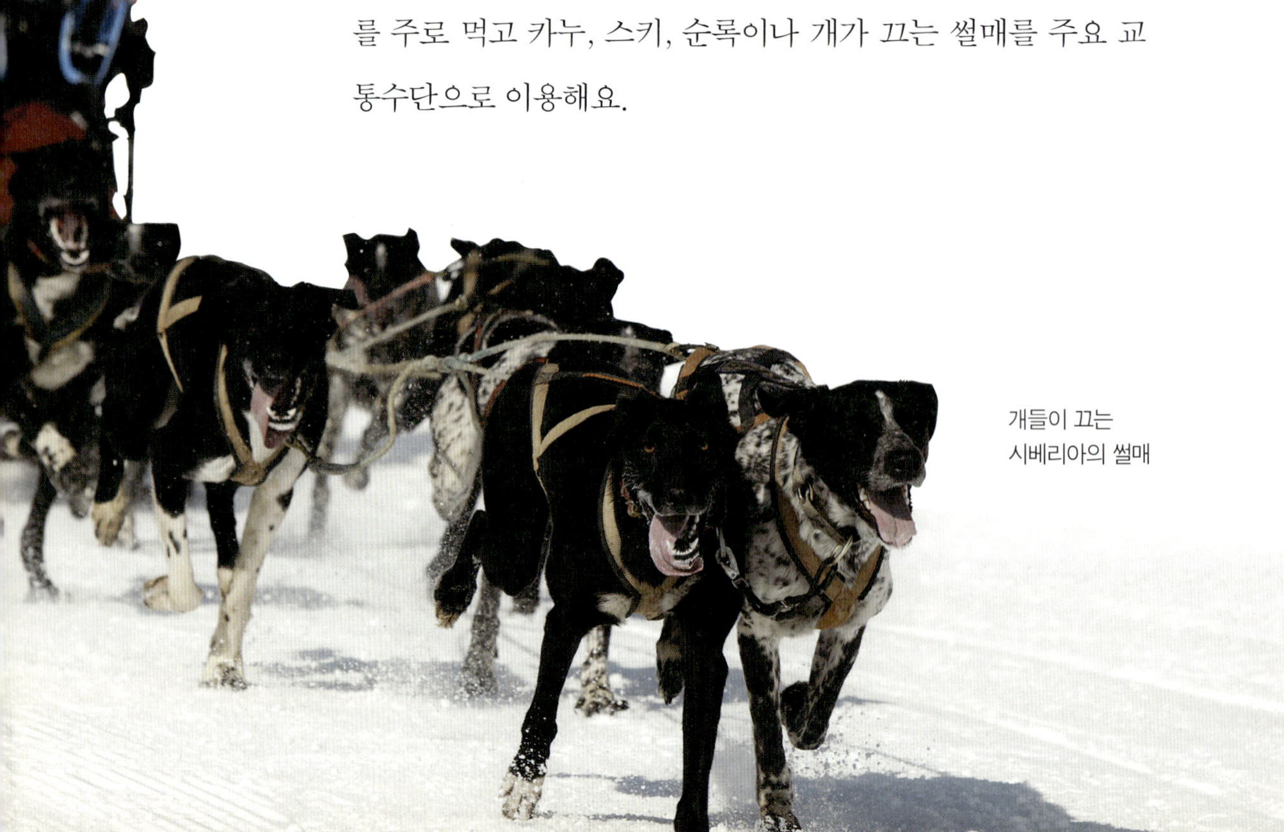

개들이 끄는
시베리아의 썰매

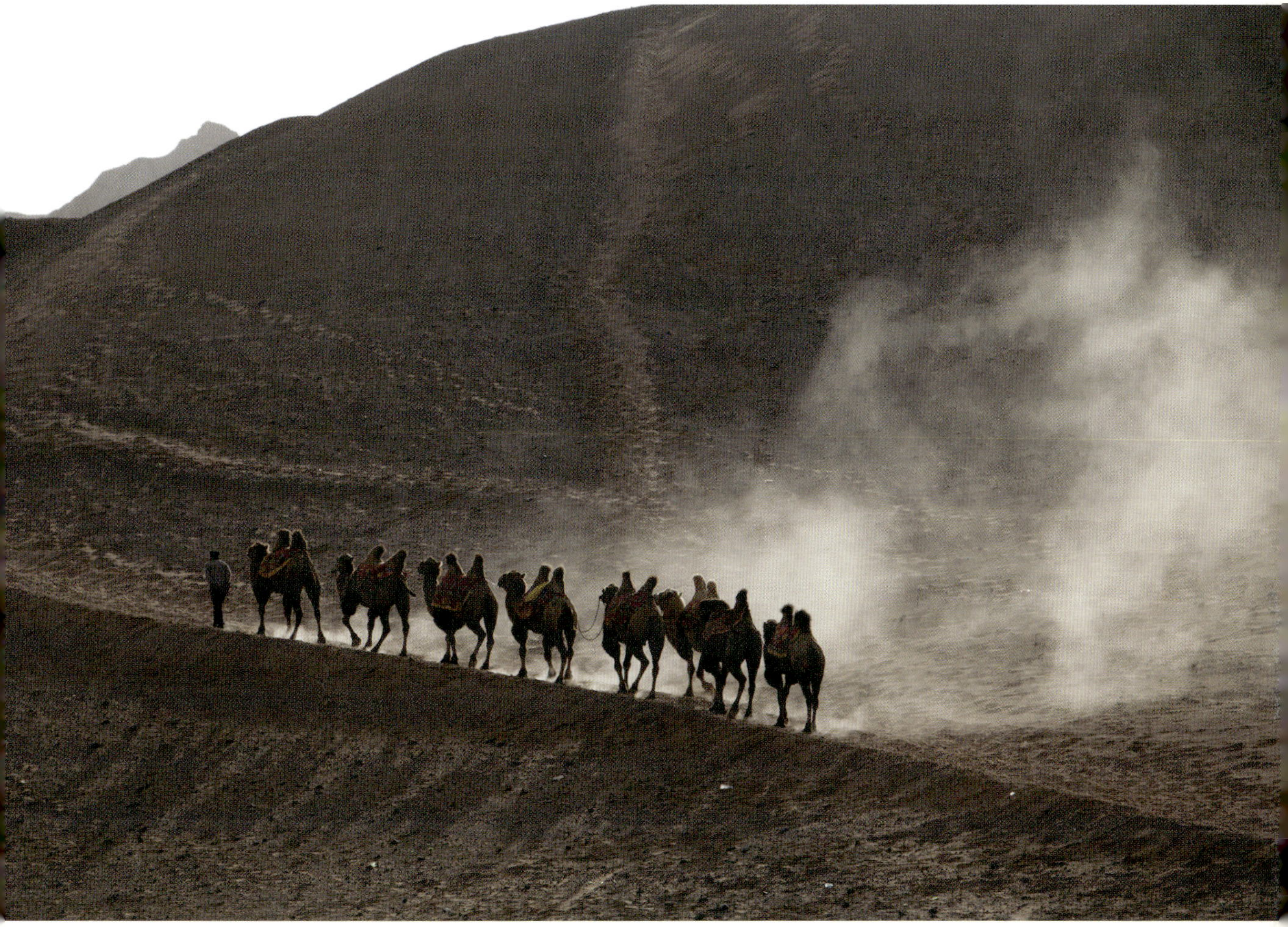

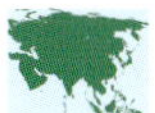

동방과 서방을 이어 주던 비단길

비단길로 통하는 중앙아시아

중앙아시아는 아시아의 중앙부에 있는 곳이에요. 이곳에 사는 사람들은 옛날부터 실크로드라 불리는 비단길을 통한 무역을 많이 했어요. 상인들은 낙타 등에 짐을 싣고 떼를 지어 다니면서 특산물을 사고팔았어요.

중앙아시아에는 서양에서 파미르 고원을 거쳐 중국에 이르는 비단길이 있어요. 비단길이란 이름은 동방에서 서방으로 운반된 대표적인 상품이 중국의 비단인 데에서 유래했어요. 비단길은 동양에서 서양으로 갈 때 가장 가까운 교통로였어요. 그래서 비단길을 확보하기 위해 많은 민족들이 싸움을 벌이기도 했어요.

비단길은 고대에 동·서양이 문화를 교류하는 데도 큰 역할을 했어요. 비단길을 통해 서방으로부터 동방으로 옥과 직물, 약재, 마늘, 불교, 이슬람교가 전해졌어요. 동방에서는 비단, 거울, 나침반, 인쇄술 등이 서방으로 전해졌어요.

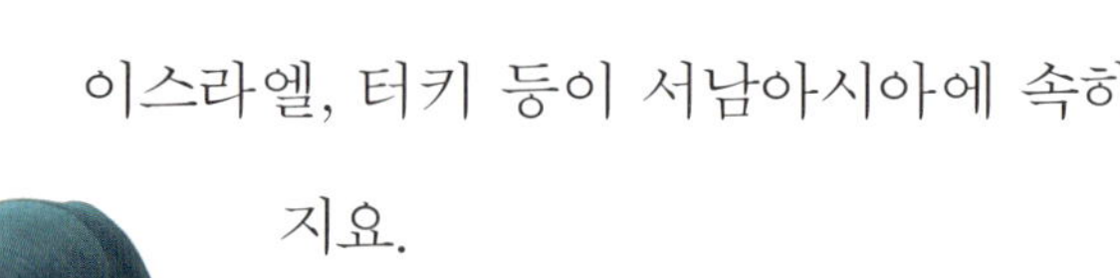 석유와 코란의 대륙, 서남아시아

중동이라고 불리는 서남아시아는 이슬람 문화가 중심을 이루어요. 사우디아라비아, 이란, 쿠웨이트, 이라크, 이스라엘, 터키 등이 서남아시아에 속하지요.

이슬람교는 불교, 기독교와 더불어 세계 3대 종교 중 하나로, 아랍의 예언자 마호메트가 만든 종교예요. 이슬람교를 믿는 사람은 현재 약 10억 명에

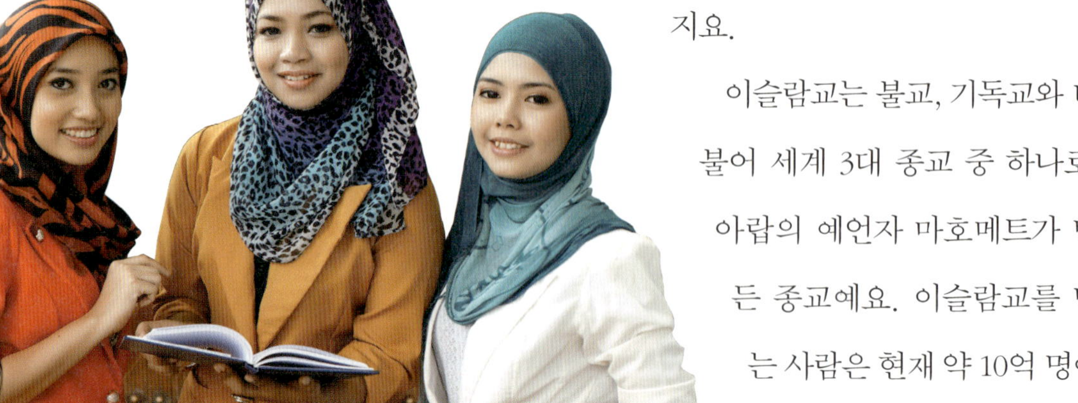
이슬람교 학생들

달해요.

　이슬람교를 믿는 신자를 무슬림이라고 하는데, 그것은 '절대 적으로 복종하는 자'라는 뜻이에요. 이슬람교의 교리를 적은 책은 『코란』이라고 하지요. 여기에는 이슬람교의 신앙뿐만 아니라 일상생활에서 지켜야 할 일들도 적혀 있어요.

힌두교와 불교의 발생지, 남아시아

　남부아시아는 인도를 중심으로 파키스탄, 네팔, 부탄, 방글라데시, 스리랑카, 부탄 등의 나라가 속한 곳이에요. 남부아시아의 북쪽에는 세계 최고의 산맥인 히말라야 산맥이 펼쳐져 있고 남쪽으로는 인더스 강과 갠지스 강이 흐르고 있어요. 또한 인더스 강을 중심으로 인더스 문명이 발생했고 이 문명은 세계 4대 문명 중의 하나가 되었어요. 종교는 인도를 중심으로는 주로 힌두교를 믿고 있지만 반면 인도는 불교의 발생지이기도 해요. 힌두교는 인도의 토착 신앙과 브라만교가 융합한 종교이지요. 그리고 불교는 기원전 5세기경 인도의 석가모니가 창시하여 아시아로 전파된 종교예요. 그리고 불

교가 교리에 따라 크게 대승 불교와 소승 불교로 나누어져요. 대
승 불교가 중생을 잘되게 하여 다 같이 행복하게 하는 것을 중심
으로 삼는다면 소승 불교는 개인의 수행을 통해 깨달음을 얻는
것을 목적으로 해요.

🗺️ 열대림과 관광의 동남아시아

동남아시아는 날씨가 매우 더워서 예부터 쌀농사가 발달했어
요. 또한 아름다운 자연 경치로 관광 산업도 발달했어요. 그래서
우리나라를 비롯해 세계 여러 나라의 많은 사람들이 동남아시아
로 관광을 위해서 몰려와요. 미얀마, 태국, 라오스, 베트남, 말레이
시아, 싱가포르, 인도네시아, 필리핀 등이 동남아시아에 속해요.

동남아시아 바닷속

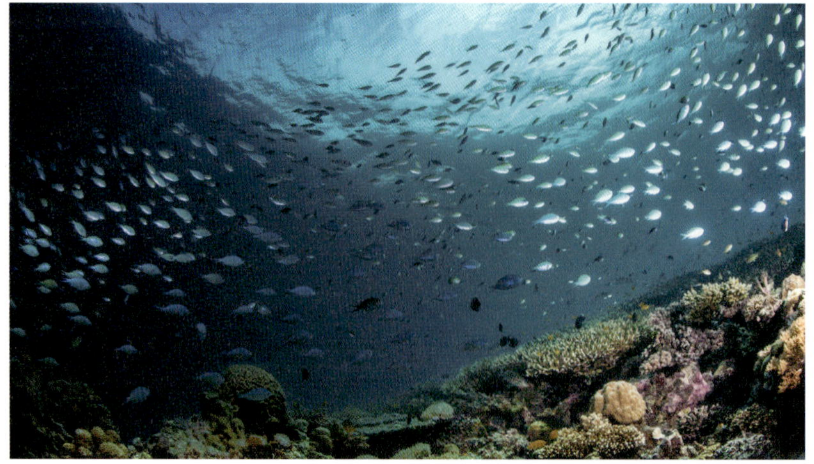

China

중국 이야기

헤이롱장성
자란성
라오닝성
베이징
베이징직할시
톈진시
신장웨이우얼자치구
간수성
네이멍구자치구
허베이성
산시성
산동성
닝샤후이족자치구
산시성
허난성
장수성
칭하이성
안후이성
상하이직할시
시짱자치구
(티베트)
사천성
충칭직할시
후베이성
저장성
후난성
장시성
푸젠성
구이저우성
광동성
타이완성
윈난성
광시좡족자치구
하이난성

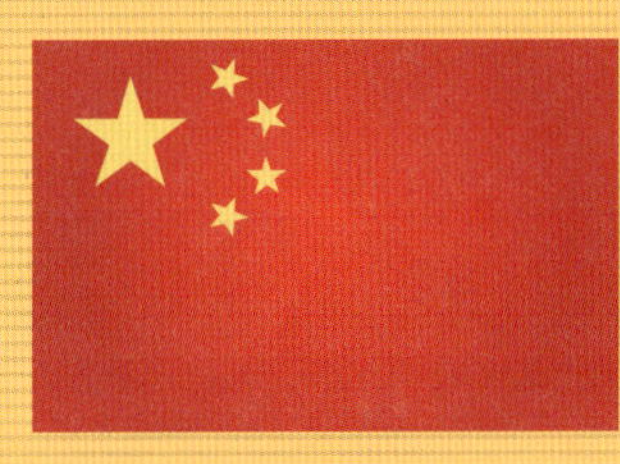

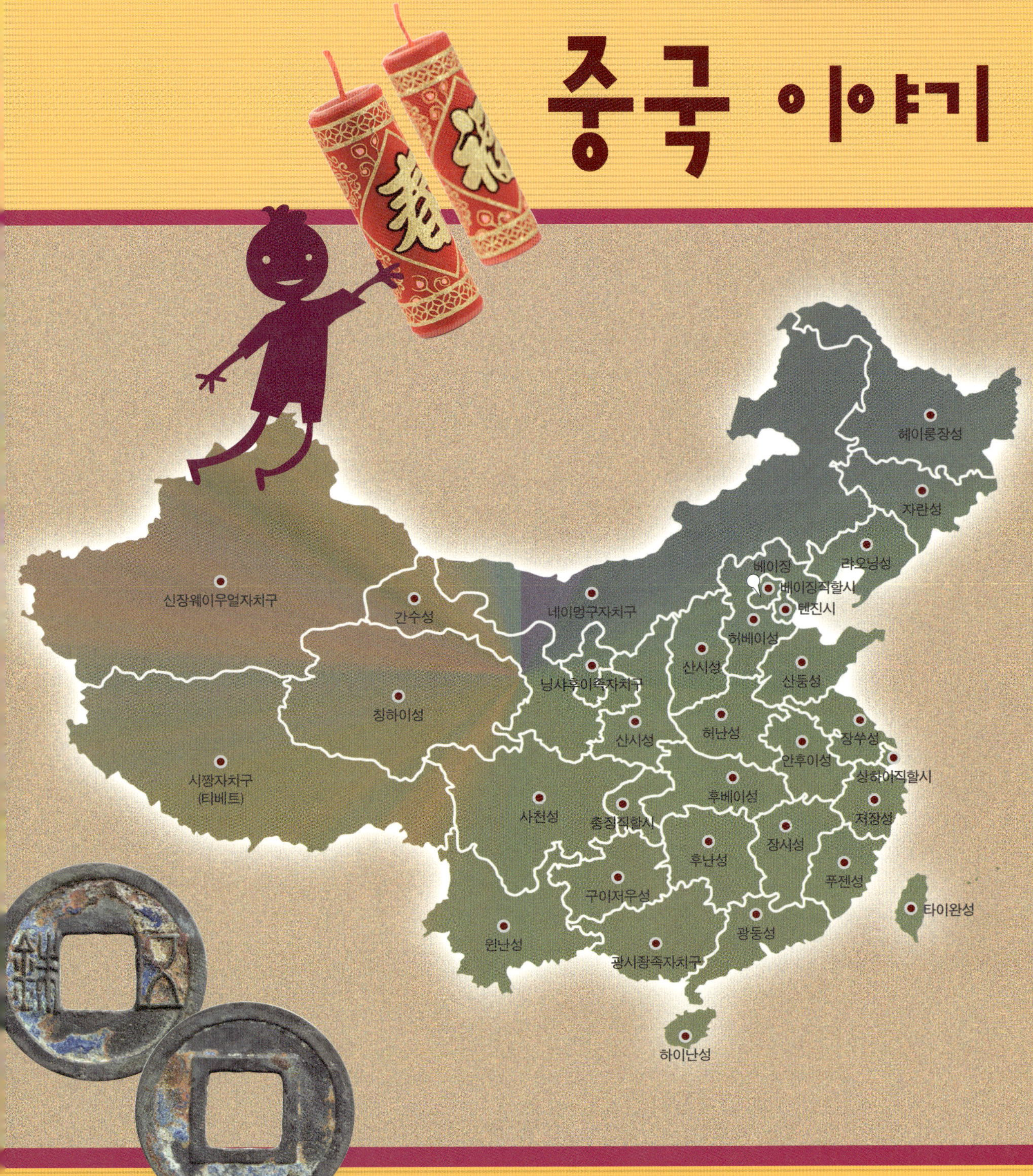

만리장성만큼 긴 역사의 나라

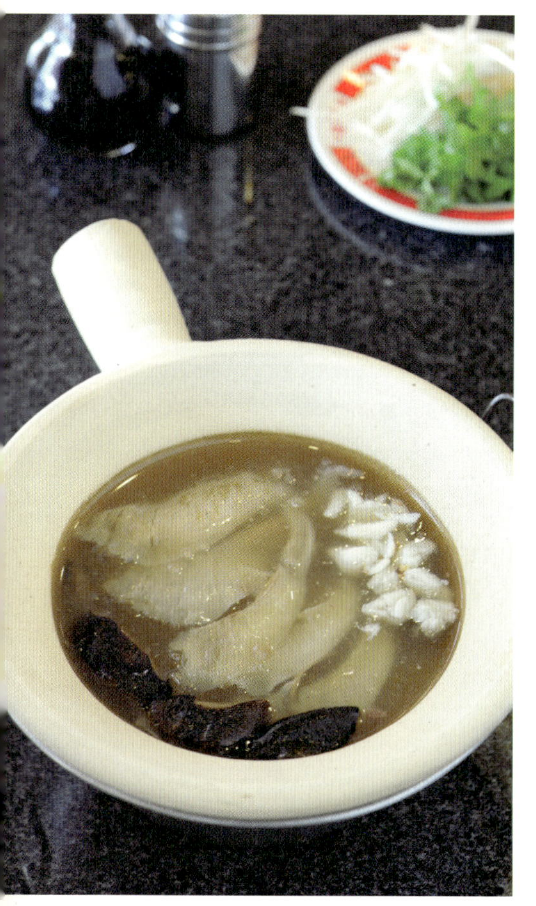

상어 지느러미로 만든
중국 요리인 샥스핀

무엇이든 먹는 요리 천국

'중국인은 네 발 달린 것 중에서는 의자만 빼고, 두 발 달린 것 중에는 비행기만 빼고 뭐든 다 먹는다.'라는 말이 있어요. 이처럼 중국인들은 전갈, 제비집, 상어 지느러미 심지어 원숭이 뇌까지도 음식의 재료로 사용해요. 다양한 요리가 발달해서 중국은 프랑스, 터키와 더불어 '세계 3대 요리 천국'으로 불리고 있어요.

중국인들은 메마른 땅에서 살았기 때문에 이런 환경에 어울리는 음식을 만들기 위해 음식에 불을 많이 사용하고, 갖가지 재료와 향신료를 넣어서 음식을 해 먹기 시작했다고 해요.

　중국은 땅이 아주 넓어서 각 지방의 기후, 산물에 따라 요리의 특색이 각각 달라요. 중국의 요리를 지역별로 보면 기름진 요리가 발달한 '베이징 요리', 해산물을 많이 사용하는 화려한 '상해 요리', 전통과 국제적인 특색이 섞인 '광둥 요리', 향신료와 매운 요리가 발달한 '사천 요리'로 나눌 수 있어요.

■ 세계 최고의 토목 공사, 만리장성

　만리장성은 '인류 최대의 토목 공사'라고 불리는 거대한 성벽이에요. 중국 역대 왕조들이 북방 민족의 침입을 막기 위해서 이것을 세웠어요.

　만리장성은 춘추 전국 시대 때부터 지어지기 시작했는데 기원전 220년경 시황제가 북쪽의 흉노족을 막기 위해 본격적으로 길이를 늘이면서 지금의 모습을 갖추기 시작했다고 해요. 이후 명나라 때까지 공사를 계속해 왔지요.

　중국에서는 대개 '장성'이라 부르지만 우리나라에서는 만 리가 될 정도로 그 길이가 길다고 하여 만리장성이라 불러요. 실제 만리장성의 길이는 약 5,660여 킬로미터가 될 정도로 아주 길어요. 하지만 만리장성을 우주에서도 볼 수 있다는 말은 그만큼 길다는

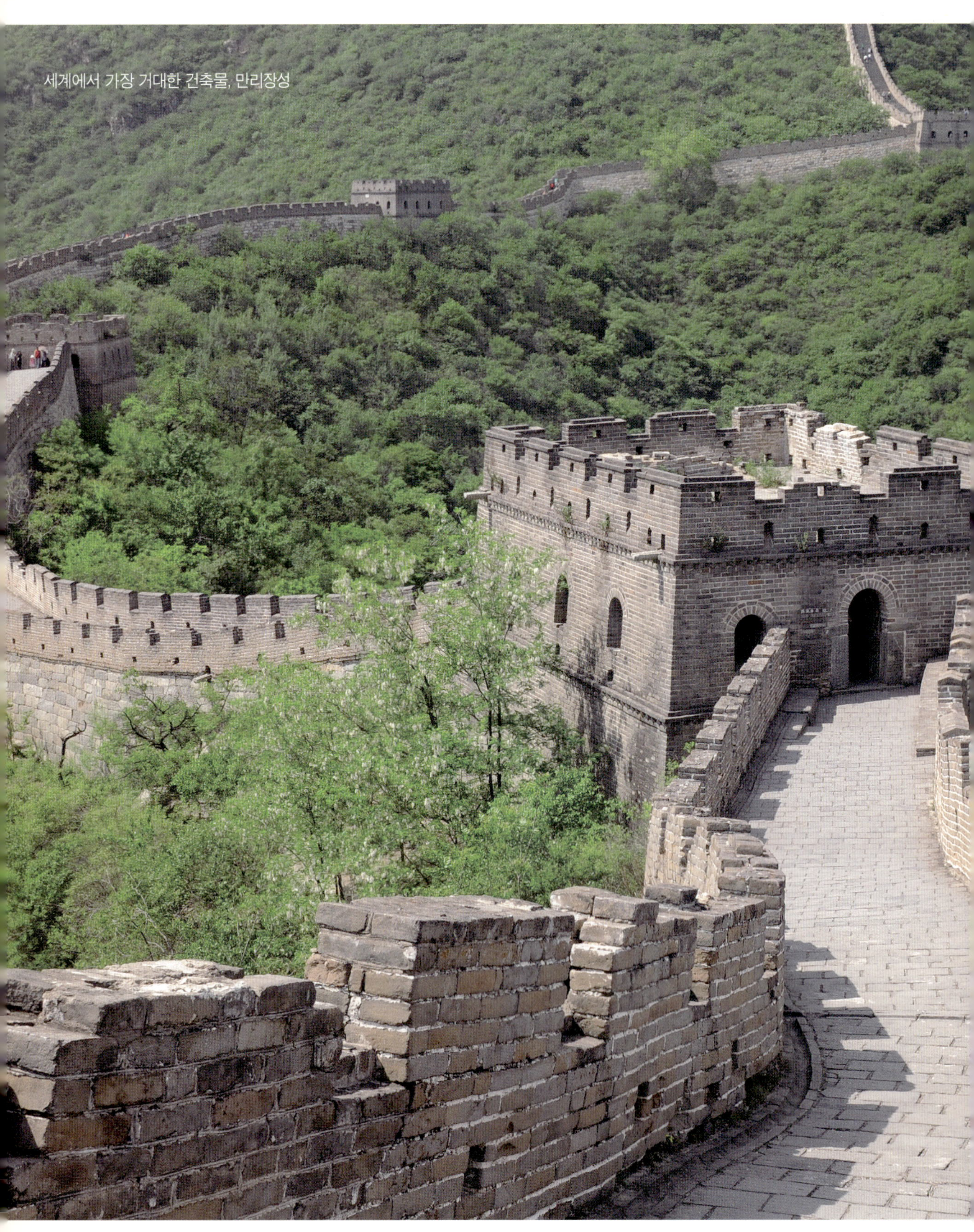
세계에서 가장 거대한 건축물, 만리장성

것을 과장되게 표현하는 말로, 사실은 보이지 않는다고 해요.

사실 만리장성이 북방 민족의 침입을 막는 데 크게 도움이 되지는 않았어요. 만리장성은 길기만 하고 높이가 낮아서 마음만 먹으면 언제든지 넘을 수 있었기 때문이에요. 다만 만리장성으로 흉노족이 중국에 겁을 먹게 하는 효과는 거두었지요.

만리장성은 지금도 많은 관광객들이 찾는 중국의 명소로 사랑받고 있어요.

빨간색을 좋아하는 중국인

우리 민족은 예로부터 흰색을 좋아하고 흰옷을 즐겨 입는다고 해서 '백의민족'이라고 불려요.

반면 중국인들은 빨간색을 좋아하기로 유명해요. 빨간색이 중국의 열정을 나타내는 색깔이라고 여기기 때문이에요. 그래서 중국인은 자신들이 빨간색을 입었을 때 가장 잘 어울린다고 여겨요.

중국인이 빨간 옷을 좋아하게 된 또 다른 이유는 물감 때문이에요. 옛날에는 꽃이나 채소에서 나오는 색으로 물감을 만들었어요. 중국 남쪽 지방에는 물감으로 사용할 만한 붉은 꽃이 많았다고 해요. 그래서 붉은 꽃으로 염색을 하는 것이 가장 손쉬웠던

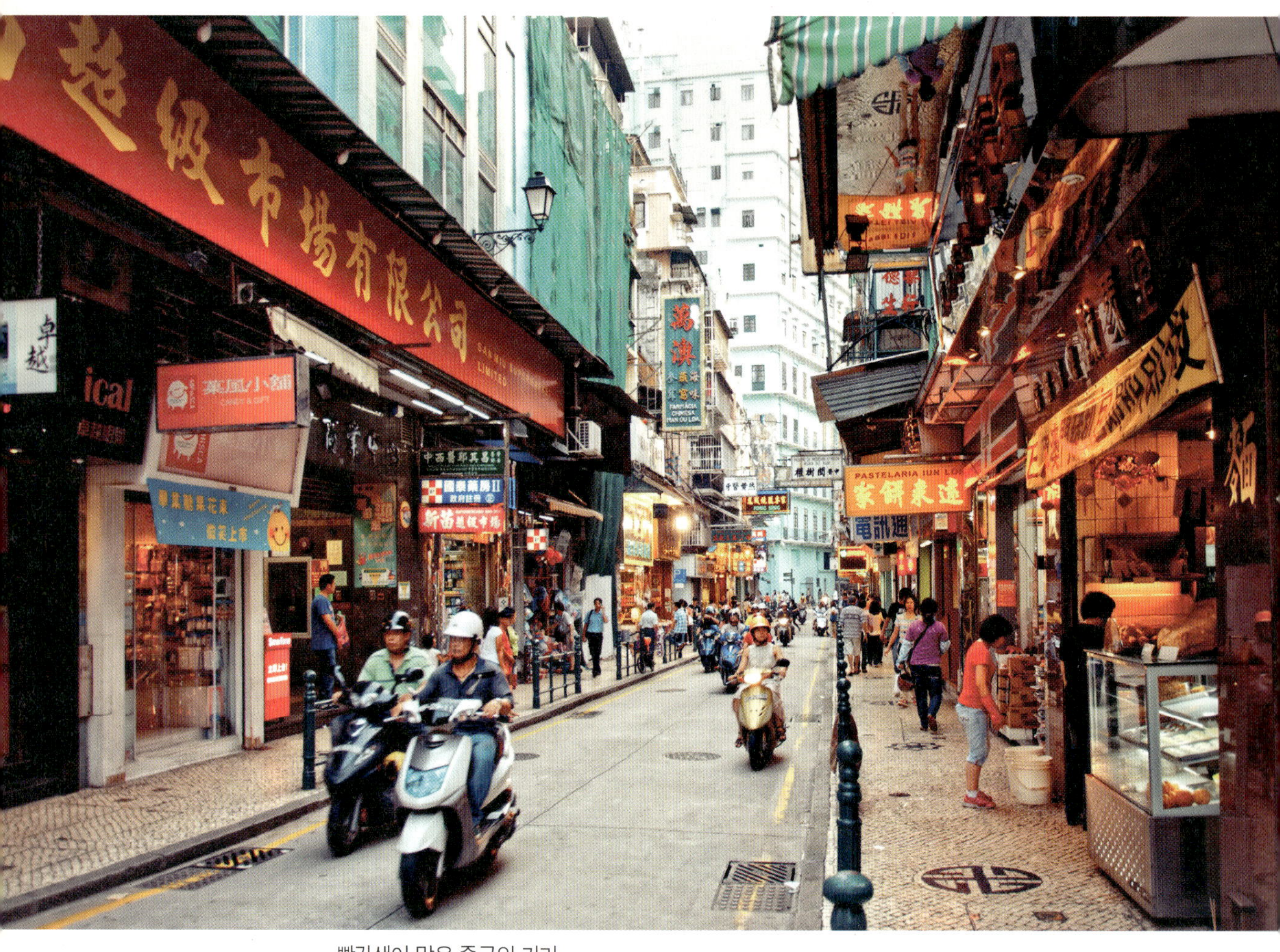

빨간색이 많은 중국의 거리

것이지요.

　이러한 이유들로 인해 중국인들은 빨간색을 아주 좋아해요.
그래서 지금도 중국을 가면 온통 빨간색으로 만들어진 것들이
아주 많아요.

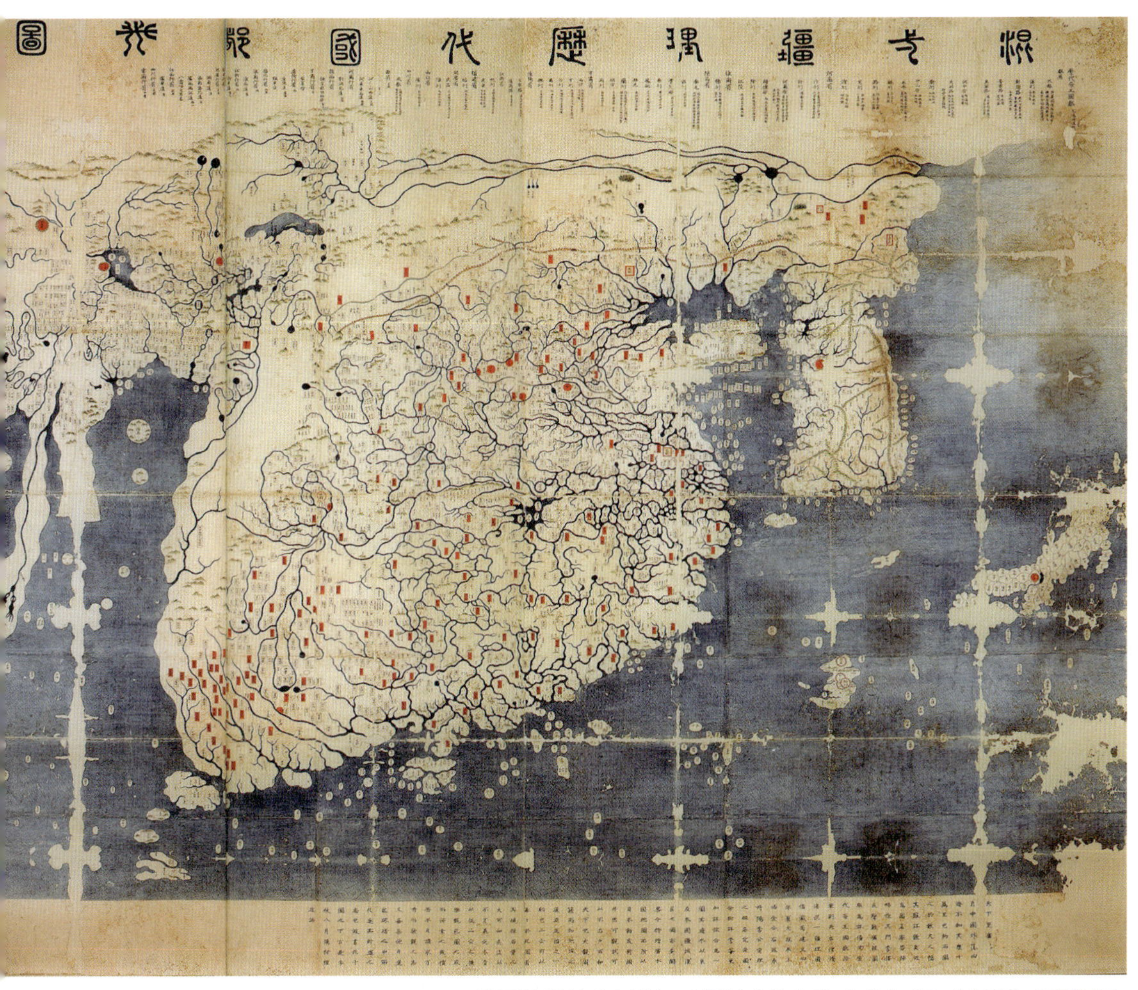

중국을 중심에 그려 놓아 중화사상이 잘 나타난 지도, 『혼일강리역대국도』

56개 민족과 중화사상

인구가 13억이 넘는 중국에는 56개 민족들이 살고 있어요. 현

재 중국 인구의 대부분을 차지하는 민족은 '한족'으로, 전체 인구

'동북공정'이란 중국 국경 안에서 있었던 모든 역사를 중국 역사로 만들기 위해 연구하는 계획이에요. 문제는 이 계획에 우리나라였던 고구려와 부여, 발해의 역사도 중국이 마치 중국의 역사인 것처럼 연구하고 있다는 점이에요. 중국은 고구려와 부여, 발해가 자신들의 옛 지방 정부일 뿐이고, 우리나라의 역사는 2,000년 정도에 지나지 않는다고 주장하고 있어요. 이렇게 역사를 왜곡하는 동북공정 때문에 우리나라는 중국과 계속 마찰을 겪고 있어요.

의 약 92퍼센트를 차지해요. 이처럼 중국은 대부분이 한족으로 이루어져 있고, 이들이 만든 문화와 역사가 이어져 왔어요. 때문에 중국의 글자도 한족의 이름을 따서 '한자'라고 하는 거예요.

중국 사람들은 '중국이 바로 세계다'라는 생각을 가지고 있어요. 중국은 땅덩어리가 매우 넓어서 예부터 아시아의 중심 역할을 했기 때문이에요. 이러한 생각을 '중화사상'이라고 해요. 옛날 중국 사람들은 중국만이 세계의 전부이며, 그 밖의 땅은 야만족들이 사는 곳이라고 생각했어요.

중국의 세계 3대 발명품

고대에는 유럽보다 아시아에서 훨씬 문명이 발달했어요. 그래서 당시에는 아시아에서 많은 과학 발명품들이 나왔어요. 그중에 중국에서 나온 세계 3대 발명품이 있는데 그것은 바로 종이, 화약, 나침반이에요.

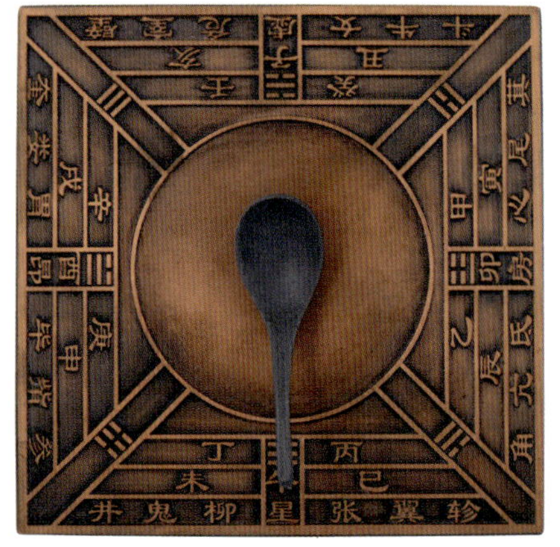

중국 고대의 나침반

종이를 제일 먼저 만든 사람은 한나라의 관리인 채륜이었어요. 당시 한나라는 대나무나 비단에 글을 써서 기록하였는데 이것은 매우 무겁고 돈이 많이 드는 일이었어요. 그래서 채륜은 오랜 연구 끝에 나무껍질과 마 등을 찧고 여기에 물을 적당히 섞은 뒤 얇게 펴서 말렸어요. 이것이 바로 종이지요. 종이는 값이 싸면서도 기록과 보관이 쉬웠기 때문에 많은 책을 만들 수 있었어요. 이러한 종이의 발명으로 중국인들의 지식수준은 엄청난 발전을 이루었어요.

화약은 송나라 때 만들어졌어요. 당시 송나라는 북방의 이민족들에게 자주 공격을 받아서 무기 개발이 절실한 상황이었어요. 송나라 사람들은 대나무 통에 황과 질산칼륨, 목탄 가루를 넣고 섞어 화약을 만들었어요. 화약은 몽골을 통해 유럽으로 전해지면서 중세 유럽의 상징이었던 기사 계급의 몰락을 가져왔어요. 화약이 등장하자 기사들이 갑옷을 입고 칼이나 창을 든 채 싸울 필요가 없어졌기 때문이에요. 오히려 멀리서 화약을 넣은 대포를 쏘아 성벽을 부술 때 더 큰 효과를 발휘했지요.

나침반 또한 송나라 때 만들어졌어요. 바다

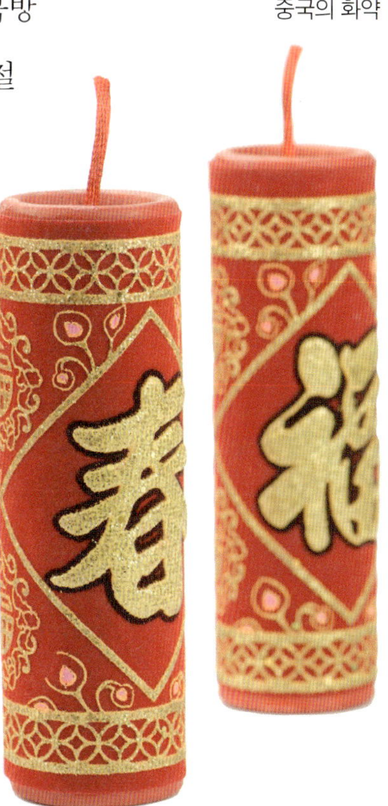

중국의 화약

한가운데에서 길을 잃으면 어디가 동서남북인지 알 수 없게 되면서 혼란에 빠지지요. 이 문제를 해결한 것이 나침반이에요.

송나라에서는 수레 앞에 작은 자석을 매달거나 물 위에 자석을 띄워 방향을 알아내는 나침반을 만들었어요. 이 나침반은 아라비아 상인을 거쳐 13세기 유럽에까지 전해졌어요. 유럽인들은 나침반을 가지고 새로운 바닷길을 찾아내기 시작했어요.

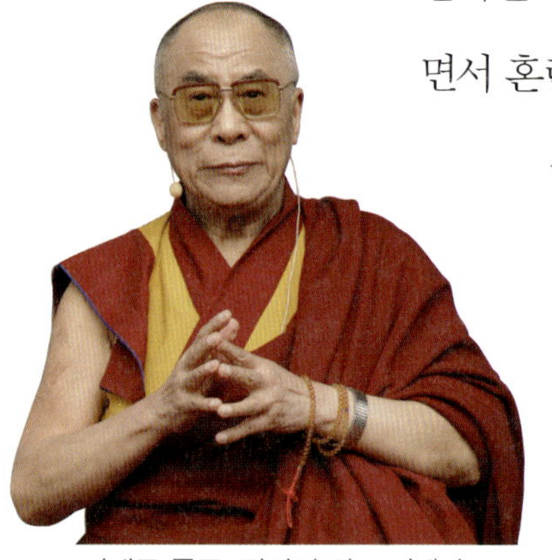

티베트 종교·정치의 최고 지배자
달라이 라마

달라이 라마

달라이 라마는 티베트의 종교적, 정치적 지도자로 '살아 있는 부처'라고도 불려요. 현재 달라이 라마는 인도에 임시 정부를 세우고 꾸준하게 티베트의 독립 운동을 이끌고 있어요. 중국처럼 힘을 앞세우는 것이 아니라, 평화적인 방법을 쓰고 있지요. 또한 티베트 헌법을 만들고 학교를 세워 티베트 문화를 이어가는 데도 노력하고 있어요. 이러한 공을 인정받아서 달라이 라마는 1989년에 노벨 평화상을 받았어요.

티베트의 독립 운동

중국의 대다수를 차지하는 한족과 나머지 민족 간의 갈등이 심해지고, 소수 민족에 대한 차별이 심해지면서 중국으로부터 독립하려는 움직임이 나타나고 있어요. 그중 대표적인 경우가 티베트예요.

티베트는 중국 서남부에 있는 높은 땅으로, 육지 중에서도 가장 높은 곳에 있어서 '세계의 지붕'이라고 불려요. 티베트 사람들은 예전부터 티베트 불교를 만들고 자신들만의 문화를 이루어 살아 왔어요.

그러나 1950년, 중국은 옛 영토를 차지하겠다는 구실을 들어 티베트로 쳐들어갔어요. 중국은 많은 티베트인들을 괴롭히고 죽이기도 했어요. 그리고 결국 티베트는 중국의 차지가 되고 말았어요. 그러던 중 1959년 티베트 사람들도 중국으로부터 독립하기 위해 독립 시위를 일으켰지만 실패하게 되었어요. 그 후 달라이 라마와 티베트 사람들은 어지러운 상황을 피해 인도로 가서

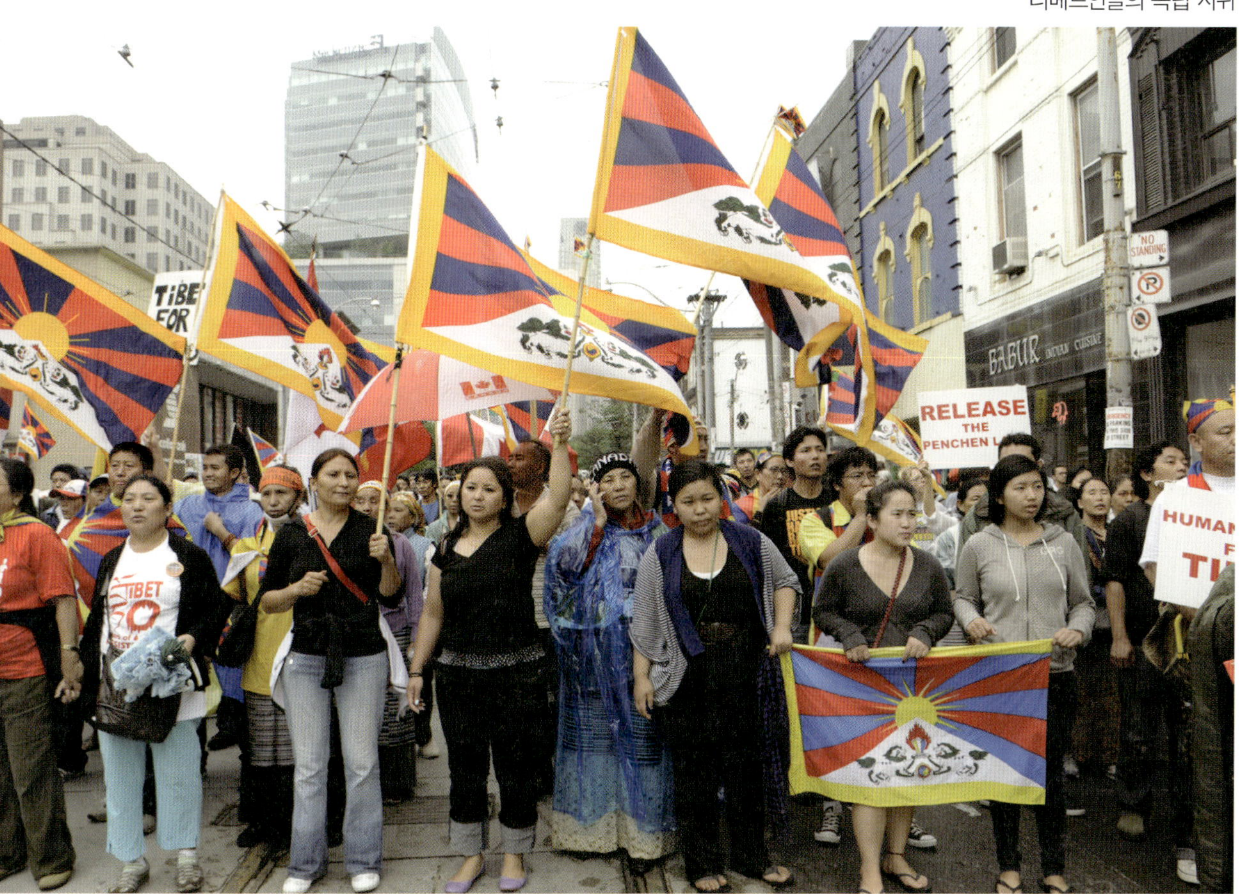

티베트인들의 독립 시위

그곳에 임시로 망명 정부를 세웠어요.

티베트인들은 지금도 종교적 지도자인 달라이 라마를 내세워 독립을 계속 요구하고 있지만, 중국은 이를 받아들이지 않고 있어요.

중국의 시작, 하나라와 은나라

하나라는 순임금으로부터 왕위를 물려받은 우임금이 세운 나라로, 기원전 약 2050년에서 기원전 1580년경까지 중국 땅에 있던 나라라고 해요. 구체적인 증거가 부족해서 아직까지는 실제로 있었던 나라로 인정받지 못하고 있어요.

은나라는 기원전 1600년경에 세워진 나라로, 역사적으로 인정되는 중국 최초의 국가에요. 하나라의 마지막 왕인 걸왕이 너무 포악하여 백성들이 고통을 받았는데 이에 탕왕이 걸왕을 무찌르고 은나라를 세웠다고 전해져요. 은나라 왕은 종교와 정치 모두를 다스리는 '신정 정치'를 하였어요. 왕은 짐승의 뼈를 태워서 갈라지는 금으로 점을 쳤는데, 이때 점괘를 기록한 문자를 '갑골 문자'라고 해요.

거북이 등에 새겨진 갑골 문자

당시 은나라 사람들은 마을을 중심으로 성벽을 쌓고 청동으로 그릇과 기구를 만들었어요. 이것을 이용해 농사를 지었지요.

은나라는 기원전 1200년쯤 은허로 수도를 옮기면서 전성기를 맞이했어요. 그러나 주왕이 달기라는 미녀에게 빠져 술과 사치로 매일을 보내면서 백성들은 고통을 받았어요. 이에 주나라 무왕이 은나라를 멸망시키면서 기원전 1028년쯤 은나라는 역사 속으로 사라졌지요.

봉건 제도와 주나라

주나라는 기원전 1046년부터 기원전 256년까지 은나라를 이어 지금의 중국에 있던 나라예요. 주나라는 중국 역사에서 가장 오래 유지된 나라로, 이 시기에 철기의 사용이 시작되었어요.

처음 주나라 왕들은 나라를 아주 안정적으로 다스렸어요. 주나라 왕들이 넓은 땅을 잘 다스릴 수 있었던 것은 봉건 제도를 실시한 덕분이었어요. 봉건 제도란 왕이 여러 제후에게 토지를 나

갑골 문자란 거북의 등딱지나 짐승의 뼈에 새긴 상형 문자를 말해요. 한자의 가장 오래된 형태를 보여 주는 것으로, 주로 점치는 일을 기록하는 데에 사용하였어요.

중국에서는 오래된 짐승의 뼈를 '용골'이라 하여 약으로 팔기도 했어요. 1899년, 청나라의 한 관리가 우연히 용골에서 이상한 글자 같은 모양을 발견하였어요. 때마침 그 관리의 집에 살고 있던 학자가 그것을 오래된 문자라고 생각하여 베이징의 한약방을 돌며 글자가 새겨진 용골을 모았어요. 이렇게 해서 은나라 문자인 갑골 문자가 발견되었지요.

달기와 주지육림

달기는 중국 역사상 가장 최고의 악녀로 알려지고 있어요. 달기는 은나라 마지막 왕인 주왕이 가장 사랑한 여인이었요. 주왕은 달기에게 푹 빠져서 충신의 말은 듣지 않고 오직 달기의 말만 들었어요. 무왕은 백성들이 굶주려 죽어 가는데도 아랑곳하지 않고 달기와 재미있게 놀기 위해 연못을 술로 채우고 그 주변 나무에는 고기를 매달아 놓았어요. 이것을 '술이 연못을 이루고 고기가 숲을 이룬다.'는 뜻으로, '주지육림'이라고 해요. 지금은 호사스러운 술잔치를 이르는 말로 쓰이고 있어요. 이렇게 노는 데에만 정신이 팔렸던 터라 은나라는 주나라가 공격한 지 6일 만에 무너지고 말았지요.

누어 주고, 제후가 각자 맡은 지역을 다스리는 제도예요. 제후는 왕실을 받들면서 왕에게 세금을 바쳤지요. 그러나 왕실과 먼 지방에 나가 있는 제후들의 유대감이 약해지면서 문제가 드러나기 시작했어요. 제후들은 지방에서 각자의 세력을 점차 키워 가며 왕에 버금가는 힘을 가지게 되었어요. 그러자 강력한 왕권을 바탕으로 했던 주나라의 정치 체제는 무너지기 시작했지요.

이런 가운데 주나라도 은나라의 걸왕이 그랬던 것처럼 미녀 때문에 나라를 엉망진창으로 만들고 말았어요. 주나라의 제12대 왕인 유왕은 포사라는 미녀를 아주 사랑하였어요. 그런데 포사는 절대 웃지 않는 여자였기 때문에 유왕은 그녀의 웃음을 보고 싶어서 온갖 노력을 기울였어요. 그러던 어느 날, 산꼭대기에서 봉화 연기가 피어났어요. 이는 적이 침입했다는 신호였지요. 놀란 제후들이 군대를 이끌고 수도에 도착했지만 적은 보이지 않았어요. 누가 실수로 봉화를 올렸던 거예요. 그런데 포사가 어이없어 하는 수많은 병사들을 보고 깔깔깔 웃음을 터트렸어요. 드디어 포사의 웃음을 본 유왕은 신이 나서 장난으로 봉화를 올리기 시작했어요. 그래서 진짜로 신나라의 군사들이 쳐들어올 때도 사람들은 그저 왕이 포사를 위해 장난으로 봉화를 올렸다고 생각하였지요. 결국 주나라는 신나라 군사들과 제대로 싸워 보지도 못하고 원래의 수도에서 쫓겨나 황허 강 유역으로 수도를 옮길 수밖에 없었어요.

제자백가가 나타난
춘추 전국 시대

주나라가 힘이 약해지자 여기저기에서 반란군이 일어났어요. 이처럼 중국 여기저기에 있는 제후들이 들고일어나 주변의 제후국들과 전쟁을 하던 시기를 '춘추 전국 시대'라고 불러요. 중국 영토가 무려 800여 개 나라로 갈라졌을 만큼 혼란스러운 시기였지요.

중국 영토가 혼란스러워지자 각 나라에서는 귀족이니 평민이니 하는 신분에 상관없이 나라를 잘 다스릴 수 있는 유능한 인재들을

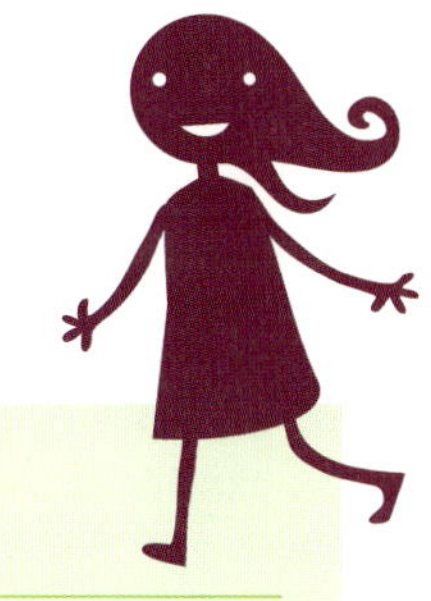

진나라와 차이나

중국은 영어로 '차이나(China)'라고 불러요. 차이나는 진나라를 일컫는 영어식 표현이에요. 진나라는 최초로 중국을 통일한 뒤 대제국을 건설하였어요. 진나라 주변에 있던 나라들도 이러한 진나라의 위엄을 알 정도였어요. 이때 주변국들의 입에 오르내린 '진'이 차이나로 불리게 된 것이에요. 비록 진은 멸망하였지만 오늘날까지 2,000년 동안 전 세계 사람들에게 '차이나'란 이름으로 불리며 지금까지도 자신의 이름을 알리고 있어요.

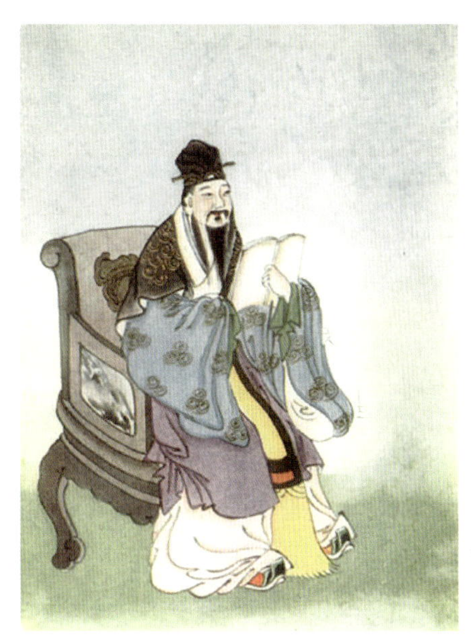

춘추 전국 시대의 사상가, 맹자

찾기 시작했어요. 그래서 이 시기에는 어떻게 하면 나라를 잘 다스릴 수 있을지에 대한 수많은 사상과 사상가들이 등장했어요. 바로 이것을 '제자백가'라고 해요. 제자백가 중 가장 유명한 사람은 인을 강조한 공자, 성선설을 주장하며 덕을 강조한 맹자, 성악설을 주장하며 예를 강조한 순자, 도와 무위자연을 추구한 노자, 사랑을 강조한 묵자, 강력한 법으로 나라를 다스려야 한다는 한비 등이 있어요.

한편 이 시기에는 잦은 전쟁으로 인해 무기가 발달하였고 철기의 사용이 급격하게 늘어났어요. 농민들도 철로 된 농기구를 만들어 농사를 짓기 시작하여 예전보다 더 많은 수확을 얻을 수 있었지요. 이렇게 생산이 늘어나자 남는 생산물도 많아지면서 이것을 가지고 장사를 하는 상업이 자연스레 발전하였어요.

시황제와 진나라

진나라는 춘추 전국 시대 때 가장 강한 일곱 개 나라를 뜻하는 '전국 7웅' 중에서 제일 뒤떨어진 나라였어요. 그러나 진나라

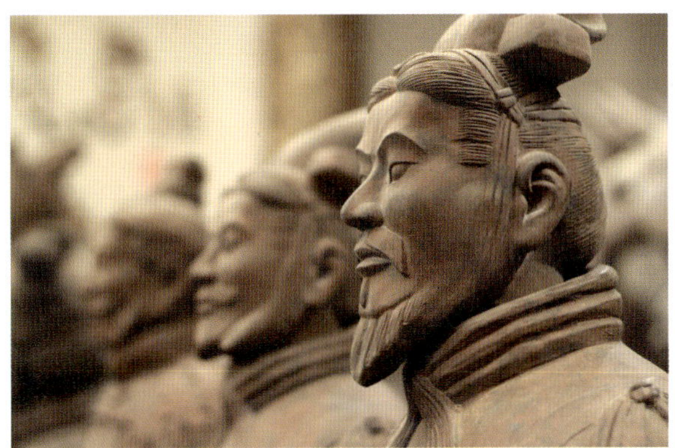
시황제의 무덤인 진시황릉의 병마용

는 메마른 땅이지만 넓은 영토를 가지고 있었고, 문화가 뒤떨어진 만큼 새로운 문화와 제도도 빨리 받아들였어요. 이렇게 힘을 키운 진나라는 마침내 기원전 221년에 최초로 중국을 통일했어요.

이때 진나라 왕은 멸망한 여섯 개 나라의 왕보다 자신이 더 뛰어나다며 스스로를 황제라 정했으며, 또한 자신을 최초의 황제인 시황제라 부르도록 하였어요. 진나라의 시황제는 주나라가 봉건 제도로 망했던 것을 거울삼아 강력한 중앙 집권 제도로 나라를 다스렸어요. 이것을 군현제라고 해요. 또한 각 나라마다 다르게 사용하던 문자, 화폐, 도량형,

진시황릉과 병마용갱

1974년 봄, 우물을 파던 한 농부가 땅속에서 사람 모습을 한 인형을 발견했어요. 개인 묘로는 세계 최대 크기를 자랑하는 진시황릉이 드러나는 순간이었어요. 진시황릉은 높이가 76미터에 달하는 거대한 규모의 능이에요. 워낙 커서 사람들은 능을 보고도 산이라고 생각했지요. 이 능에서 조금 떨어진 곳에는 병사, 말 등의 모형이 모여 있는 무덤인 '병마용갱'이 있어요. 당시에는 왕이 죽으면 사람을 묻는 풍습이 있어서 시황제도 자신이 죽으면 군사들을 함께 묻으려 했어요. 그때 한 신하가 군사들 대신 그들을 똑같이 만든 인형을 만들자고 제안하여 병마용이 만들어졌지요. 병마용은 무려 8,000여 개나 되며, 실물과 비슷한 크기로 각기 다른 얼굴을 하고 다른 자세를 취하고 있어요. 그래서 하나하나가 모두 훌륭한 예술품으로 평가되고 있지요.

마차 바퀴의 폭 등도 모두 통일시켜 상업을 발전시키고 세금을 걷기 편리하게 만들었어요.

　모든 것을 통일시키려던 시황제는 사상까지 하나로 통일시키려고 하였어요. 그래서 결국 의약, 농업 등 일상생활에 필요한 서적을 제외하고 모든 서적을 불태우는 '분서갱유'를 일으키

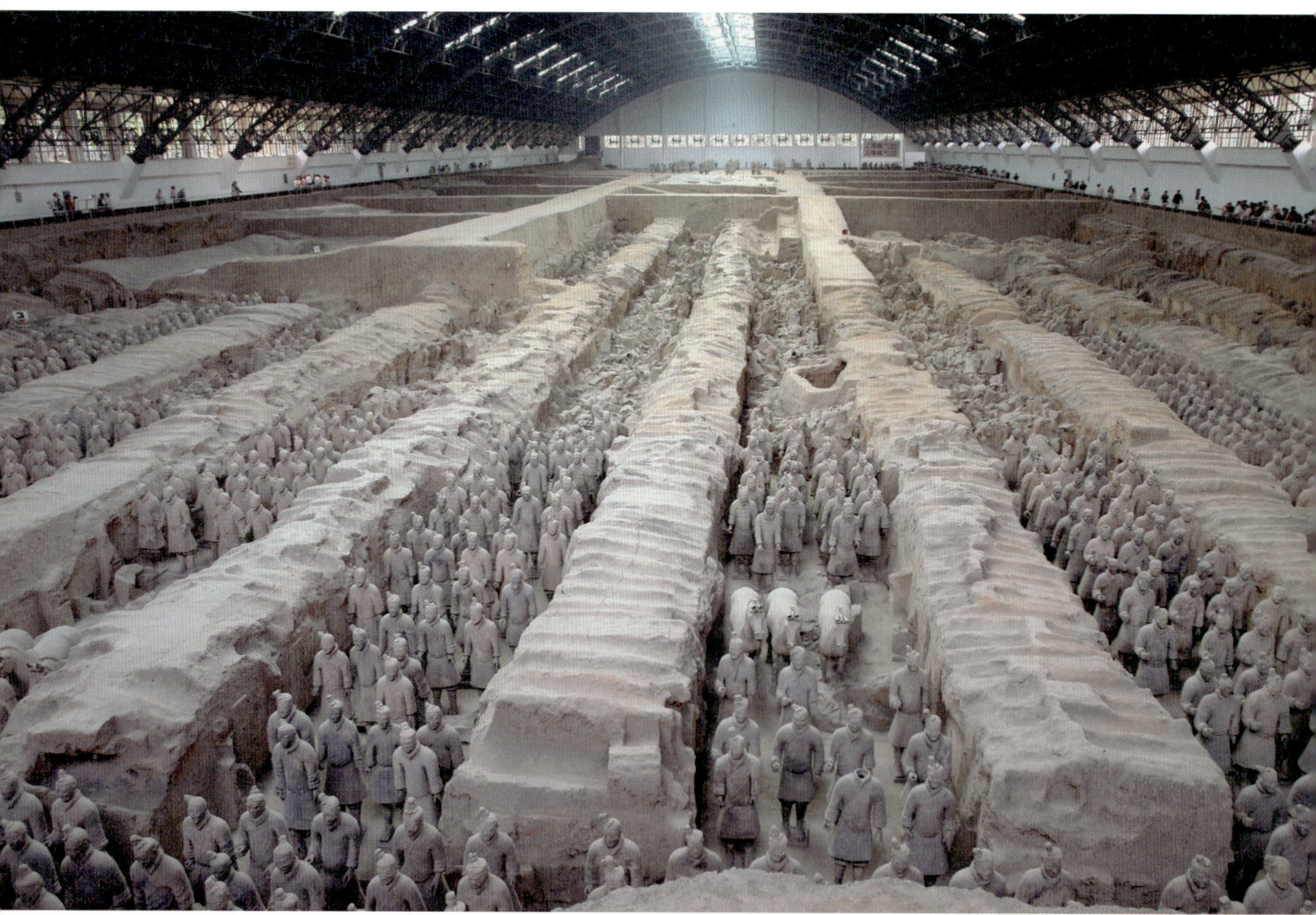

진시황릉의 병마용갱 전체의 모습

기도 했어요. 게다가 몽골에서 중국의 영토를 위협하던 흉노 세
력을 막기 위해 만리장성을 건설하면서 문제
가 드러나기 시작했어요. 큰 규모의 건설 사
업으로 백성들의 부담이 점점 심해진 것이에
요. 또한 황제 중심의 정치로 인해 제후들의
불만도 커져갔어요. 결국 막강한 세력을 떨
치던 시황제가 죽자마자 진나라는 여러 개로
나뉘어졌고, 전국에서 수많은 반란이 일어났
어요. 그중 힘이 가장 강했던 유방이 진나라
를 멸망시키고 말았어요. 진나라가 중국을
통일한 지 겨우 16년만의 일이었어요.

중국 문화를 통일한 한나라

　진나라를 멸망시킨 유방은 새로운 나라인
'한나라'를 세웠어요. 유방은 진나라가 멸망
한 이유가 군현 제도에 있다고 생각했어요.
그래서 주나라의 봉건 제도와 진나라의 군현
제도를 합친 '군국 제도'로 나라를 다스렸어
요. 군국 제도란 중앙은 황제가 다스리고 지

『사기』는 중국의 사마천이라는
역사가가 지은 역사책이에요. 이
책에는 중국이 시작될 때부터 사
마천이 살았던 한나라 무제 때까
지 약 3,000년의 중국 역사가 기
록되어 있어요. 사마천은 흉노
족에게 항복한 장군을 변호했다
는 이유로 생식기를 떼어 버리
는 형벌을 받게 되었어요. 사마
천은 매우 수치스러웠지만 역사
서를 완성해내기 위해 어려움을
이겨내고 총 130권에 달하는『사
기』를 완성했어요. 『사기』는 중
국 역사책의 모범으로 평가받으
며 다른 역사책이 쓰여지는 데
많은 영향을 주었어요. 우리나라
의『삼국사기』나『고려사』도『사
기』의 영향을 받았지요. 『사기』
로 인해 오늘날 사람들은 중국의
역사를 생생히 볼 수 있게 되었
어요.

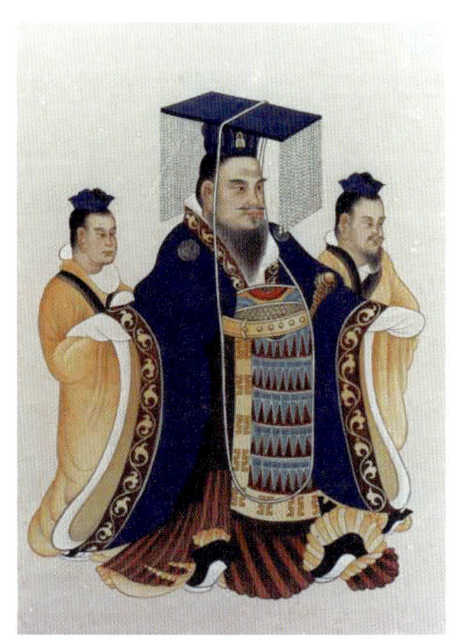

한나라의 7대 황제인 무제

방은 제후들이 다스리는 제도예요. 또한 농민 출신이었던 유방은 농민들의 생활을 안정시키기 위해 노력하였지요. 이 같은 노력으로 농민의 생활은 안정되었고 사회는 발전을 거듭했어요.

한나라는 7대 황제인 무제 때 전성기를 맞이해요. 무제는 강력한 중앙 집권 체제로 나라를 다스리며 영토를 크게 넓혔어요. 우리나라의 고조선도 이때 무제에 의해 멸망했지요. 무제는 흉노족을 멀리 내쫓아버리고, 우즈베키스탄공화국의 일부분도 차지했어요. 이때 무제가 중국의 서쪽 지역, 즉 서역으로 진출하면서 사막을 가로질렀던 길이 비단길이 되어 활발한 교역을 할 수 있게 되었어요.

우리가 아는 중국 문화의 틀이 잡히기 시작한 것도 바로 이때이지요. 한나라는 400여 년 동안 한자 문화권을 완성시키며 민족을 하나로 묶고, 하나의 중국을 완성했어요.

후한과 황건적의 난

한나라 무제 말년에 신하들 간에 다툼이 일어났어요. 결국 신하 왕망이 반란을 일으켜 한나라는 일시적으로 없어지고, 대신 신나라가 세워졌어요.

그러나 왕망이 죽고 호족들의 도움을 받은 광무제가 한나라를 다시 세웠어요. 그래서 광무제 이전의 한나라는 전한이라 부르며, 광무제가 다시 세운 나라는 후한이라고 불러요. 광무제는 유학을 장려하였고, 백성들의 세금도 줄여 주었어요. 또한 흉노족의 세력을 약화시키고, 서역으로의 진출을 활발히 하였어요. 그러나 호족들이 대토지를 가지게 되고, 왕실의 외가와 환관들

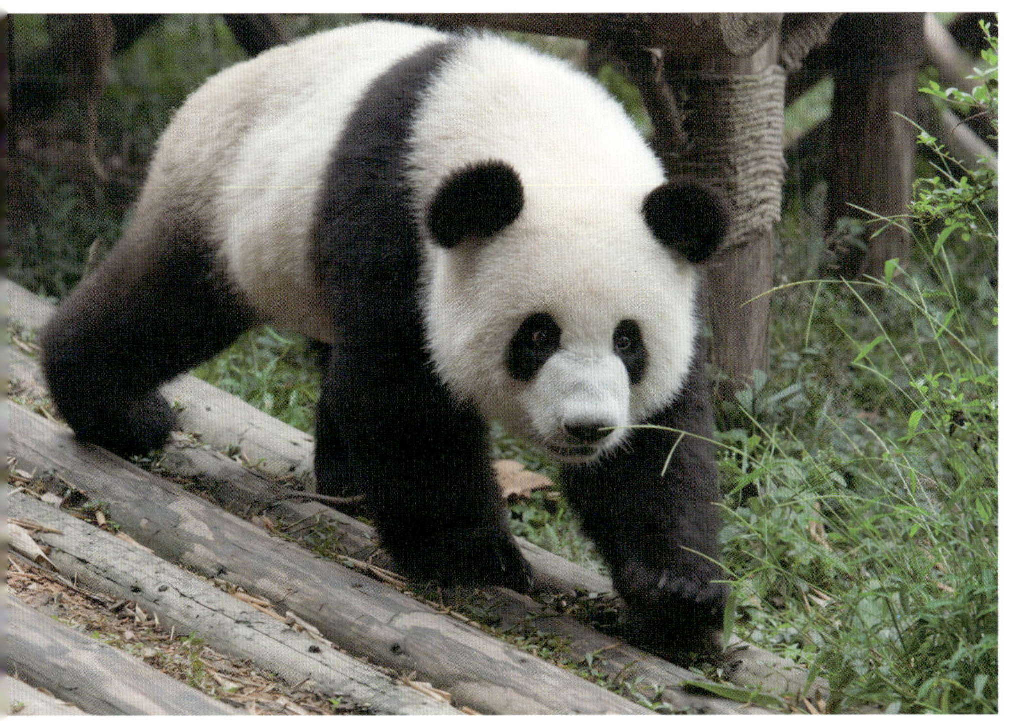

중국에만 사는 동물, 판다

인도에서 만들어진 불교는 후한 때 비단길을 통해 중국으로 들어왔어요. 그러나 불교가 발전한 시기는 위진 남북조 시대였지요. 당시 백성들은 잦은 전쟁으로 마음 편할 날이 없었어요. 그래서 불교를 통해 마음의 안식을 찾고자 했던 거예요. 불교가 백성들의 사랑을 받으면서 곳곳에 절과 불상이 지어졌어요. 그 대표적인 예가 1987년 유네스코 세계 문화유산으로 지정된 '둔황 석굴'이에요. 둔황 석굴은 사원을 비롯하여 조각과 벽화 등 다양한 불교 미술을 감상할 수 있는 거대한 유적지예요. 위진 남북조 시대에 처음 만들어지기 시작하여 원나라 때인 14세기 중반까지 약 1,000년에 걸쳐 만들어졌어요.

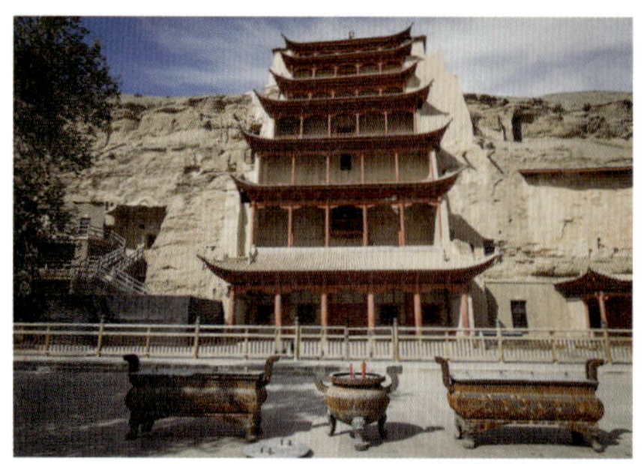

거대한 불교 유적지, 둔황 석굴

이 서로 권력을 차지하기 위한 싸움이 일어나면서 많은 농민들이 고통을 받았어요. 결국 농민들은 '황건적의 난'을 일으킬 수밖에 없었어요. 이 난을 계기로 한나라는 급속도로 힘을 잃으면서 다시 분열되었지요.

영웅호걸의 위진 남북조 시대

황건적의 난을 진압하기 위해 일어났던 호족들은 내친김에 힘없는 한나라를 대신하여 자신들만의 나라를 세웠어요. 이에 후한은 이름뿐인 허수아비가 되고 말았어요. 이렇게 지방의 호족들이 세운 나라가 바로 조조의 위나라, 유비의 촉나라, 손권의 오나라 등이었어요. 우리에게 『삼국지』로 잘 알려진 인물들이 활동하던 때가 바로 이 시기예요. 삼국 시대 당시 가장 강한 나라는 조조의 위나라였어요. 유비, 관우, 장비로 유명한 촉나라는 제갈량 이후 힘을 잃으면서 위나라의 공격을 받아 멸망당하였어요. 그러나 위나

라의 장군이었던 사마염이 황제의 자리를 빼앗으면서 위나라도
역사에서 사라졌지요.

사마염은 새롭게 진나라를 세우고 오나라를 공격하여 삼국
을 통일했어요. 하지만 혼란해진 틈을 타서 흉노족이 진나라를
공격하였고, 진나라는 남동쪽으로 도망갈 수밖에 없었어요. 결
국 중국의 북부 지방인 화북 지역은 흉노 등의 북방 유목 민족들
이, 양쯔 강 이남인 강남 지역은 도망친 진이 다
스리게 되었어요. 이때 중국에는 5호의 이민
족과 열여섯 개 왕조가 세워졌기 때문에 '5
호 16국 시대'라고도 해요.

각 왕조는 서로 자기가 한나라의 후손
이니 황제가 될 자격이 있다고 주장하면서
전쟁을 벌였어요. 이러한 다툼을 반복한 끝에
북쪽은 북방 유목 민족 중 하나였던 선비족이,
남쪽은 진나라가 다스리면서 남북조 시대가
되었어요. 이처럼 삼국 시대부터 남북조
시대까지 혼란스러웠던 때를
통틀어 '위진 남북조 시대'라
고 일컬어요.

중국 신화 속 상상의 동물, 기린

고구려가 무찌른 수나라

분열된 중국을 300년 만에 통일시킨 나라는 문제가 세운 수나라예요. 문제는 수나라를 개혁과 개방으로 이끌면서 수나라에 평화를 가져왔어요. 문제는 스스로 근검절약하는 모습을 보여 백성들의 사랑을 받았지요. 특히 문제는 토지에 대한 세금을 곡물로 받고 사람에 대한 세금을 노동력으로 받으며 특산품을 걷는 '조용조'라는 새로운 조세 제도를 만들었어요. 그래서 수나라의 국고는 튼튼해졌어요. 592년에는 세금을 걷지 않고 오히려 백성들에게 재물을 나눠 줄 정도였지요. 그러나 아버지 문제와 자신의 형을 죽이고 왕이 된 둘째 아들 양제가 황제가 되면서 상황은 달라졌어요. 양제는 성격이 포악하기로 유명했어요. 양제는 무리한 대운하 공사를 벌여 백성들을 힘들게 했어요. 또한 불만을 나라 밖으로 돌리기 위해 고구려와의 두 차례 전쟁을 벌였어요.

612년 1월, 수나라 양제는 고구려를 공격했어요. 그러나 고구려에는 용감한 군사들과 을지문덕 장군이 있었어요. 수나라 군은 을지문덕이 이끄는 고구려군을 쫓아가다가 지금의 청천강인 살수에 이르게 되었어요. 살수가 얕다고 생각하여 수나라 군은 살수를 유유히 건너고 있었지요. 그러나 사실 을지문덕이 둑을 쌓아 물길을 막아둔 탓에 물이 얕았던 거예요. 을지문덕의 명

수나라 때의 동전

령으로 둑을 터트리자 유유히 강을 건너던 수나라 군은 깜짝 놀
라고 말았어요. 무려 30만에 이르던 대군 중 대다수가 물에 빠져
죽고, 고작 2,700여 명만이 살아남았지요. 이것이 그 유명한 살
수대첩이에요. 만만하게 봤던 고구려에게 크게 당한 양제는 화
를 내며 제2차 원정을 계획했어요. 그러나 지방에서 반란이 일
어나, 고구려로 보냈던 군사를 급히 불러들여야 했지요. 양제는

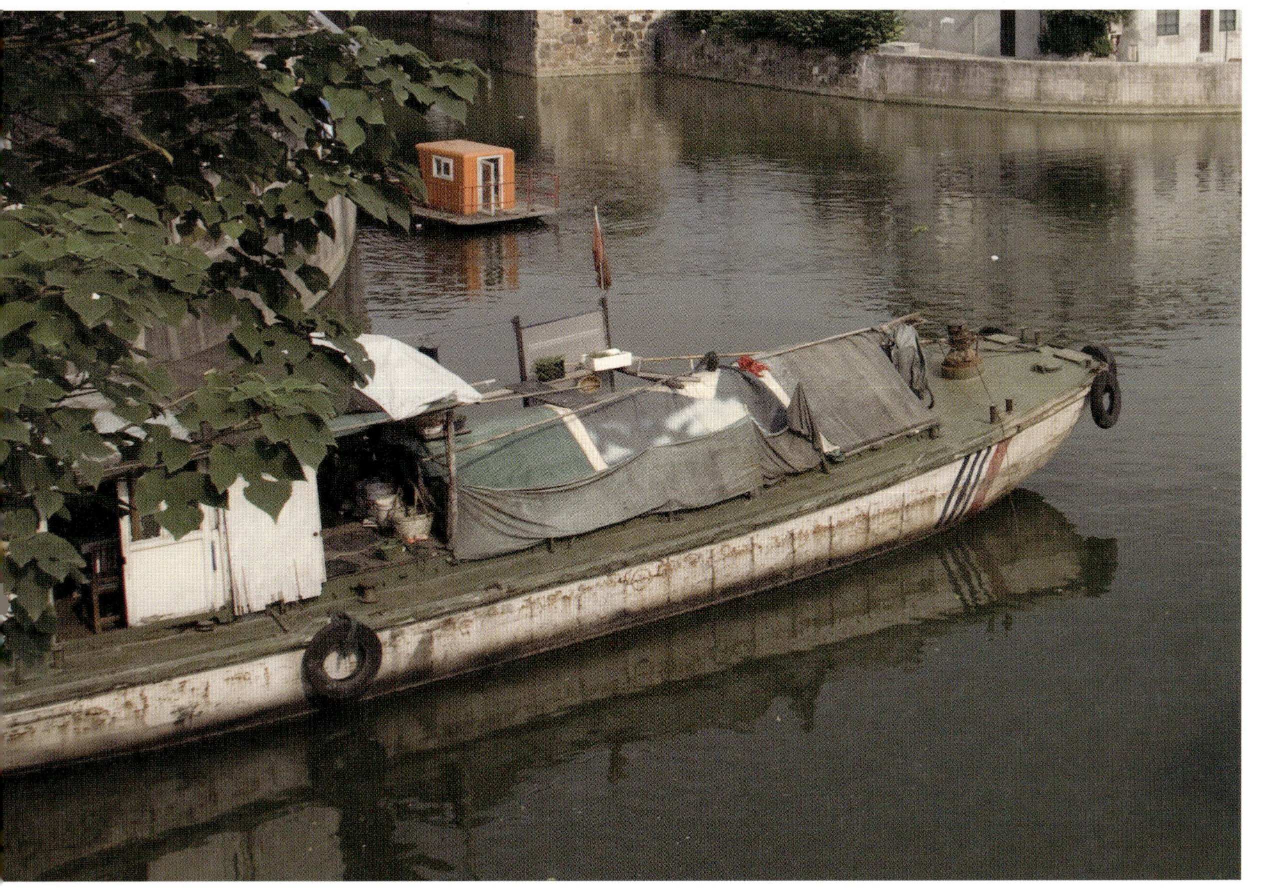

수나라 때 만든 대운하

제3차 원정을 계획했지만 또 실패로 끝나면서 수나라는 멸망의
길을 걷고야 말았어요. 문제는 300년 만에 중국을 통일시켰으
면서도 아들을 잘못 둔 탓에 단 38년 만에 거대한 제국을 망치고
만 거예요.

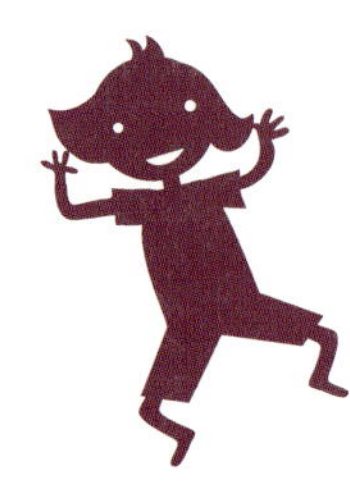

태평성대 당나라

618년, 이연이 수나라를 이어 중국을 통일하고 당나라를 세
웠어요. 이연의 뒤를 이은 당나라의 제2대 황제 태종은 제도를
정비하고 나라를 안정되게 했어요. 과거 제도를 통해 신분과 가
문에 상관없이 유능한 인재들을 뽑았으며, 강력한 중앙 집권 체
제로 평화를 가져왔어요. 그래서 23년 동안 태종이 다스린 시기
를 태종의 연호를 따서 '정관의 치'라고 부르고, 당 태종을 성군
으로 평가해요.

당 태종은 귀족들이 땅을 많이 차지하는 것을 막고 백성들에
게 골고루 땅을 나눠주는 균전제와 백성들이 군에서 근무할 때
에는 세금을 면제해 주는 부병제를 실시해 나라를 안정시켰어
요. 외부적으로는 주변 나라들과 활발한 외교를 맺고 몽골에 살
던 돌궐을 정복하여 중앙아시아로 진출하였지요. 또한 초원길을
통해 인도와 페르시아 문화를 많이 받아들였어요. 이후 8세기

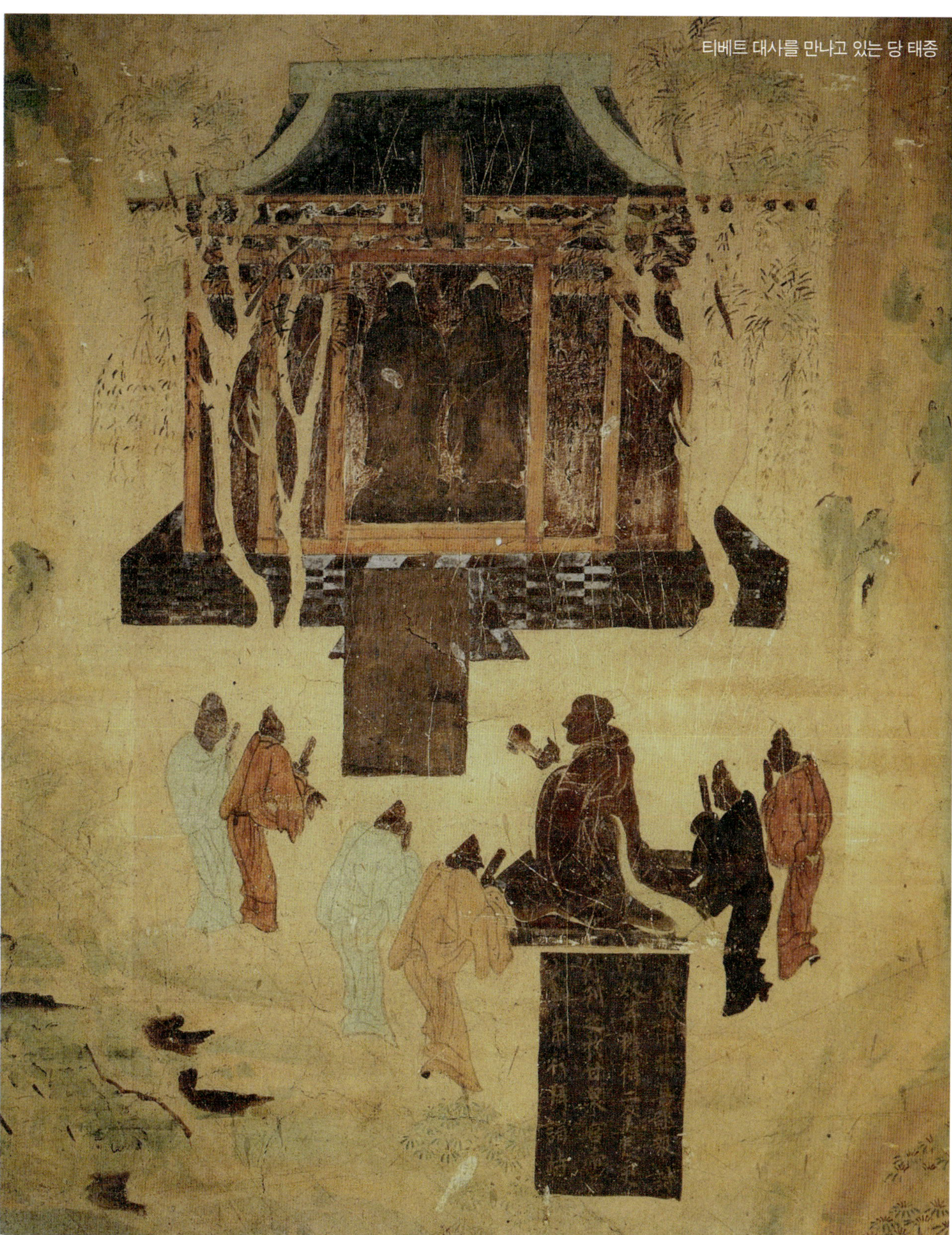

티베트 대사를 만나고 있는 당 태종

후반부터는 바닷길을 통해 신라, 발해, 일본, 이슬람 제국과도 활발한 무역 활동을 하였어요. 그래서 당나라의 문화는 국제적이면서도 화려한 귀족 문화라는 특징을 가지고 있어요.

특히 현종 때에는 태종의 뒤를 이어 '개원의 치'라는 말까지 나올 정도로 태평성대를 이어갔어요. 그러나 현종이 양귀비에게 푹 빠지면서 나라는 엉망이 되었어요. 백성들은 높은 물가로 고통에 빠졌지만 현종과 양귀비는 돈을 펑펑 쓰기만 했지요. 수많은 반란이 곳곳에서 일어나며 지방의 절도사 세력이 성장하였고, 중앙 정부에서는 신하들이 권력 다툼을 벌였어요. 결국 농민들이 반란을 일으켜 황소의 난이 일어났고, 당나라는 황소의 난을 진압한 주전충에게 멸망하고 말았어요.

성리학을 발전시킨 송나라

당나라를 이어 중국을 통일한 나라는 송나라였어요. 송나라는 960년 조광윤이 개봉에 수도를 정하고 세운 나라예요. 송나라는 세계 최초로 지폐를 발행하여 상업이 발전하였으며 유학과 서민 문화를 발전시켰어요.

송나라를 세운 태조 조광윤은 당나라가 귀족과 무인들 때문에 멸망했다고 생각했어요. 그래서 태조는 무인들의 세력을 약화시키기 위해 학문 중심의 문치주의를 내세웠어요. 태조는 백성들 중에서 과거 시험을 통해 뽑힌 사람들을 관리로 임명하였어요. 이들은 황제의 권한을 대행하는 사람으로 막강한 힘을 자랑하였는데, 이러한 소수의 엘리트가 나라를 다스리는 체제는 오늘날 중국에까지 영향을 미치고 있어요.

태조는 송나라를 괴롭히는 주변국 요나라와 서하를 막을 때에도 군사를 보내지 않고 매년 돈을 주어 이들을 달랬어요. 송나라의 재정은 어려워졌지만 평화를 돈으로 사는 송나라의 정책이 무작정 나쁘기만 한 것은 아니었어요. 송나라가 돈을 마련하는 과정에서 농업과 상업, 학문과 과학 등이 발달하게 된 거예요. 모내기법이 실시되면서 양쯔 강 유역을 중심으로 벼농사가 크게 발전했어요. 벼의 품종은 200여 종 이상으로 늘어났고, 생산량도 크게 늘었어요. 이에 남은 곡물을 팔기 위한 상업이 발달하면서 도시가 성장하였고, 도시의 상점에서는 온갖 물건들

문치주의가 발달한 송나라 때, 선비들은 유학을 열심히 연구하여 철학적인 체계를 갖춘 성리학을 탄생시켰어요. 성리학이 일어나기 전에는 불교와 도교가 유행해서 세속을 떠나 자유롭게 생활하는 것에 대한 동경이 있었어요. 성리학은 이를 반성하자는 차원에서 만들어져 현실 세계에 집중하고 우주가 어떻게 만들어졌으며 인간의 본성은 무엇인지 연구하였어요. 그러나 성리학은 중국 이외에는 모두 열등하다는 '화이사상'으로 이어졌으며, 유학을 배운 자만이 관리가 될 수 있다며 신분의 이동을 막았어요. 한편, 송나라의 유학자였던 주자가 성리학을 완성시켰다고 하여 성리학을 주자학이라고도 불러요. 성리학은 조선, 일본, 베트남에까지 전해져 많은 영향을 끼쳤어요.

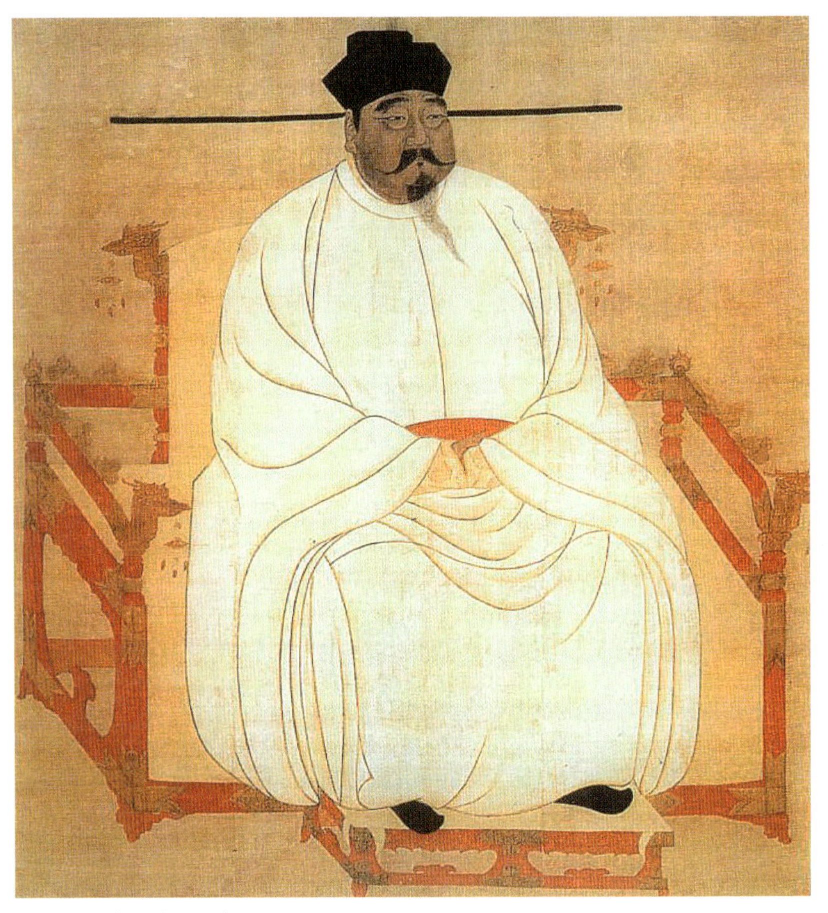

송나라를 세운 태조 조광윤

을 사고팔면서 수공업도 활기를 띠었어요. 도자기, 종이 등 우수
한 수공업 제품들이 쏟아지면서 다른 나라에서도 송나라의 물건
들을 사고 싶어 했어요. 이렇게 도시와 도시, 나라와 나라 간의
상업과 수공업이 활발해지자 동전의 사용량도 크게 늘어났어요.
결국 무거운 동전 대신 지폐가 등장하였어요. 이는 유럽의 지폐

보다 700년 앞선 것으로 송나라 때 얼마나 무역이 활발했는지 알 수 있어요. 이렇게 나라가 성장하자 여유가 생긴 서민들도 문화를 즐기기 시작하였고, 이들의 요구를 충족시키기 위해 소설과 희곡 등이 발전하였어요. 또한 사대부들은 학문을 크게 발전시켜 성리학까지 탄생시켰어요.

그러나 송나라의 주변국들은 점점 힘이 커져만 갔고, 전쟁을 막기 위해서는 계속해서 돈을 줘야 했어요. 제6대 황제인 신종은 왕안석을 통해 농민과 상인들의 경제 안정을 위한 개혁을 펼쳤어요. 그러나 왕안석의 개혁은 귀족들의 반대에 부딪혀 실패로 끝났지요. 또한 커다란 땅을 소유한 지주들이 행패를 부려서 나라가 혼란스러워졌어요. 여기에 북방 유목 민족인 거란의 요나라와 여진의 금나라가 성장하면서 송나라는 남쪽으로 도망가야만 했어요. 그런데 13세기 초, 송나라뿐만이 아니라 금나라까지 힘을 잃는 사건이 생겼어요. 바로 칭기즈 칸이 등장하였던 거예요.

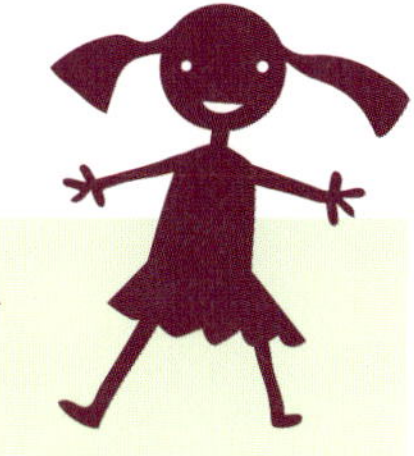

마르코 폴로와
『동방견문록』

원나라 때인 13세기 무렵, 마르코 폴로라는 이탈리아 사람이 원나라에 왔어요. 마르코 폴로는 원나라에서 벼슬을 얻고, 중국 생활을 경험할 수 있는 기회를 얻었어요. 마르코 폴로는 다시 이탈리아로 돌아와서 자신이 체험한 동방 여행담을 책으로 썼어요. 이것이 바로 『동방견문록』이에요. 『동방견문록』은 유럽에서 엄청난 인기를 얻으면서 서양인들에게 동방에 대한 호기심과 상상력을 불러일으켰어요. 콜럼버스도 이 책을 읽고 큰 감동을 받아 탐험가가 되기로 결심하였다고 해요.

칭기즈 칸의 후예가 세운 원나라

칭기즈 칸이 속한 몽골족은 원래 요나라와 금나라의 지배를 받는 민족이었어요. 그러나 칭기즈 칸의 등장으로 상황은 단숨에 역전되었어요. 칭기즈 칸은 몽골의 유목 민족들을 통일하여 힘을 기른 뒤에 금나라를 정벌하였어요. 또한 서역으로도 군대를 보냈어요. 그 후 칭기즈 칸은 중앙아시아를 정복했을 뿐만 아니라 러시아, 이라크, 카자흐스탄, 터키, 폴란드 등을 지배하면서 전 세계에 이름을 떨쳤어요. 몽골 제국은 서역을 정벌하면서 초원길과 비단길을 차지할 수 있었고, 그로 인해 동방 무역을 독점했지요.

한편, 몽골 제국의 제5대 칸이었던 쿠빌라이는 남송을 점령한 뒤 나라 이름을 원으로 바꿨어요. 원나라는 제1신분을 몽골인, 제2신분을 서역의 여러 민족 출신자인 색목인으로 두었는데, 이들이 지배 계급이었지요. 반면 중국의 대다수를 차지하고 있었던 한족은 피지배 계층이었어요. 이것이 바로 중국의 문화를 멀리하고, 한족을 억압했던 '몽골인 제일주의'에요.

또한 원나라는 송나라 때 발달한 조선술과 항해술을 이용하여 바닷길도 개척하였고, 동서 무역에서 많은 이득을 얻었어요. 뿐만

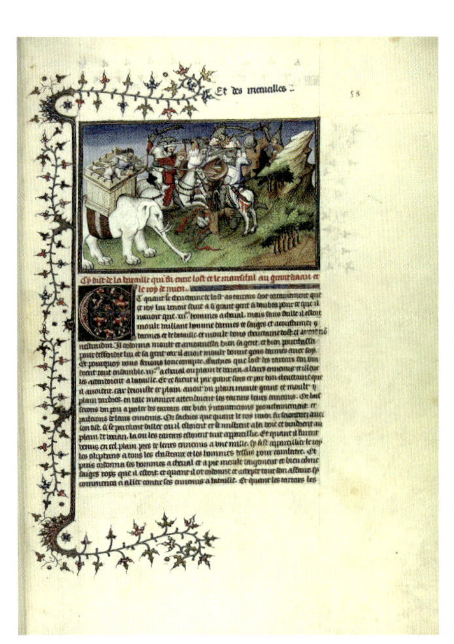

『동방견문록』의 한 페이지

54

경극

원나라 때 서민 문화는 발전을 거듭했어요. 특히 연극도 크게 발전
하였는데 그것을 '잡극'이라고 해요. 이 잡극이 발전하여 훗날 중국
인들이 즐겨 보는 '경극'이되었지요. 경극이란 노래와 춤과 연극이
혼합되어 있는 중국의 전통극이에요. 노래, 대사, 춤, 무술 등이 징
과 북으로 연주하는 음악과 잘 어우러졌기 때문에 인기가 많았지
요. 청나라 시절 경극 배우 중 가장 유명한 인물로는 매란방이 있어
요. 당시 여성은 무대 위에 올라갈 수가 없어서 남자가 여장을 해야
만 했어요. 매란방은 남성이었지만 화려한 외모와 아름다운 몸놀림
으로 여자 역할을 잘 소화해냈어요. 그래서 중국인 최초로 미국 연
극의 중심지인 브로드웨이까지 진출하여 공연을 하기도 했지요.

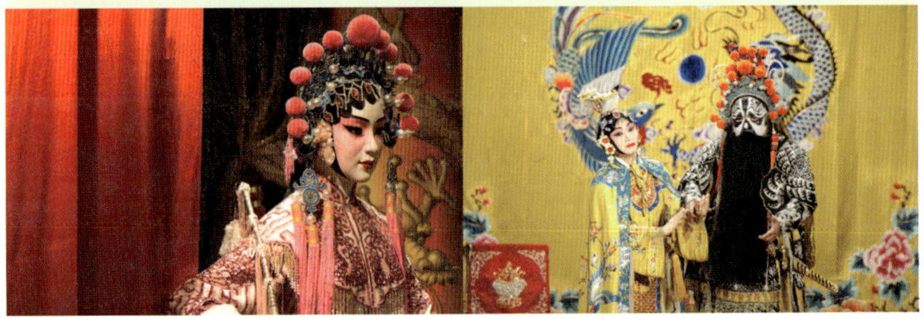

경극의 한 장면

아니라 적극적으로 외국 문화도 받아들여 국제적인 문화를 가질
수 있게 되었지요. 더불어 원나라는 서민 문화가 발달했어요. 도
시와 상업이 발전하면서 서민들의 경제력이 향상되었기 때문이
에요.

그러나 전 세계에 그 위엄을 떨쳤던 원나라도 90년 만에 멸망

하고 말았어요. 후계자 다툼을 둘러싼 갈등 때문이었어요. 또한 몽골인만 우대하였기 때문에 배척당하던 한족의 불만도 계속 커져 가고 있었어요. 여기에 원나라 왕실의 사치와 경제 정책의 실패 등으로 경제가 어려워지면서 전국에서 농민 봉기가 일어났어요. 그 대표적인 봉기가 머리에 붉은 수건을 매고 난을 일으켰다는 '홍건적의 난'이지요. 그중 가장 세력이 컸던 주원장이 명나라를 세운 뒤 원나라의 수도를 공격하였고, 이에 원나라를 다스리던 몽골인들은 다시 몽골 고원으로 쫓겨났어요.

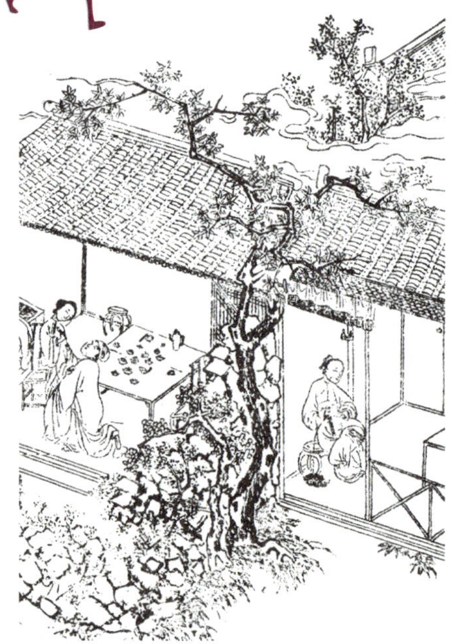

명나라의 장편 소설 『금병매』의 삽화

서민 문화가 싹튼 명나라

원나라가 내부 분열과 경제난으로 흔들리게 되자 몰락한 농민들이 봉기를 일으켰어요. 그중 주원장이 두각을 나타내면서 1368년 명나라를 건설하였어요. 명나라는 한족이 지배했던 중국으로 돌아가자는 '복고주의'를 내세웠으며, 이 개혁 과정에서 황제의 권력이 강화되었어요. 명나라의 최대 전성기는 제3대 성조 영락제 때예요. 영락제는 직접 대군을 이끌고 다섯 번이나 몽골 원정을 갔으며 베트남을 점령하고, 시베리아와 연해주, 중앙아시아, 인도차이나 등에 사절단을 보내 조공을 요구했어요. 그 뒤 영락제는 명나라의 발전을 세계에 알리기 위해 신하인 정화를 세계 여러 나라에 파견하였어요.

명나라는 상업을 억제하고 농업을 장려하였음에도 상업과 수공업이 크게 발전하였어요. 특히 자본가들은 수십 대의 기계로 옷감을 많이 생산했어요. 상공업의 발전으로 화폐 수단이었던 은의 사용도 늘어났지요.

명나라 문화의 가장 큰 특징은 서민 문화와 실용 문화예요. 경제의 발전으로 서민들의 경제가 안정되자 그들은 자신의 신분에서 벗어나기 위한 운동을 벌였어요. 이렇게 명나라 때에는 민중들의 의식이 크게 성장하였지요. 또한 상공업의 발전으로 사람들은 보다 실질적인 이득을 취하는 학문을 필요로 했어요. 한편, 국제 무역으로 가톨릭 같은 서양 종교와 대포 등의 과학 기술도 들어왔어요.

그러나 명나라의 왕실은 환관의 권력이 커

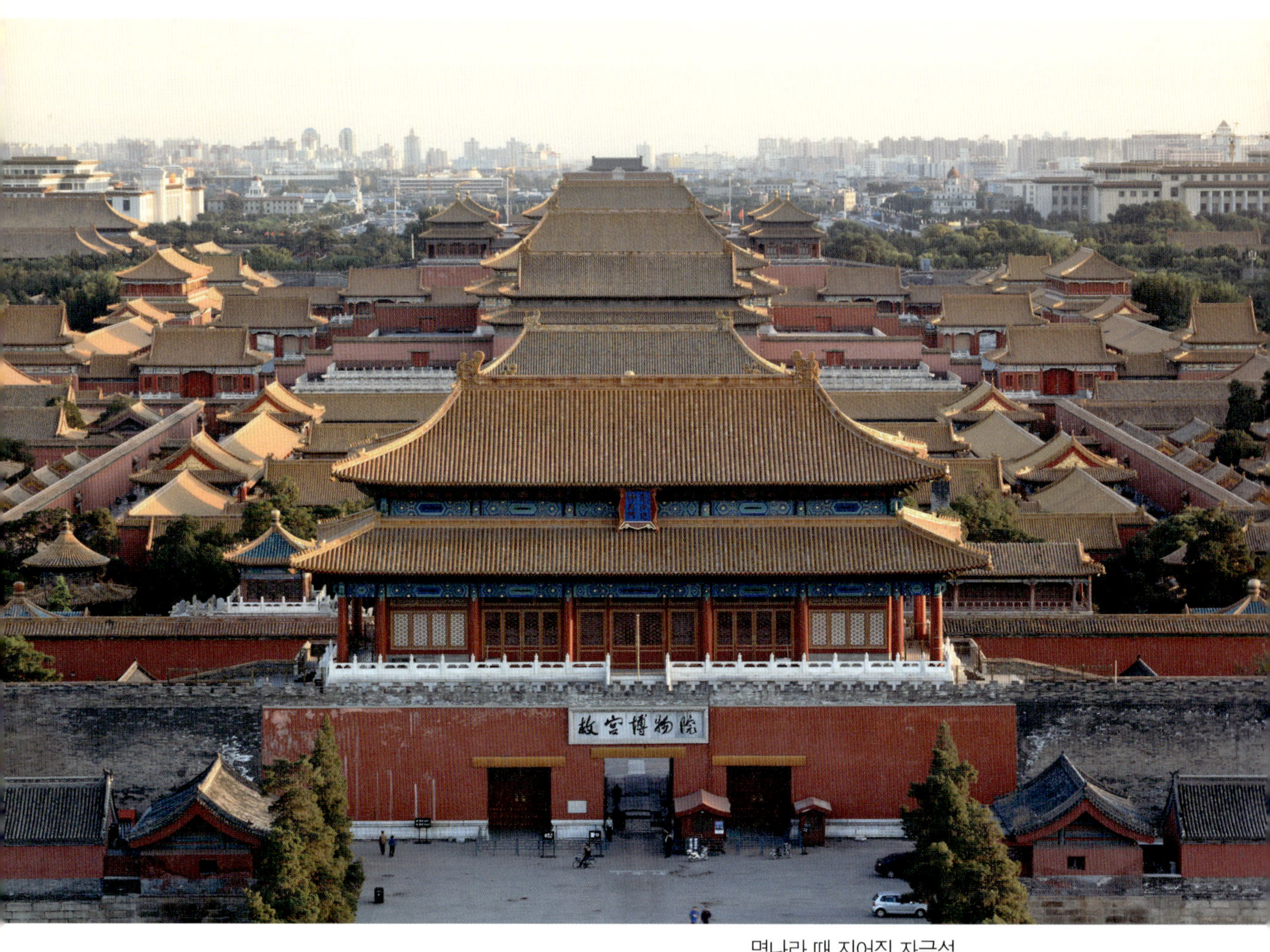

명나라 때 지어진 자금성

지면서 어수선해졌어요. 또한 북쪽으로는 몽골, 동쪽으로는 여진 족, 남쪽으로는 왜구가 명나라를 괴롭혔어요. 특히 조선에서 일 어난 임진왜란 때 왜군이 중국 땅에 들어오지 못하도록 조선에 군 대를 파견하면서 재정적인 어려움을 겪게 되었고, 황제의 권력이 점점 약해지자 지방의 관리들은 부정부패를 일삼았지요. 결국 참다못한 농민들은 봉기를 일으켜 베이징까지 함락하였어요. 결국 1644년 명나라는 마지막 황제 승정제가 자살을 함으로써 멸망하고 말았지요.

가장 오래 버틴 왕조, 청나라

원나라와 명나라에 의해 쫓겨났던 여진족은 부족들을 통합하면서 점점 힘을 키웠어요. 그들은 한때 송나라를 남쪽으로 몰아낼 정도로 힘이 강성했던 금나라의 영광을 되찾고자 나라 이름을 후금이라 하였어요. 1636년에는 청으로 이름을 바꾸었고, 1644년에는 명나라의 왕실이 멸망한 것을 기회로 삼아 중국을 지배할 수 있게 되었어요. 원나라가 90년 만에 멸망한 것에 비해 청나라는 295년 동안 유지되었어요. 이는 중국 역사상 가장 오랜 기간 동안 유지된 왕조이지요.

청나라가 오랫동안 중국을 지배할 수 있었던 것은 원나라처

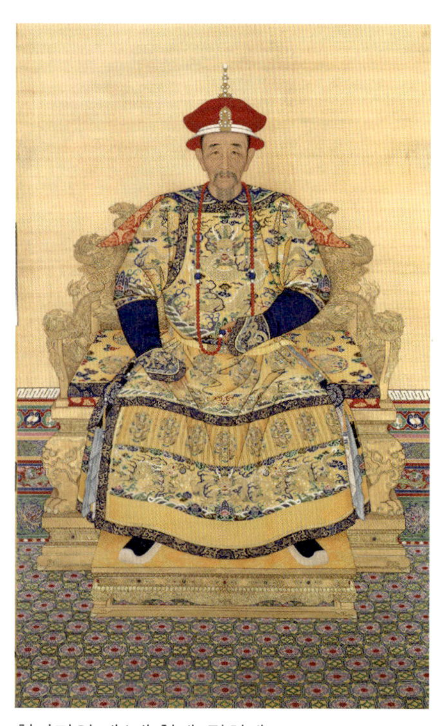

청나라의 제4대 황제, 강희제

럼 무조건 한족을 내치지 않았기 때문이에요. 청나라도 한족에게 변발과 만주식 옷을 입으라고 강요하고, 청나라를 나쁘게 말하는 책과 사람들을 철저히 억누르는 정책을 쓰긴 했어요. 그러나 과거 시험을 통해 한족을 관리로 임명하였고, 한족의 전통문화를 존중하였으며 세금 제도 개혁으로 백성들의 부담을 덜어 주기도 했지요. 특히 청나라를 크게 발전시킨 제4대 황제 강희제를 시작으로 130년 동안 청나라는 전성기를 맞이하였어요. 청나라는 만주, 티베트, 대만을 지배하고 시베리아까지 진출했을 정도로 그 위력을 자랑했지요.

그러나 18세기 후반 들어 부패로 정치가 혼란스러워지고, 대지주와 소작농 간의 차이가 심해지면서 고향을 버리는 백성들이 많아졌어요. 또한 자본가들은 수공업자들이 더 좋은 물건을 만들 수 있도록 지원해 주는 투자를 게을리하면서 수공업은 점점 쇠퇴해 갔어요.

게다가 이때 서양의 여러 나라들이 거대한 영토를 가진 청나라를 호시탐탐 노리고 있었어요. 이 와중에 청나라와 영국 간에 '아편 전쟁'이 일어났어요. 당시 청나라는 광둥에 있는 항구 하나만을 열어 영국과 무역을 하였어요. 영국에서는 중국의 비단과 차가 인기를 끌었기 때문에 영국은 많은 은을 주면서 청나라 물건을 계속 사들였어요. 그러나 청나라는 영국으로부터 살 물건이 없다며 팔기만 했어요. 결국 무역을 할수록 영국만 손해를 보았지요. 이에 영국은 수출을 하기 위해 청나라에 아편을 팔았어

청나라 황성의 남쪽 문인 천안문

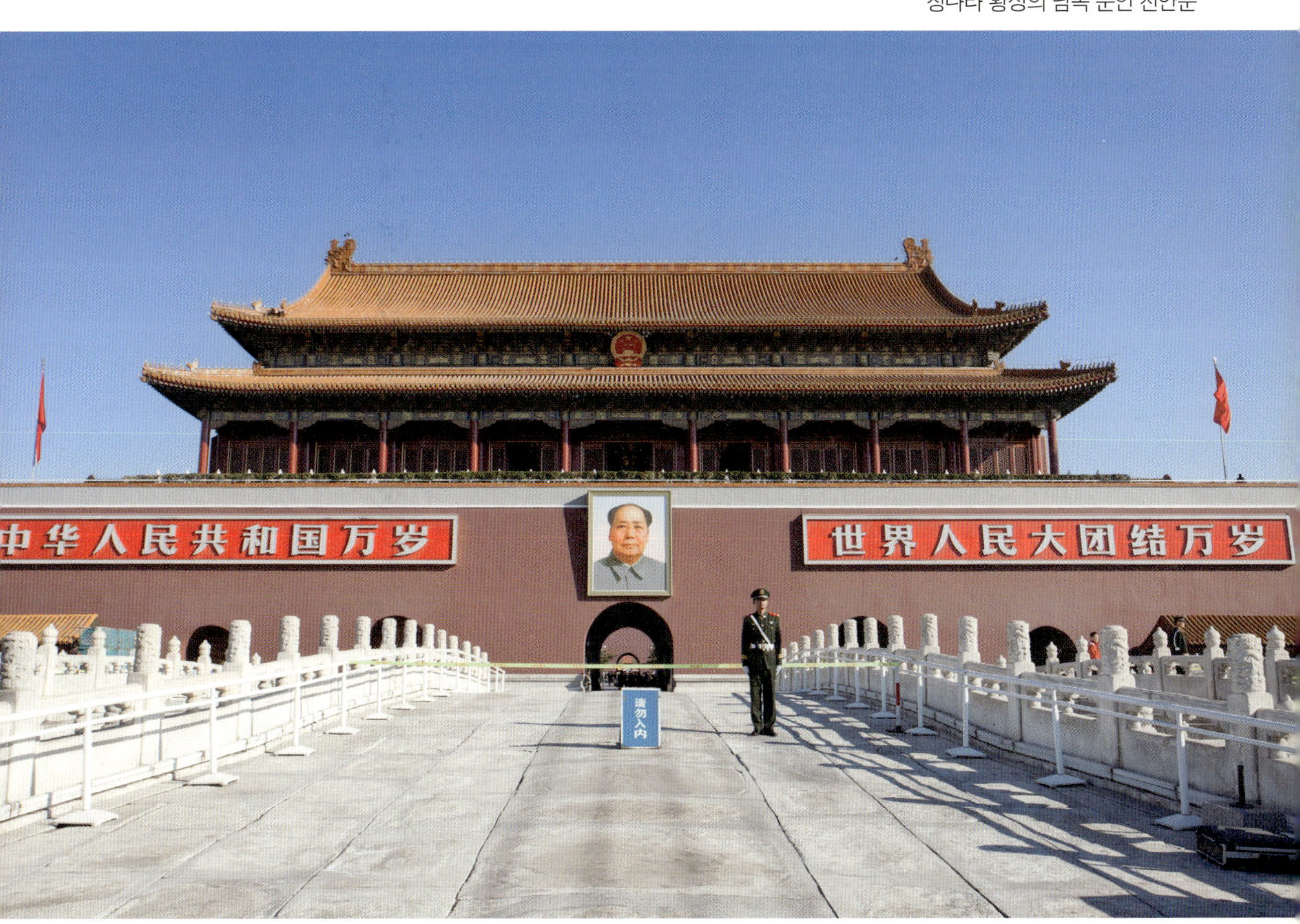

요. 아편이란 양귀비 열매로 만든 약물이에
요. 그러나 아편은 중독성이 강한 마약이었
기 때문에 청나라에서는 심각한 사회 문제가
나타났어요. 이에 청나라에서는 아편 2만 상
자를 모두 거두어들였는데, 그 양이 너무 많
아 불태우는 데만 한 달이 걸렸어요. 또한 영
국의 상인들에게 또다시 청나라에 아편을 팔
경우 사형을 시키겠다는 서명을 요구하였어
요. 영국 상인들이 이를 거절하자 청나라는
영국 상인들을 제대로 대접하지 않았고 영국
상인들은 화가 난 채 영국으로 돌아갔어요.
영국은 영국의 물건인 아편을 마음대로 불태
우고 아편을 판 영국 상인들을 처벌한 중국
의 행동을 문제 삼아 1840년 6월 중국을 공격하였어요. 이것이
바로 아편 전쟁이에요. 청나라는 영국의 최신식 군함과 대포에
아무 힘도 쓰지 못한 채 항복했어요. 결국 청나라는 영국에게 아
편을 불태운 것에 대한 사과와 배상을 하고, 홍콩까지 넘겨주었
지요.

　청나라는 영국과의 아편 전쟁을 계기로 다른 아시아 국가들
처럼 서양 강대국에게 간섭을 받기 시작했어요. 중국인들은 개

혁을 주장하는 농민 운동인 '태평천국운동'을 일으켜 저항했지만 실패로 끝났지요. 중국인들은 긴 역사를 지닌 중국이 식민지가 되는 길을 걷는 것에 분노했어요. 하지만 청나라가 일본과의 전쟁에서도 패배하면서 청나라는 땅만 크고 힘은 없는 이빨 빠진 호랑이가 되어 버렸지요. 서양 강대국들은 청나라의 광산권 등 이득이 되는 각종 권리들을 빼앗아 갔어요. 결국 중국의 민중들이 나서 저항 운동을 벌였고, 쑨원과 위안스카이가 청의 마지막 황제인 선통제를 왕위에서 물러나게 함으로써 300년 동안 이어진 청 왕조는 역사 속으로 사라졌어요.

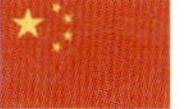 중화 인민 공화국의 시작

서양 강대국의 세력에 밀린 중국은 광산과 철도에 대한 권리를 모두 서양에 빼앗겼어요. 청나라는 양무운동, 의화단운동 등을 벌이며 여러 가지 개혁을 시도하고 서양 강대국에 대한 저항 운동을 벌였어요. 그러나 모두 실패로 끝나고 말았지요.

이때 중국의 정치가인 쑨원이 1912년 10월에 혁명을 일으켰어요. 한 달 만에 열세 개의 지역 세력이 쑨원의 혁명에 참여하고 청나라로부터 독립을 선언하였어요. 이것을 '신해혁명'이라고 불러요. 이 소식은 전국으로 퍼져 나갔고 대부분 지역에서도 혁

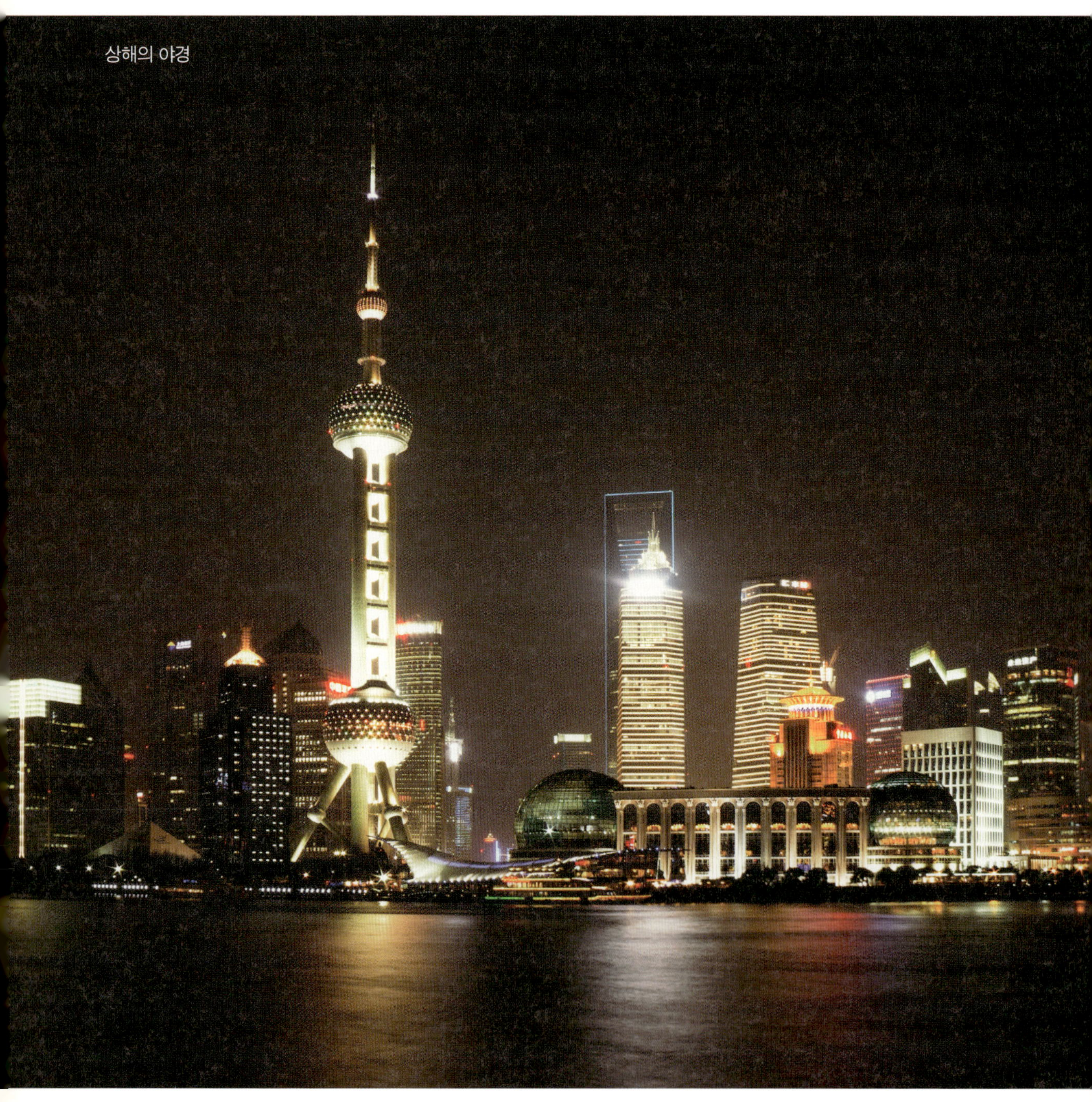

상해의 야경

명에 참여했어요. 결국 1912년 1월 1일, 쑨원은 새 나라를 세우고 나라 이름을 중화 인민 공화국으로 정했어요. 이렇게 진나라 때부터 황제 중심으로 나라를 다스렸던 군주제가 막을 내리고, 중국 역사상 최초의 공화정이 세워졌어요.

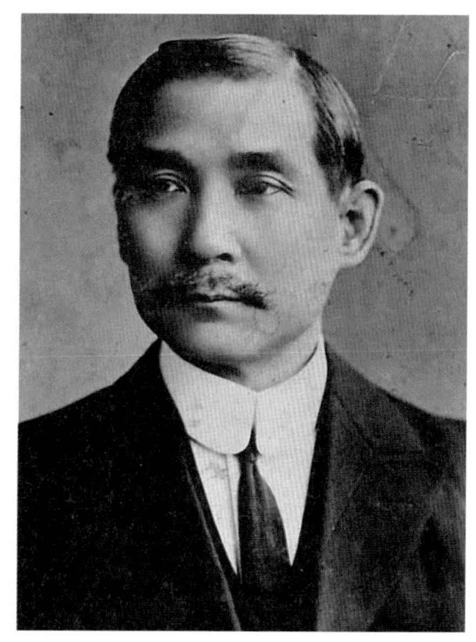

중화 인민 공화국을 세운 쑨원

그러나 중국은 내부에서 '공산당'과 '국민당'으로 나누어졌어요. 공산당은 나라가 발전하려면 노동자와 농민이 힘을 키워야 한다고 여기는 당이었고, 국민당은 자본가들이 힘을 키워야 하는 것을 중요하게 여겼어요. 두 당은 의견이 좁혀지지 않아 결국 전쟁을 벌였어요.

처음에는 장제스가 이끄는 국민당이 이기는 듯 했으나, 곧 마오쩌둥이 이끄는 공산당이 넓은 중국 땅을 차지했어요. 장제스는 약 250만 명의 사람들을 이끌고 섬으로 가서 대만을 세웠어요. 이 때문에 아직까지도 중국과 대만의 사이가 좋지 못하지요.

이후 중국은 잠시 주춤했지만 1990년대 이후 무서운 속도로 발전해서 오늘날에는 미국과 어깨를 나란히 할 정도로 힘을 키웠어요. 지금도 계속해서 가파른 성장세를 기록하며 세계 경제의 중심으로 나아가고 있어요. 그러나 소수 엘리트들만이 나라

중국을 이끈 문학가, 루쉰

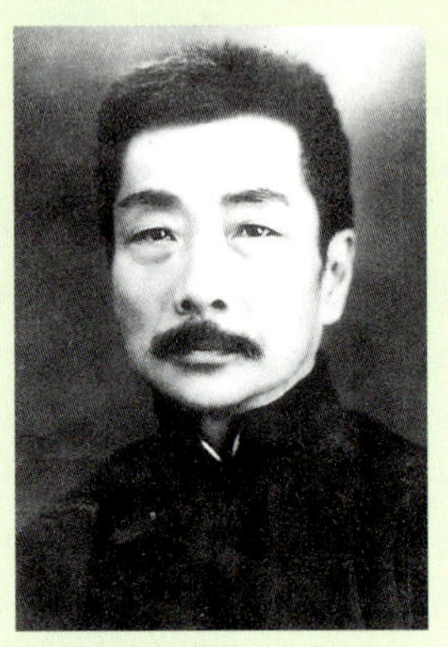

사상가이자 문학가인 루쉰

원래 루쉰은 의사를 꿈꾸던 사람이었어요. 그러나 일본 유학 시절 루쉰의 인생을 통째로 바꾸는 사건이 발생했어요. 어느 중국인이 스파이로 몰려 공개 처형을 당하는 데도 중국인들은 웃기만 하고 있었던 거예요. 이에 충격을 받은 루쉰은 중국인들을 깨우치겠다고 결심한 뒤 글을 쓰기 시작했어요. 특히 루쉰은 사람들이 일상생활에서 쓰는 말로 글을 써서 많은 사람들이 친숙하게 글을 읽을 수 있게 했어요. 그렇게 쓴 루쉰의 대표 작품으로는 「광인일기」, 「아큐정전」 등이 있어요. 루쉰의 작품은 오늘날까지도 중국을 넘어 세계적으로 사랑을 받고 있어요.

를 움직이며 민주화를 억누르고, 고작 0.4퍼센트의 중국인이 부의 70퍼센트를 독점하고 있을 정도로 빈부 격차가 심하다는 문제를 안고 있어요.

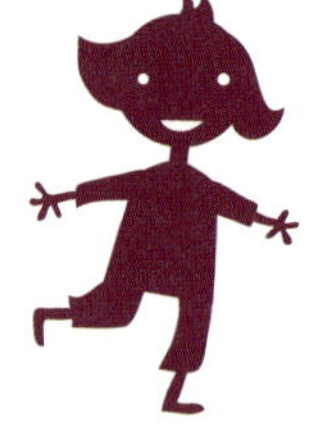

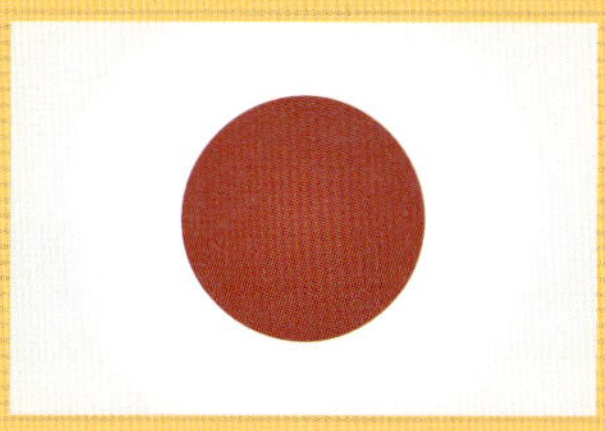

일본 이야기

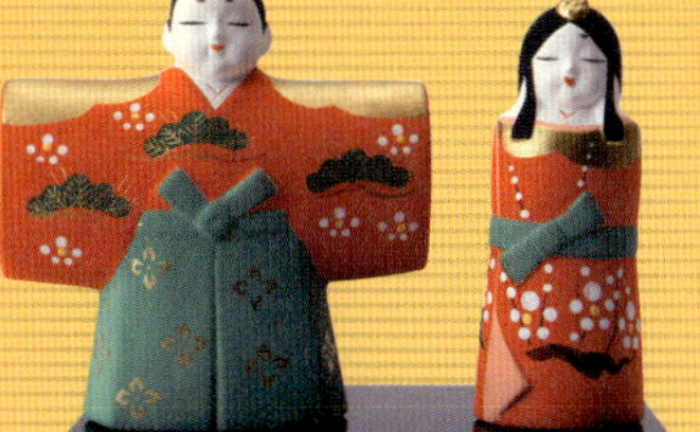

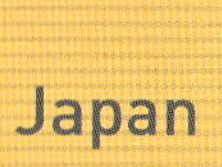

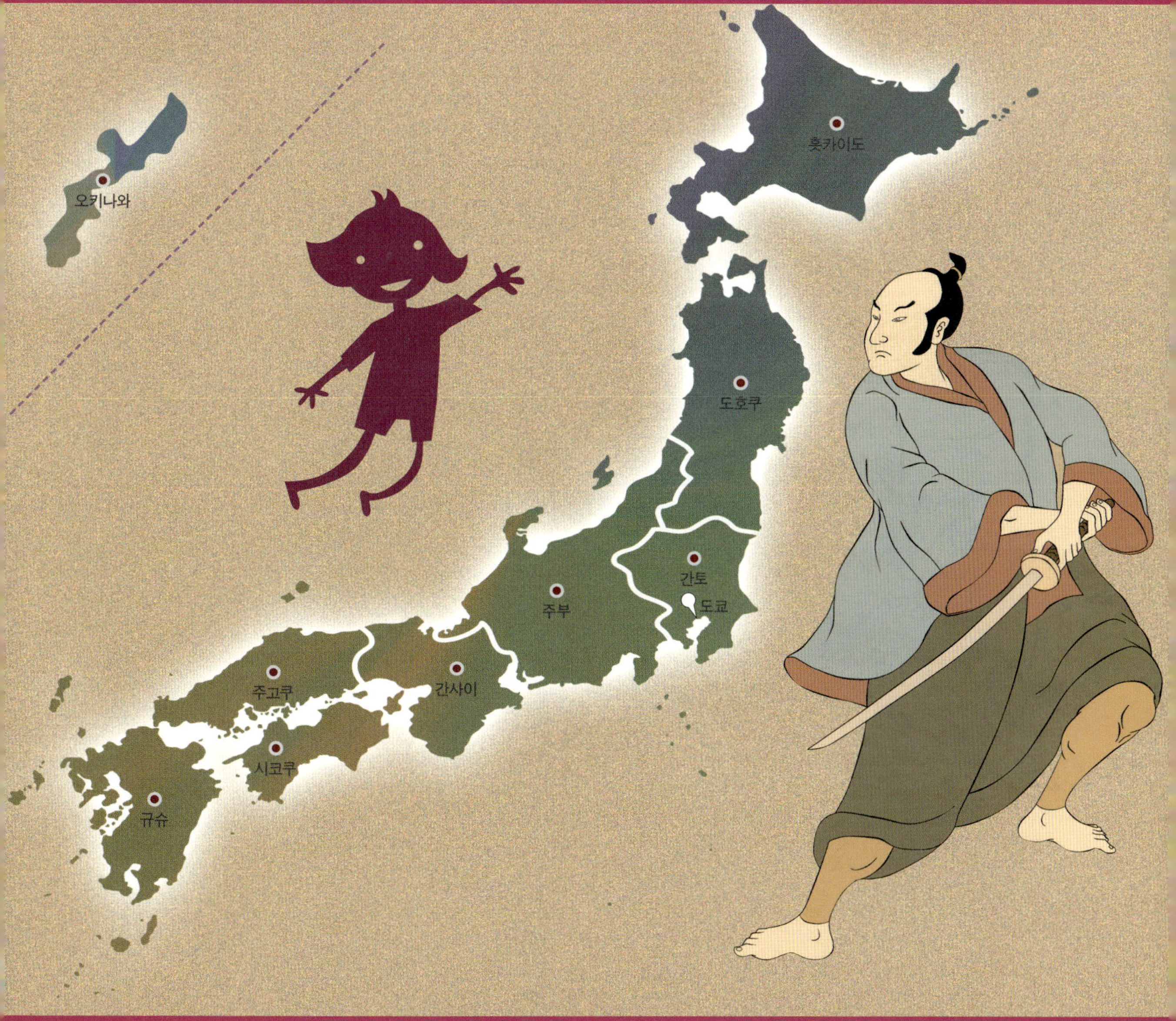

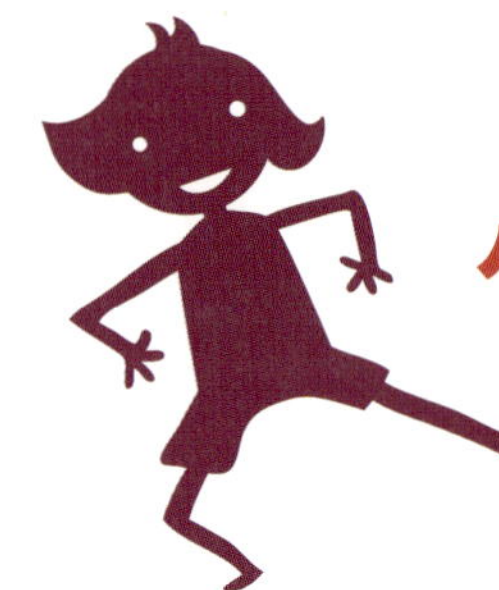

사무라이의 혼이 깃든 섬나라

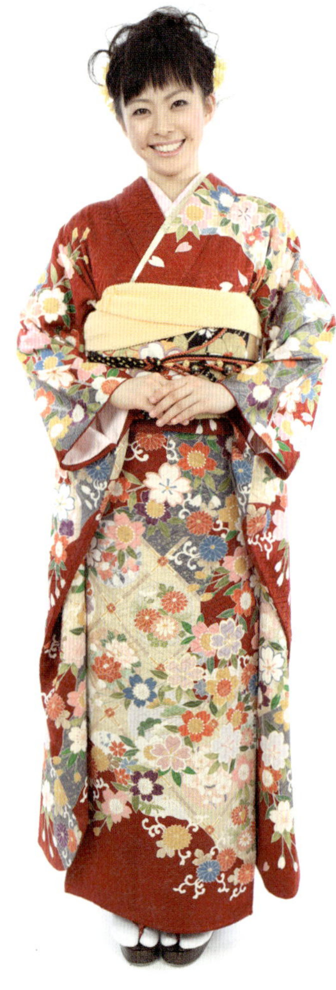

일본의 전통 의상인
기모노

작지만 부유한 섬나라

일본은 태평양에 있는 네 개의 큰 섬을 중심으로 이루어진 나라예요. 홋카이도, 혼슈, 시코쿠, 규슈 등 큰 섬과 주변 여러 개의 작은 섬들로 이루어져 있지요. 일본은 면적 순으로는 세계 61위로, 크지 않은 나라예요. 하지만 인구는 1억 3,000여 명에 달해서 세계에서 열 번째로 많아요. 그리고 농업과 공업, 전자 산업이 발달하여 세계에서 다섯 손가락 안에 들어가는 경제 대국이자 선진국이지요. 세계에서 가장 평균 수명이 긴 나라이기도 해요.

일본 사람들은 개인보다 집단을 더 중시해요. 그래서 어릴 적부터 다른 사람에게 피해를 주는 일은 절대 하지 말라고 교육 받으며 자라지요. 집단에게 피해를 주지 않으려고 하다 보니 시간 약속을 잘 지키고 부지런해요. 또한 다른 사람에게 무언가를 받으면 반드시 보답을 해야 하지요. 그러다 보니 상대방에게 직접적으로 말을 하지 않고 말을 돌려서 하거나, 본심을 숨기는 문화가 만들어졌어요. 이렇듯 일본인들은 겉으로 말하는 것과 속마음이 달라서 외국인들은 일본 사람들을 잘 이해하지 못하고 답답해하기도 해요.

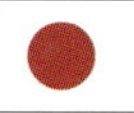 건국 신화와 천황

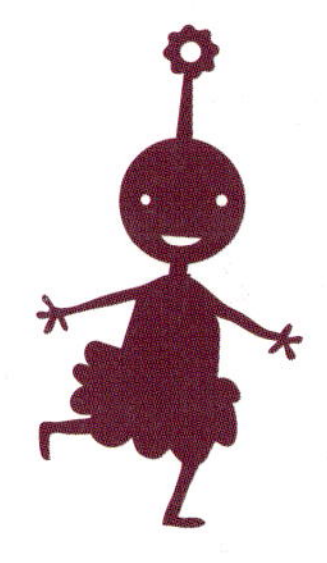

일본은 태양신의 손자가 일본에 내려와서 나라를 세웠다는 건국 신화를 가지고 있어요. 그래서 일본이란 나라 이름의 뜻도 '태양신이 보호하는 곳'이라는 의미가 있지요. 서양인들은 중국을 통해서 일본을 처음 알게 되었는데 당시 중국은 일본을 '지펀'이라고 부르고 있었어요. 그래서 서양은 중국인들의 발음을 따라 일본을 '재팬(Japan)'이라고 부르기 시작하였고 오늘날에도 그렇게 부르고 있지요.

한편 일본은 자신들의 왕을 하늘이 보낸 황제라는 뜻으로 천황이라고 불렀어요. 일본은 시대에 따라 정권이 여러 차례 바뀌기도 했지만 왕의 혈통만큼은 끊이지 않고 이어졌어요. 19세기 중엽에는 권력을 행사하던 사무라이가 물러나고 그동안 상징적으로 있던 왕이 권력을 행사하게 되었어요. 특히 19세기 메이지

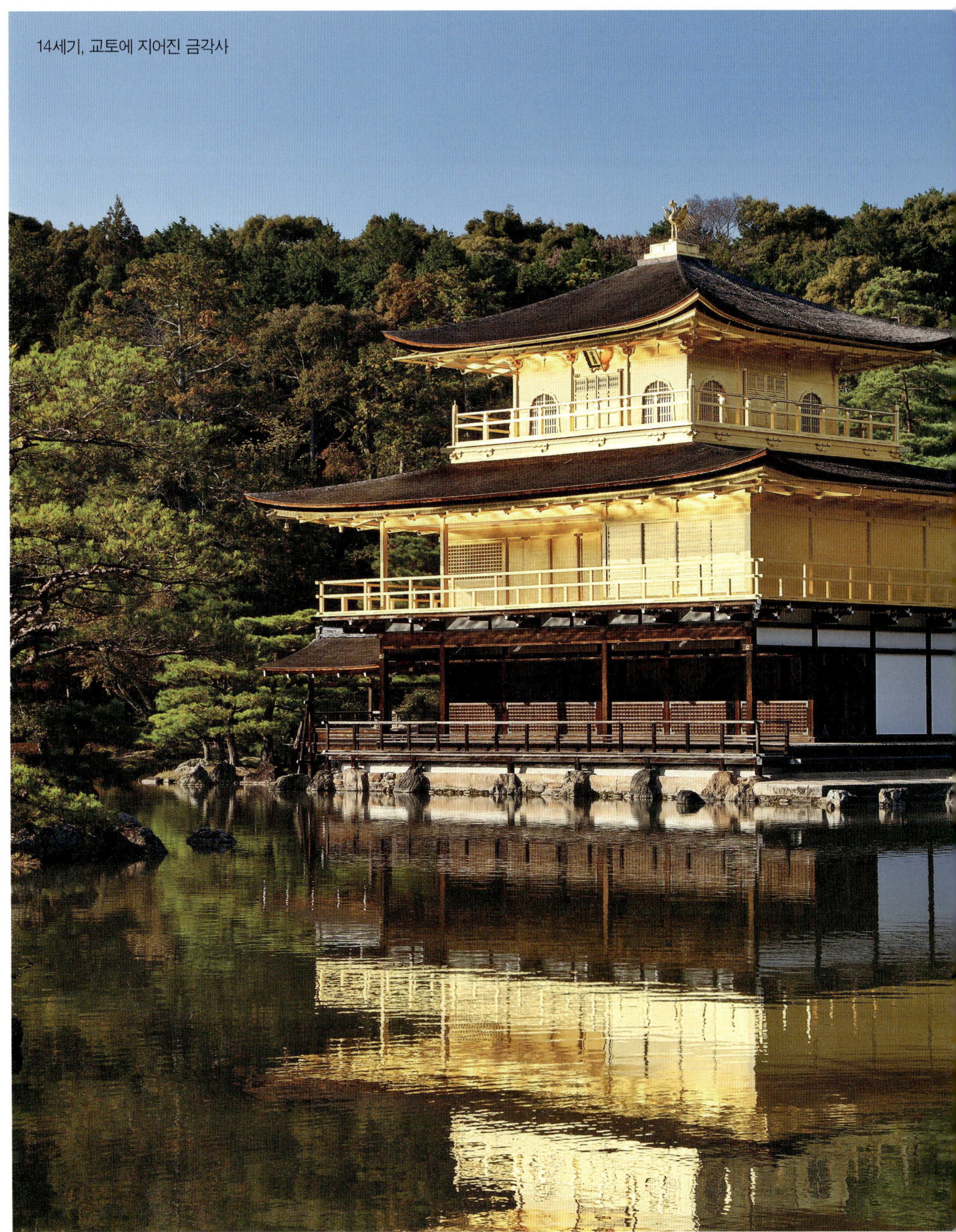

14세기, 교토에 지어진 금각사

시대 이후, 일본은 일왕을 중심으로 뭉치기 시작했고 일왕은 다시 강력한 권위를 가지게 되었어요. 제2차 세계 대전 이후, 일본은 입헌 군주제 국가로 총리와 국회의원들이 나라를 다스리게 되었지만 일왕은 여전히 일본의 상징적인 존재로 남아 있어요. 건국 신화를 단순히 과거의 이야기가 아닌 현재를 이어가는 끈으로 생각하고 있는 거예요. 그래서 일왕은 신으로 여겨지며 우러러 공경하는 대상이 되고 있어요. 특히 연도를 나타내는 연호는 생활 곳곳에서 사용되고 있을 정도예요. 현재 일본은 헤이세이라는 연호를 쓰고 있어요.

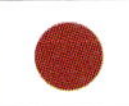 애니메이션의 천국

일본에서는 만화가 인기가 매우 많아서 만화 산업이 발전했어요. 만화책이 100만 부 넘게 팔리고, 만화 속 캐릭터들도 많이 만들어지고 있지요. 우리가 알고 있는 도라에몽이나 헬로 키티 같은 캐릭터들도 모두 일본에서 만들어진 것이에요. 만화는 대개 어

일본은 다른 아시아 국가들과 마찬가지로 중국의 영향을 많이 받았어요. 그러나 당나라의 세력이 기울기 시작하자 더 이상 중국으로부터 본받을 것이 없다고 생각하였지요. 그러면서 기존의 문화를 바탕으로 일본 고유의 문화를 창조해 내는 국풍 문화가 나타났어요. 그중 가장 대표적인 것이 가나 문자예요. 가나 문자는 히라가나와 가타가나로 이루어진 일본의 문자예요. '가짜 언어'란 뜻을 가진 가나 문자에 알 수 있듯이 한자를 변형해서 만든 글자이지요. 가나 문자가 만들어지면서 일본은 자신들만의 언어로 일본인만의 감정을 보다 풍부하고 정확하게 표현할 수 있게 되었어요.

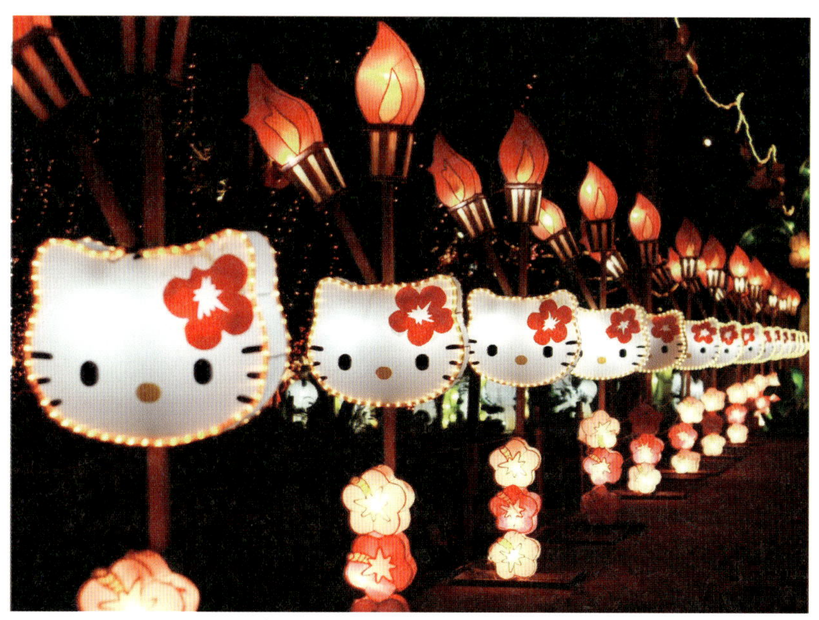

일본에서 탄생한 캐릭터인 헬로 키티

린이만 보는 것이라고 생각하는 우리나라와 달리, 일본에서는 아침 출근길 전철에서도 만화책을 읽고 있는 어른들을 자주 볼 수 있어요.

일본 만화의 영향을 받거나 이를 원작으로 삼아 애니메이션도 많이 만들어졌어요. 일본은 서양의 애니메이션과는 다른 독특한 세계를 만들어 나가며 애니메이션 강국이 되었지요. 현재 전 세계에서 방영되는 애니메이션 가운데 약 60퍼센트가 일본에서 만들어진 것이라고 해요. 이처럼 인기가 많은 애니메이션을 바탕으로 게임이나 캐릭터 상품 등 여러 가지 산업도 발전하게 되었어요.

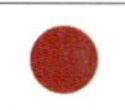 일본의 3대 영웅

일본의 역사 중에 지금의 일본을 만들어 낸 세 사람의 영웅이 있는데 지금까지도 일본 사람들에게 사랑받고 있어요. 그 세 사람은 오다 노부나가, 도요토미 히데요시 그리고 도쿠가와 이에야스예요.

오다 노부나가는 일본 통일의 기반을 세운 무사였어요. 오다 노부나가는 형제들로부터 목숨을 지키기 위해 어릴 적부터 바보인 척 행동했어요. 그러나 계획적이면서도 과감한 행동가였던 오다 노부나가는 뛰어난 전술을 바탕으로 지방의 관리인 다이묘들을 차례차례 정복했지요. 오다 노부나가는 11년에 걸친 싸움 끝에 드디어 일본 통일을 눈앞에 두었어요. 그러나 1582년, 부하의 배반으로 스스로 목숨을 끊고 말았지요.

도요토미 히데요시는 우리에게는 임진왜란을 일으킨 원수이지만 일본에서는 영웅이라고 해요. 도요토미 히데요시는 미천한 출신으로 오다 노부나가의 신발을 담당하던 사람이었어요. 그러나 추운 겨울, 오다 노부나가의 발이 시릴까 봐 그의 신발을 가슴에 품어 따뜻하게 데운 일을 계기로 총애를 받기 시작했지요. 이후 오다 노부나가가 죽자 복수를 하겠다며 군사를 일으켰고,

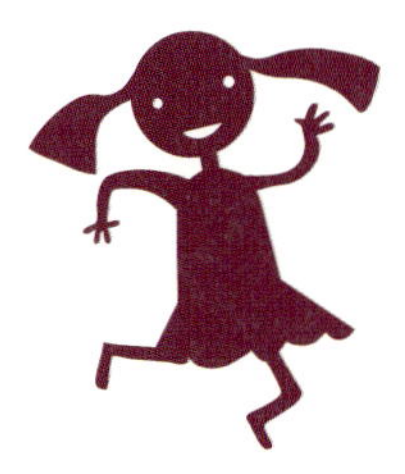

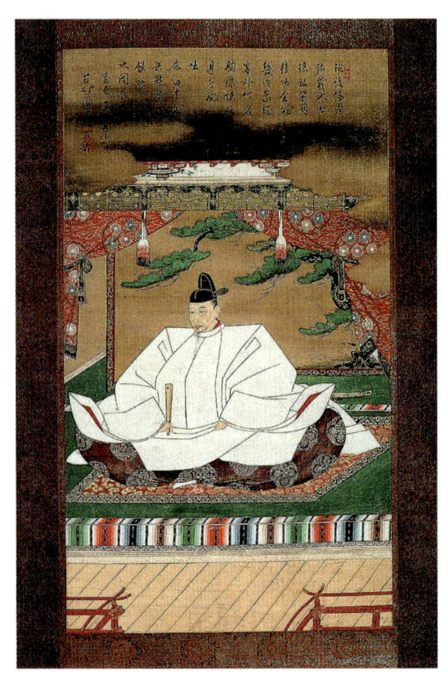
일본의 3대 영웅 중 한 사람인 도요토미 히데요시

경쟁자들을 굴복시켰어요. 결국 1590년, 도요토미 히데요시는 일본을 통일하였어요. 그러나 이 과정에서 부하들에게 상으로 줄 땅이 부족하게 되자 조선을 침략하게 되었어요. 바로 이것이 1592년 일어난 임진왜란이었어요. 그러나 조선은 끈질기게 저항했고 그는 꿈을 실현시키지 못한 채 1598년 8월에 병으로 죽었어요.

도쿠가와 이에야스는 어릴 때부터 오다 노부나가와 이마가와 가문의 인질로 잡혀 살았어요. 도쿠가와 이에야스는 가족들이 죽임을 당하고, 아내와 아들도 죽여야만 하는 불운한 삶을 겪었지만 때를 기다릴 줄 아는 인물이었지요. 그는 도요토미 히데요시에게 고개를 숙이기도 했지만 결국은 세키가하라 전투에서 승리함으로써 265년간 이어지는 에도 막부를 여는 인물이 되었어요.

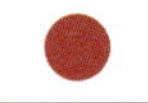 일본의 기원과 야마토 시대

일본 열도에 사람이 살기 시작한 것은 20만 년 전에서 10만 년 전부터라고 추측하고 있어요. 빙하기 때만 해도 우리나라와 중국, 일본은 모두 붙어 있었어요. 이때 사람들이 먹을 것을 찾아 일본 땅까지 가게 되었어요. 그러나 약 1만 2,000년 전, 빙하기가 끝나면서 일본과 대륙은 떨어지게 되었어요. 얼음이 모두 녹으면서 바닷물이 많아져 해수면이 높아졌기 때문이에요.

신석기 시대를 지나 일본에서 농사를 짓기 시작한 것은 기원전 4세기경이에요. 한반도에서 건너온 농업 문화를 통해 쌀을 재배하고, 토기를 만드는 등의 문화를 만들기 시작했지요. 이때를 바로 '야요이 시대'라고 해요. 야요이 시대에는 농업 생산력이 높아지고 남는 작물을 저장하게 되면서 빈부의 격차가 생겨나고 신분의 높고 낮음이 생겨났어요. 이렇게 한곳에 살기 시작하면서 사람들은 더욱 많은 땅을 차기하기 위해서 싸움을 벌이게 되었지요.

기원전 3세기 말, 서로 많은 땅을 가지기 위해 100여 개의 작은 나라가 치열하게 싸움을 벌였어요. 그중 가장 힘이 셌던 데가 야마토 정권이었어요. 그래서 이때를 '야마토 시대'라고 해요. 야마토 정권은 중국에 사신을 보내 하나의 나라임을 인정받고 백제로부터 불교, 천자문 등의 문화를 받아들이며 힘을 키웠어요. 5세기에

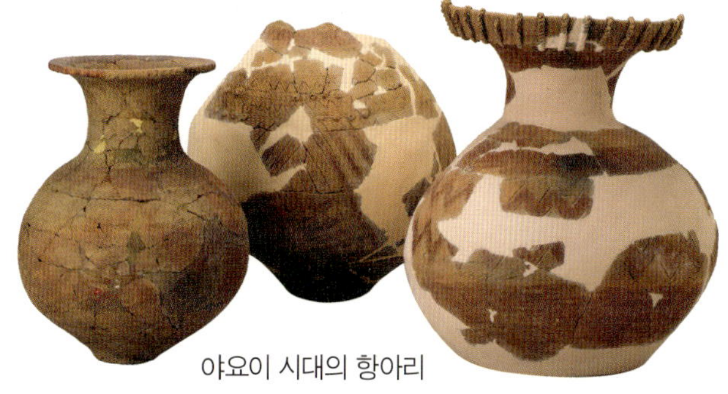

야요이 시대의 항아리

는 일본의 대부분을 지배하게 되었고, 7세기까지 전성기를 자랑했지요.

　야마토 정권은 중앙에서만 세력을 떨치고 있었기 때문에 지방에서는 호족끼리 치열한 싸움이 벌어지고 있었어요. 당시 가장 힘이 셌던 호족은 모노노베 가문과 소가 가문이었어요. 두 가

7세기 초에 쇼토쿠
태자가 세웠다고
전해지는 호류사

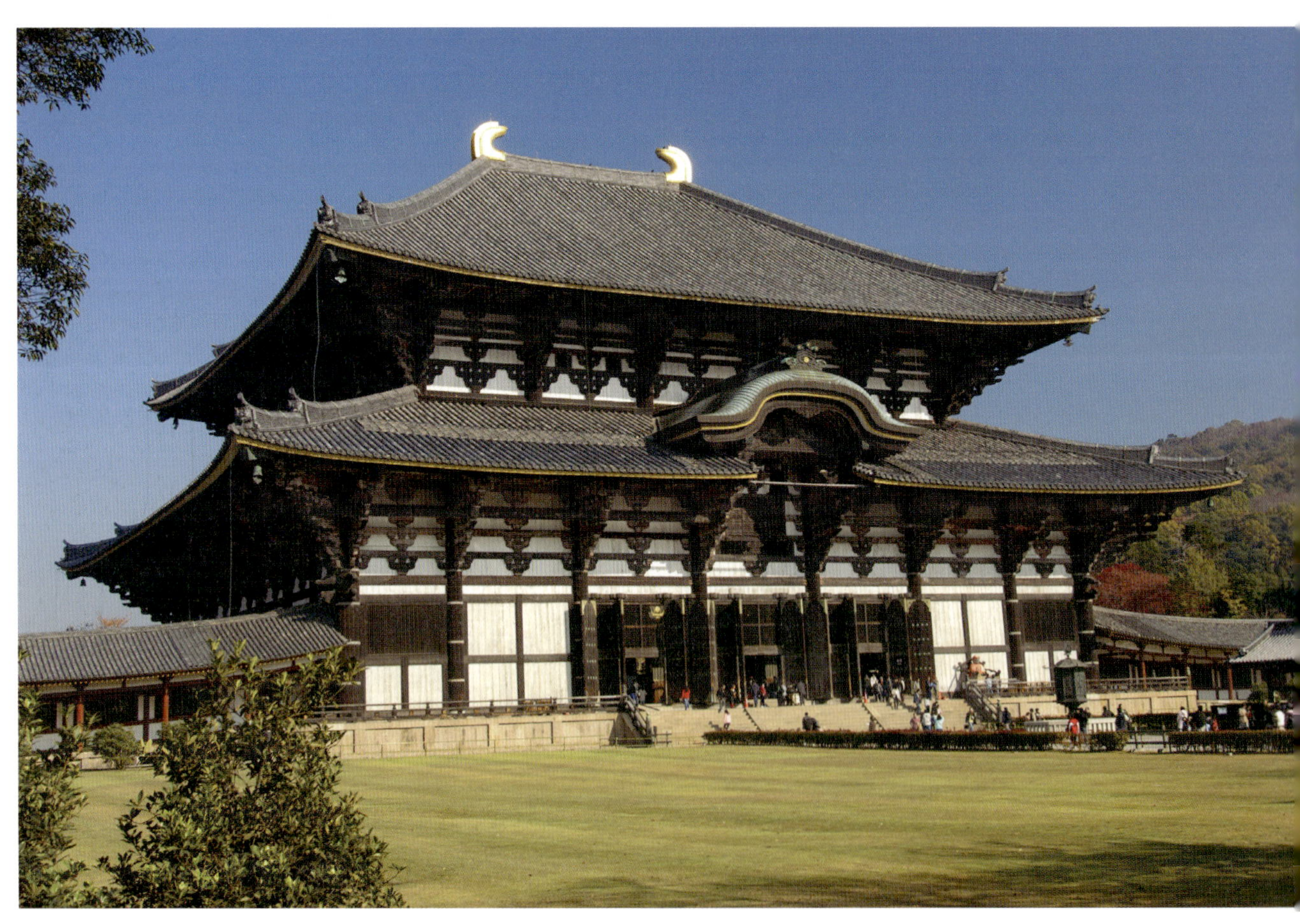

문은 불교를 받아들이는 문제를 두고 치열한 다툼을 벌였어요. 결국 불교를 받아들이자는 소가 가문이 승리하였고 나중에 소가 가문은 힘이 점점 강해져 왕까지 죽이게 되었어요.

이런 혼란을 바로 잡은 사람이 바로 쇼토쿠 태자예요. 쇼토쿠 태자는 여러 곳에 절을 지으면서 불교를 전파하였지요. 이처럼 일본의 불교와 이와 관련된 문화가 발전하면서 '아스카 문화'를 만들어 냈어요. 또한 중국의 수나라와 당나라의 정치·토지 제도를 받아들여 645년 강력한 중앙 집권화를 이루었어요. 더불어 모든 토지를 국가 소유로 하여 백성들에게 나누어 주었지요. 이후에 등장한 천황이 율령 제도를 실시하면서 법을 바탕으로 나라를 다스리기 시작했어요. 이때 나라의 이름도 일본이라 하였으며 왕도 천황이라 부르게 되었지요. 이렇게 왕권을 강화하고, 나라의 기틀을 세워 갔어요. 하지만 개혁 과정에서 땅을 빼앗긴 호족들의 불만이 점점 커져 갔어요. 또한 귀족들에게 땅을 빼앗긴 백성들의 고통도 심해졌지요.

쇼토쿠 태자는 6세기 후반, 일본 고대 국가의 틀을 세운 왕이에요. 쇼토쿠 태자는 불교를 받아들이고, 알리는 일에도 적극적이었어요. 그래서 이때 불교문화가 번성하였어요.

특히 쇼토쿠 태자는 우리나라와 관련이 많아요. 쇼토쿠 태자의 스승은 고구려의 승려 혜자와 백제의 승려 혜총이었어요. 그래서 일본의 불교문화는 우리나라의 불교문화와 비슷한 점이 많아요. 또한 쇼토쿠 태자는 불교를 중심으로 토착 종교인 신도와 유교의 좋은 점을 모아 하나의 새로운 사상을 만들어 냈어요. 이렇게 문화를 발전시킨 쇼토쿠 태자는 지금까지도 성덕 태자로 불리며 칭송받고 있지요.

나라 시대와 헤이안 시대

모든 법이 자리를 잡기 시작하자 왕과 신하 등 계급 간의 질서도 자리를 잡았어요. 그래서 왕의 힘은 더욱 세져만 갔지요. 왕은 더욱 자신의 권위를 높이고 싶어 했어요. 이때 당나라의 황실 규모를 보고 놀란 일본은 당나라를 따라 하기로 했어요. 그래서 710년에 겐메이 왕이 수도를 나라로 옮기면서 '나라 시대'를 열었어요.

나라 시대에는 권력이 중앙으로 집중되어 왕의 힘이 강했어요. 백제와의 교류가 활발하게 이루어져 발전된 문화를 받아들이기도 했지요. 그러나 중앙 정부와 지방 정부 간의 갈등이 일어나고 나라가 큰 사업을 벌이면서 농민들의 고통이 심해지고, 나라는 어수선해져 갔어요.

이러던 중 간무 왕은 혼란스러운 나라 분위기를 다잡기 위해 교토 부근으로 수도를 옮겼어요. 그러나 갑가지 천황의 가족들이 죽기 시작하면서 괴담이 퍼졌어요. 결국 간무 천황은 794년, 다시 수도를 헤이안으로 옮기면서 '헤이안 시대'를 열었지요. 헤이안 시대는 가마쿠라 막부가 세워질 때인 1185년까지 약 390년간 지속되었어요.

헤이안 시대 초기에는 수도를 옮기고 왕

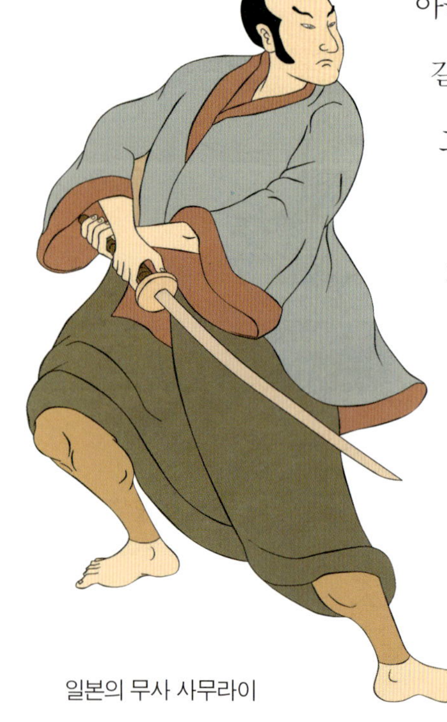

일본의 무사 사무라이

의 통치가 잘 이루어지면서 사회가 안정되었어요. 그러다 보니 인구가 늘어났고, 점점 농사 지을 땅이 부족하게 되었어요. 결국 정부에서는 쓸모없는 땅을 농지로 일구면 그 땅을 개인 소유로 해 주겠다고 말했어요. 가난한 백성을 위해 만든 제도였지만 이득을 본 것은 지방의 호족들이었어요. 호족들은 농기구와 노동력이 풍부했기 때문이지요. 대다수의 백성들은 땅이 없어 호족들의 농지를 빌려 농사를 짓는 소작인이 되고 말았지요.

시간이 지나면서 귀족, 승려들의 세력이 커지고 나라가 혼란스러워졌어요. 여기저기서 반란이 일어나고 도적들이 설치기 시작했어요. 중앙 정부는 어지러운 지방으로부터 세금을 많이 걷기 위해 관리를 보냈어요. 이에 지방 호족들은 자신들보다 아래 계급이었던 중소 지주들을 이용하여 맞서 싸웠어요. 중소 지주들이 땅을 지키기 위해 무기를 들면서 무사 계급으로 변했으니, 이들이 바로 일본을 지배한 새로운 계급인 '사무라이'였어요.

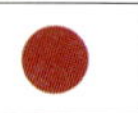 ## 무사의 전성기, 막부 시대의 시작

　12세기 헤이안 시대에 전성기를 자랑했던 귀족들의 세력은 내분을 겪으며 세력이 약해졌어요. 이 틈을 타서 무사들은 중앙으로 진출하고 세력을 점점 키워 갔지요. 그중 다이라 가문이 무사 계급 최초로 정권을 잡았어요. 그러나 관직에 친인척만 앉히는 등 정치를 제대로 하지 않았어요.

　이에 미나모토노 요리토모가 힘을 모아 1192년, 다이라 가문을 멸망시켰어요. 이후 요리모토는 '가마쿠라 막부'를 탄생시키고 '쇼군'이라 불리게 됐어요. 이때부터 약 150년간을 가마쿠라 시대라고 해요. '막부'란 원래 군대 지휘관이 있던 천막을 말하는데, 일본에서는 쇼군이 실질적인 통치권을 가지는 무인 정권을 뜻해요. 가마쿠라 막부 때부터 나라를 다스리는 것은 쇼군이고, 일왕은 권력을 빼앗긴 채 상징적인 의미만 가지게 되었어요.

가마쿠라 막부의 무사들은 단결을 가장 중요시하고 영주의 명령에 무조건 따랐어요. 무사들은 항상 무예를 닦고 적들의 침입을 막기 위해 주변을 한눈에 살필 수 있는 높은 성을 쌓았지요. 전쟁으로 살기 어려웠던 교토는 막부 정권이 안정기에 들어서자 다시 예전의 번성했던 도시의 모습을 회복했어요. 그래서 교토에서 가마쿠라까지

가마쿠라 막부의 문장

도로가 정비되고 해상 교통도 발달하였지요.

　그러나 가마쿠라 막부는 원나라의 침입으로 흔들리기 시작했어요. 원나라는 1274년과 1281년 두 차례에 걸쳐 일본을 공격했지만 실패했어요. 하지만 일본도 이 전쟁 준비 때문에 무사들과 백성들이 큰 고통을 겪었어요. 결국 가마쿠라 막부가 약해진 틈을 타 전국 각지에서 무사들이 일어나 속속 힘을 합쳐서 1333년 가마쿠라 막부를 무너뜨리고 말았어요.

　가마쿠라 막부가 무너지면서 다시 일왕이 힘을 얻는 듯했어요. 그러나 무사 다카우지가 왕을 배신하여 무사 정권을 세우니, 이것이 바로 '무로마치 막부'였어요. 무로마치 막부는 약 240년간 지속되며 평화로운 시기가 이어졌어요. 한편 다카우지에 밀린 일왕은 나라로 몸을 피해 자신만의 정권을 세웠어요. 그래서 사람들은 무로마치 막부를 북조, 일왕의 정권을 남조라고 불렀지요. 이때를 남북조 시대라고 해요. 하지만 60년 뒤, 북조의 쇼군이었던 요시미츠와 남조의 고무라카미 일왕이 합의를 보면서 일본의 통일을 이루었어요.

중국인들은 오래 전부터 일본인들의 몸집이 왜소하다고 하여 '왜'라고 불렀어요. 여기에 도적을 뜻하는 '구'가 합쳐진 말이 '왜구'예요. 즉 왜구란 일본인 해적이라는 뜻이에요. 왜구는 특히 14세기 때 심하게 해적질을 했어요. 명나라까지 가서 해적질을 했을 정도이지요. 명나라는 무로마치 막부에게 왜구를 단속해 달라고 하며 그 대가로 일본과의 무역을 허락하였어요. 무로마치 막부는 명나라와 무역을 하게 되면서 많은 돈을 벌어들였어요.

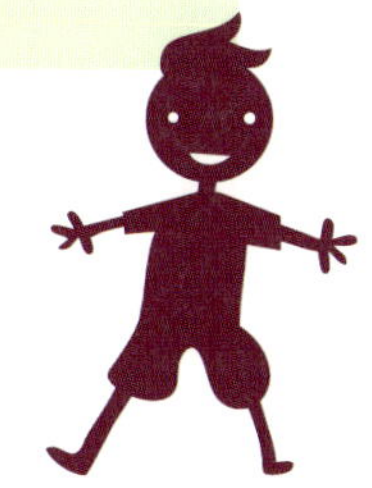

무로마치 시대에는 가마쿠라 시대 이전에는 볼 수 없었던 하층 농민, 상인들의 사회 진출이 가능하게 되었어요. 그래서 민중들이 크게 활약할 수 있었지요. 난리가 계속 일어나던 시대였지만, 기술이 향상되면서 농업과 공업이 발전하고 생산도 늘면서 유통이 활발해졌어요.

무로마치 막부는 '다이묘'라는 지방 관리를 통해 지방을 다스렸어요. 이렇게 성장한 다이묘는 쇼군보다 힘이 커지게 되었고, 나중에는 중앙 정부로부터 독립을 하였어요. 결국 1467년에 일어난 '오닌의 난'을 계기로 여기저기서 다이묘들이 권력을 잡기 위해 들고일어나면서 혼란스러운 센고쿠 시대가 열리게 되었지요.

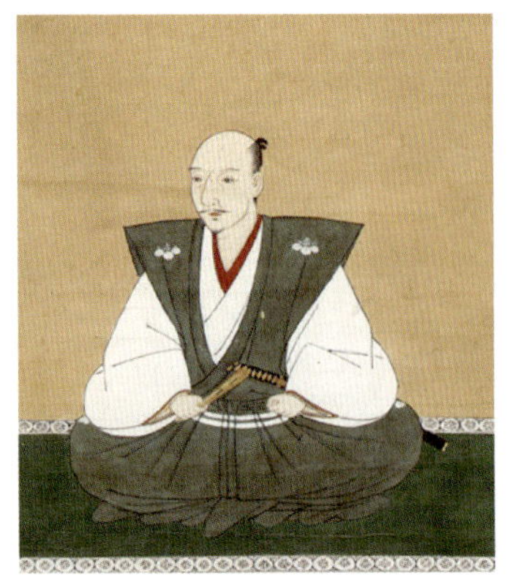 영웅이 탄생한 센고쿠 시대

센고쿠 시대는 15세기 중반부터 17세기 초까지 정치, 사회가 불안정하고 내란이 계속되었던 시기예요. 한자를 그대로 읽어서 전국 시대라고 부르기도 해요.

오닌의 난이 일어나며 여기저기서 다이묘들이 일어나고 전쟁이 퍼져 나갔어요. 전쟁이 계속되면서 무로마치 막부는 더더욱 약해졌어요. 다이묘들

일본을 통일한 오다 노부나가

은 능력에 따라 권력을 뺏고 빼앗았어요. 능력 있는 신하들이 영주의 자리를 뺏는 일도 빈번히 일어났어요.

무로마치 막부 말기, 쇼군보다 세력이 커진 다이묘들 사이에서도 가장 힘이 강했던 사람은 오다 노부나가였어요. 노부나가는 차례차례 다이묘들을 정복하면서 일본 통일을 완성시켜 갔어요. 그러나 부하 장수의 배반으로 스스로 목숨을 끊고 말았지요.

노부나가의 뒤를 이은 사람은 그의 부하인 도요토미 히데요시였어요. 도요토미 히데요시는 경쟁 상대였던 도쿠가와 이에야스를 지방으로 내쫓고 일왕으로부터 막대한 권력을 물려받았어요. 그래서 1590년에 일본의 통일을 완성시켰지요. 이후 욕심은 더욱 커져서 도요토미 히데요시는 우리나라와 중국 땅까지 차지하고 싶어 했어요. 그래서 결국 1592년에

오사카 성은 구마모토 성, 나고야 성과 더불어 일본에서 유명한 3대 성 중 하나예요. 도요토미 히데요시는 일본을 통일한 후 권력을 과시하기 위해 10만 명을 동원하여 오사카 성을 짓기 시작했어요. 이후 오사카 성은 벼락을 맞고 전투를 거치며 파괴되었지만, 1997년에 고쳐 지어서 많은 사람들이 찾고 있어요.

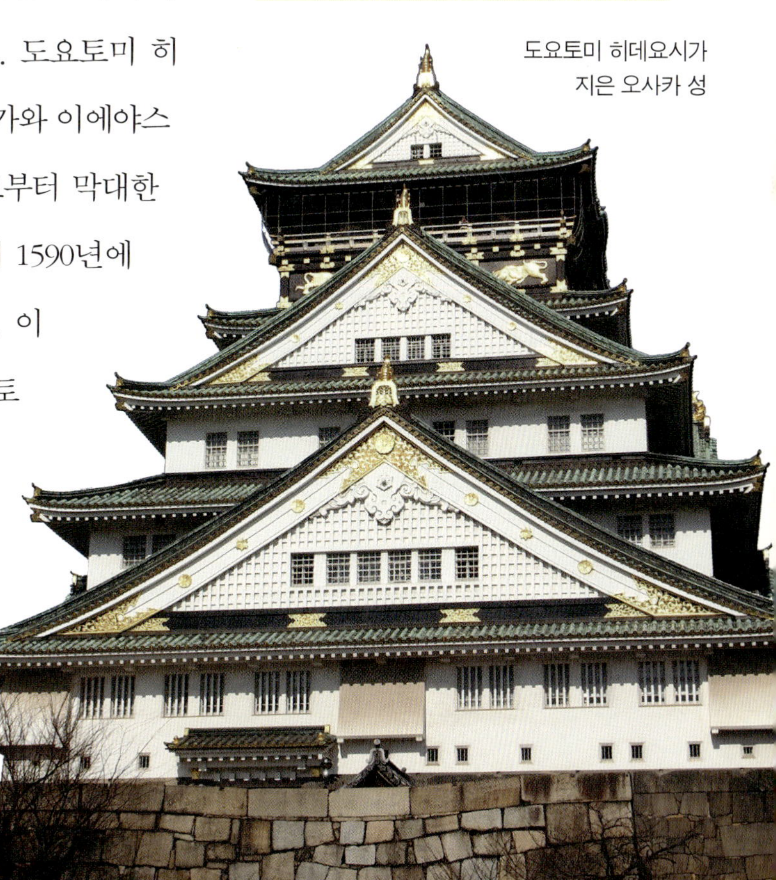

도요토미 히데요시가
지은 오사카 성

조선에 쳐들어와 임진왜란을 일으켰지요. 그러나 조선은 그렇게 만만한 상대가 아니었어요. 조선은 처음에 계속 패배했지만 저항을 멈추지 않았고 이순신 장군이 왜군들을 크게 이기기도 했어요. 결국 1598년에 도요토미 히데요시가 병으로 죽으면서 그가 일으킨 임진왜란도 끝이 났지요.

도요토미 히데요시가 죽자 그의 권력을 이어받은 것은 경쟁 상대였던 도쿠가와 이에야스였어요. 1600년, 도쿠가와 이에야스는 천하를 둔 전투라는 뜻의 '세키가하라 전투'에서 승리하면서 일본 전체를 자신의 손에 넣게 되었지요. 그 후 1603년 에도 막부를 세우면서 센고쿠 시대는 끝이 났어요.

에도 막부를 세운 도쿠가와 이에야스

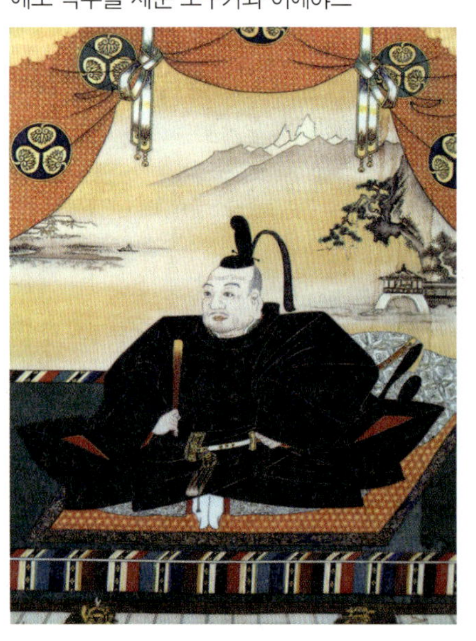

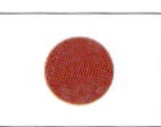 평화를 찾은 에도 시대

에도 시대는 도쿠가와 막부가 정권을 잡은 17세기 초부터 19세기 말까지의 약 270년간을 가리켜요. 1603년, 도쿠가와 이에야스는 일본의 수도를 에도로 옮기면서 도쿠가와 막부를 열었어요. 수도의 이름을 따서 에도 막부라고도 하지요. 도쿠가와 이에야스는 자신에게 협력하지 않았던 다이묘들은 모조리

죽이거나 내쫓았고, 협력했던 다이묘들에게
만 땅을 나누어 주었어요. 또한 다이묘들을
지방으로 보내면서 가족들은 에도에 살게 하
는 제도를 시행하여 다이묘들의 반란을 막고
사무라이 세력을 약화시켰지요.

이렇게 에도 막부에는 평화가 찾아왔어
요. 전쟁이 없는 평화로운 시기가 계속되자
농업, 교통, 산업, 유통 등이 발전했어요. 서
민들의 삶도 풍부해져서 교육과 문화도 자연
스럽게 발달하였어요. 일본은 공식적으로 쇄
국 정책을 실시하여 조선과 중국하고만 무역
을 하였어요. 그러나 이는 말뿐이었고 자신
들의 이익을 높이기 위해 동남아시아, 서양
과도 교류를 하였지요. 해외 무역을 통해 이
득을 얻으면서 이전까지 천하게 여기던 상업
에 대한 인식이 변하기 시작했어요. 그리고
네덜란드에서 서양 과학을 들여오기 시작했
지요. 무역은 일본의 경제를 크게 성장시켜
17세기 때에는 최고 전성기를 자랑했어요.
이 시기를 '겐로쿠 시대'라고 불러요.

세계 최초의 장편 소설

가나 문자가 사용되면서 일본인
들은 일본인의 감정을 적절하게
담은 소설들도 쓸 수 있게 되었
어요. 그중 대표적인 것이 무라
사키 시키부의 『겐지 이야기』예
요. 이 소설에서는 왕족 히카루
겐지의 수많은 사랑과 3대에 걸
친 그들 일족의 생애를 다루고
있어요. 총 54권으로 된 이 소설
에서는 사랑의 실패와 무의미한
사랑 속에서 인간이 갖게 되는
고뇌와 이상을 보여 주지요. 『겐
지 이야기』는 세계 최초의 장편
소설로, 당시 귀족 사회의 현실
과 사상을 잘 반영했다는 평가
를 받고 있어요.

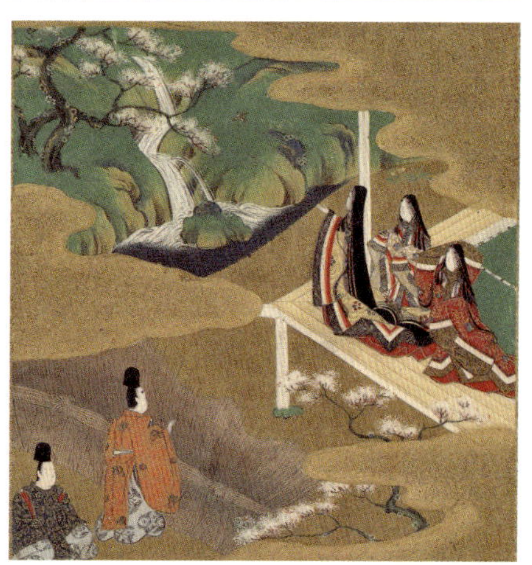

『겐지 이야기』의 한 장면

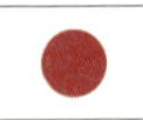 ## 막부 시대가 막을 내리다

에도 시대 말기에 들어서면서 지배층이 서로의 이익을 챙기기에만 바쁘고 나라는 제대로 다스리지 않아서 농민들은 고통을 받았어요. 또한 심한 흉년이 들어 40만 명 정도 되는 사람들이 굶어 죽기까지 했어요. 살기 어려워진 백성들은 여기저기서 난을 일으켰고, 에도 막부는 흔들리게 되었어요.

그러던 1853년 7월 8일, 에도 만에 검은 배 두 척이 나타났어요. 바로 미국의 페리 제독이 이끌고 온 해군이었지요. 일본인들은 거대한 쇳덩이가 증기를 내뿜으며 바다 위에 떠 있다는 사실

일본의 전통 씨름인 스모

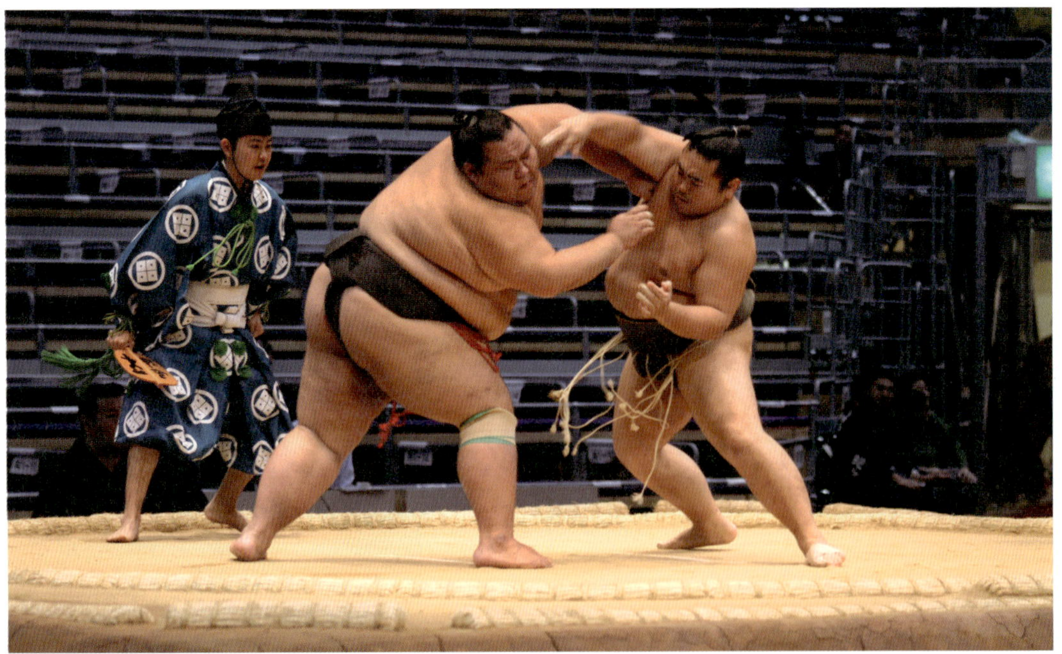

에 충격을 받았어요. 1년 뒤 페리 제독의 배가 일본 바다에 나타나 교류를 청하자 기가 죽은 일본은 나라를 열고 미국과 교류하게 되었어요.

그러나 다이묘들은 서양과의 교류를 크게 반대했어요. 서양과 교류를 할 것인지 말 것인지 혼란스러운 상황에서 영국과 프랑스까지 일본에 다가오고 있었어요. 막부와 다이묘 모두 이대로 가다가는 다른 아시아 국가들처럼 서양 강대국의 식민지가 될 것이라는 위기를 느끼게 되었어요.

교류가 시작되자 서양 여러 나라들이 일본의 원료를 수입해 가면서 일본의 물가는 엄청나게 올랐어요. 농민들의 생활은 더욱 어려워졌고, 사무라이들의 세력은 약해졌어요. 에도 막부에 불만을 가진 사람들이 많아지고, 점점 천황을 중심으로 사람들이 모여들었지요. 결국 요시노부 쇼군이 천황에게 권력을 스스로 바치면서 700여 년 동안 이어진 막부 시대는 완전히 막을 내렸어요.

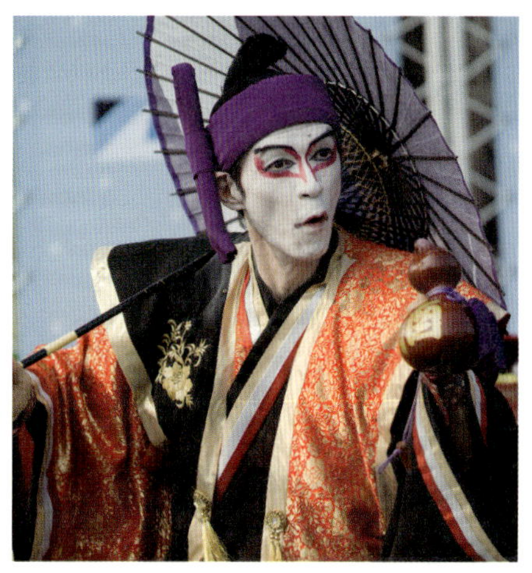

가부키

가부키는 음악과 무용이 어우러진 일본의 전통극이에요. 에도 시대 초기, 한 무녀가 이상한 옷을 입고는 남자가 술집에서 기생들과 장난치는 모습을 연기하였어요. 이 춤을 기생들이 따라하면서 가부키는 곧 에도 시대 최고의 오락이 되었지요. 가부키는 지나치게 문란하다는 이유로 성인 남자만 배우가 될 수 있었어요. 그렇지만 가부키는 일본 서민들의 희노애락을 담은 주제들로 공연을 했기 때문에 많은 사랑을 받았어요.

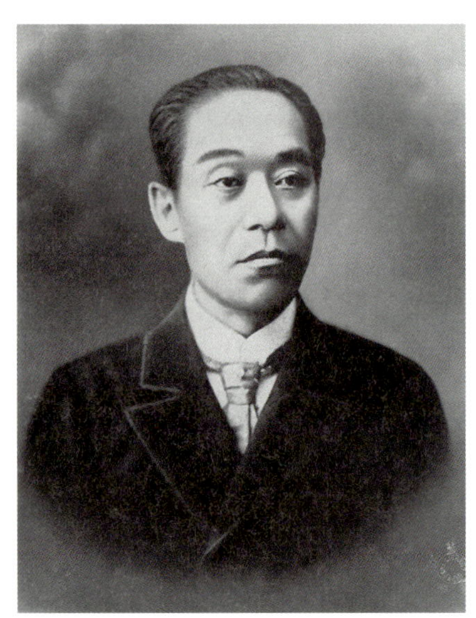
메이지 유신을 주장한 후쿠자와 유키치

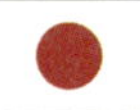 근대화가 시작된 메이지 시대

다시 권력을 되찾은 메이지 천황은 1868년, 서양의 기술과 제도를 받아들이는 개혁을 펼쳤어요. 이 개혁을 '메이지 유신'이라고 해요. 다른 아시아 국가들이 서양의 과학 기술만 받아들인 것과 달리 일본은 메이지 유신으로 서양의 제도까지 받아들여 신분 제도를 없애고, 머리까지 서양식으로 자르게 했어요. 또한 모든 사람은 평등하다고 말하며 세금 제도와 군사 제도를 바꾸었어요.

그러나 개혁 과정에서 직업을 빼앗긴 사무라이들의 불만은 점점 커져갔어요. 메이지 천황은 사무라이들의 불만을 잠재우고 서양의 다른 나라들처럼 일본을 발전시키기 위해서는 식민지가 필요하다고 생각했어요. 일본이 노린 첫 번째 식민지는 바로 우리나라였지요.

제국주의와 태평양 전쟁

19세기에서 20세기 초, 여러 강한 나라들은 뛰어난 군사력과 경제력을 바탕으로 다른 나라의 영토를 식민지로 삼기 시작했어

88

요. 이렇게 다른 나라와 민족을 침략하고 큰 국가를 세우려는 생각을 '제국주의'라고 해요.

메이지 유신으로 경제를 성장시킨 일본에서도 제국주의가 나타났어요. 당시 일본은 기계를 이용해 물건을 대량으로 생산하고 철도와 전기, 전화 등을 들여와 경제를 성장시켰어요.

이렇게 성장한 일본은 조선에게 손을 뻗기 시작했어요. 일본은 자신들이 서양에게 당한 대로 1876년에 조선과 강화도 조약을 맺고 조선에게 무역을 강요했어요. 또한 1894년 청일 전쟁, 1900년 러일 전쟁에서 일본이 연달아 승리하면서 끝내 1910년에 한일 병합 조약을 맺고 조선을 식민지로 삼고야 말았어요.

일본은 조선을 짓밟고 경제를 더더욱 발전시켰어요. 일본은 제1차 세계 대전으로 유럽의 생산 활동이 주춤한 틈을 타서 수출을 하였고, 이로 인해 막대한 이익을 얻게 되었어요. 게다가 제1차 세계 대전에서 일본이 속한 연합국이 전쟁에서 승리하면서 계속해서 조선을 식민지로 삼을 수 있었어요. 일본은 아시아의 작은 섬나라가 아니라 서양 강대국들과 어깨를 나란히 할 수 있을 정도가 되었어요. 이에 일본은 아시아 전체를 다스리

1894년 7월 22일, 청나라와 일본이 조선의 지배권을 두고 조선에서 전쟁을 벌였어요. 이 전쟁을 '청일 전쟁'이라고 해요. 일본은 청일 전쟁에서 승리를 거두고 조선에 더욱 간섭을 했어요. 1904년에는 러시아와 일본이 만주와 조선의 지배권을 두고 '러일 전쟁'을 벌였어요. 일본은 러일 전쟁에서도 승리를 거두어서 조선을 다른 나라의 간섭 없이 지배하게 되었고, 만주도 간섭하게 되었어요.

겠다는 욕심을 품게 되었어요. 그래서 1931년, 일본 군대는 선전 포고도 없이 중국의 만주를 공격하고 '괴뢰국'이란 나라를 세웠어요. 뒤이어 중일 전쟁을 일으켜 중국 국민들을 마구 죽였어요.

그런데 일본이 식민지를 넓혀 가는 것을 경계한 서양의 여러 나라는 일본과 무역을 끊고 석유 수출마저 중단했어요. 당시 일본은 미국에 석유 수입의 70퍼센트 이상을 기대고 있었기 때문에 막심한 피해를 입었지요.

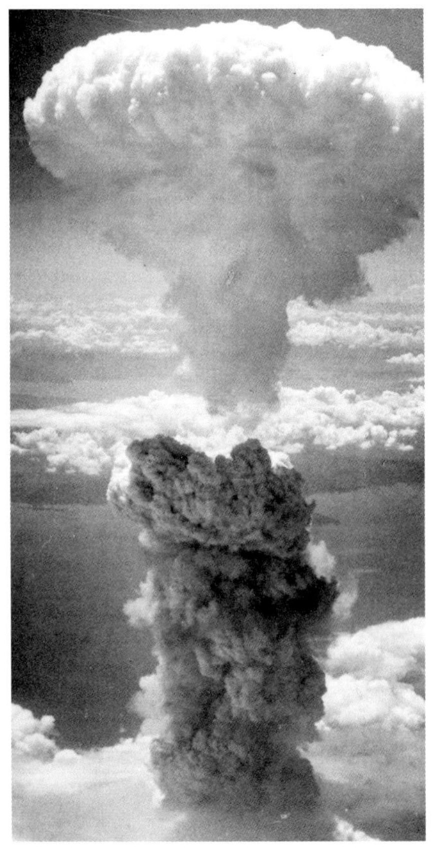
나가사키에
떨어진 원자 폭탄으로 인한 버섯구름

결국 일본은 1941년, 미국의 진주만을 공격해서 태평양 전쟁을 일으켰어요. 처음에는 일본이 홍콩, 싱가포르, 필리핀 등을 점령하며 전쟁에서 이길 듯 했지만, 곧 상황은 역전되었어요. 그러나 일본은 끝까지 항복을 하지 않았어요. 이에 1945년 8월 미국은 일본 히로시마와 나가사키에 원자 폭탄을 떨어뜨렸어요. 약 20여만 명의 일본인들이 죽었고 도시는 완전히 폐허가 되었어요. 결국 일본왕은 항복을 했어요. 이로써 제2차 세계 대전이 끝나고, 일본의 식민 지배도 막을 내렸어요.

🔴 새로운 출발과 경제 발전

제2차 세계 대전이 끝나고 일본은 어려움에 빠졌어요. 그러나 1950년에 한국 전쟁이 일어나면서 일본은 엄청난 돈을 벌게 되었어요. 가까운 한국에 전쟁 물자를 수출해서 돈을 번 거예요. 또한 미국은 중국과 북한에서 일어난 공산주의 운동이 일본까지 퍼지는 것을 막으려고 일본에 막대한 돈을 지원했어요.

이것을 바탕으로 일본은 공업을 계속 발전시켰고, 1968년에는 미국의 뒤를 잇는 세계 제2의 경제 대국으로까지 성장했어요. 이렇게 1980년대까지 일본 경제는 좋은 상황이 쭉 이어졌어요.

하지만 1990년대 들어 세계 경제가 불경기를 겪으면서, 일본 경제 또한 어려움에 빠지게 되었어요. 그러나 여전히 현대 일본은 아시아에서 제일가는 경제 대국이자 대표적인 선진국으로 인정받고 있어요.

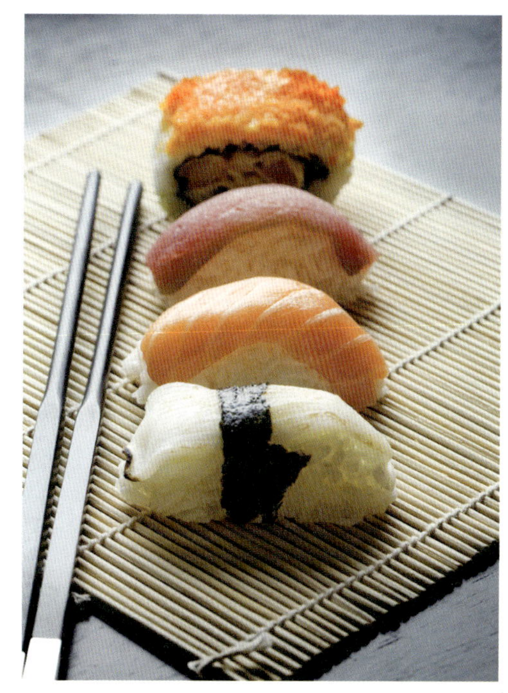

생선회로 만든 일본 음식, 초밥

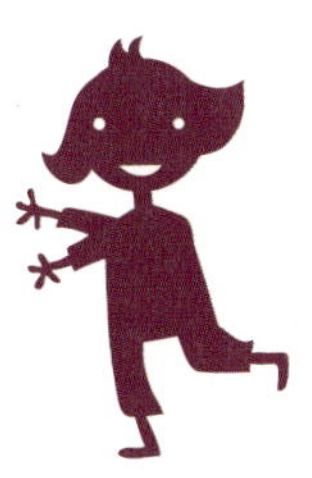

도쿄의 상징으로 불리는 도쿄 타워

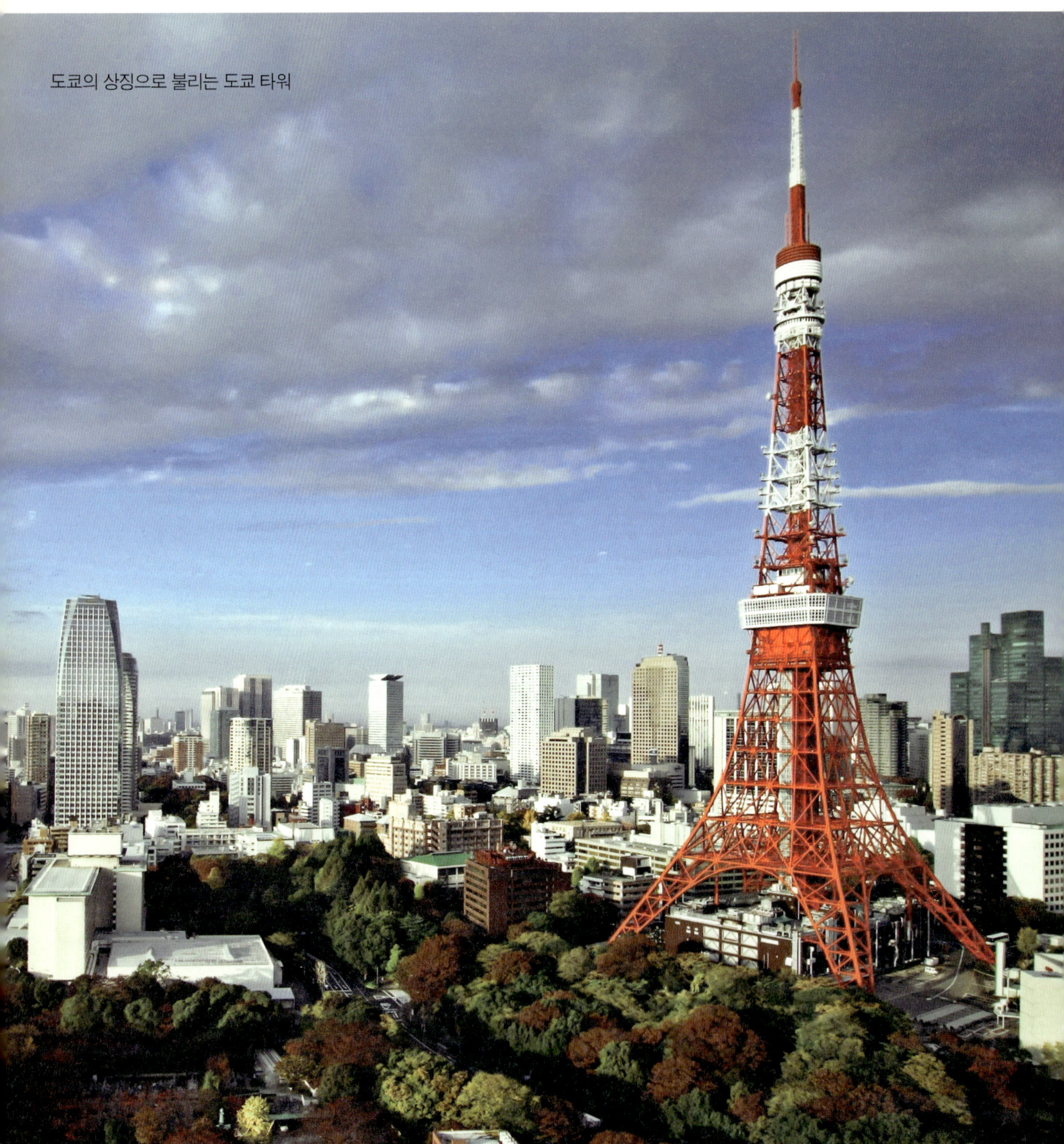

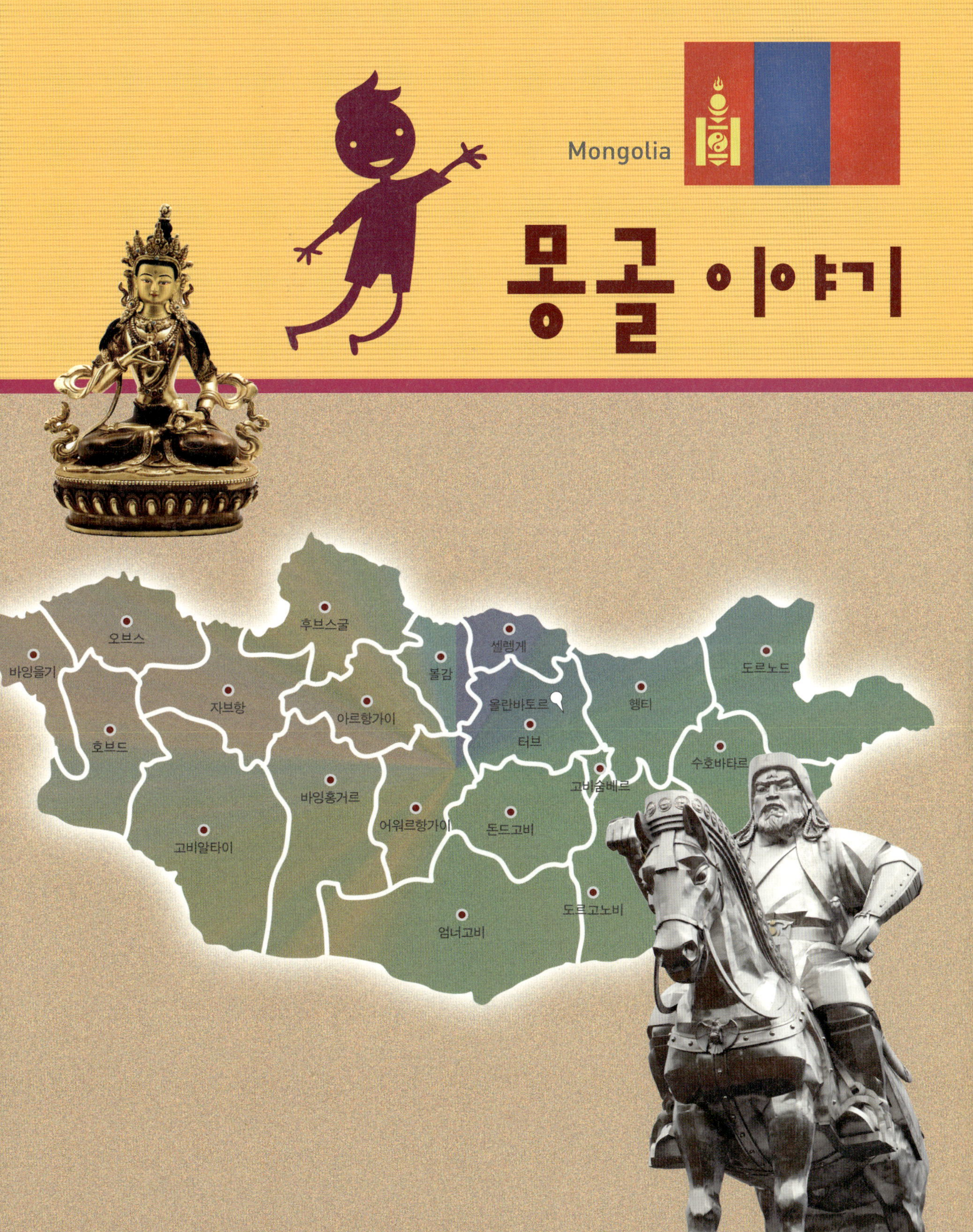

Mongolia
몽골 이야기
오브스
후브스굴
셀렝게
도르노드
바잉을기
볼강
자브항
아르항가이
올란바토르
헴티
도르노드
호브드
터브
수호바타르
바잉홍거르
고비숨베르
어워르항가이
돈드고비
도르고노비
고비알타이
엄너고비

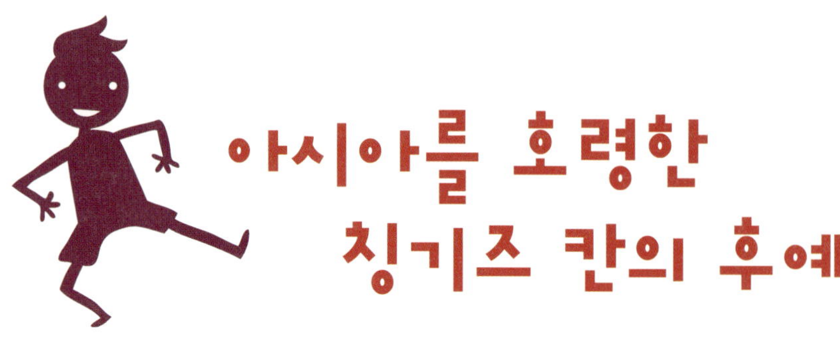

아시아를 호령한 칭기즈 칸의 후예

용감한 부족의 나라

몽골은 아시아의 중앙 내륙에 있는 나라예요. 몽골은 초원이 드넓고 고비 사막의 영향을 받아 매우 건조하고 기온의 차가 심해서 여름엔 매우 덥고 겨울에 매우 춥지요. 또한 1년 평균 강수량이 200밀리미터 정도일 정도로 물이 아주 적어요.

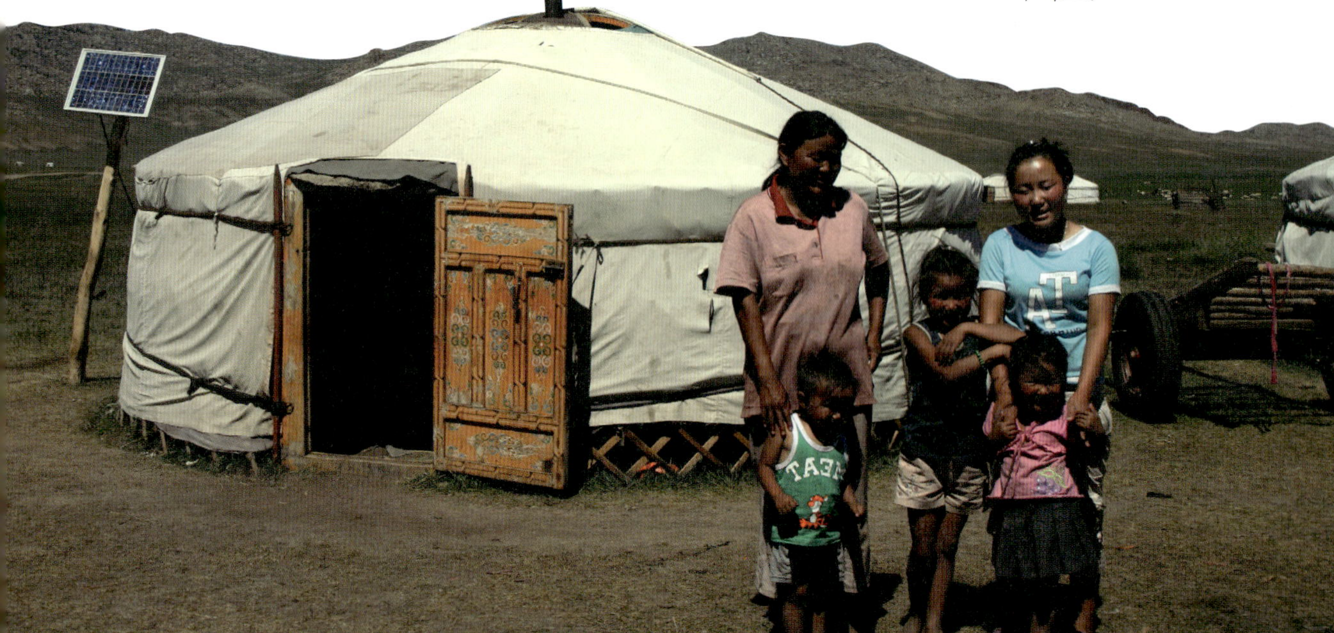

몽골의 전통 집인 게르

몽골의 정식 명칭은 '몽골 울스'로, 몽골은 민족 이름을 뜻하고 울스는 몽골어로 나라를 뜻해요. 즉 몽골 울스는 몽골 민족의 나라라는 뜻이지요. 몽골은 '용감하다.'는 뜻을 가진 부족 이름에서 유래된 이름이에요. 종종 한자로 몽고라고 쓰는 경우가 있는데, 몽골에서는 이 명칭을 싫어해요. 몽고라는 명칭은 명나라 때 중화사상을 가진 중국인들이 몽골족을 야만인이라며 낮잡아 부를 때 썼던 표현이기 때문이에요.

초원을 떠도는 유목 민족

몽골 사람들은 예전부터 유목 생활을 했어요. 남쪽에는 고비 사막이 있고 초원의 땅은 농사짓기에 적당하지 않았기 때문이에요.

몽골 사람들이 많이 기르는 가축은 말, 낙타, 소, 양, 염소예요. 그중에서도 특히 양은 고기를 얻을 수 있고 가죽과 양털로 따뜻한 옷도 만들어 입을 수 있어서 많이 길렀어요. 그래서 몽골의 전통 음식은 양고기로 만든 요리가 많아요. 또한 들판 곳곳을 옮겨 다니기 쉽도록 천막으로 된 집인 '게르'와 담요로도 쓸 수 있는 옷인 '델'이 자연스럽게 만들어졌지요.

몽골 사람들은 자연과 벗 삼아 살아갔어요. 그래서 몽골에서

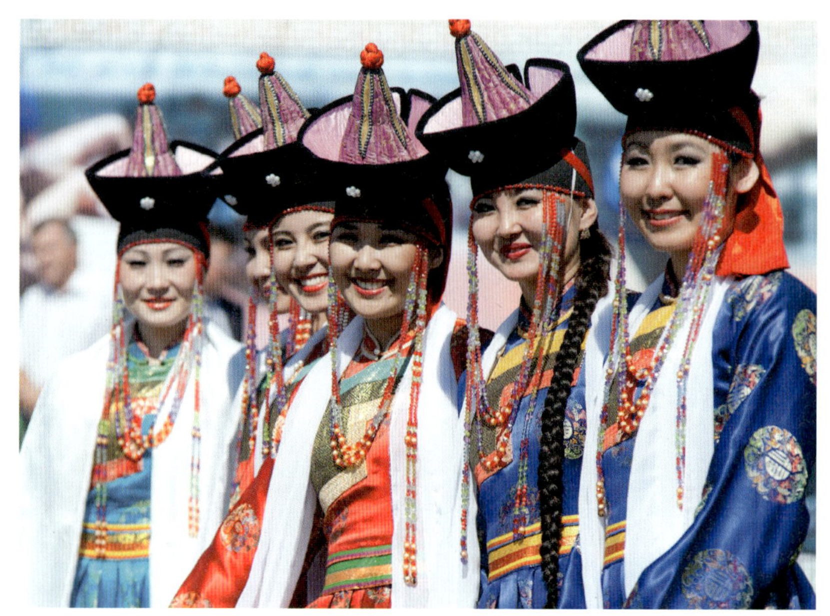

몽골의 전통 의상인 델

는 아이가 세 살이 되면 말을 타도록 가르쳤다고 해요. 유목 생활을 하는 몽골 사람들에게 말을 타는 것은 밥을 먹는 것과 같이 매우 자연스러운 일이기 때문이에요. 또한 몽골 사람들은 시력이 매우 좋고 어린이들조차도 수많은 양떼 속에서 남의 양 한 마리를 구별해 낼 수 있다고 해요. 그리고 동물의 상태를 나타내는 말도 수십 가지나 돼요.

지금은 몽골도 도시 생활을 해서 유목을 하는 사람들은 그렇게 많지 않아요. 하지만 여전히 유목 문화가 몽골에 깊이 남아 있지요.

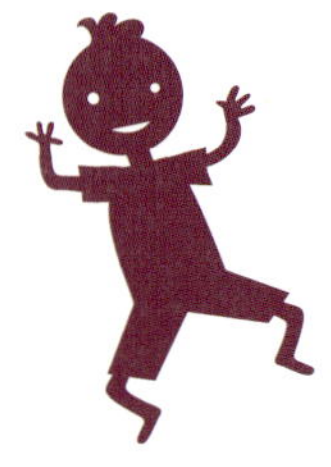

대제국을 건설한 칭기즈 칸

고대부터 몽골 초원에는 흉노족, 돌궐족 등 여러 유목 민족들이 있었어요. 그러던 중 칭기즈 칸의 몽골 부족이 초원을 통일하고 영토를 넓혀 나가 역사상 가장 큰 제국을 건설했지요.

칭기즈 칸은 어려서부터 군사적으로 탁월한 재능을 가지고 있어서 군대를 강하게 키워 내고 잘 이끌었어요. 사람을 다루는 데도 소질이 있어서 몽골의 여러 부족을 통합했고, 출신이 아닌 능력에 따라 사람들을 대우했어요. 1206년에 칭기즈 칸은 몽골족을 통일하고 중국 대륙을 통일하려는 야심을 품게 되었어요. 칭기즈 칸은 공격하기 어려운 큰 성도 사다리와 끓는 기름 등을 사용하여 정복하는가 하면 흐르는 강물을 다른 데로 돌려놓아 홍수를 일으켜 성을 무너뜨리기도 했어요. 전쟁을 하면서 몽골족은 끔찍하고 야만적인

칭기즈 칸의 동상

행동을 일삼아 악명을 얻게 되었어요. 사람들은 몽골족이 온다 하면 벌벌 떨며 숨기 바빴고, 몽골족은 모든 도시를 휩쓸었어요.

여러 국가를 정복하며 몽골족보다 발전된 문화를 접하게 된 칭기즈 칸은 다른 나라의 문화를 받아들였어요. 그래서 소리만 있고 글자는 없던 몽골어의 문자를 만들었어요. 그리고 자신에게 협력할 경우 자치권을 인정하고 여러 가지 혜택을 주었어요. 그러나 말을 듣지 않으면 그 지역 전체를 풀 한 포기 남김없이 모조리 처부수었어요. 이때 죽인 사람들의 뼈를 모아서 탑을 쌓기도 했다고 해요. 이렇게 칭기즈 칸은 뛰어난 지도력으로 활발한 정복 활동을 계속해 나갈 수 있었어요. 또한 기독교, 이슬람교 등 다른 종교를 존중해 주는 등 다른 문화를 짓밟지 않았기 때문에 다른 문화의 반발이 적어 더욱더 세력을 넓혀 갈 수 있었어요. 몽골 제국은 이같이 개방적인 정책으로 동양과 서양이 문화를 교류하는 데 크게 기여했지요.

칭기즈 칸은 드넓은 중국 땅을 대부분 차지하고 중앙아시아 너머까지 세력을 넓혔어

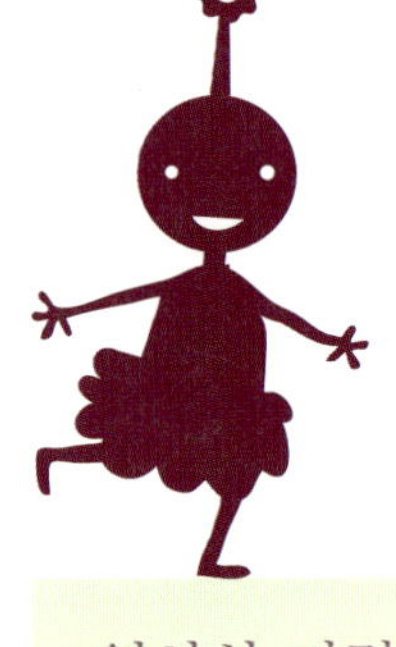

역사상 가장 중요한 인물, 칭기즈 칸

1995년 12월, 미국의 신문 「워싱턴 포스트」는 지난 1,000년 동안 인류 역사에서 가장 중요한 인물로 칭기즈 칸을 꼽았어요. "칭기즈 칸은 사람과 과학의 교류를 통해 세계를 뒤흔들고 근본적인 변화가 오게 만들었다."고 선정 이유를 말했어요. 칭기즈 칸은 1997년 4월 「뉴욕 타임즈」의 '세계를 움직인 가장 역사적인 인물'로 뽑히기도 했지요. 이렇게 칭기즈 칸은 오늘날에도 그 지도력을 인정받으며 몽골 사람들의 큰 자랑거리가 되고 있어요.

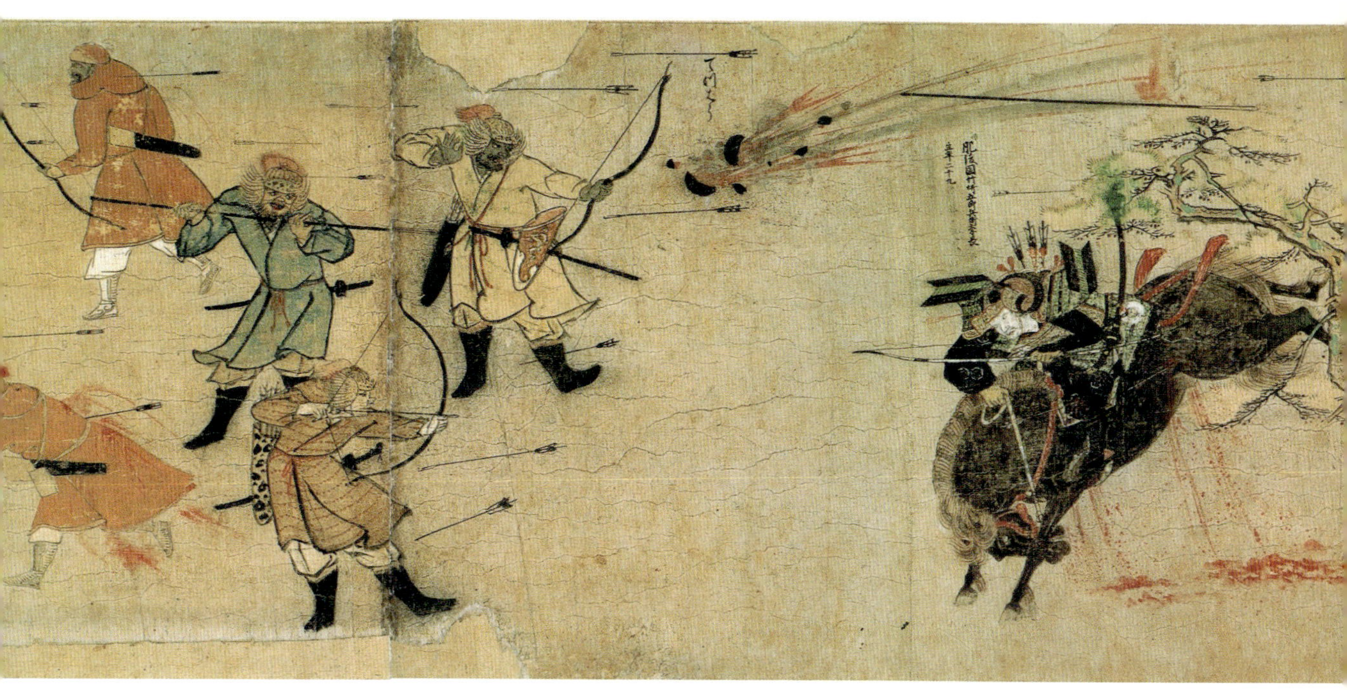

일본을 침략한 몽골군의 모습

요. 칭기즈 칸이 죽은 이후에도 정복 전쟁은 계속 되었어요. 몽골은 금나라를 멸망시키고 중앙아시아를 정복한 뒤, 유럽에까지 진출했어요. 당시 몽골 제국의 영토는 지금의 몽골, 중국에서부터 아프가니스탄, 쿠웨이트, 터키에 이를 정도로 매우 넓었지요. 이는 역사상 가장 큰 제국이에요. 이처럼 칭기즈 칸은 몽골 제국의 기반을 마련하고 역사상 가장 성공한 정복자이자 정치 지도자로 남았어요.

고려를 완전히 정복하지 못한 몽골

칭기즈 칸이 죽고 몽골 제국은 혼란에 빠졌어요. 칭기즈 칸의 손자이자 몽골 제국의 제5대 황제인 쿠빌라이는 몽골 제국의 이름을 '원'으로 고치고 중국 지역 전체를 다스렸어요. 쿠빌라이는 수도를 베이징으로 옮기고 왕의 이름도 중국식으로 고쳤지요. 원나라로 불리게 된 몽골은 넓은 영토를 다스리기 위해 중국의 여러 제도를 받아들이면서도 몽골 민족이 아닌 사람들을 차별했어요.

원나라는 고려와 국교를 맺고 매년 막대한 공물을 받아 갔어요. 그러다 원나라 사신이 고려에서 죽은 사건을 구실로 삼아 1232년에 고려를 쳐들어 왔지요. 고려의 땅마저 원나라가 차지하려고 한 거예요. 이후로 30여 년간 원나라 군대는 모두 일곱 차례나 고려를 공격했어요. 하지만 끝까지 저항하는 고려인들을 힘만으로는 더 이상 굴복시키기 어려웠어요. 고려의 저항이 몇십 년 동안이나 계속되고 고려에는 산악 지대가 많아서 전쟁을 계속하기 어려웠기 때문이에요. 그래서 원나라는 고려와의 싸움을 그치기로 했어요. 이후 고려는 100년여 동안 원나라의 간섭

을 받았지만 끝까지 자주권만은 잃지 않았지요. 이때 고려가 멸
망했더라면 지금의 우리나라도 없었을 거예요.

둘로 나뉜 몽골

큰 제국을 건설했던 몽골은 14세기 초, 한족
이 세운 명나라에게 패하고 땅의 대부분을 빼앗
겼어요. 명나라에게 쫓겨 난 몽골 사람들은 북
만주 지역으로 가서 '북원'을 세웠어요. 16세기
중반에 몽골은 예전 땅인 몽골 고원을 회복했지
만, 후에 청나라에게 정복당하고 말았어요. 몽
골 고원이 처음으로 중국의 지배를 받게 된 순
간이었지요.

청나라의 지배를 받던 몽골은 1911년 신해
혁명으로 청나라가 무너지자 이때를 놓치지
않고 독립을 선언했어요. 하지만 중국은 몽골
을 쉽게 포기하지 않았지요. 이때 러시아도 몽
골 땅을 탐내며 간섭하기 시작했어요. 그래서
1915년에 러시아와 중국, 몽골 세 나라는 몽골
이 중국에 법적으로 속하지만 자치를 인정한다

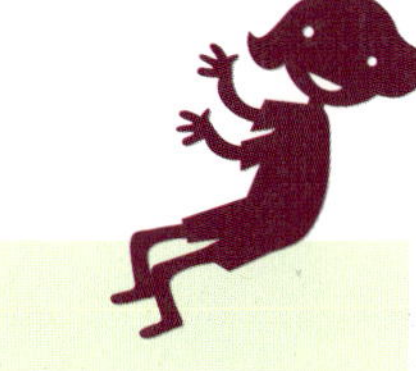

백식과 홍식

몽골 음식은 크게 '차강이데'라고
부르는 백식과 '올랑이데'라고 부
르는 홍식, 두 가지로 나뉘어요.
백식은 몽골어로 '순결하고 고상
한 음식'이란 뜻으로 버터, 치즈,
요구르트같이 우유로 만든 음
식을 말해요. 백식은 귀한 손님
이 오면 반드시 내놓는 음식이에
요. 가족이나 친지 중의 한 사람
이 먼 길을 떠날 때도 백식을 먹
게 하여 안전한 여행을 기원하지
요. 홍식은 몽골어로 '붉은 음식'
이라는 뜻으로, 양고기, 염소고
기, 쇠고기 등 육류를 말하지요.
여자가 결혼을 해서 다른 지역으
로 갈 때는 반드시 홍식을 먹으
며 가족들과의 정을 나누는 자리
를 가진다고 해요.

는 내용의 조약을 맺었지요. 자치란 정해진 정도 안에서 독자적으로 나라를 다스리는 것을 뜻해요.

하지만 중국은 약속을 제대로 지키지 않았어요. 조약을 맺은 지 2년 뒤인 1917년, 러시아 혁명이 일어나서 러시아가 어수선해지자 중국은 몽골의 자치를 취소해 버렸지요. 몽골을 직접 지배하려고 나선 거예요. 화가 난 몽골 사람들은 나라를 되찾기 위한 활동을 벌였고, 1924년 소련의 도움으로 몽골 인민 공화국을 세웠어요. 이를 '외몽골'이라고 해요. 한편 몽골 땅 일부분은 제2차 세계 대전 중에 일본의 식민지가 되었어요. 전쟁이 패배로 끝나자 일본은 몽골 땅에서 물러났지만 대신 중국이 몽골 땅을 차지해 버렸지요. 이 지역을 '내몽골'이라고 해요. 이때부터 몽골은 몽골 인민 공화국인 외몽골과 중국에 속한 내몽골로 나뉘게 되었어요.

외몽골은 공산주의 국가인 소련의 도움을 받아 소련에 이어 세계에서 두 번째로 공산주의 국가가 되었어요. 이후 1992년에 시장 경제를 도입하고 칭기즈 칸의 정신을 이어 받아 몽골의 전통문화를 되살리려고 노력하고 있지요. 중국 땅 안에

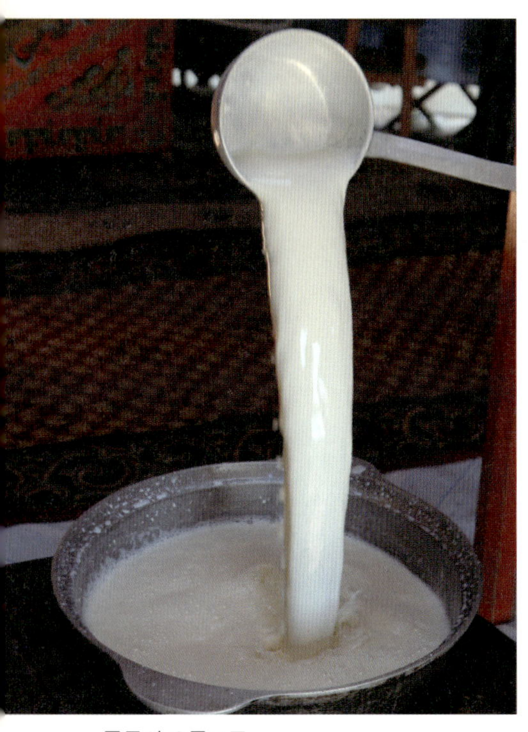

몽골의 요구르트

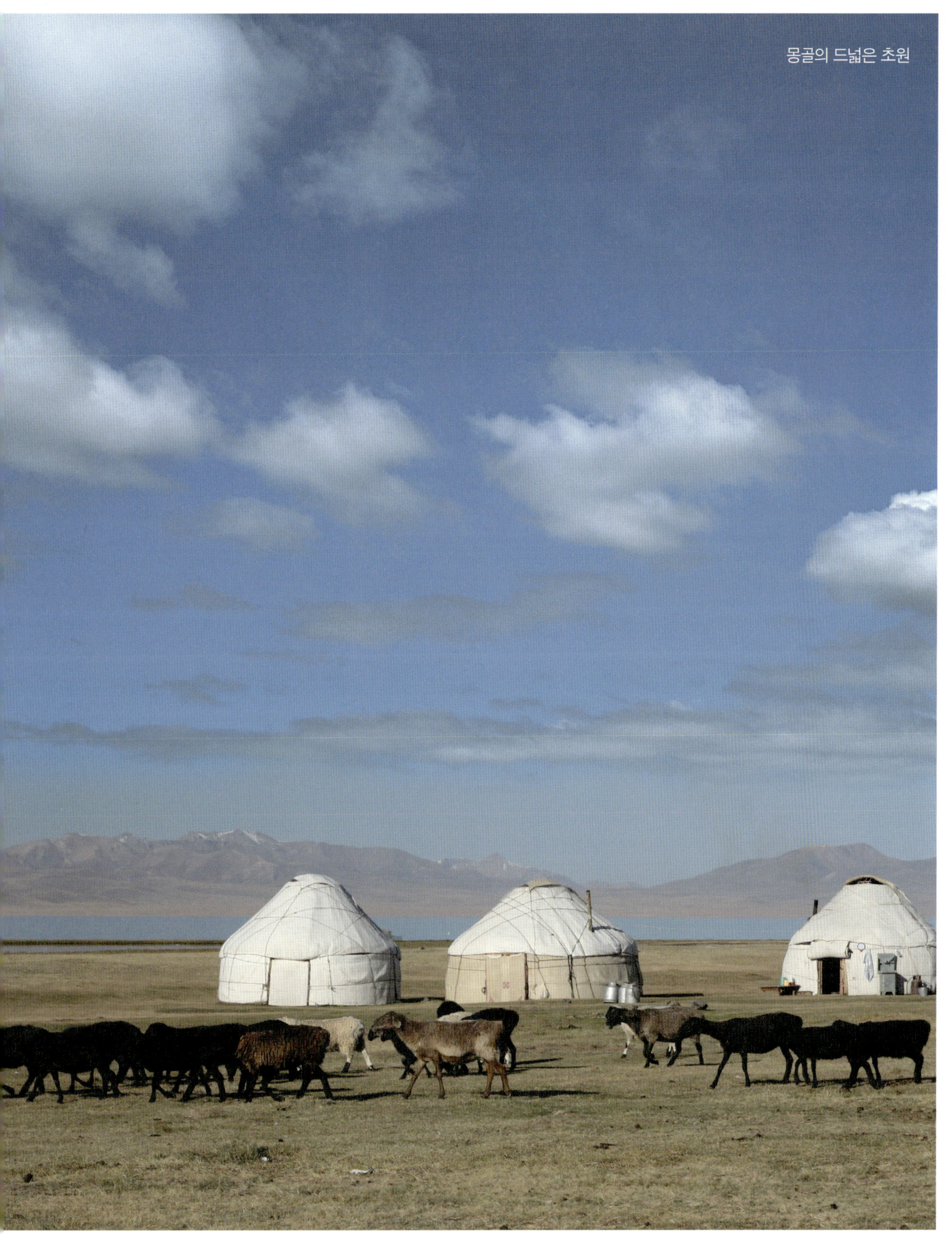

서 자치구로 남게 된 내몽골은 중국의 문화에 적응하게 되었어요. 내몽골에 사는 주민 대부분은 한족이고, 몽골족은 소수에 지나지 않아요.

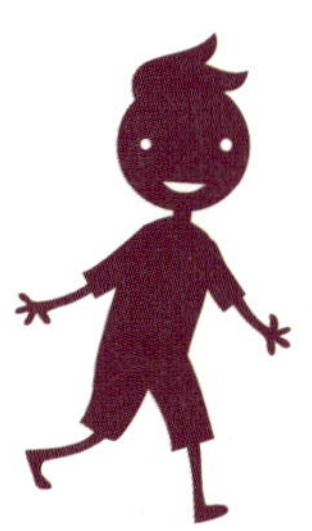 다시 주목 받는 유목민

21세기에 들어서서 유목민이 다시 주목받고 있어요. 유목민들의 삶의 방식은 농사를 지으며 한곳에 머물러 사는 사람들과는 전혀 달랐지요.

이러한 유목민들처럼 한곳에 얽매이지 않고 끊임없이 새로운 삶의 방식을 찾는 현대 사람들을 '노마드'라고 해요. 노마드는 유목민을 뜻하는 영어 단어예요. 유목민들이 풀을 찾아 여기저기 옮겨 다녔던 것처럼 현대인들도 스마트폰, 노트북 등 최첨단 디지털 기기들을 갖추고 항상 새로움을 추구한다는 의미이지요.

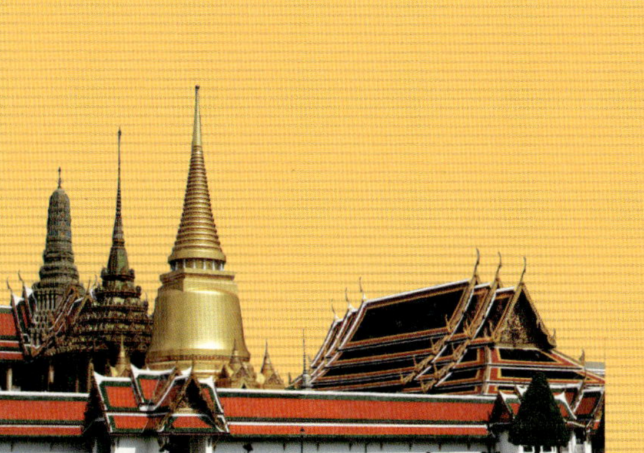

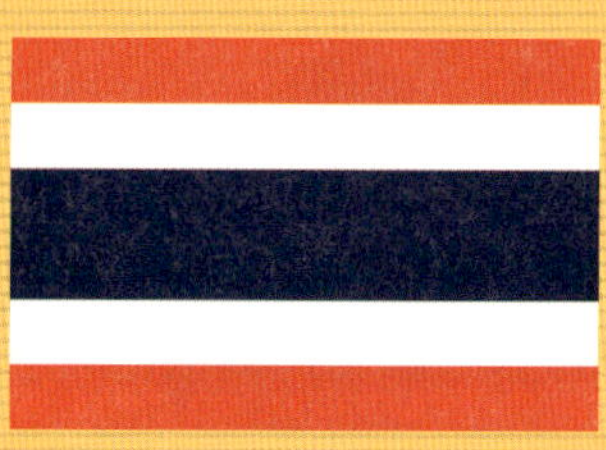

Thailand

태국 이야기

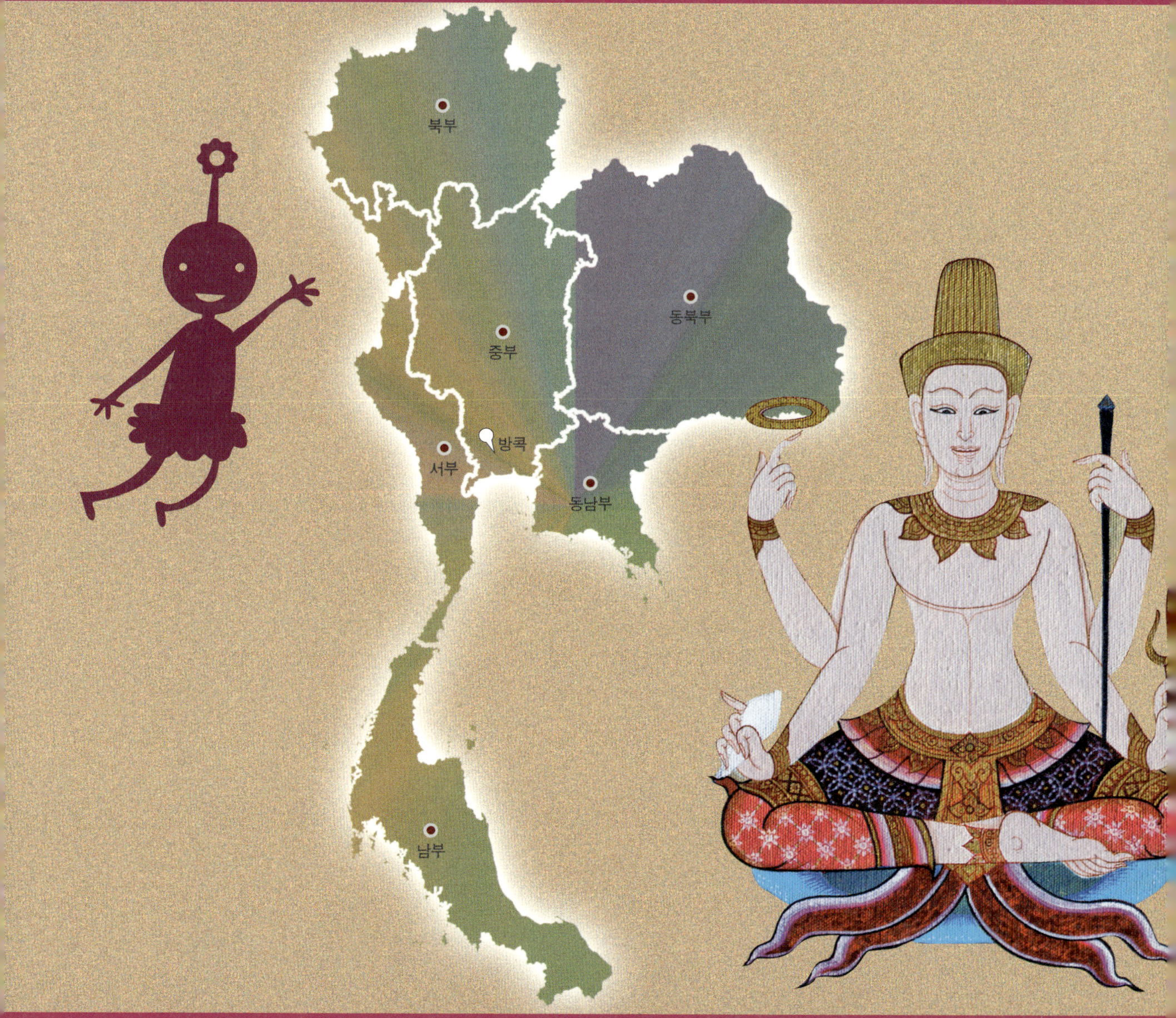

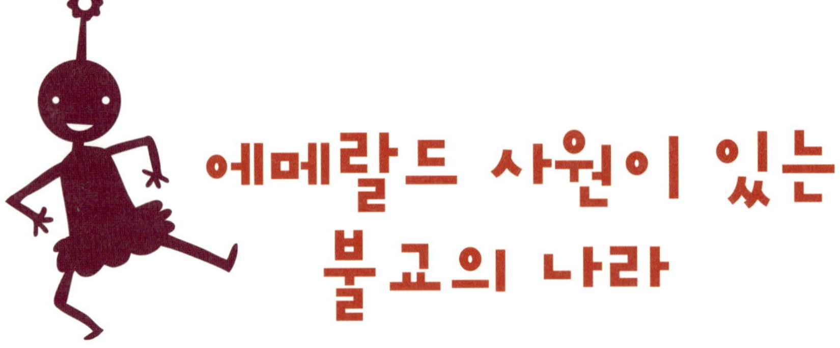

에메랄드 사원이 있는 불교의 나라

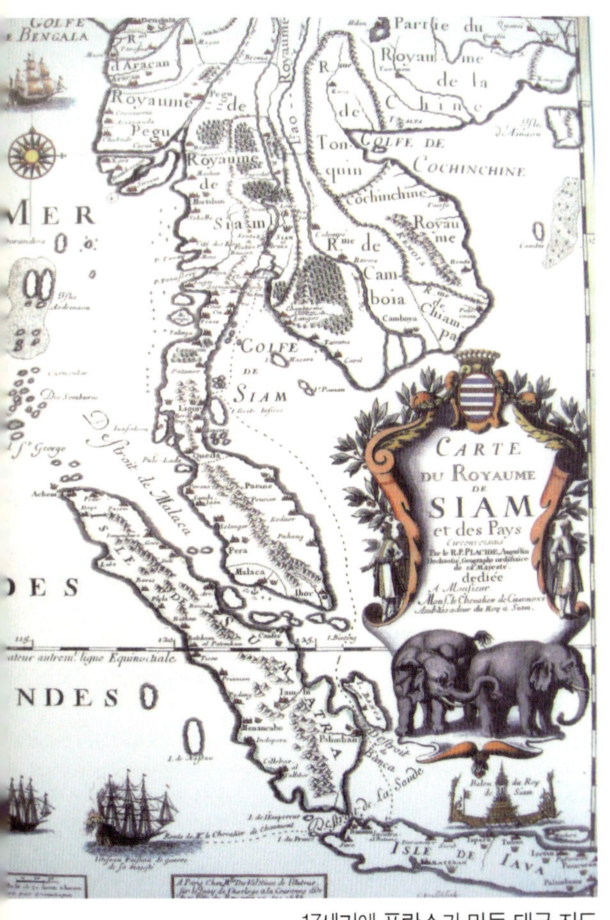
17세기에 프랑스가 만든 태국 지도

소승 불교의 나라

태국은 동남아시아의 인도차이나 반도에 위치한 나라로, 영어 문화권에서는 '타이'로, 우리나라를 비롯한 한자 문화권에서는 '태국'이라고도 불러요. 태국은 평야가 비옥하고 국토의 반 이상이 숲으로 되어 있어 관광 산업이 매우 발전했어요.

또한 대부분의 국민들이 불교를 믿고 있어서 불교가 사회적으로 깊이 자리 잡았어요. 두 손을 모으고 고개를 숙여 인사하는 태국식 인사법 '와이'도 불교 의식이 생활로 옮겨 온 것이에요.

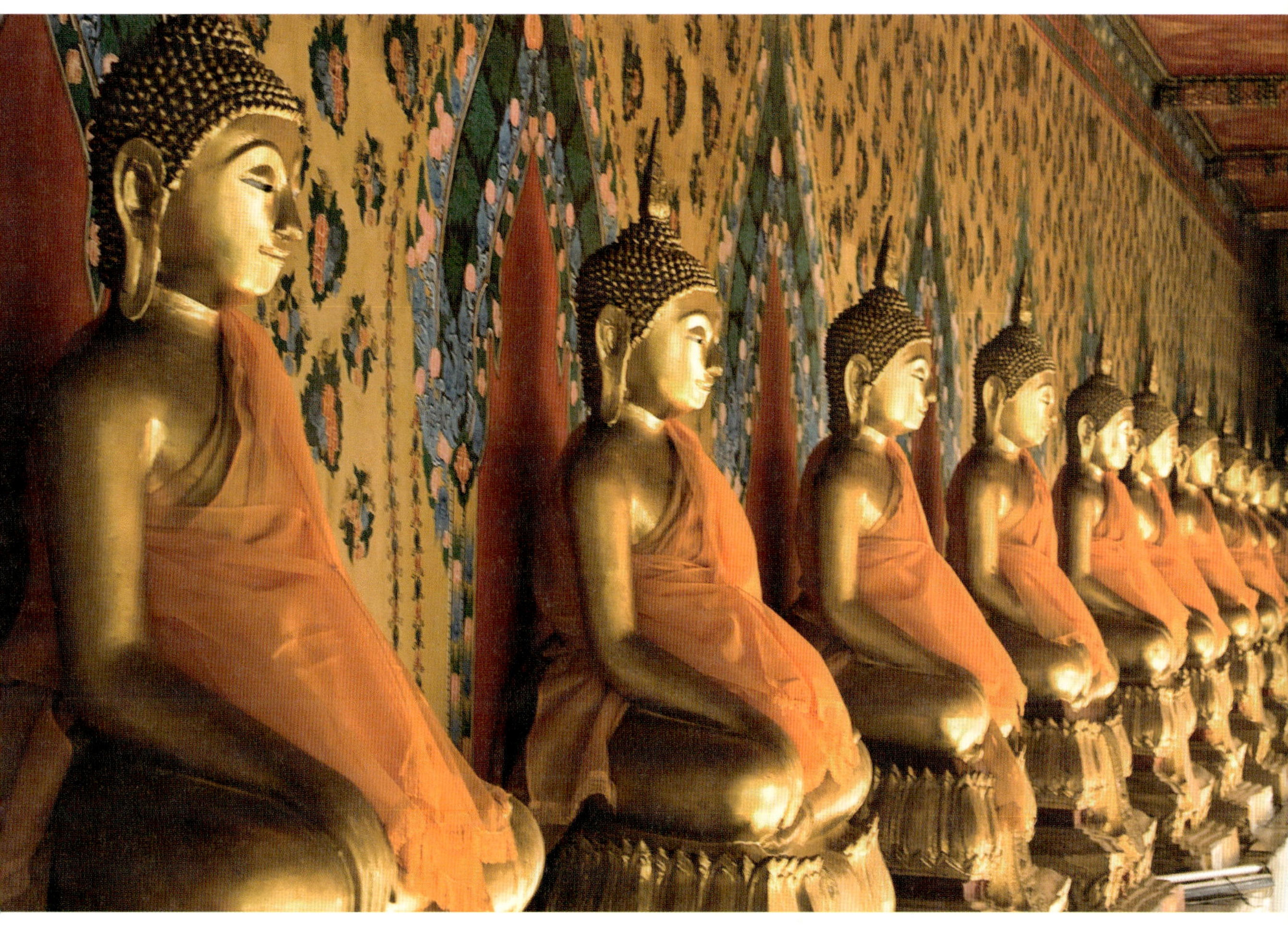

태국 사원 '왓 아룬'에 있는 불상

불교는 크게 대승 불교와 소승 불교로 나눌 수 있어요. 소승 불교는 부처님의 가르침에 따라 개인이 깨달음을 얻는 것을 중요시하는 반면 대승 불교는 많은 사람들에게 부처의 진리를 가르쳐 착한 마음을 가지도록 하는 것을 우선하지요. 소승 불교는

주로 동남아시아에서 많이 믿고 대승 불교는 우리나라, 중국 등
에서 많이 믿어요.

태국 사람들이 믿는 불교는 소승 불교예요. 그래서 태국 사람
들은 개인의 덕을 쌓기 위해 아침에 일어나자마자 승려들에게
음식을 바쳐요. 또 생일이나 결혼식, 새해 첫날같이 중요한 날이
면 모두 사원에 물건을 베푸는 시주를 하지요. 일정한 기간 동안
아예 승려가 되어 불교를 수행하는 '부엇낙'이라는 전통도 있어
요. 부엇낙은 일반인들이 가장 큰 덕을 쌓을 수 있는 방법이라고
해요.

태국의 대표적인 불교 사원들은 왕궁 가까이에 있거나 왕궁
안에 있어요. 태국에는 약 3만여 개의 사원이 있어요. 태국의 사
원은 사원의 역할뿐 아니라 전통적으로 병원, 학
교, 고아원 등의 역할도 했어요.

한편 태국에서는 승려의
지위가 대단히 높아요. 막강
한 권위를 자랑하는 왕도
승려 앞에서는 무릎
을 꿇어 절을 하
지요. 승려는
일반인보다 높

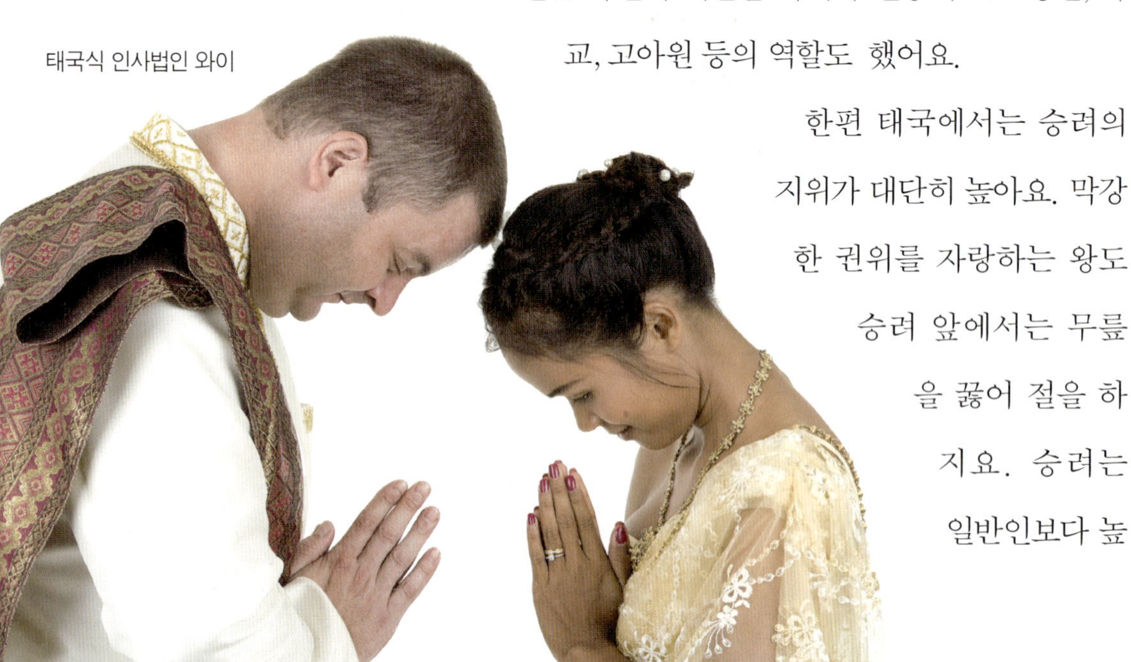

태국식 인사법인 와이

은 곳에 앉고, 여성들은 승려 옆에 함부로 갈 수 없어요. 또한 승려의 사진이나 동상이 복을 준다고 믿어서 이것을 사고팔기도 해요.

아유타야 왕조와 차크리 왕조

태국에 세워진 최초의 국가는 1238년에 세워진 '수코타이 왕조'예요. 수코타이 왕조는 한 세기만에 아유타야 왕조에 의해 무너졌어요.

아유타야 왕조는 서쪽으로는 미얀마와 대립하고 동쪽으로는 앙코르를 공격하는 등 말레이 반도까지 세력을 넓히면서 위세를 떨치며 14세기부터 18세기까지 태국에 있었어요. 세련된 문화를 만들고 제도를 고치고, 여러 나라와 교역도 활발하게 했지요. 18세기 중엽에 아유타야 왕조는 미얀마의 침입을 받아 무너지고 말았어요.

그렇지만 딱신이라는 장군이 미얀마 군을 무찌르고 다시 태국의 독립을 이루어 냈어요. 딱신 장군은 왕의 자리에 올라 새 왕조를 세웠어요. 그러나 시간이 갈수록 왕이 된 딱신은 포악해

태국의 전통 인사법인 '와이'는 손바닥이 서로 닿도록 기도하듯 두 손을 모은 다음, 위쪽으로 손가락 끝을 향하게 하고 얼굴이 손에 닿도록 머리를 숙여서 하는 인사예요. 이 인사를 할 때는 남자는 '사왓디 크랍', 여자는 '사왓디 카'라는 인사말을 함께 하지요. 인사를 하는 두 사람 중 젊은 사람이 먼저 인사를 하면 연장자가 같은 방법으로 답례 인사를 해요. 태국 아이들은 학교에 갈 때나 집으로 돌아왔을 때 와이 인사를 해요. 상대방에 대해 존경하고 배려하는 마음을 표시하는 것이에요.

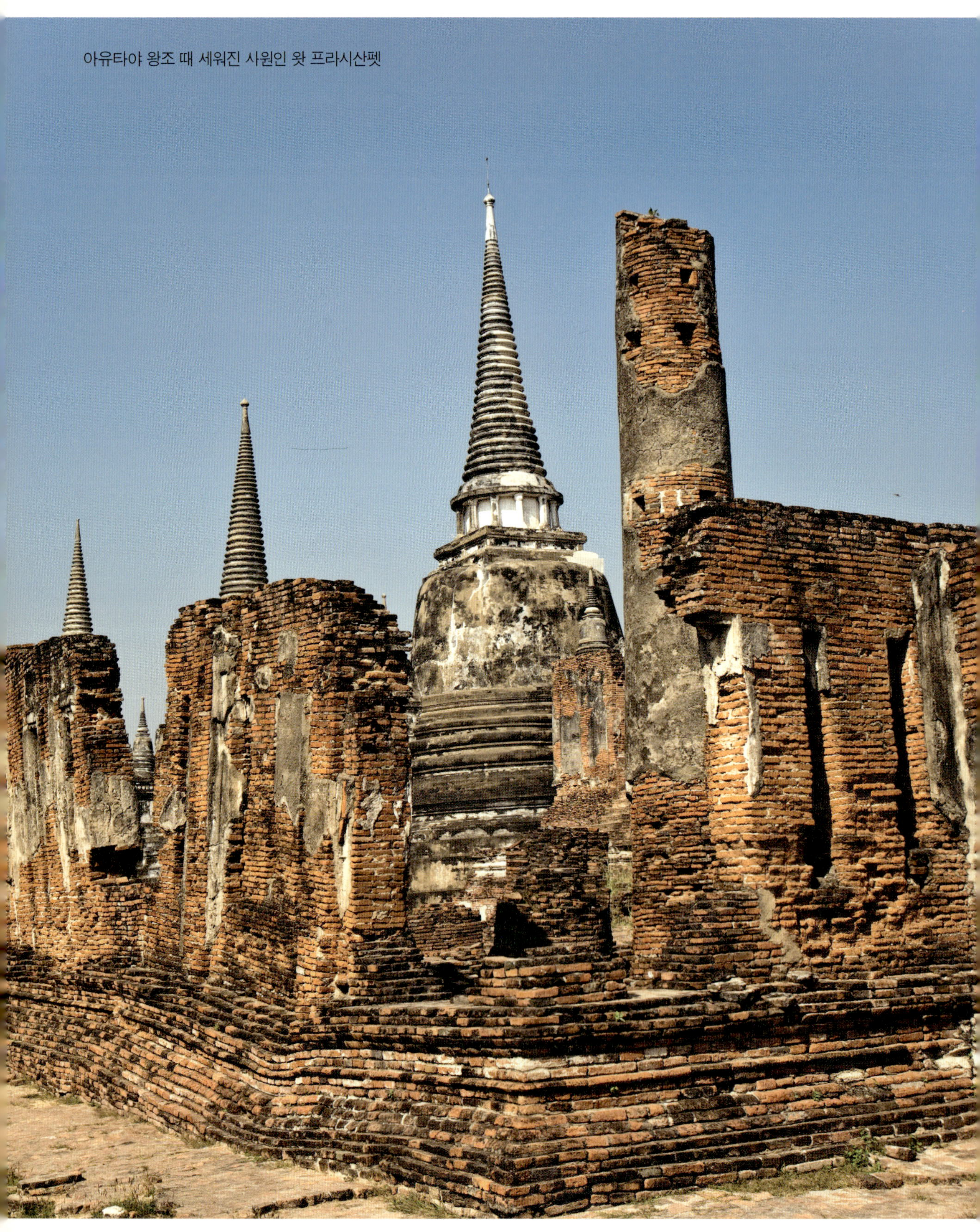

아유타야 왕조 때 세워진 사원인 왓 프라시산펫

졌어요. 그러자 참다못한 태국 백성들은 반란군을 일으켰고 차크리 장군이 1782년에 임금 자리에 올랐지요. 차크리 장군은 수도를 지금의 방콕으로 옮기고 나라 이름을 '시암'이라고 했어요. 그리고 차크리 왕의 이름을 따서 '차크리 왕조'라고 하고, '방콕 왕조'라고도 불렀지요.

이후 차크리 왕조는 1932년에 입헌 군주국이 되었고 1939년에 나라 이름을 시암에서 타이로 바꾸어 오늘날에 이르고 있어요. 입헌 군주국이란 왕은 있지만 왕이 직접 나라를 다스리지는 않고 대신 총리와 의원들이 정치를 하는 것이에요.

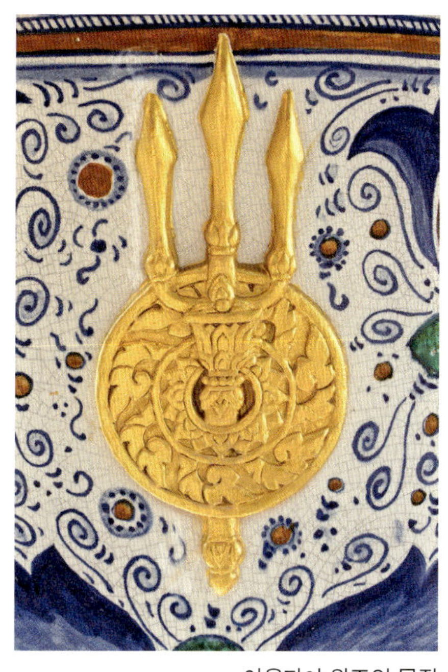

아유타야 왕조의 문장

하지만 태국의 경우에는 왕이 그저 상징적인 존재로 남아 있는 것이 아니라 국민들의 정신적 지주 역할도 맡고 있어요. 그래서 태국인들은 왕에 대한 사랑과 존경이 아주 대단하지요. 반란을 일으켜서 정권을 잡는 사람이 있다고 해도 왕으로부터 인정을 받지 못하면 국민들의 지지를 얻을 수 없어 물러날 수밖에 없을 정도예요.

유일하게 식민지가 되지 않은 나라

태국은 19세기에 유럽의 여러 강한 나라들이 식민지를 넓혀 나가는 상황 속에서도 아시아에서 유일하게 식민지가 되지 않고 독립을 유지한 나라예요. 당시 태국 주변의 국가들은 영국이나 프랑스의 지배를 받고 있었어요. 지금의 베트남, 라오스, 캄보디아는 프랑스가 지배하고, 미얀마와 인도는 영국이 지배하고 있었지요.

당시 태국의 왕이었던 라마 5세는 프랑스와 영국의 대립을 이용하기로 했어요. 태국은 미얀마와 캄보디아, 라오스에 접해 있어서 영국이나 프랑스 중 어느 한 나라가 태국을 지배하면 싸움이 날 우려가 있었지요. 라마 5세는 두 나라의 경쟁의식과 긴장 관계를 이용해서 중립 외교를 펼쳤어요. 이렇게 해서 태국은 아시아에서 식민지가 되지 않고 독립 국가의 지위를 유지한 유일한 나라가 될 수 있었지요. 독립 국가로 남아 있는 대신 영국에는 말레

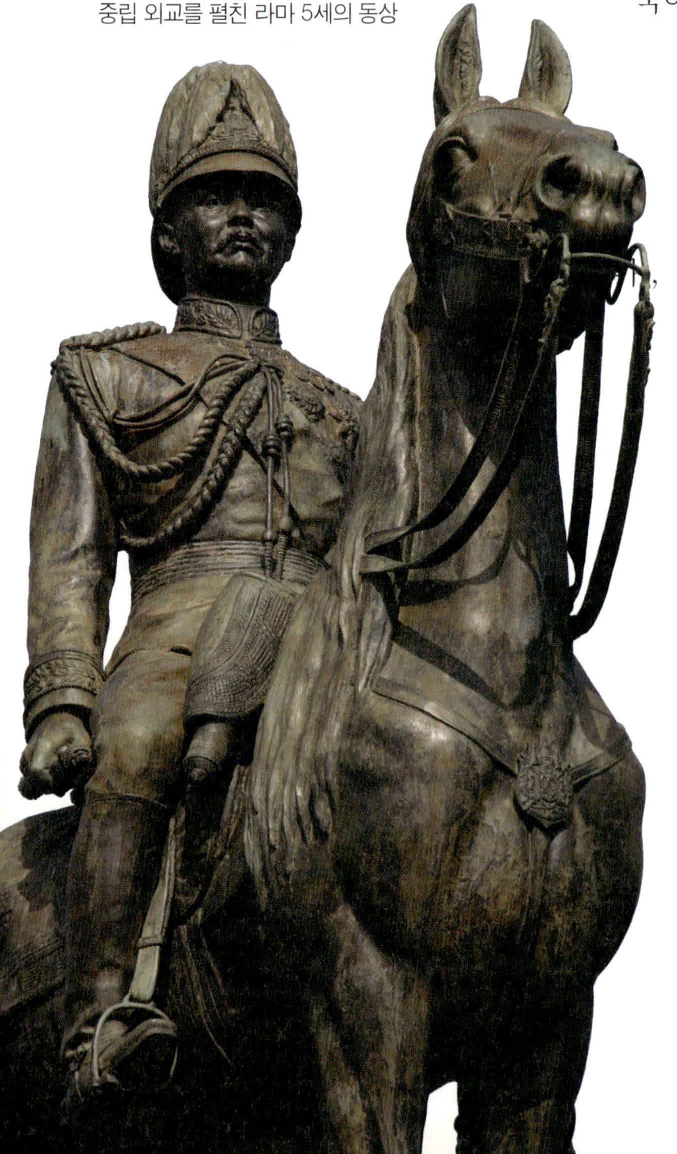

중립 외교를 펼친 라마 5세의 동상

이 반도의 땅을, 프랑스에는 라오스 쪽의 땅을 떼어 주어야 했지만요.

또한 라마 5세는 노예 제도를 없애고 행정 조직, 사법 제도, 철도, 우편 등 여러 제도를 개혁했어요. 또한 유럽의 문물을 받아들였지요. 왕족에게는 해외 유학을 적극적으로 권하기도 했어요. 라마 5세의 정치 덕에 태국은 크게 발전할 수 있었고 그는 오늘날까지도 태국의 근대화에 가장 크게 이바지한 왕이라는 칭송을 받고 있어요.

이색적인 수상 시장

태국은 옛날부터 물의 나라로 불릴 만큼 물길을 이용한 경제 활동이 활발하게 이루어졌어요. 그래서 수상 시장도 발달했지요. 수상 시장이란 말 그대로 물위에 있는 시장이에요. 상인들은 팔 물건들을 배 위에 예쁘게 진열해서 상점을 세우고 사람들은 배를 타고 다니

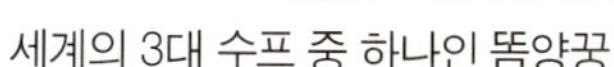

세계의 3대 수프 중 하나인 똠양꿍

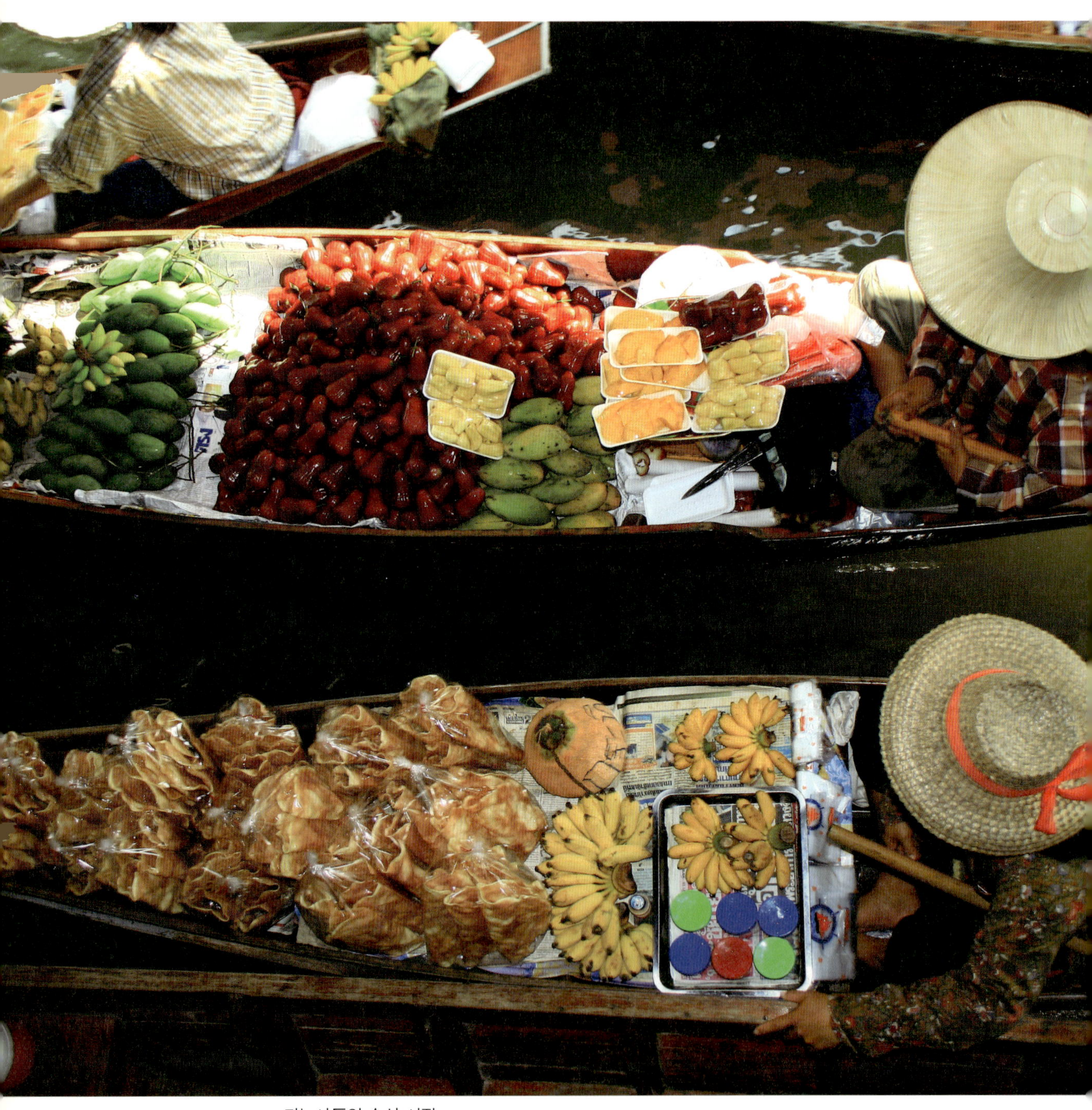

담는사두악 수상 시장

며 물건을 사요.

　태국의 수도 방콕 근처에는 수상 시장 중에서도 가장 유명한 '담는사두악 수상 시장'이 있어요. 이곳이야말로 태국 사람들의 생활 모습을 가장 잘 알아볼 수 있는 곳이라고 해요. 물길의 양쪽으로 여러 상점과 일반 가정집이 이어져 있고 시장이 열리면 과일을 실은 작은배들이 빽빽하게 모여들어요. 물론 이 수상 시장 말고도 다른 수상 시장도 있지만 그중에서도 담는사두악 수상 시장이 가장 유명하고 본래 기능과 모습을 유지하고 있기 때문에 사람들이 가장 많이 찾아요. 담는사두악 수상 시장은 아침에만 열기 때문에 가려면 일찍 길을 나서야 해요.

동남아시아 최고의 관광지

　태국은 동남아시아 최고의 관광지로 알려져 있어요. 관광 산업이 국가 수입의 60퍼센트에 이를 정도로 태국에서 관광은 주요한 산업이지요. 열대 기후인 태국은 1년 내내 평균 기온이 28도 전후로 따뜻해서 관광하기 좋아요. 뿐만 아니라 곳곳에 유적지들이 잘 보존되어 있어요. 전통적인 유적지와 현대의 도시 풍경이 잘 어울려 있지요.

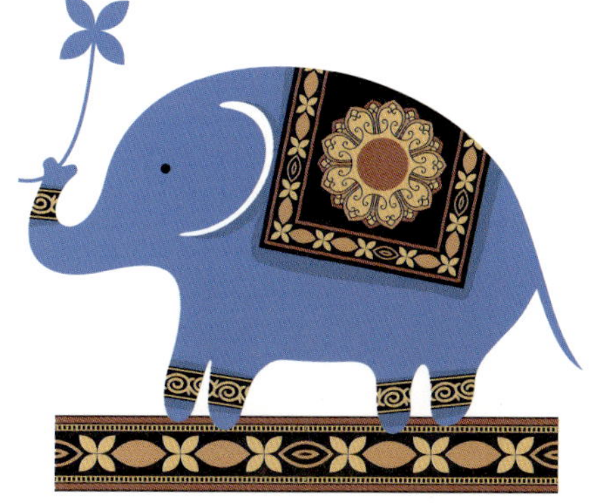

태국의 수도, 방콕

태국의 수도 방콕은 '천사의 도시'라는 뜻을 가지고 있어요. 방콕의 가장 큰 볼거리는 400여 개의 불교 사원들이에요. 태국은 큰 침략을 받은 적이 없었기 때문에 유적들이 온전히 보존되어 있어요. 방콕의 대표적인 사원으로는 '왓 프라깨오'와 '왓 아룬'이 있어요.

왓 프라깨오는 태국에서 가장 훌륭하고 성스러운 사원 중 하나예요. 승려가 관리하는 다른 사원들과 달리 왕이 직접 사원을 관리하기 때문이에요. 이곳에는 75센티미터의 신비스러운 에메랄드 불상이 있어요. 그래서 왓 프라깨오를 '에메랄드 사원'이라고도 부르지요. 벽면은 화려한 모자이크로 장식되어 있고, 번쩍이는 황금 탑도 있어요. 왓 프라깨오는 성스러운 곳으로 여겨지기 때문에

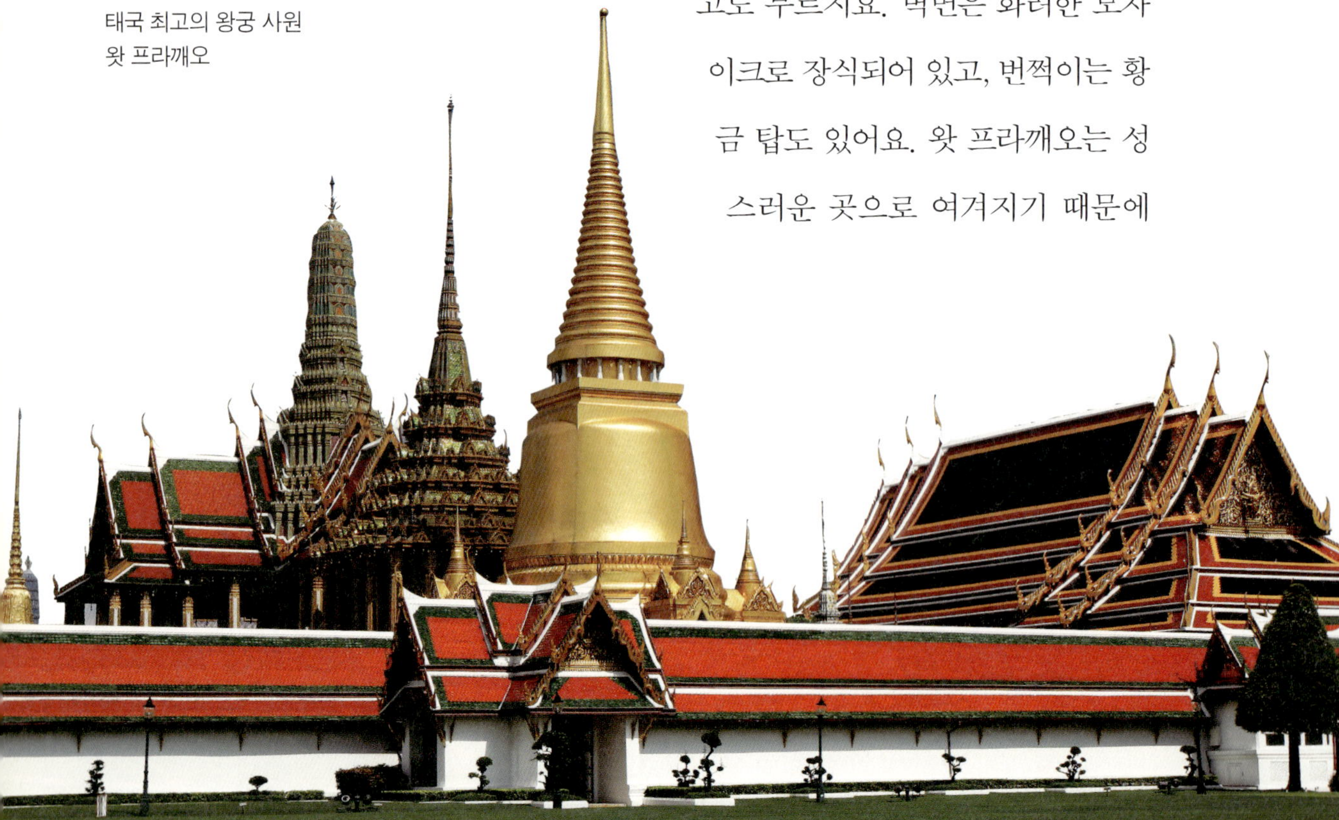

태국 최고의 왕궁 사원
왓 프라깨오

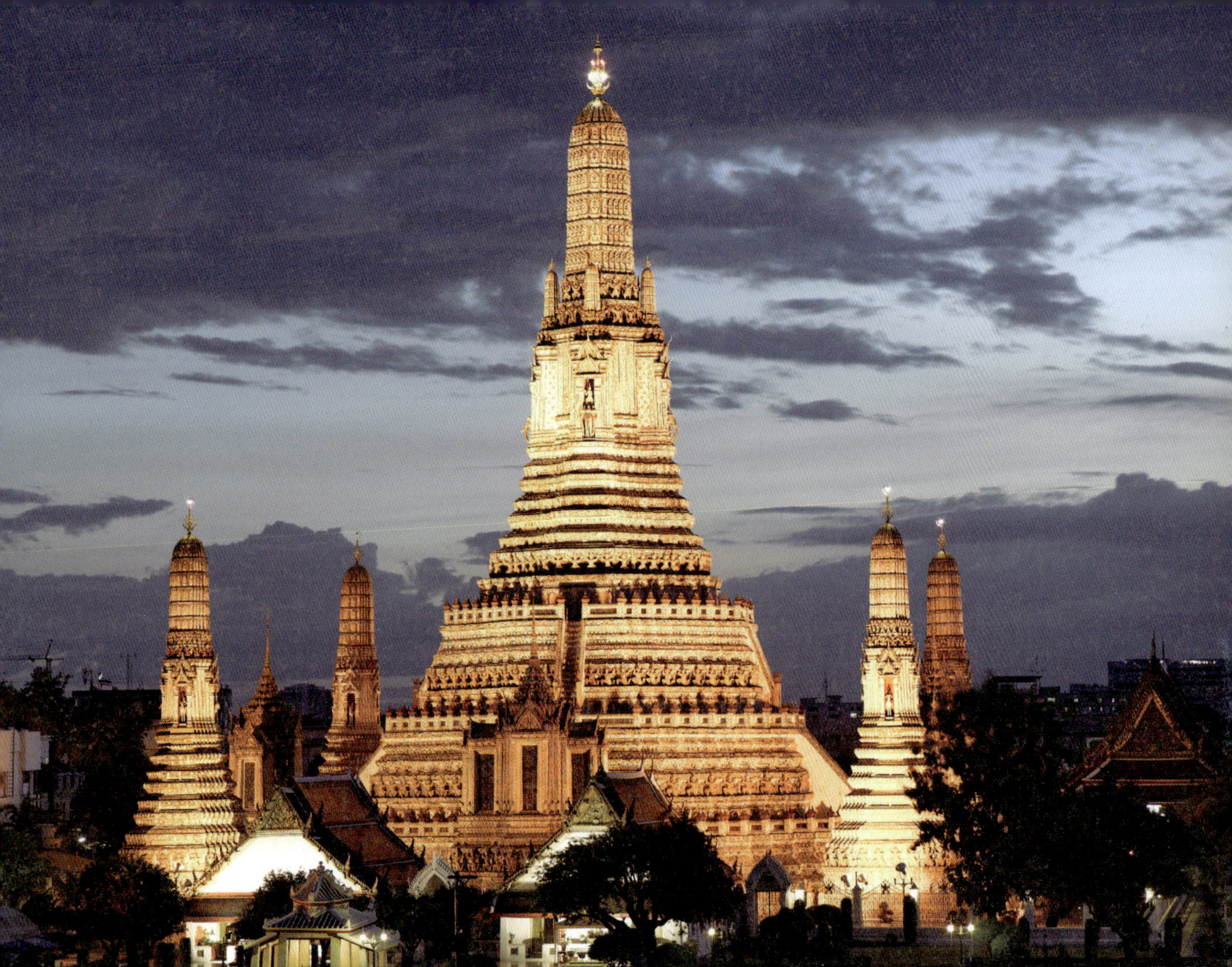

태국 동전에 새겨지기도 한 사원, 왓 아룬

노출이 심한 옷이나 반바지를 입고서는 들어갈 수 없어요. 슬리퍼 차림도 마찬가지이지요.

왓 아룬에서 딱신 왕은 미얀마 군을 이기게 해 달라고 새벽녘에 기도했다고 해요. 그래서 이곳을 '새벽 사원'이라고도 불러요. 또한 누워 있는 황금 불상으로 유명한 '열반의 사원'인 왓 포도 방콕에 있어요.

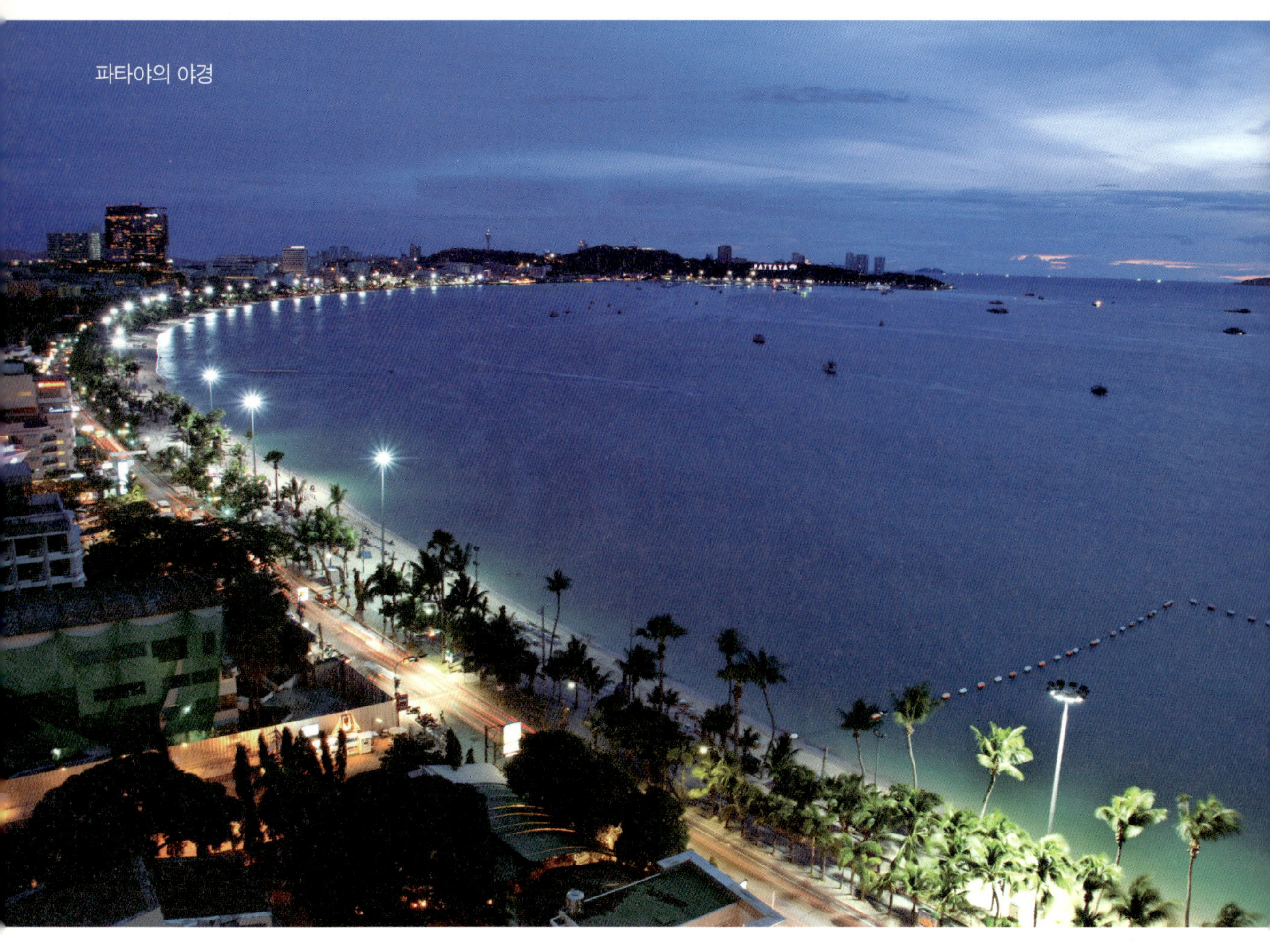

아시아 대표 휴양지, 파타야

파타야는 태국 남부에 있는 관광 도시로 낮에는 해양 스포츠를, 밤에는 야경이나 휴가를 즐길 수 있는 곳으로 유명해요. 파타야는 원래 이름 없는 작은 어촌에 불과했는데, 1961년에 휴양지로 개발되면서 아시아의 대표적인 휴양지로 발전했어요. 파타야 해변에는 고급 호텔과 레스토랑이 늘어서 있지요. 낮에는 해변에서 윈드서핑과 쇼핑 등을 하고 밤에는 화려한 불빛으로 수놓인 거리와 야경을 즐길 수 있어요. 그래서 파타야는 밤낮으로 사람들로 붐비지요. 또한 4킬로미터의 해안선을 아름답게 가득 수놓은 야자수 나무는 왜 파타야가 아시아 최고의 휴양지인지를 보여 주고 있어요.

그런데 관광 산업이 너무 발전하면서 그 피해도 만만치 않아요. 1950년대까지만 해도 파타야의 모래사장 길이는 40미터였는데, 지금은 수많은 건물과 콘크리트 제방 등으로 5미터밖에 남지 않았다고 해요. 이런 현상이 계속된다면 파타야의 아름다운 모래 해변을 볼 수 있는 시간도 이제 얼마 없을 거예요.

태국의 진주, 푸껫

푸껫은 태국 남부에 있는 태국에서 가장 큰 섬이에요. 푸껫은 섬 대부분이 산과 해변으로 이루어져 있어요. 수심이 얕고 파도는 잔잔하며 숲이 울창하고 석회암 절벽이 매우 아름답지요. 그래서 푸껫은 '태국의 진주'라 불리며 세계

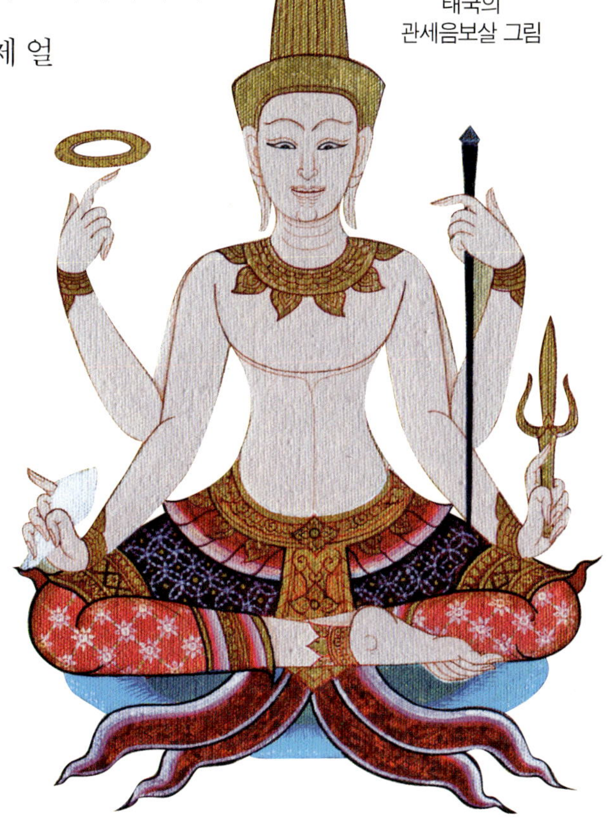

태국의 관세음보살 그림

에서 손꼽히는 휴양지가 되었어요.

또한 푸껫 가장 남쪽에 위치한 렘 프롬텝에서 바라보는 석양
은 아름답기로 유명하지요. 그래서 이곳을 '해 지는 언덕'이라고
도 불러요. 그뿐만 아니라 파타야 주변 30여 개의 작은 섬들도 유
명해요.

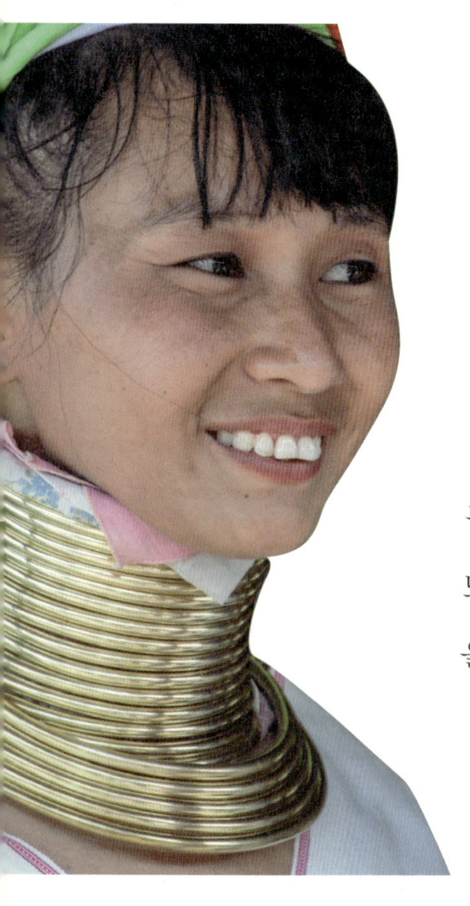
치앙마이의 소수 민족 여인

소수 민족이 있는 치앙마이

치앙마이는 태국 북부에 위치한 태국 제2의 도
시로, '새로운 도시'라는 뜻을 가지고 있어요. 13세
기 말에 태국의 란나 왕조가 이곳을 수도로 세우면
서 발전하게 되었지요. 그래서 도시 곳곳이 역사와
문명의 흔적들로 가득해요. 치앙마이의 가장 대표
적인 유적지는 하얀색으로 칠한 벽과 유리 조각으로
꾸며진 '왓 룽콘 사원'이에요.

또한 치앙마이에서는 아직까지도 자신들의 생활 방식
을 지키며 살아가는 소수 민족들의 삶을 엿볼 수 있어
요. 코끼리를 타고 열대 우림과 불교 사원을 구경
할 수도 있지요.

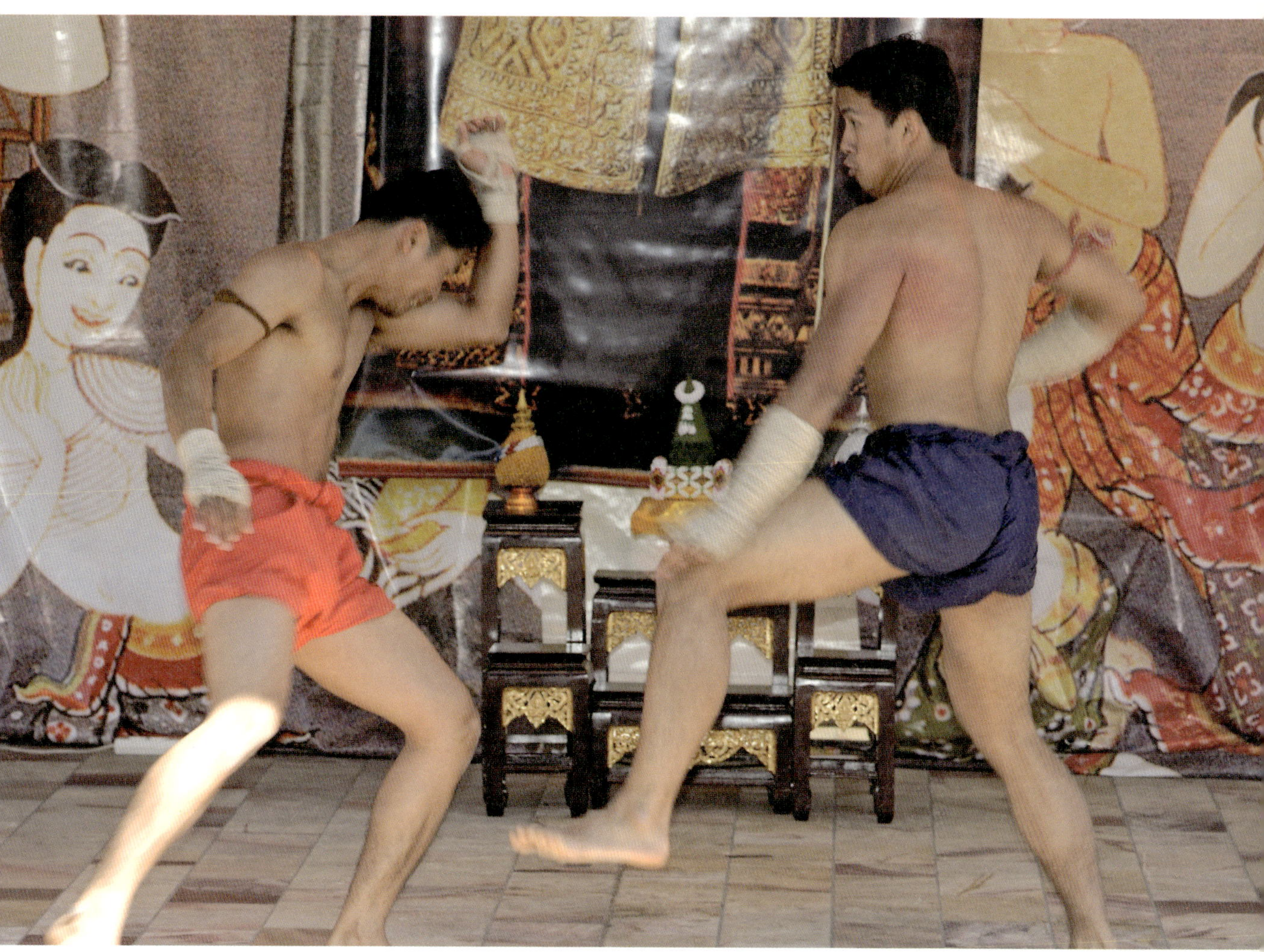

무에타이 경기 모습

🇹🇭 태국의 무술, 무에타이

무에타이는 1,000년가량 내려온 태국의 전통 무술이에요. 타

이 복싱이라고도 불리지요. 태국어로 무에타이는 '싸움'을 뜻해

요. 일반 권투와 달리 손과 발뿐만 아니라 무릎과 팔꿈치, 정강

이 등 전신을 이용해서 공격할 수 있고 이때 머리를 제외한 전신

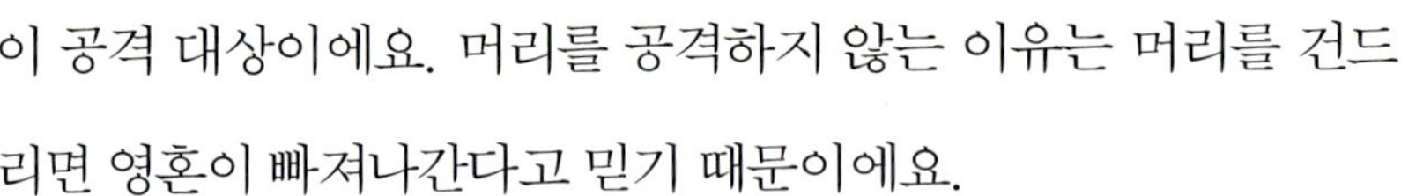

이 공격 대상이에요. 머리를 공격하지 않는 이유는 머리를 건드리면 영혼이 빠져나간다고 믿기 때문이에요.

무에타이는 전통 무술에만 머무르지 않고 격투 경기로 현대화되었어요. 권투와 마찬가지로 4각의 링에서 글러브를 끼고 경기하지요. 하지만 다른 격투 경기들과 달리 바닥에 침을 뱉거나 바닥에 쓰러진 선수를 공격하는 것을 금지하는 정도 말고는 별다른 규칙이 없는 것이 특징이에요. 그만큼 무에타이는 격렬한 경기이지요.

제2차 세계 대전 이후 무에타이는 세계 각국으로 퍼져 나가게 되었어요. 현재 무에타이는 많은 사람들이 배우는 유명한 격투기로 자리를 잡았지요. 태국에서는 무에타이가 국민 스포츠라고 할 정도로 인기가 매우 많아요.

동남아 최고의 동물 보호 구역

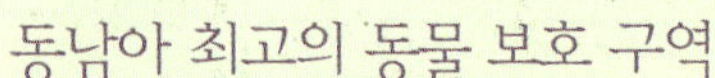

퉁야이 후아이카캥은 태국 서부에 위치해 있으며 동남아시아에서 가장 큰 동물 보호 구역이에요. 퉁야이는 태국어로 '넓은 들판'이라는 뜻이지요. 이곳에는 해발 고도에 따라 산악 우림, 열대 원시림 등 동남아시아에서 볼 수 있는 모든 형태의 숲이 있어요. 또한 호랑이, 코끼리, 코뿔소 등 포유류 120종, 조류 200종, 파충류 96종, 어종 113종 등 다양한 동물들이 평화롭게 살고 있는 곳이기도 해요. 자연환경이 훼손되지 않고 온전하게 남아 있기 때문에 그 가치를 인정받아 1991년 유네스코 세계 자연 유산으로 지정되었어요.

Philippines

필리핀 이야기

일로코스 지방
코르딜레라 행정구
카가얀 계곡 지방
중부 루손지방
칼라바르손 지방
마닐라
미마로파 지방
비콜지방
비사야 제도
카라가 지방
북부민다나오 지방
삼보앙가 반도 지방
다바오 지방
무슬림민다나오 자치구
소크사르젠 지방

ANG BAGONG LI
SETYEMBRE 21,
1972
PANGULONG
FERDINAND E. MARCOS
1975

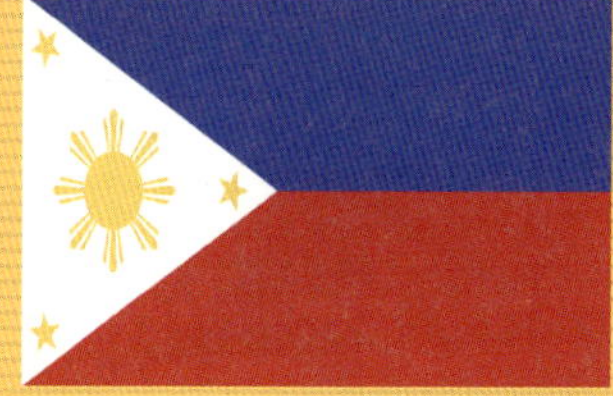

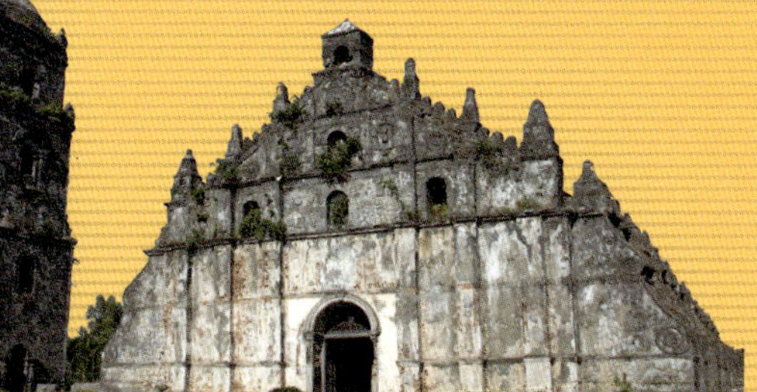

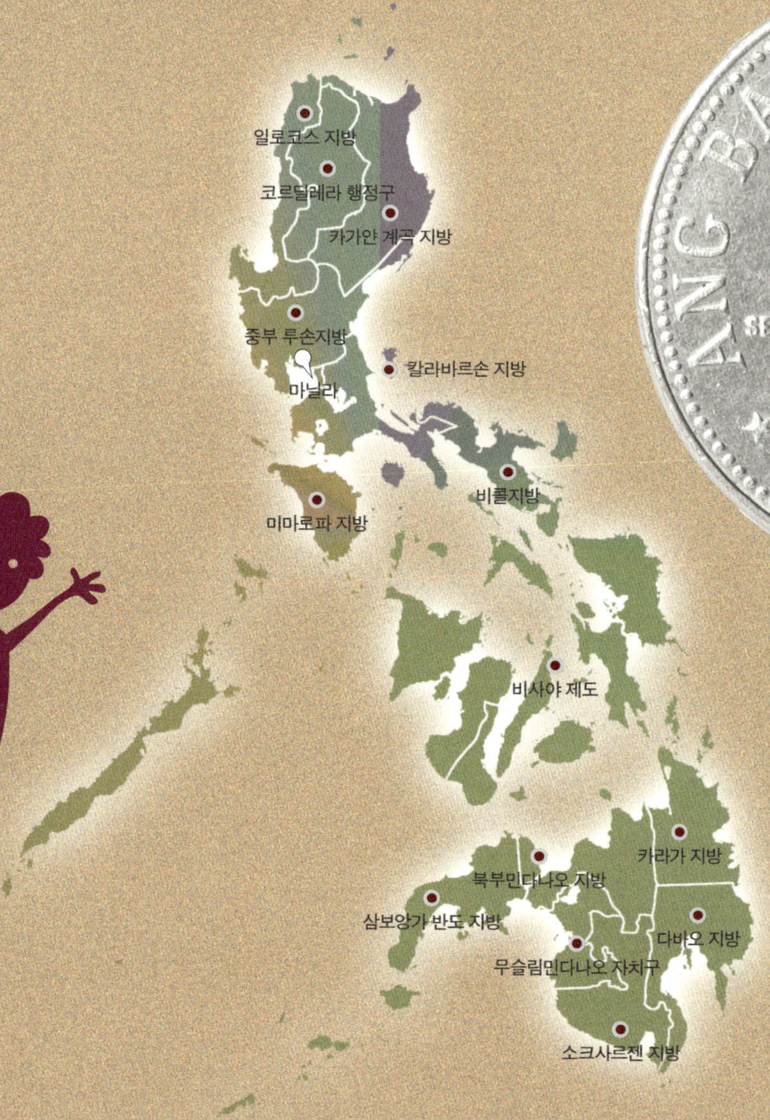

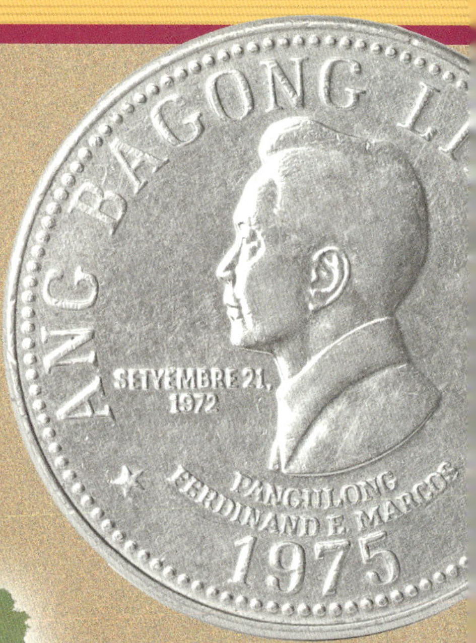

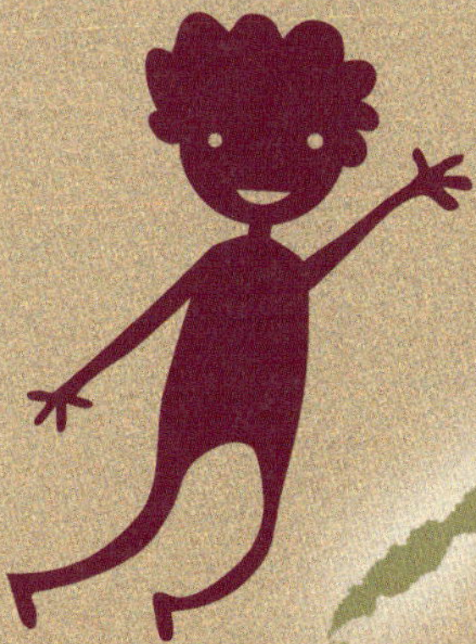

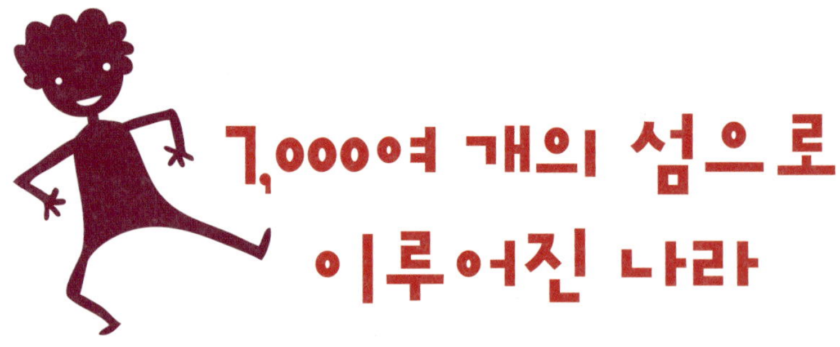

7,000여 개의 섬으로 이루어진 나라

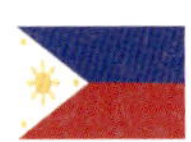 ## 부족 국가를 이루다

필리핀의 고대 역사를 정확하게 알 수 있는 기록은 지금 거의

전해지지 않아요. 그래서 보통 16세기 스페인이 필리핀을 지배

필리핀의 세부 바닷가

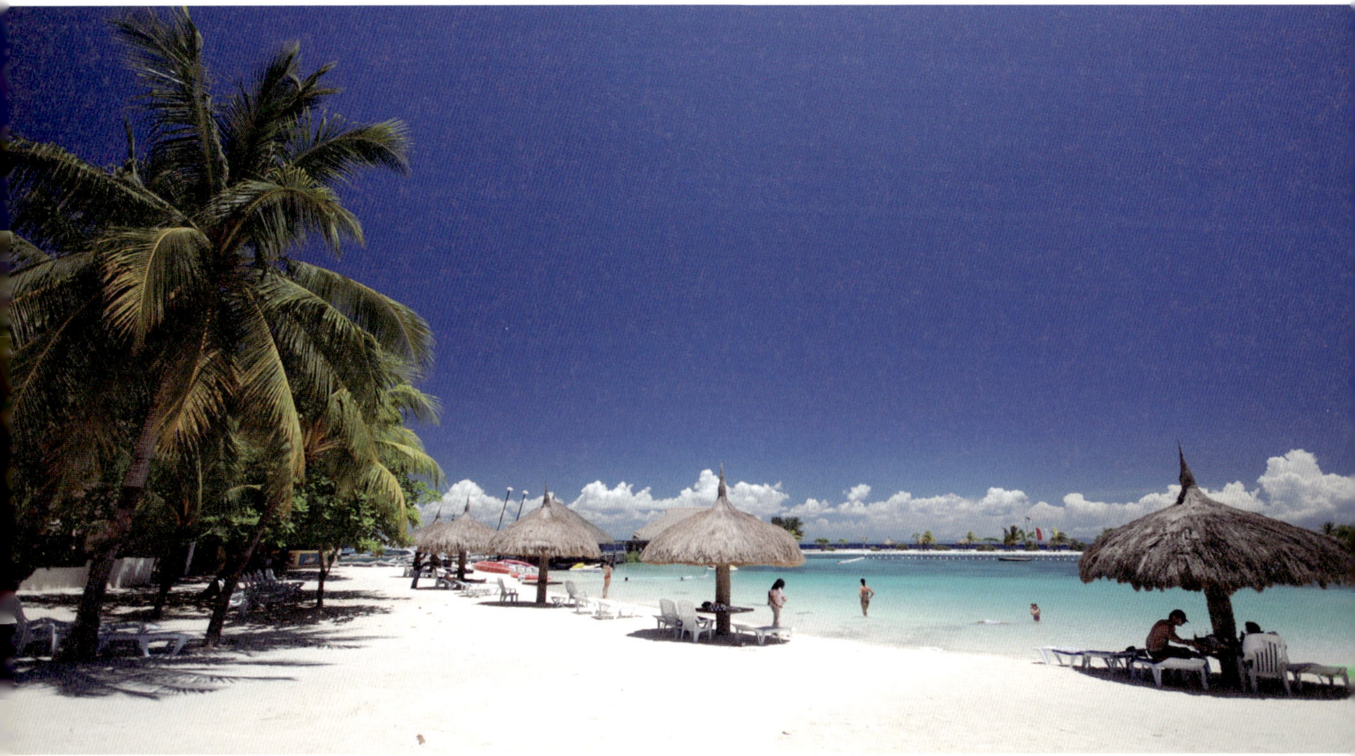

하기 이전을 통틀어 '고대 필리핀'이라고 불러요.

고대 필리핀 사람들은 '바랑가이'라고 부르는 부족을 이루어 살았어요. 바랑가이는 적게는 수십 가구에서 많게는 1,000가구 정도가 모여 이룬 가족 공동체예요. '다투'라는 우두머리가 각각의 바랑가이를 지배했지요. 다투는 부족을 다스리기 위해 법을 세우고 재판을 하거나 군대도 이끄는 등 권한의 대부분을 가지고 있었어요.

이처럼 여러 섬에 각기 다른 부족들이 나뉘어 있어서 필리핀은 통일된 국가가 세워지지 못했어요. 하지만 이들은 철을 만들 줄 알았고 여러 나라와 무역도 활발히 했어요. 14세기 이후에는 무역을 통해 이슬람교를 받아들이고 중국 송나라와 명나라 상인과도 교역을 했어요. 명나라의 정화라는 사람은 60여 척의 배를 이끌고 필리핀을 공격하기도 했어요.

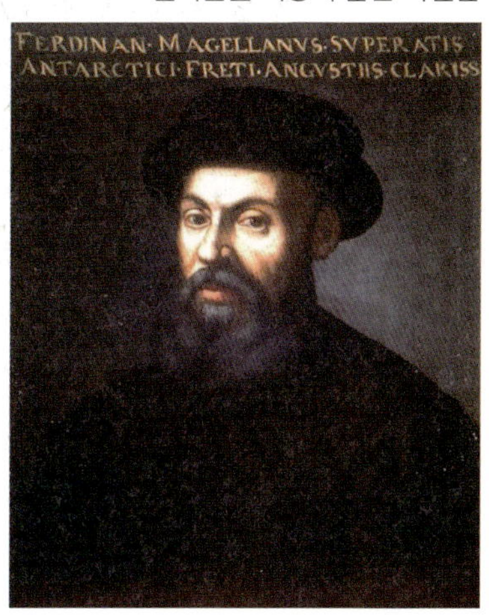
필리핀을 서양에 알린 마젤란

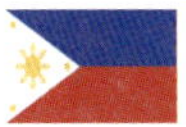 ## 스페인의 식민지가 된 필리핀

16세기에 접어들며 필리핀은 다른 나라에 알려지게 되었어요. 이때부터 필리핀의 역사 또한 문자로 기록되기 시작했지요.

1521년, 포르투갈의 탐험가였던 마젤란이 스

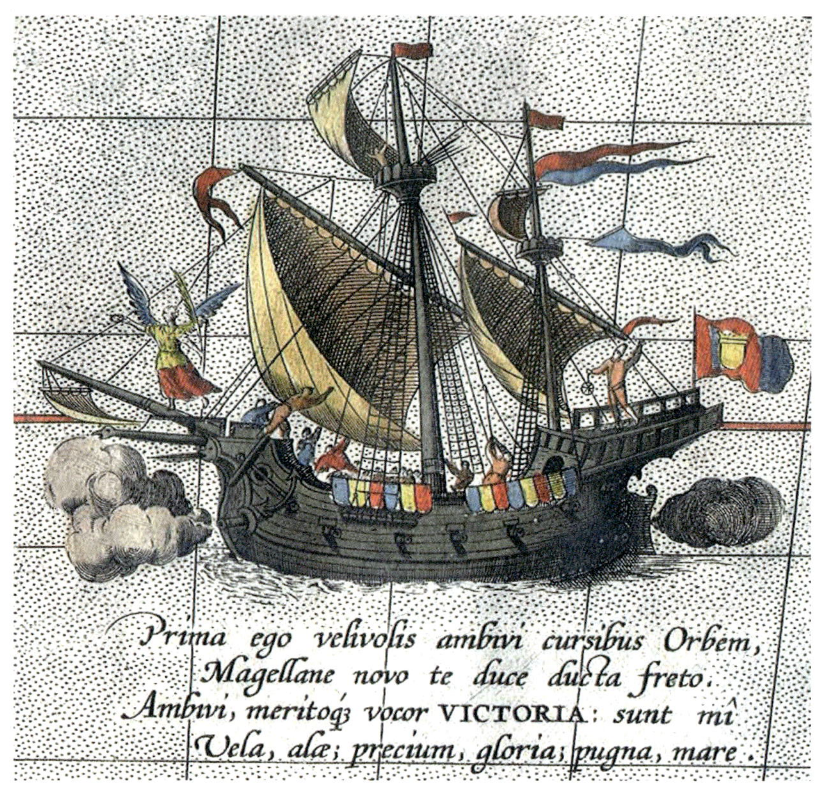

마젤란 일행이 탄 빅토리아 호의 그림

페인 왕실의 후원을 받아 태평양을 탐험하던 중 필리핀을 발견했어요. 마젤란은 필리핀 원주민들과 벌인 세부 지역의 전투에서 사망했지만 그의 부하가 항해를 계속하여 1522년 세계 일주를 완성했어요. 이렇게 필리핀은 서양에 알려지게 되었지요.

스페인은 필리핀이 무역을 하기에 아주 좋은 장소라고 판단했어요. 그래서 군대를 이끌고 필리핀으로 쳐들어왔어요. 필리핀은 하나의 국가가 아닌 부족 국가라서 사람들의 힘을 모으기

힘들었어요. 그래서 필리핀은 스페인의 공격을 이겨내지 못하
고 식민지가 되었지요. 스페인은 필리핀을 16세기부터 19세기
말까지 200년 이상 계속 지배했어요.

식민지 시절, 필리핀의 지배층들은 스페인의 힘을 등에 업고
권력을 마음대로 휘두르며 필리핀 사람들을 괴롭혔어요. 그러
자 필리핀 사람들은 똘똘 뭉쳐서 외국 세력을 몰아
내고 필리핀의 독립을 이루어내려 했지요.

19세기 들어 각지에서 난이 일어나기 시작
했어요. 1892년, 호세 리살은 '필리핀 민족 동
맹'이라는 단체를 만들고 사회 개혁을 시도했
어요. 하지만 스페인에게 체포되어 처형당하
고 말았지요.

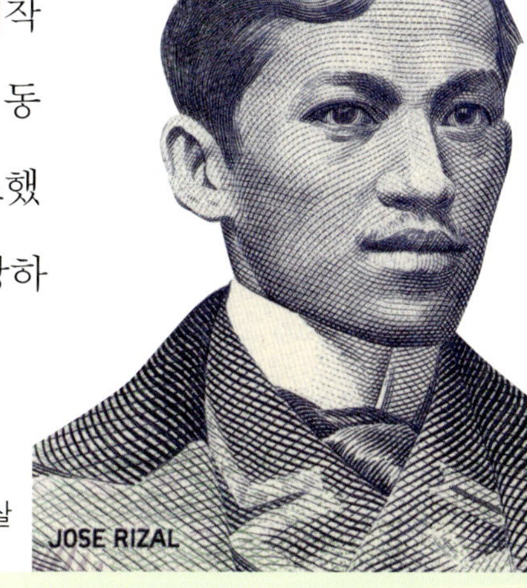

필리핀 독립의 아버지, 호세 리살

마젤란의 세계 일주

마젤란은 원래 인도를 향해 가는 바닷길을 발견하려고 했어요. 그러나 태평양은 마젤란이
생각했던 것보다 훨씬 넓었지요. 결국 마젤란은 인도를 발견하지 못하고 겨우 태평양을 건
너 필리핀을 발견하게 되었어요.
마젤란은 필리핀에서 죽었지만 마젤란의 항해는 최초의 세계 일주로 기록에 남게 되었어
요. 그리고 지구가 둥글다는 것을 증명했지요.

호세 리살은 스페인으로부터 독립 운동을 벌인 필리핀의 독립 운동가예요. 그는 의사가 되기 위해 스페인으로 유학을 갔지만 필리핀 사람들을 차별하는 스페인의 현실을 보고 이를 비판하는 소설을 펴냈어요. 결국 그는 스페인에서 쫓겨났지요. 필리핀으로 돌아오게 된 호세 리살은 '필리핀 민족 동맹'을 세워 스페인의 식민 통치를 비판했어요. 그러던 중 1892년에 필리핀 혁명을 이끈 사람으로 몰려 공개적으로 처형당했지요. 그의 죽음은 필리핀 독립 운동의 목소리를 더욱 높아지게 했어요. 호세 리살은 지금도 '필리핀 독립의 아버지'로 불리며 필리핀 사람들에게 존경 받고 있어요.

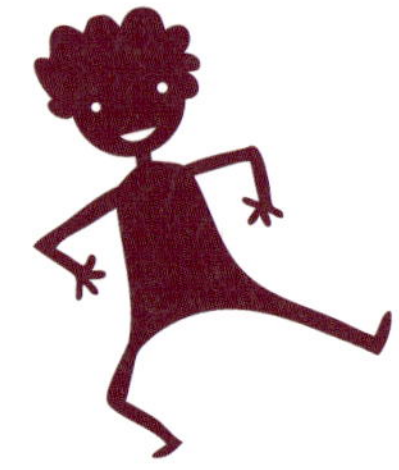

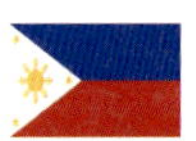 가톨릭교의 천국

스페인은 가톨릭교를 믿는 국가였기 때문에 필리핀에도 똑같은 종교를 강요했어요. 가톨릭교를 강요한 데는 필리핀 사람들의 민족정신도 흐릿하게 하려는 목적이 있었지요. 그래서 필리핀은 동남아시아에서 유일한 가톨릭 국가가 되었지요. 필리핀 국민의 약 85퍼센트가 가톨릭교를 믿는다고 해요. 그래서 필리핀은 세계 최대의 가톨릭교 국가라는 말을 들으며 '수도사의 천국'이라는 별명을 얻기도 했어요.

필리핀에는 성당도 많아요. 이중에서도 마닐라에 있는 '성 어거스틴 성당'은 필리핀에서 가장 오래된 유럽식 석조 건축물로 유명해요. 성당 내부에는 유럽식 벽화와 유물들이 있어요. 이곳은 제2차 세계 대전과 여러 차례의 지진을 거치면서도 파괴되지 않고 그대로 남아 있어서 '기적의 성당'이라고 불려요. 1993년에는 필리핀에 있는 세 개의 다른 교회와 함께 유네스코 세계 문화유산으로 지정되었지요.

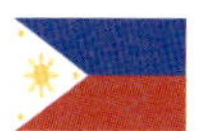 ## 스페인에서 미국으로, 미국에서 일본으로

1898년 필리핀은 스페인으로부터 독립을 선언하였어요. 마침 그해, 미국과 스페인 사이의 전쟁에서 미국이 승리했어요. 전쟁에 진 스페인은 미국에 필리핀을 넘겨줄 수밖에 없었고, 필리핀은 이제 미국의 지배를 받게 되었어요.

필리핀을 넘겨받은 미국은 자기 나라에 유익하게 이용하려고 필리핀 사람들이 영어를 널리 사용하게 하고 영어로 수업하는 학교를 세웠어요.

그러다가 제2차 세계 대전 중이던 1941년에 일본이 예고도 없이 미국을 공격하였어요. 그로부터 몇 시간 후 일본은 미국의

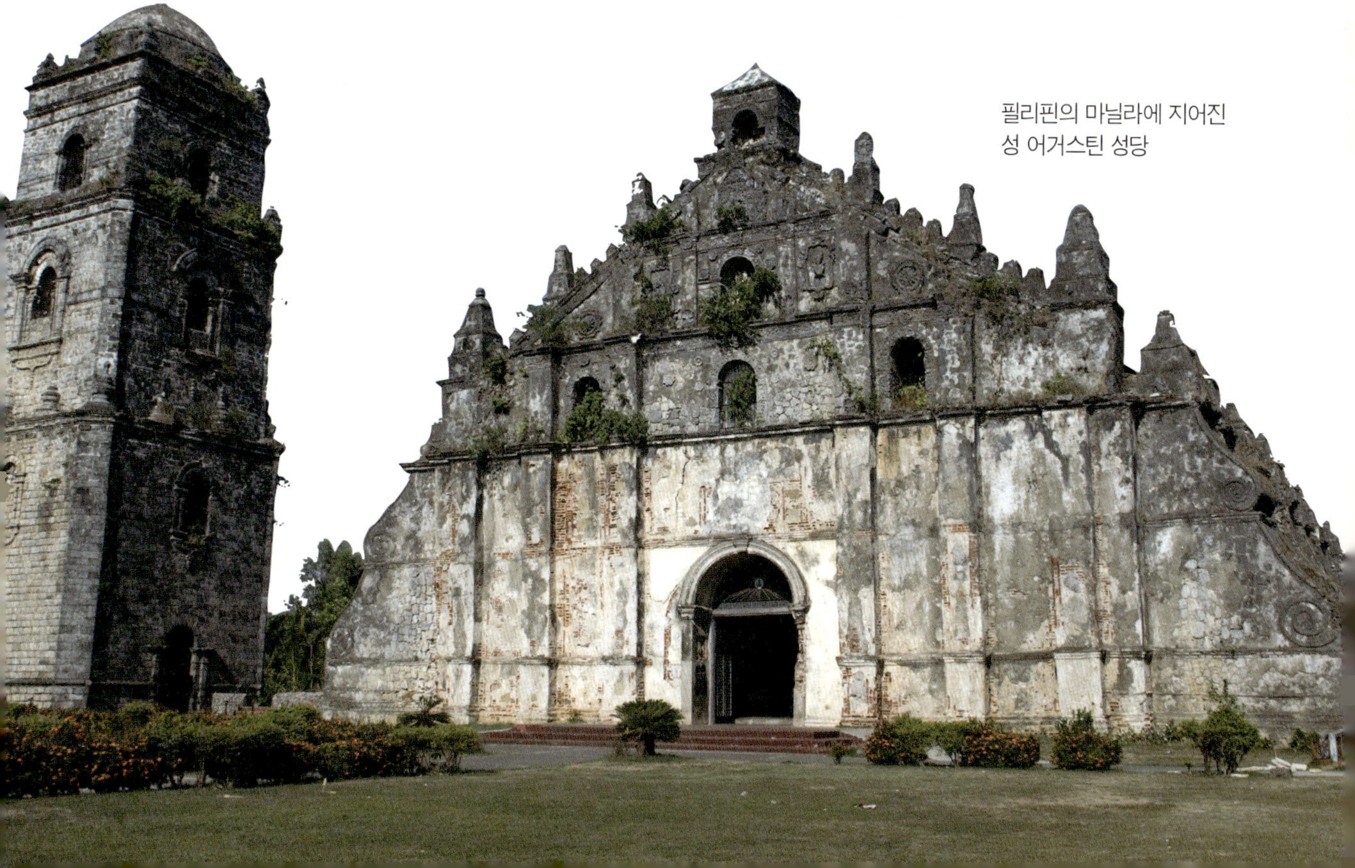

필리핀의 마닐라에 지어진 성 어거스틴 성당

식민 지배를 받던 필리핀도 공격했어요.

1942년에는 일본군이 필리핀의 마닐라를 완전히 차지하게 되었고 그래서 제2차 세계 대전 도중에는 일본이 필리핀을 다스렸지요. 하지만 1945년에 전쟁이 끝나면서 필리핀은 독립을 하게 되어요.

마르코스의 독재 정치

필리핀은 독립 이후에도 미국에게 경제적으로 많은 도움을 받았어요. 수십 년간 미국의 영향을 받았기 때문에 하루 아침에 미국에서 벗어나기 어려웠던 거예요.

그러던 중 필리핀에 막사이사이라는 인물이 등장하면서 미국의 도움 아래 민주주의의 뿌리가 마련되었어요.

하지만 필리핀의 민주주의는 지도자 마르코스가 등장하면서 위기에 처했어요. 1965년 11월 실시된 대통령 선거에서 당선된 마르코스는 필리핀을 잘 다스리는 듯했지만 1972년에 군대를 동원해서 독재 정치를

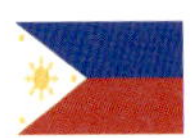
독재 정치를 한 마르코스

폈어요. 이로써 필리핀은 21년간 마르코스의
독재 국가가 되었어요.

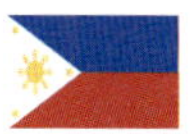 ## 필리핀의 민주화

마르코스의 독재 정치가 계속되자 필리
핀 민주화 세력은 그에 맞서 반대 운동을 계
속했어요. 그 중심에는 베니그노 아키노라
는 사람이 있었어요. 베니그노 아키노는 국
민들 사이에서 아주 인기가 높은 정치가였지
요. 베니그노 아키노의 세력이 커지는 것을
두려워한 마르코스는 그를 1983년에 암살했
어요. 그러자 그 일에 분노한 사람들은 민주
화 투쟁에 나섰어요.

1986년 2월 치러진 대통령 선거에서 마
르코스가 대통령으로 당선되었지만 부정 선
거였음이 드러났어요. 이에 필리핀 사람들
은 민주화 투쟁에 더욱더 열을 올렸고 그 결
과 마르코스는 대통령 자리에서 물러나게
되었어요. 필리핀에 민주화 시대가 열리게

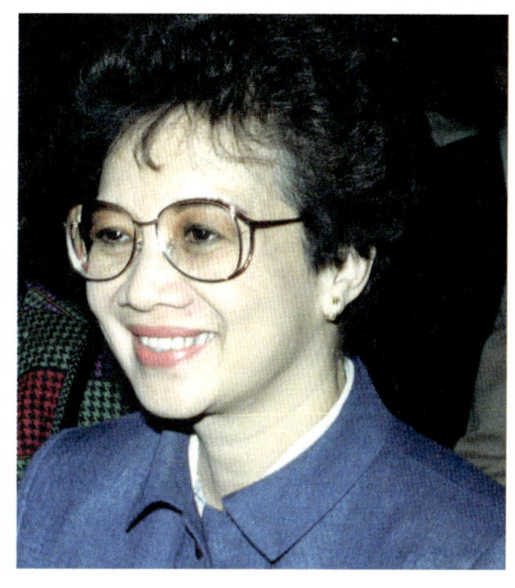

필리핀의 제7대 대통령, 코라손 아키노

막사이사이와 막사이사이상

필리핀의 제3대 대통령인 '막사
이사이'는 청렴한 생활을 하고 서
민들을 위한 정책을 실시해서 많
은 사람들의 사랑을 받으며 '서
민 대통령'이라고 불렸어요. 그러
나 1957년에 비행기 추락 사고로
갑작스레 숨을 거두었어요. 이후
사람들은 그의 업적을 기리기 위
해 1958년 '막사이사이상'을 만들
었어요. 지역 사회를 지도하거나
훌륭한 공무원, 언론 등 다섯 부
문에 걸쳐 상을 주고 있지요. 우
리나라의 박원순 서울 시장도 막
사이사이상을 받았어요.

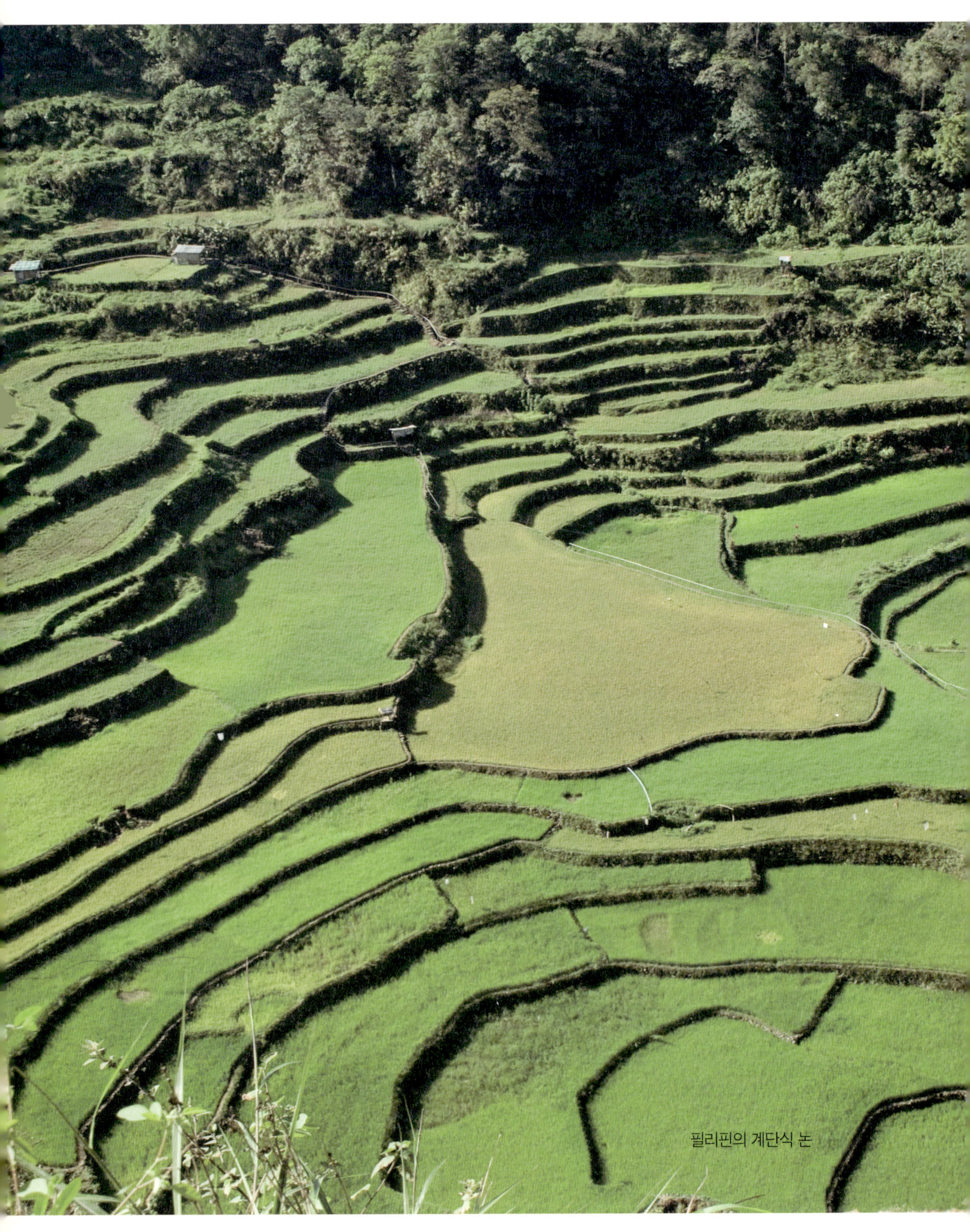

필리핀의 계단식 논

된 거예요.

이후 치러진 대통령 선거에서는 베니그노 아키노의 부인인
코라손 아키노가 대통령으로 당선되었어요. 코라손 아키노는
1987년 헌법을 제정하고, 여러 개혁을 시도했어요. 그 이후로 여
러 명의 대통령이 민주적인 선거를 통해 탄
생하면서 민주주의 국가 필리핀이 지금까지
이어지고 있어요.

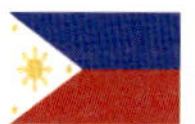 ## 코르딜레라스 계단식 논

필리핀에서는 계단식으로 만든 논을 많
이 볼 수 있어요. 쌀농사를 많이 하는 필리
핀에서 산간 지역의 좁은 땅을 잘 활용하기
위해 계단식으로 논을 만든 거예요.

특히 코르딜레라스 지역에 있는 계단식
논은 세계에서 가장 큰 계단식 논으로 꼽히
며 1995년에 유네스코 세계 문화유산에 등록
되었어요.

이 논은 필리핀이 식민지가 되기 2,000년
전에 만들어진 거예요. 계단식 논에 물을 대

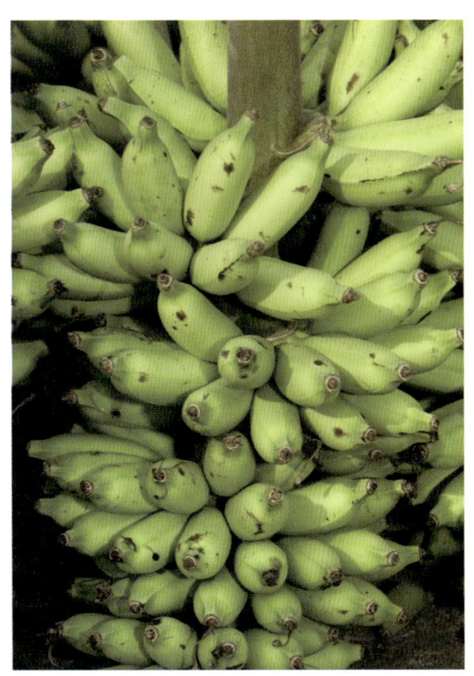

필리핀의 바나나

기 위해서는 산꼭대기의 숲에서 물을 끌어와야 하는 매우 복잡한 방법을 거쳐야 해요. 이러한 농업 기술은 지금까지도 높이 평가받는 수준 높은 기술이에요.

2,000년 전부터 세대를 거듭하여 지금까지 내려온 코르딜레라스의 계단식 논은 인간과 자연환경의 조화를 보여 줌과 동시에 고대 문명을 보여 주는 하나의 발자취가 되고 있어요.

India

인도 이야기

잠무 카슈미르 주
히마찰프라데시 주
펀자브 주
우타르프라데시 주
하리아나 주
델리
라자스탄 주
우타르프라데시 주
아루나찰프라데시 주
시킴주
비하르 주
아삼 주
나갈랜드 주
메갈라야 주
마니프람 주
트리프라 주
미조람 주
구자라트 주
마디아프라데시 주
자르칸드 주
서벵골 주
차티스가르 주
마하라슈트라 주
오리사 주
안드라프라데시 주
고아 주
카르나타카 주
타밀나두 주
케랄라 주

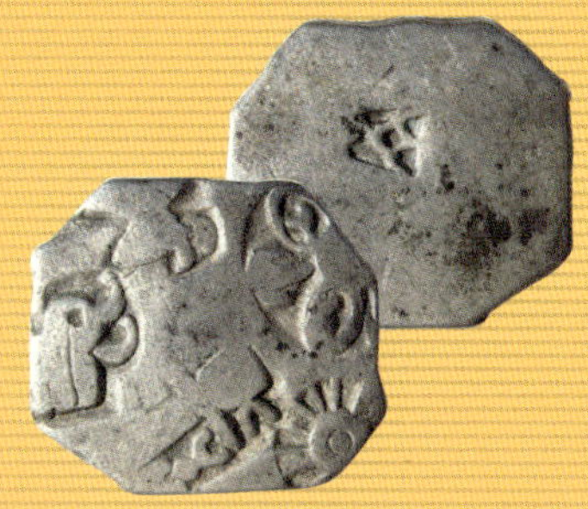

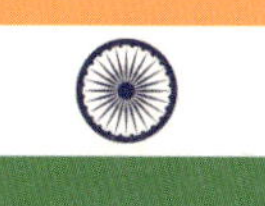

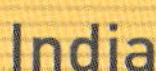

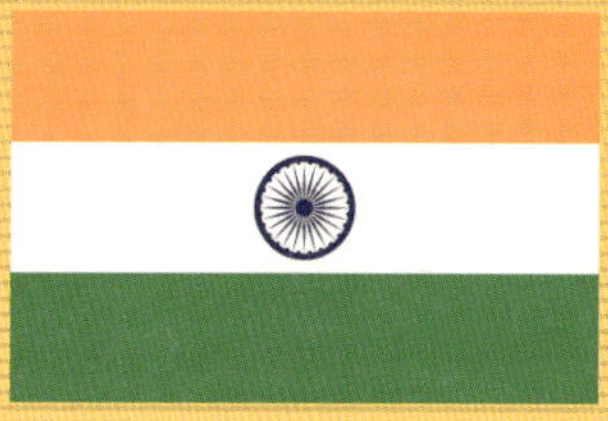

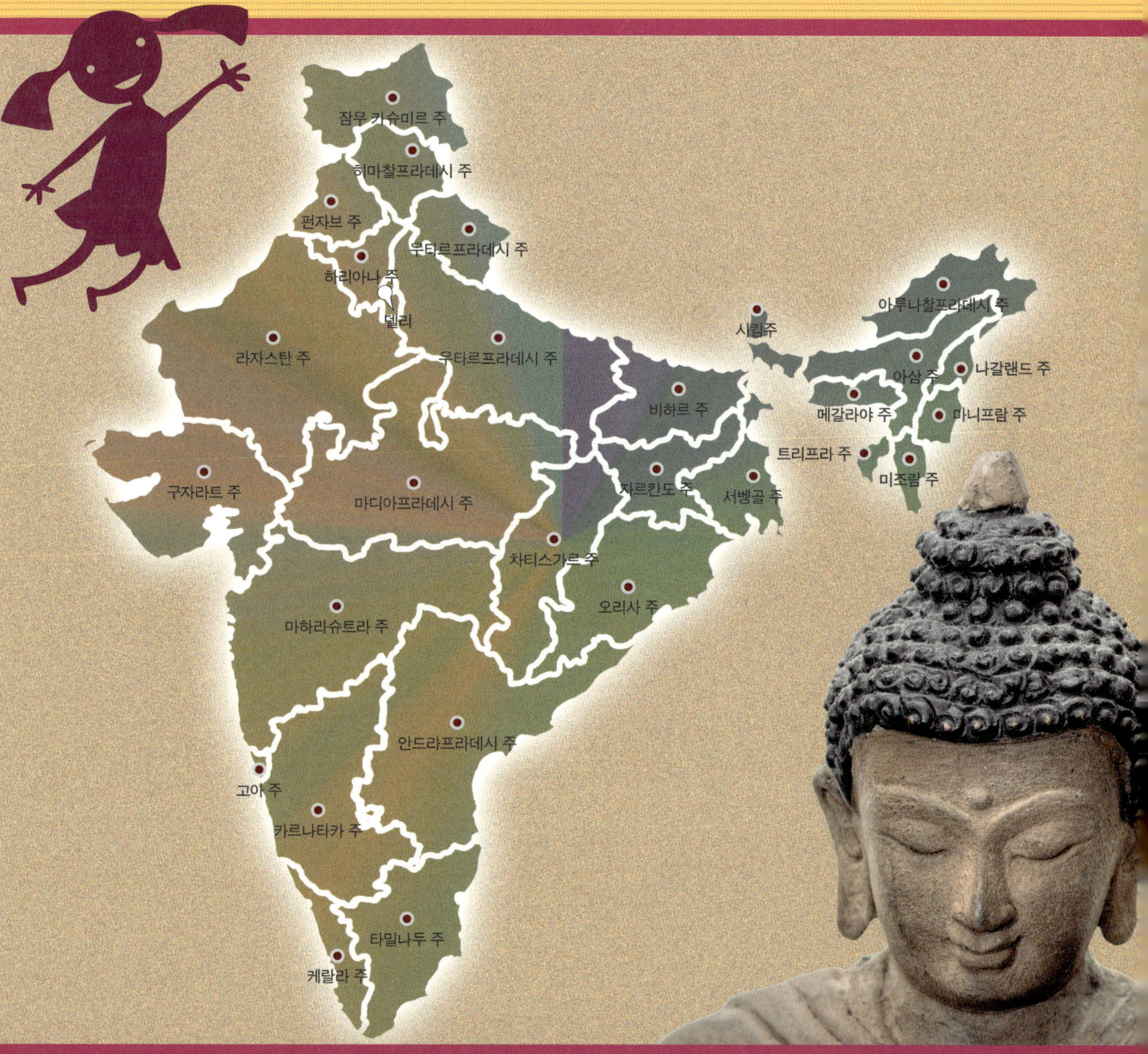

인더스 문명의 중심지

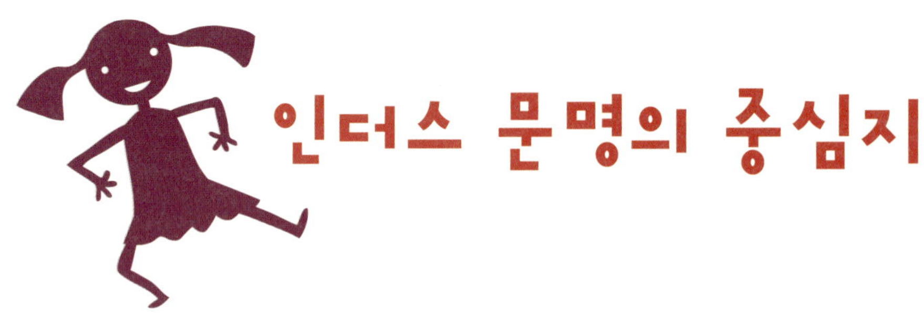

불교가 탄생한 나라

석가모니 불상

기원전 6세기, 인도에서는 상업이 발달하면서 빈부의 차이가 커졌어요. 그런데 당시 인도의 종교이던 브라만교는 백성들의 고통에는 관심을 가지지 않고 제사 의식에만 관심을 가졌어요. 더불어 카스트 제도를 통한 신분 차별도 백성들을 힘들게 했지요.

브라만교에 불만을 품은 사람들이 점점 많아지던 가운데 석가모니가 새로운 종교를 만들었어요. 이것이 바로 불교에요. 석가모니는 제사보다 올바른 행동이 중요하며 욕심을 버리고 수행하면 신분에 관계없이 누구나 구원을 얻을 수 있다고 했어요. 브라만교가 다음 생애의

운명은 신이 정한다고 말한 것과는 반대되는 것이었지요. 이렇게 자비와 평등을 내세운 불교는 금세 사람들에게 큰 인기를 얻게 되었어요.

불교는 마우리아 왕조의 아소카 왕 때 더더욱 발전했어요. 인도 땅의 대부분을 통일한 아소카 왕은 참혹한 전쟁의 모습을 보고 크게 깨달아 생명을 소중히 여기는 불교를 믿기로 결심했어요. 그래서 불교를 믿는 것을 북돋우고 인도 곳곳에 탑과 사원을 세웠지요. 이후 불교는 동양 여러 나라에 퍼져 나가서 세계적인 종교로 발전하게 되었어요.

카스트 제도

인도의 신분 제도인 카스트 제도는 기원전 1300년경 카스피해와 러시아 남쪽에 살던 아리아인이 인도를 침입하면서 만들어졌어요. 아리아인은 인도를 정복하고 자신들의 지배를 합리화하려 했어요. 이 과정에서 신분 차별 제도인 카스트 제도가 만들어 졌어요.

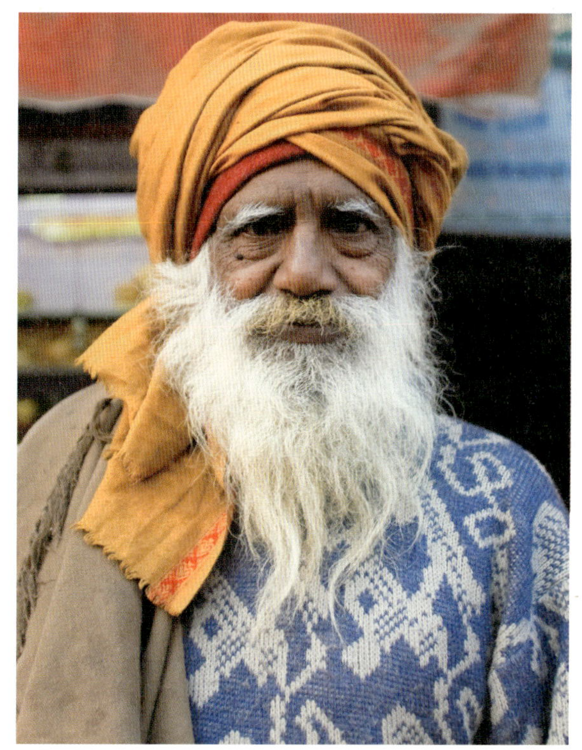

브라만 계급의 남성

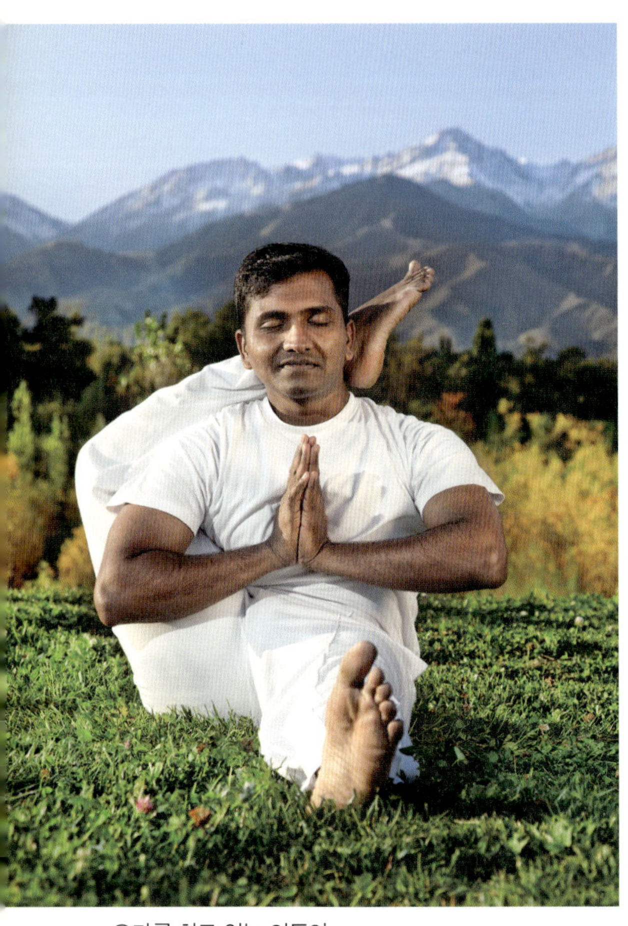

요가를 하고 있는 인도인

카스트 제도는 신분이 네 가지 계급으로 엄격하게 나뉘어 재산, 신분, 직업을 대대로 물려받는 제도예요. 맨 처음 아리아인들은 피부색 또는 직업에 따라 계급을 네 가지로 나누었어요. 사제 계층인 브라만이 제1신분이고 왕족과 무사 계층은 제2신분인 크샤트리아, 상인과 농민들은 제3신분인 바이샤, 그리고 노예나 천민들은 가장 낮은 제4신분인 수드라에 해당되었지요. 각 계층 안에서도 계급이 나눠지며 수드라 중에서도 가장 계급이 낮은 불가촉천민이 있어요. 개인의 능력이 아무리 뛰어날지라도 카스트 제도 아래에서는 노예 집안에서 태어났으면 계속 노예로 살 수밖에 없어요. 계급에 따라 결혼, 식사 등 일상생활에도 엄격한 법칙이 있지요.

20세기 들어 인도에서 카스트 제도는 법적으로 없어졌지만 인도 사회에서는 여전히 카스트 제도에 따른 차별이 존재하고 있어요.

위대한 영혼, 간디

간디는 인도의 독립 운동을 이끈 민족 운동 지도자이자, 정치
가예요. 간디는 런던 대학에서 법률을 배운 뒤 1915년에 인도로
귀국하여 영국으로부터의 독립 운동을 이끌었어요. 간디는 저항
하고 폭력을 쓰는 독립 운동이 아니라, 평화적인 독립 운동을 하
자고 주장했어요. 그래서 평화 행진을 하고, 국산품 애용하기 등
의 운동을 벌였어요.

또한 인도에서 힌두교와 이슬람교의 사이가 나빠지는 것을
안타깝게 여기고 두 종교의 화합을 위해 많은 노력을 하였어요.
그러나 이에 실패하고 힌두교를 믿는 한 청년이 쏜 총에 맞아 세
상을 떠나게 되었지요.

'발리우드'란, 인도 영화의 50퍼센트 이상이 제작되는 뭄바이 지역의 옛 영어 이름인 '봄베이'와 미국에서 영화 제작이 활발한 곳으로 유명한 '할리우드'를 합친 말이에요.

발리우드에서는 미국의 할리우드보다 두 배 정도 더 많은 영화를 만들어요. 인도는 세계에서 영화를 제일 많이 보는 나라로 알려져 있는데, 인도인들은 대부분 다른 나라에서 수입한 할리우드 영화가 아니라 인도 영화를 봐요.

처음에 발리우드 영화는 코미디와 멜로드라마 중심이고, 내용과 크게 관련이 없는 춤과 노래가 등장하여 다른 나라 사람들에게는 외면 받았어요. 그러나 현재는 누구나 공감할 수 있는 보편적 주제와 감동을 담고 있어서 많은 세계인들에게 사랑을 받고 있지요.

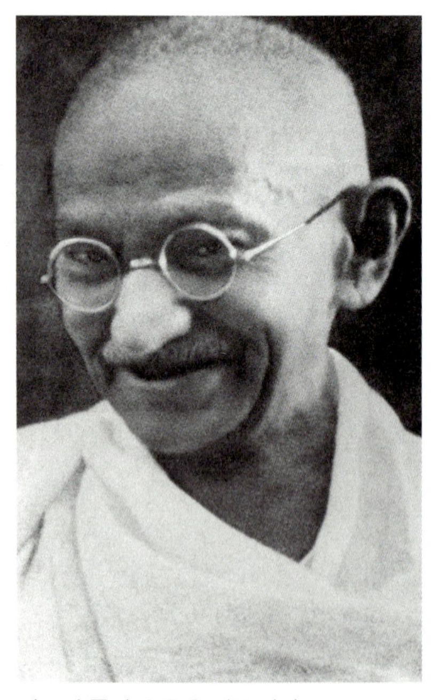

인도의 독립 운동을 이끈 간디

인도 사람들은 간디를 '마하트마'라고도 불러요. 이 이름은 노벨 문학상을 탄 인도의 유명 시인, 타고르가 붙여 준 이름으로, '위대한 영혼', '큰 별'이라는 뜻을 가지고 있어요.

소를 숭배하는 힌두교의 나라

인도는 종교의 자유가 허락된 나라이지만 전체 인구의 80퍼센트 이상이 힌두교를 믿고 있어요. 힌두교에는 하나가 아니라, 약 3억 3,000

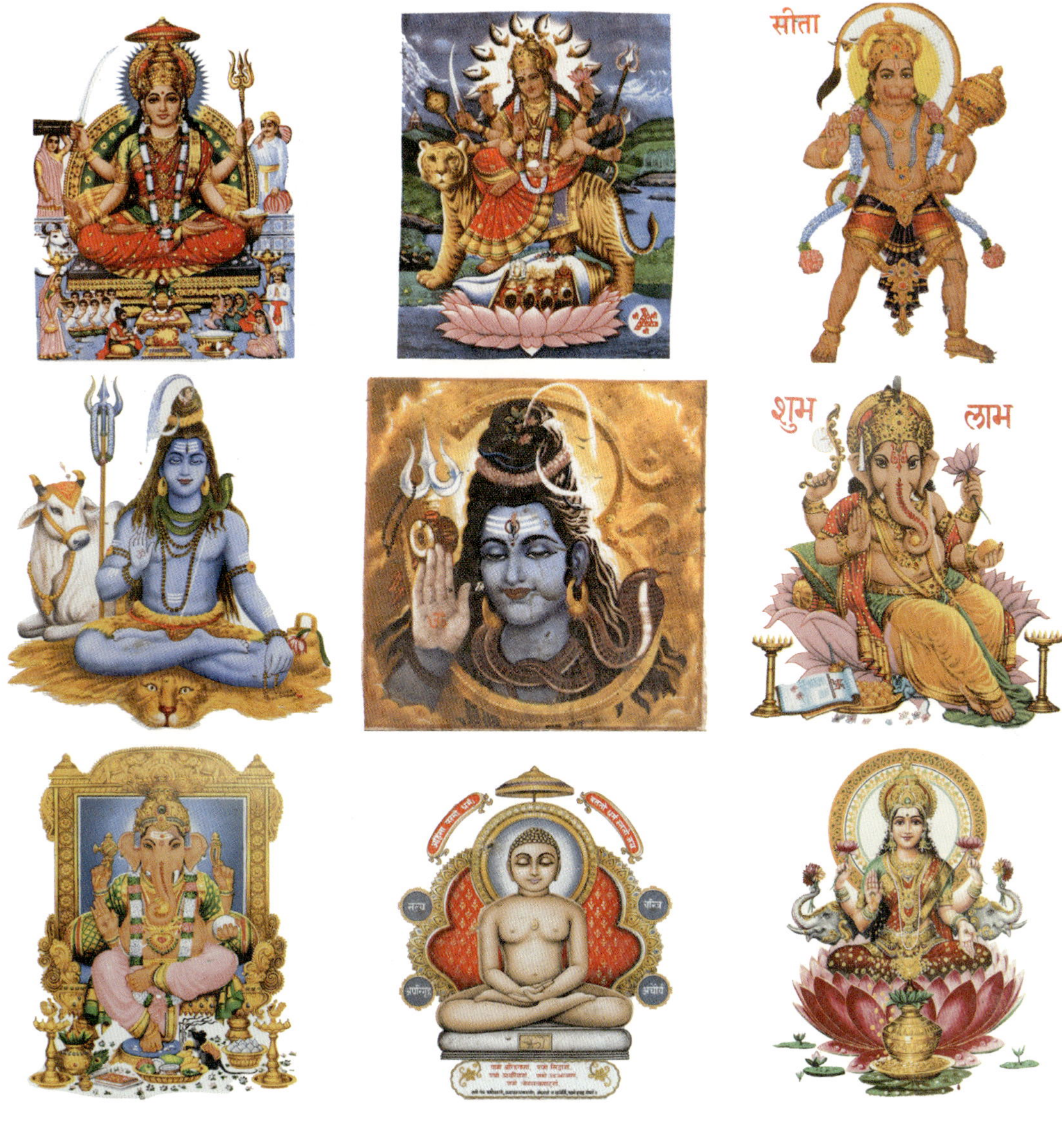

힌두교의 여러 신

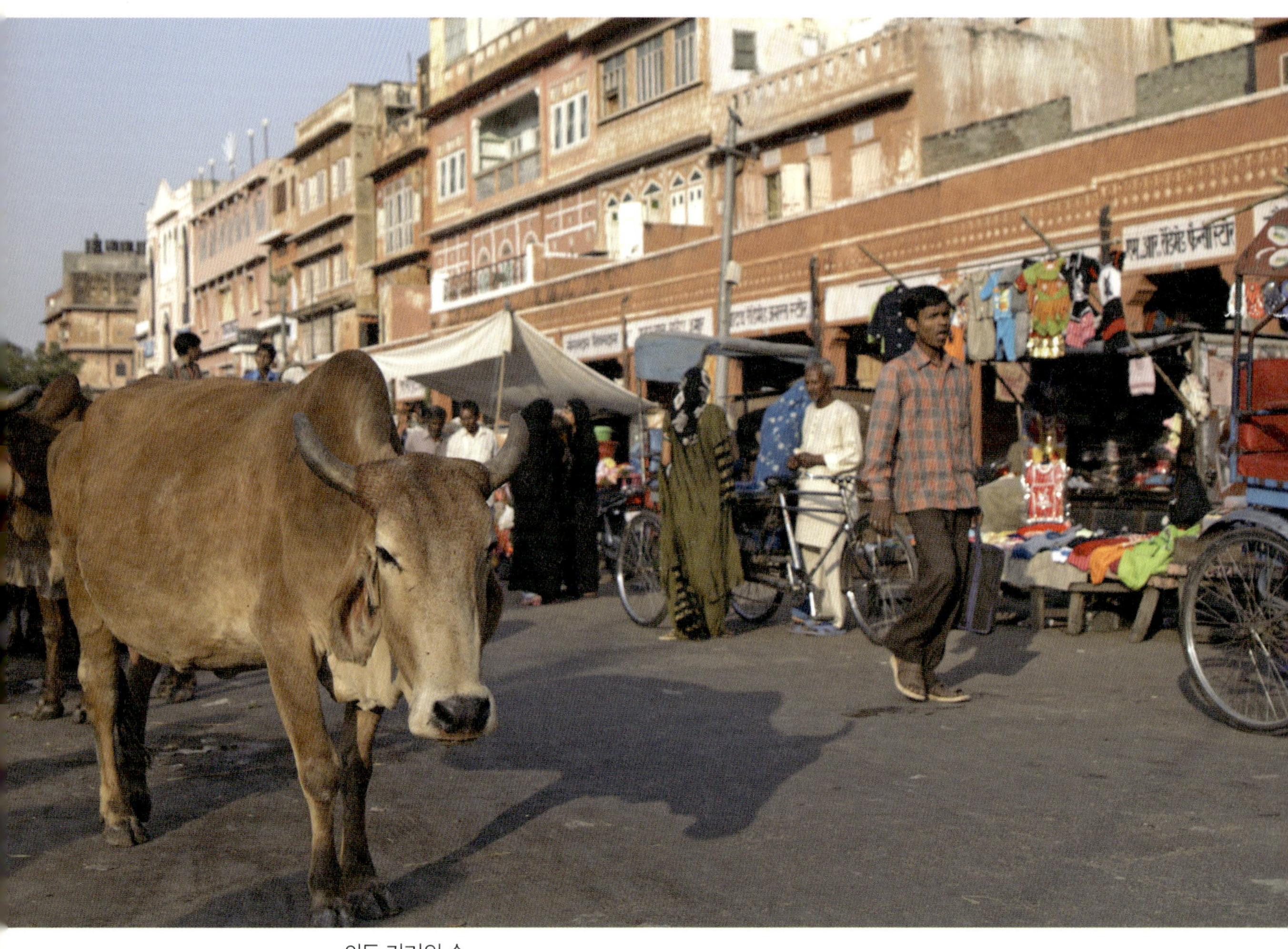

인도 거리의 소

만 정도 되는 신들이 있어요.

검거나 푸른 피부를 가진 크리슈나, 코끼리의 머리와 약 열 개 정도 되는 많은 팔, 불룩 튀어나온 배를 가진 부와 지혜의 신 가네슈, 가네슈의 아버지이자 파괴의 신 시바, 시바의 아내 파르

바티 등 수많은 신이 있지요. 그래서 인도인
들은 매일매일 자신들의 상황과 기분에 따라
기도를 드리는 신이 달라요.

뿐만 아니라 인도에서는 소들이 아무렇
지도 않게 거리를 돌아다니는 것을 자주 볼
수 있어요. 소들이 도로를 건너도 인도인들
은 아무 불평 없이 소가 지나갈 때까지 기다
려 주어요. 이처럼 소가 거리를 마음껏 돌아
다니는 까닭은 인도인들이 소를 귀하게 여기
기 때문이에요.

이처럼 소를 귀하게 여기는 것은 아리아
인의 영향을 받았기 때문이에요. 아리아인은
인도에 살면서부터 농사를 짓기 시작했는데,
이때 가장 중요한 것은 소였어요. 소는 밭을
일구는 데 도움을 주었고 죽으면 가죽이나
고기로 이용할 수 있었을 뿐만 아니라 소똥
마저 연료로 이용할 수 있는 중요한 재산이었어요. 이러한 생각
은 지금까지도 이어져서 인도 사람들은 소를 중요한 동물로 여
기고 있어요.

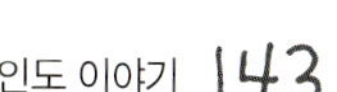

인도를 대표하는 건축물, 타지마할

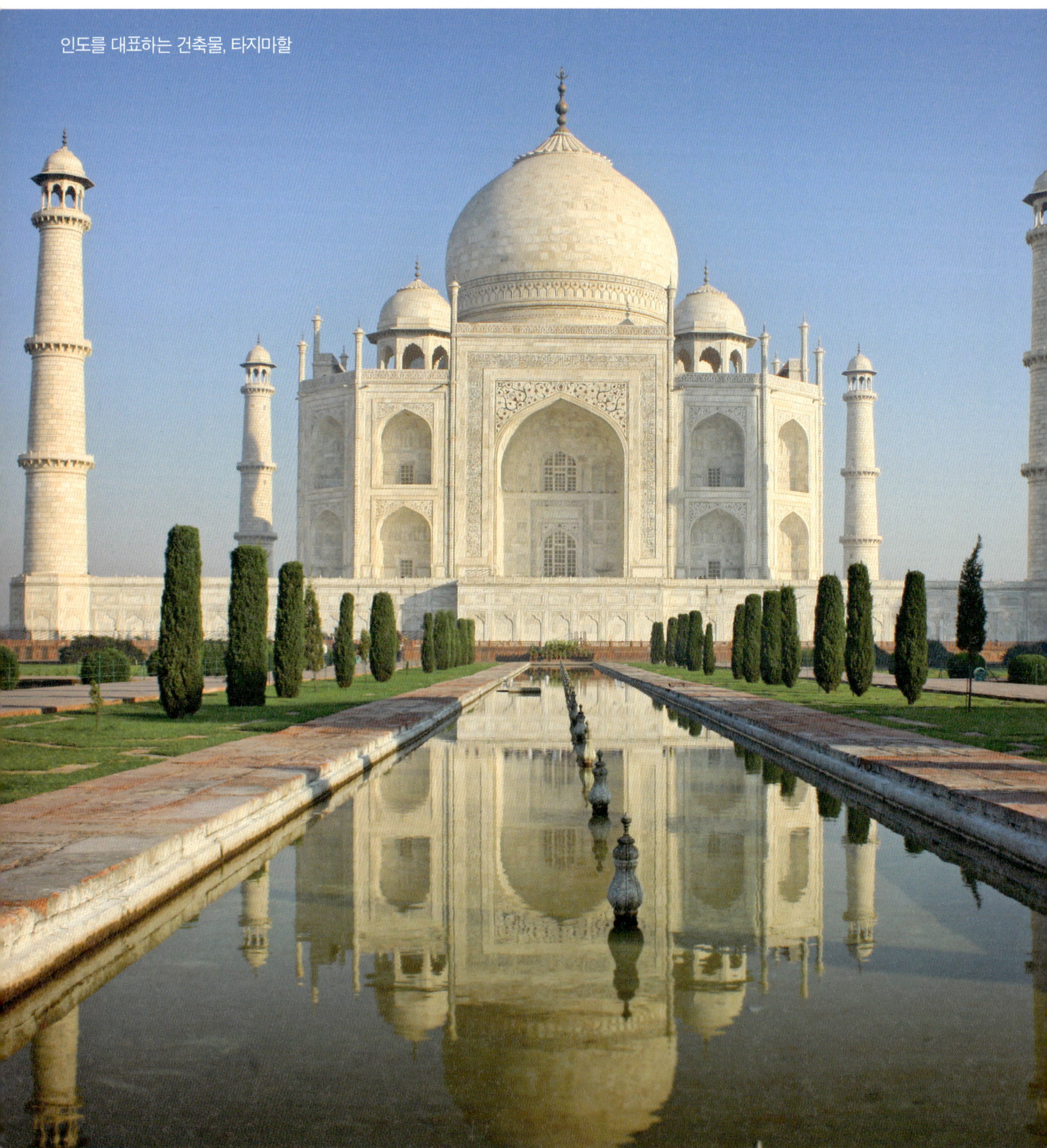

아름다운 무덤, 타지마할

인도 아그라 지역에 있는 '타지마할'은 무굴 제국의 제5대 왕인 샤 자한이 세운 화려한 무덤이에요. 샤 자한은 자신이 사랑하는 왕비 뭄타즈 마할이 열다섯 번째 아이를 낳다가 죽자 큰 슬픔에 빠졌어요. 이후 죽은 아내를 위해 이 세상에서 가장 아름다운 무덤을 지어 주었는데, 바로 그것이 '찬란한 무덤'이라 불리는 타지마할이에요. 타지마할은 인도를 대표하는 건축물로 평가 받으며, 1983년 유네스코 세계 문화유산으로 선정되었어요.

타지마할은 1632년부터 1653까지 무려 22년에 걸쳐 약 2만 명의 노예와 2,000여 마리의 코끼리 그리고 여러 나라의 기술자와 건축 자재들이 총동원되어 만들어졌어요. 이렇게 완성된 타지마할은 세계에서 가장 아름다운 건축물로 평가받고 있어요.

타지마할 정원으로 들어가게 되면 큰 정원 가운데 긴 연못이 있으며, 그 끝에 새하얀 대리석으로 꾸며진 타지마할이 서 있어요. 인도의 뜨겁고 건조한 기후에도 오래 버틸 수 있도록 대리석을 썼다고 해요. 또한 대리석은 태양의 각도에 따라 하루에도 몇 번씩 색깔이 달리 보이는 효과까지 주고 있어요. 타지마할의 내부에는 루비, 진주 각종 보석과 연꽃, 장미 등의 무늬를 새겨 놓아 화려함과 아름다움을 더했어요.

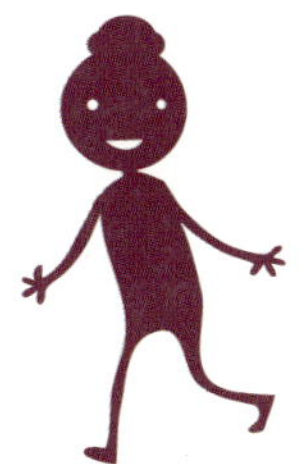

샤 자한은 타지마할이 완성되자 타지마할보다 더 아름다운 건물을 지을 수 없도록 타지마할 공사에 참여한 기술자들의 손목을 모두 잘라 버렸다고 해요. 이후 샤 자한이 사망하자, 사랑하는 부인 뭄타즈 마할 옆에 나란히 묻히게 되었지요.

1, 2, 3 ……. 이러한 아라비아 숫자를 만든 사람들은 고대 인도의 아리아인들이었어요. 아리아인들은 또한 보이지 않는 힘을 표현하기 위해 '없다.' 라는 개념의 0을 만들었어요. 0이 발명되면서 사람들은 어려운 계산도 할 수 있게 되었어요. 또한 과학과 경제 등 여러 분야가 발전하게 되었어요.

모든 나라들에서 각기 다른 언어를 사용하면서도 인도의 숫자만큼은 공통적으로 사용하고 있는데, 이것만 보아도 인도의 숫자가 얼마나 위대한 것인지 알 수 있지요. 인도의 숫자는 아리비아 상인들에게 소개되었고, 이후 12세기에 유럽에 전해지면서 '아라비아 숫자'라 불리게 되었어요.

인더스 문명의 탄생

인도 반도에 사람이 살기 시작한 것은 무려 기원전 50만 년 전부터예요. 그리고 기원전 3,000년에는 인더스 강 부근에서 세계 4대 문명 중 하나인 인더스 문명이 탄생하였지요.

인더스 강 부근은 물이 풍부하고 땅이 기름져서 많은 사람들이 모여 살기 좋았고, 이곳은 곧 거대한 도시로 성장할 수 있었지요. 특히 지금은 파키스탄 땅에 있는 하라파와 모헨조다로라는 도시가 크게 발전했어요. 당시 인도는 지금의 파키스탄, 방글라데시, 네팔, 부탄과 아프가니스탄 땅의 일부를 포함하고 있었지요.

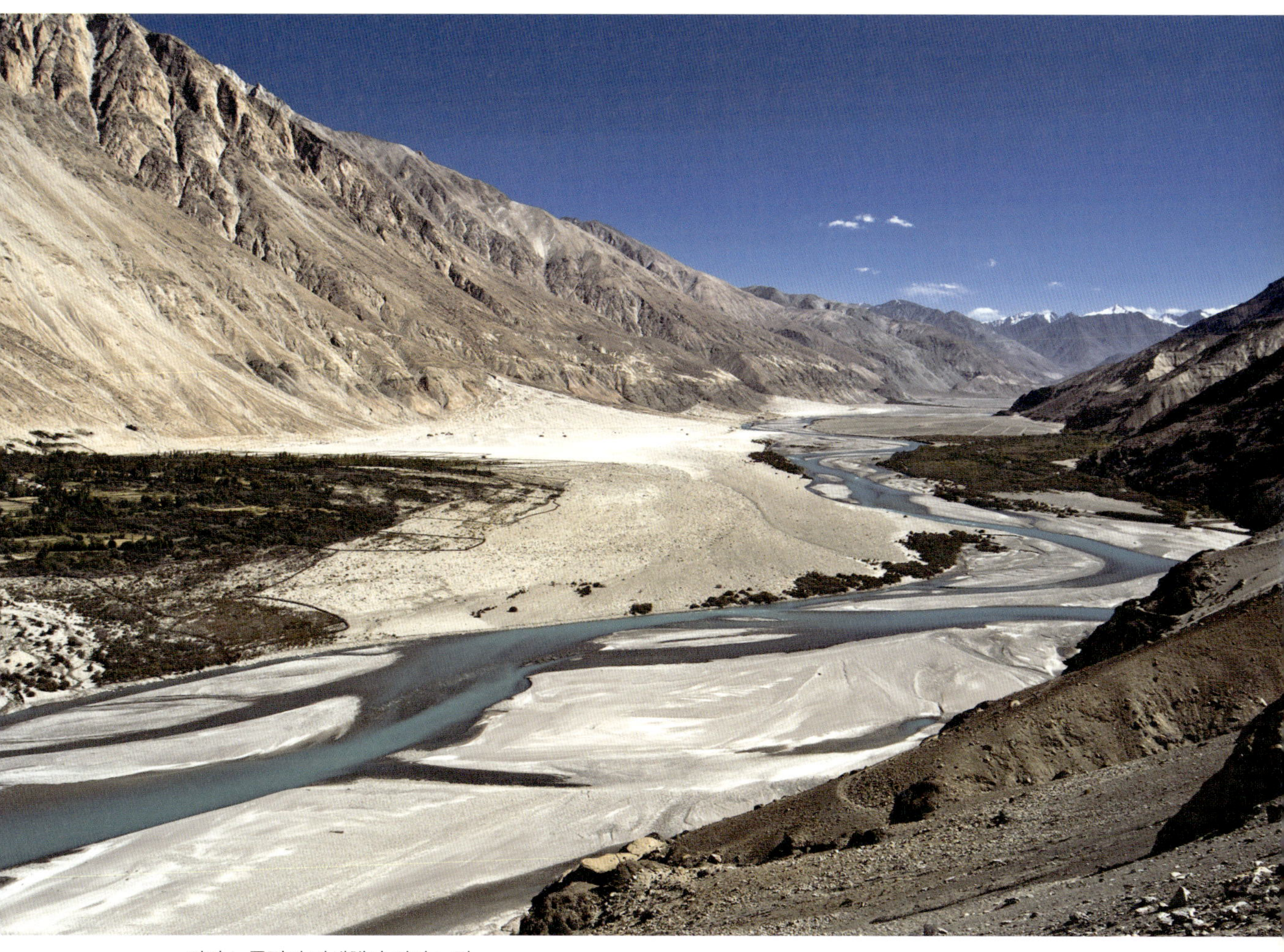

인더스 문명이 발생했던 인더스 강

하라파에서는 두꺼운 성벽과 큰 곡물 창고, 주택들을 지어 사람들이 모여 살았어요. 이보다 더 큰 규모인 모헨조다로에서는 철저한 도시 계획이 세워졌어요. 약 4만 명의 사람들이 바둑판 모양으로 건설된 도시에서 공동 우물을 사용하고, 상·하수도가 정비된 깨끗한 집에서 살았지요. 뿐만 아니라 공중목욕탕도 있었고, 수세식 화장실까지 만들어 사용했어요.

그러나 기원전 1700년에서 기원전 15000년경 사이, 인더스 문명은 갑자기 멸망하고 말았어요. 어떤 이유로 멸망했는지에 대해서는 아직까지도 의문으로 남아 있지요.

자이나교는 정복자라는 뜻의 '지나'라는 말에서 유래하였어요. 자이나교는 6세기 말 무렵에 등장하였는데, 브라만교처럼 현재 업에 따라 다시 태어났을 때의 삶이 결정된다고 믿었어요. 그러나 브라만교와 달리 신이 없었으며, 철저하게 금욕을 주장했어요. 그래서 자이나교의 뜻도 '욕망을 정복한 사람의 가르침'이에요. 그러나 자이나교는 모든 생명을 죽이는 것을 금지했기에 농사를 위해 벌레를 죽여야 하는 농민들은 자이나교를 믿을 수가 없었어요. 결국 자연스레 영향력이 줄어들고 말았지요.

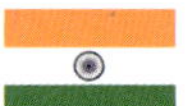 # 마우리아 왕조와 쿠샨 왕조

기원전 1500년경, 아리아인은 철로 만든 무기를 사용해서 인도 지역을 차지했어요. 아리아인은 자신들의 종교인 바라문교의 교리를 적은 '베다'라는 성경을 만들었고, 다른 원주민들을 다스리기 위해 카스트 제도를 이용하여 계급을 나누었어요.

아리아인은 오랫동안 인도의 지배권을 가지고 있었지만 기원전 6세기경, 자이나교와 불교가 등장하면서 서서히 상황이 달라지기 시작하였어요. 갠지스 강 유역의 평야 지대를 중심으로 작은 국가들이 나타나기 시작하였고, 마가다 왕국과 난다 왕국이라는 강한

148

나라도 등장하게 되었어요.

　그러나 그보다 더 큰 변화를 몰고 온 인물이 있어요. 바로 기원전 4세기 말 등장한 마케도니아의 알렉산드로스 대왕이었지요. 알렉산드로스 대왕은 기원전 325년 인도의 펀자브 지방을 정복했어요. 인도인들의 강력한 저항으로 비록 19개월 만에 알렉산드로스 대왕이 물러나고 말았지만 인도인들의 생각에는 큰 변화가 일어났어요. 알렉산드로스 대왕의 군사들이 만들어 놓은 길을 통해 서양의 문화들을 받아들이게 되었고, 마케도니아처럼 성장하기 위해서는 통일 왕국이 필요하다고 생각하게 된 거예요.

　이를 실천한 사람이 찬드라 굽타 왕이었어요. 찬드라 굽타 왕은 정복 전쟁을 통해 인도 남부 지역을 제외한 드넓은 인도 영토의 대부분을 차지하고, 인도 최초의 통일 제국을 세웠어요. 이것이 '마우리아 왕조'예요. 마우리아 왕조는 제3대 아소카 왕 때 전성기를 맞이했어요. 아소카 왕은 인도의 영토를 늘리면서도 나라의 안정을 꾀했고, 불교를 전파하는 데 앞장섰어요.

　그러나 아소카 왕이 죽자 다시 인도는 300년 동안 혼란에 빠지게 되었어요. 크고 작은 나라가 등장하고 멸망하기를 반복하

마우리아
왕조 때의 동전

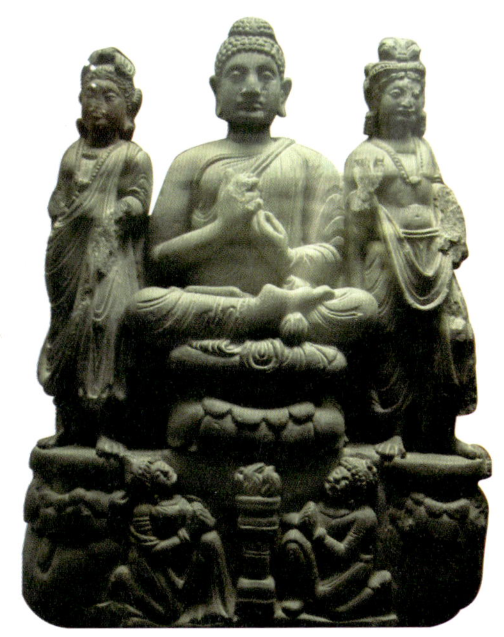

쿠샨 왕조 때의 불상

다가 기원전 40년경에 월지족이 인도에 쿠샨 왕조를 세웠어요. 제3대 카니슈카 왕은 쿠샨 왕조의 전성기를 이끌면서 왕권을 강화시키고, 대승 불교를 널리 보급하였어요. 특히 쿠샨 왕조 때는 페르시아 국가들과 무역을 하면서 서양의 문화를 받아들였고, 이에 인도에서도 간다라 미술이 나타나게 되었어요. 그러나 카니슈카 왕이 죽으면서 세력이 약화되기 시작했고, 결국 3세기 중엽 이웃 나라인 페르시아에게 멸망당하고 말았어요.

갠지스 강 유역의 굽타 왕조

4세기 때, 갠지스 강 유역에 굽타 왕조가 나타났어요. 굽타 왕조는 인도 중부 지역의 대부분을 차지할 정도로 큰 나라였어요. 그러나 시간이 갈수록 동방의 훈족이 인도로 들어오면서 세력이 크게 약화되고 다른 민족들의 침입에 시달려야 했어요. 그럼에도 불구하고 굽타 왕조의 문화만큼은 큰 발전을 이룩했어요.

굽타 왕조는 외래문화를 많이 받아들이기 보다는 인도 고유

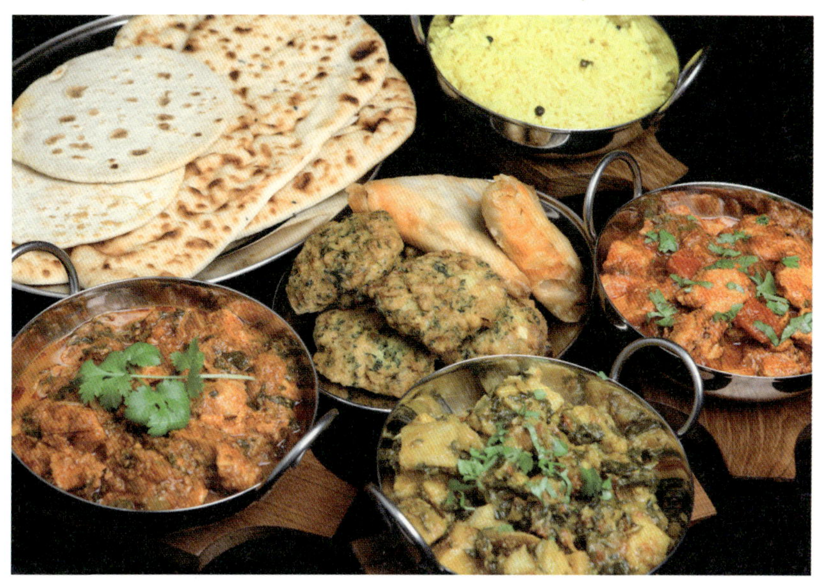
인도의 전통 요리인 카레와 난

의 문화를 되찾고자 하였어요. 그래서 고대 인도인들이 썼던 산스크리트어로 문학 작품들을 짓기 시작하였어요. 또한 수학과 과학이 크게 발전했어요. 이때 숫자 0도 만들어졌으며, 열 배마다 윗자리로 올려 나아가는 표시법인 십진법을 사용했어요. 원의 길이와 지름의 비는 3.14라는 원주율도 발견하였으며, 지구가 둥글다는 것과 자전하는 시간도 알아냈지요.

종교적으로도 발전을 거듭했어요. 특히 인도 고유의 문화를 되찾고자 하는 과정에서 불교가 아닌 브라만교가 주목받기 시작했고, 인도의 토착 신앙과 브라만교가 합쳐진 힌두교가 탄생하게 되었어요. 이렇게 굽타 왕조는 문화적으로는 발전했지만 왕

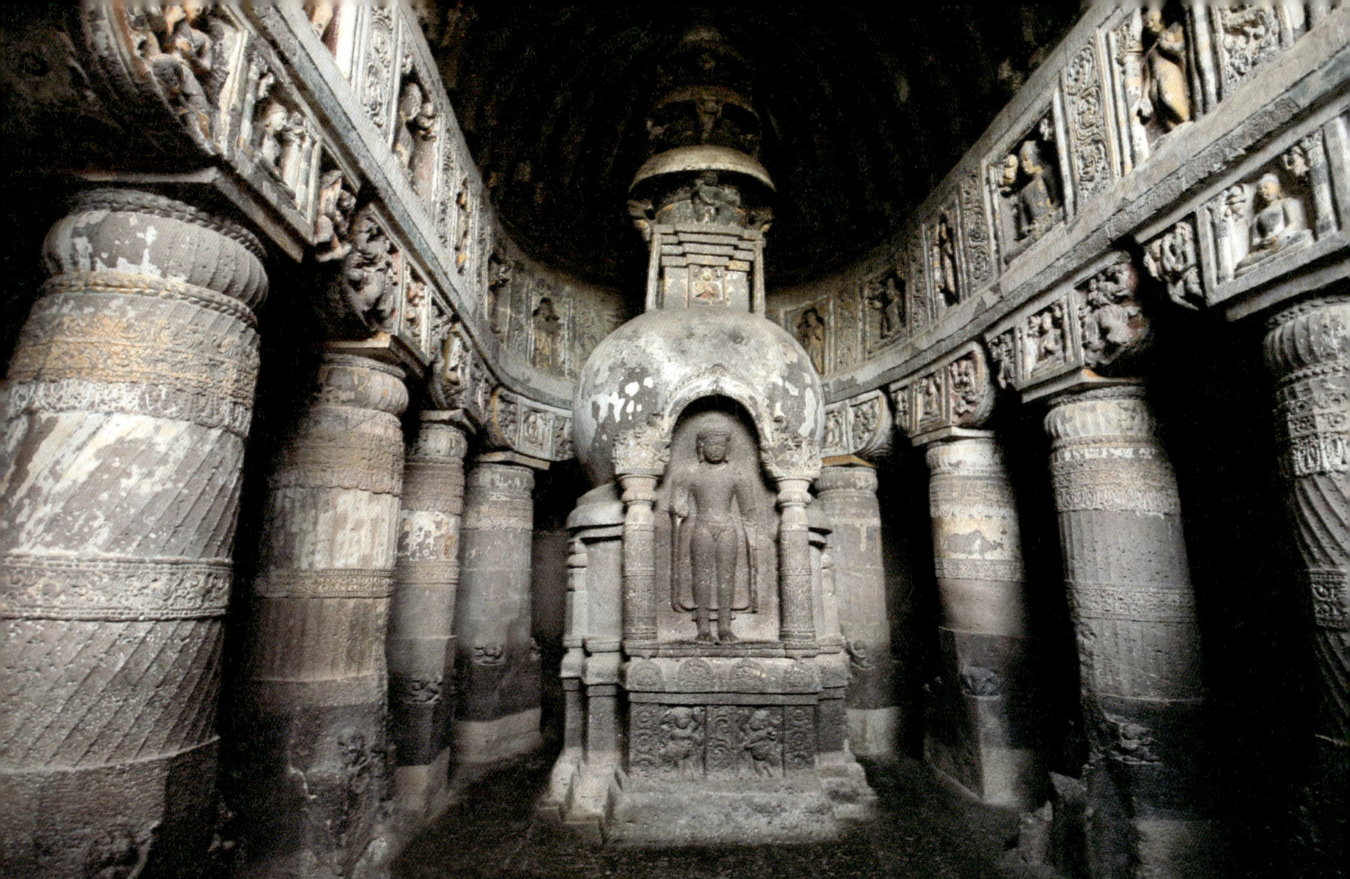

인도 불교 미술을 보여 주는 아잔타 석굴

아잔타 석굴

아잔타 석굴은 불교 초기인 기원전 1~2세기에 돌로 만든 굴이에요. 아잔타 석굴은 스물아홉 개의 석굴로 나뉘어 있고, 그 안은 수많은 불교 기념물들로 장식되어 있어요. 아잔타 석굴은 굽타 왕조 때 더 훌륭하게 꾸며졌어요. 특히 아잔타 석굴 벽에 그려진 벽화는 인도인들의 뛰어난 예술성을 보여 주며, 불교 예술의 걸작으로 꼽히고 있지요.

그러나 7세기 말부터 불교의 힘이 약화되면서 아잔타 석굴도 정글에 오랜 세월 동안 묻혀 있게 되었어요. 그러다가 1819년에 호랑이 사냥을 하던 영국인 병사가 아잔타 석굴을 우연히 발견해서 사람들에게 널리 알려지게 되었지요. 1983년에는 아잔타 석굴의 아름다움을 인정받아 유네스코 세계 문화유산으로 지정되었어요.

권이 약해서 혼란을 거듭했어요.

한편 9세기 때 인도에 이슬람교가 전해진 이래 11세기부터는 인도 북쪽에서 무슬림 세력이 영향력을 떨치기 시작했어요. 그 후 13세기에는 인도에 이슬람 정권인 노예 왕조가 세워졌어요. 이렇게 인도는 점점 이슬람의 영향을 받기 시작했어요.

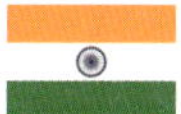 이슬람의 나라 무굴 왕조

이슬람 세력들은 여러 차례 인도를 침입하였고, 결국 1526년 인도 북부에 이슬람 왕조인 무굴 제국을 세웠어요.

무굴 제국의 전성기를 이끈 인물은 제3대 왕인 악바르였어요. 악바르 왕은 강력한 왕권을 바탕으로 오늘날 아프가니스탄 땅과 인도의 대부분을 지배했어요. 또한 이슬람을 믿는 사람과 힌두교를 믿는 사람들 사이에 차별을 두지 않아서 평화롭게 살 수 있었어요. 그래서 무굴 제국은 이슬람과 인도 문화 그리고 페르시아 문화가 잘 혼합되어 발전을 이루었어요. 또한 수공업과 무역이 발달해서 17세기 영

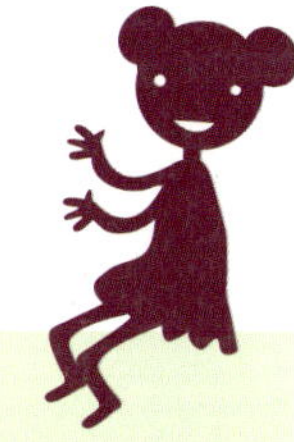

인도의 이슬람교

인도인들은 이슬람교를 큰 저항 없이 받아들였어요. 이슬람교는 브라만교, 힌두교와 달리 모든 사람이 평등하다는 주장을 내세웠기 때문이에요. 또한 이슬람인은 이슬람교를 믿으라고 억지로 강요하지도 않았어요. 그래서 오늘날까지도 이슬람교는 인도에서 힌두교에 이은 제2의 종교로 자리 잡고 있어요. 인도인의 11퍼센트 정도가 이슬람교를 믿고 있다고 해요.

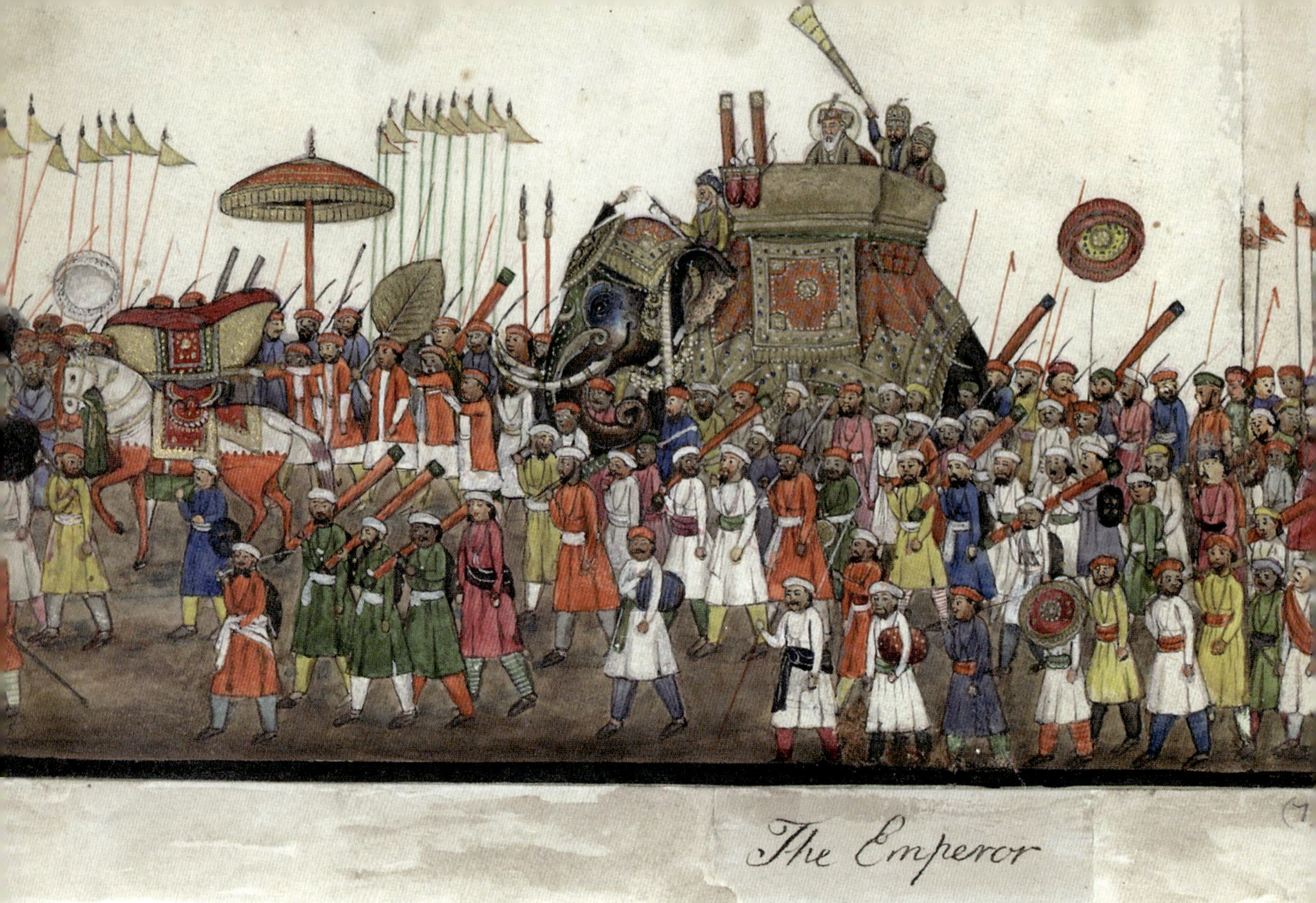

무굴 제국 황제의 행차 모습

국이 침입하기 전까지 세계에서 제일 잘 사는 나라가 될 수 있었어요. 그러나 악바르 왕의 세상을 떠나면서 무굴 제국은 점점 힘을 잃어 갔어요. 그러던 중 아우랑제브가 무굴 제국의 여섯 번째 왕이 되면서 무굴 제국은 더욱더 기울었어요. 아우랑제브 왕은 이슬람교 이외의 다른 종교에 대해서 차별을 하기 시작했기 때문이에요. 또한 이웃 나라가 자주 쳐들어오고 정치도 혼란스러웠어요.

한편, 1498년 포르투갈의 바스코 다 가마가 인도에 도착하였

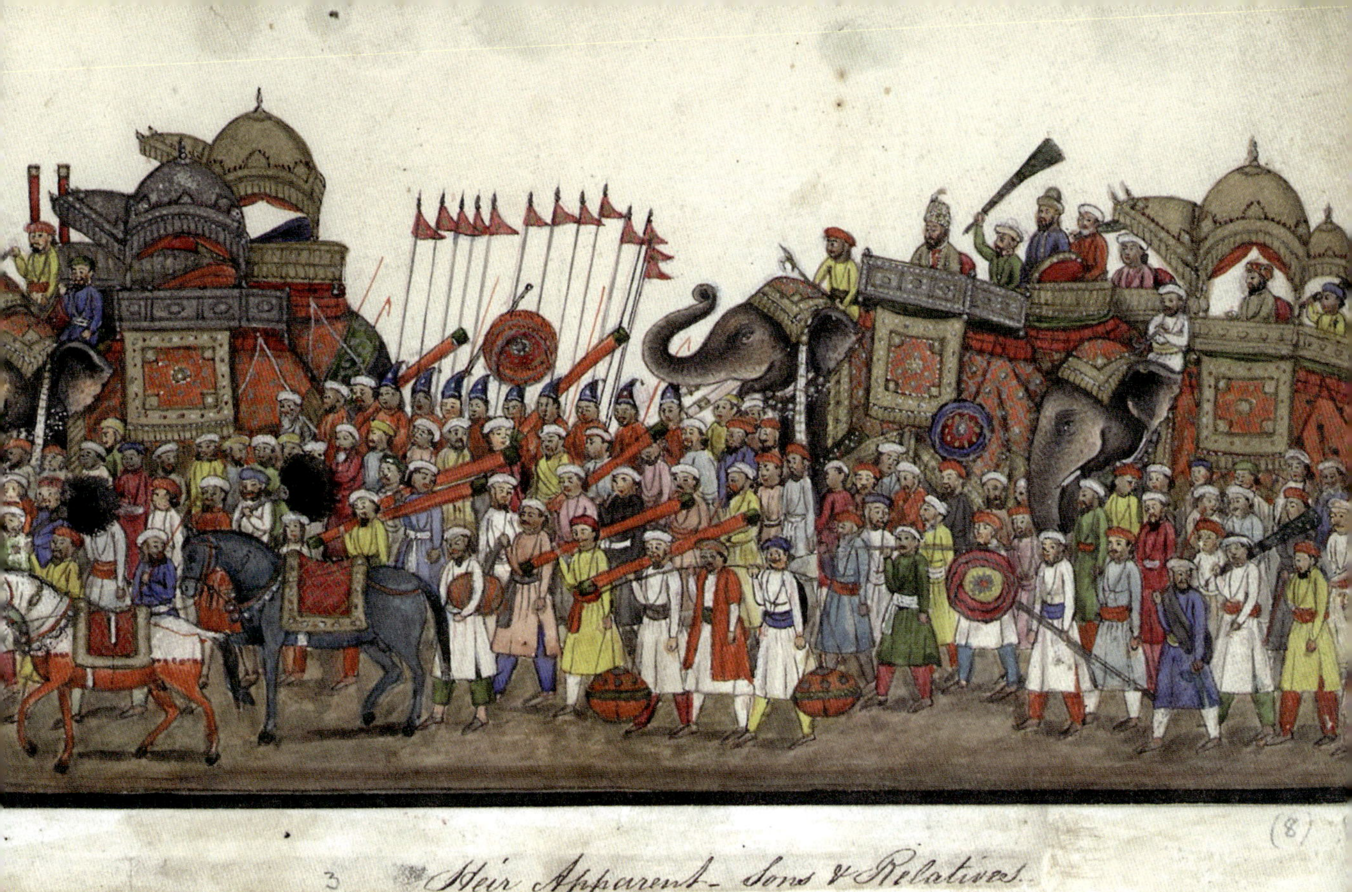

고, 유럽과 인도 간의 무역을 독점하면서 엄청난 이득을 올렸어
요. 그러자 17세기에는 다른 서양 강대국들도 인도를 차지하기
위해 경쟁을 벌였어요. 그중 가장 치열하게 다툼을 벌였던 나라
는 영국과 프랑스였고, 1757년 플라시 전투에서 영국이 승리함
으로써 인도에 대한 지배권을 차지하였어요. 이후 1857년부터
영국은 무굴 제국을 직접 다스리기 시작했어요. 이렇게 영국의
인도 식민 지배가 시작되었지요.

식민지가 된 인도와 독립 운동

　　19세기 후반 서양 강대국들의 식민지 싸움은 인도에까지 영향을 미쳤어요. 특히 영국은 인도를 거쳐 중국을 차지하려는 계획을 가지고 있었어요. 영국은 무역 회사인 '동인도 회사'를 세워서 인도의 무역을 독점했어요. 인도인들도 '세포이 항쟁' 등 여러 독립 운동을 일으켰지만 실패하고 말았어요. 오히려 1877년 영국의 빅토리아 여왕이 인도의 왕이 되었지요.

　　그러던 중 19세기 후반, 영국은 인도를 독립시켜 주겠다며 제1차 세계 대전에 나와줄 것을 요구했어요. 이에 120만 명의 인도인이 전쟁에 참가하고, 약 2억 파운드나 되는 돈을 지원했어요. 하지만 제1차 세계 대전이 끝나고도 영국은 인도를 제대로 독립시켜 주지 않았어요.

　　그러자 마하트마 간디를 중심으로 독립 운동이 일어났어요. 이렇게 인도의 독립 운동이 전국적으로 퍼져 나갈 때, 제2차 세계 대전이 일어났어요. 영국은 또다시 인도에게 도움을 요청했고, 인도인들은 완전히 독립하는 것을 조건으로 전쟁에 참가했어요. 제2차 세계 대전이 영국이 포함된 연합국의 승리로 끝남으로써 인도는 1947년에야 비로소 영국으로부터 독립할 수 있게 되었지요.

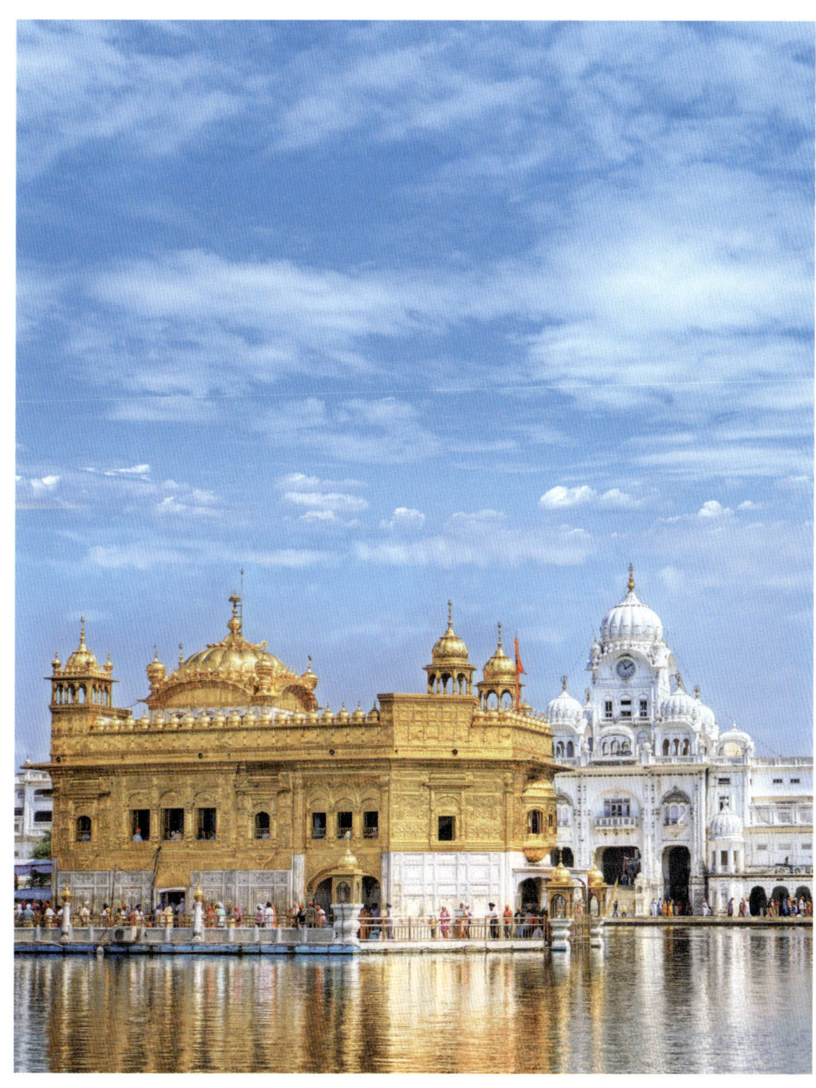

인도의 암리차르 황금 사원

혼란을 딛고 일어선 인도

1947년, 인도는 꿈에 그리던 독립을 하게 되었지만 이 과정에

서 영토 일부분이 다른 나라로 분리되었어요. 인도의 무굴 왕조

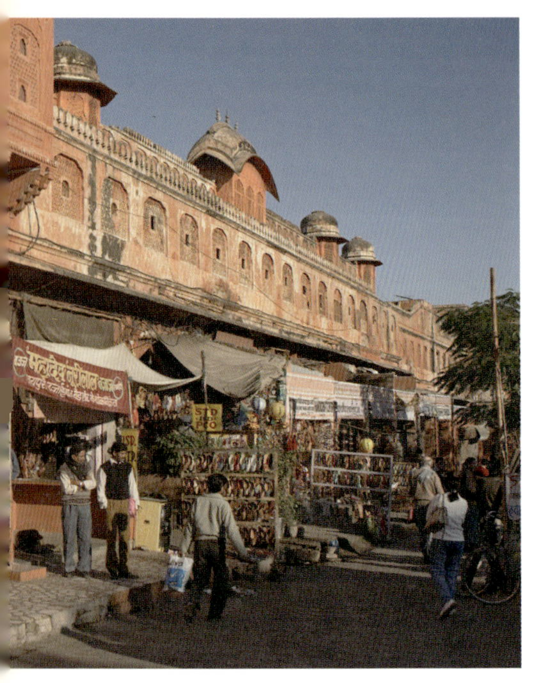
인도의 거리

는 이슬람교를 믿었는데, 인도인들은 대부분 힌두교를 믿고 있었지요. 이 두 종교는 별다른 다툼 없이 잘 지냈지만, 영국이 인도를 침략하면서 두 종교의 사이가 갈라지도록 부추겼어요. 영국이 인도에서 물러난 뒤에도 이슬람 세력과 힌두교 세력의 갈등은 심해져만 갔어요. 결국 이슬람 세력은 자신들만의 나라인 파키스탄을 세우게 되었어요.

이처럼 인도는 영토가 분열되는 아픔을 겪었지만 1951년 인도 공화국을 세우면서 지구에서 가장 큰 민주주의 국가가 되었어요.

오늘날 인도는 IT와 영화 산업에서 뛰어난 발전을 보이며 크게 성장하고 있어요. 경제 규모만 보아도 아시아 국가 중에서는 중국, 일본에 이어 3위이지요. 다만 국민의 약 19퍼센트가 빈곤층일 정도로 빈부격차가 심한 것과 아직도 완전히 사라지지 않은 카스트 제도, 그리고 여성에 대한 차별 등이 문제로 남아 있어요.

Nepal

네팔 이야기

마하칼리 구
세티 구
카르날리 구
베리 구
다왈라기리 구
랍티 구
간다키 구
룸비니 구
바그마티 구
카드만두
나라야니 구
사가르마타 구
메치 구
자낙푸르 구
코시 구

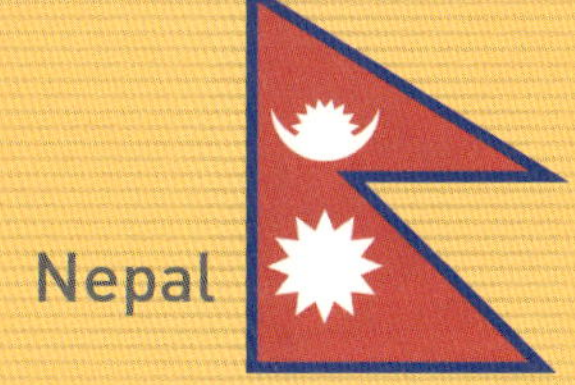

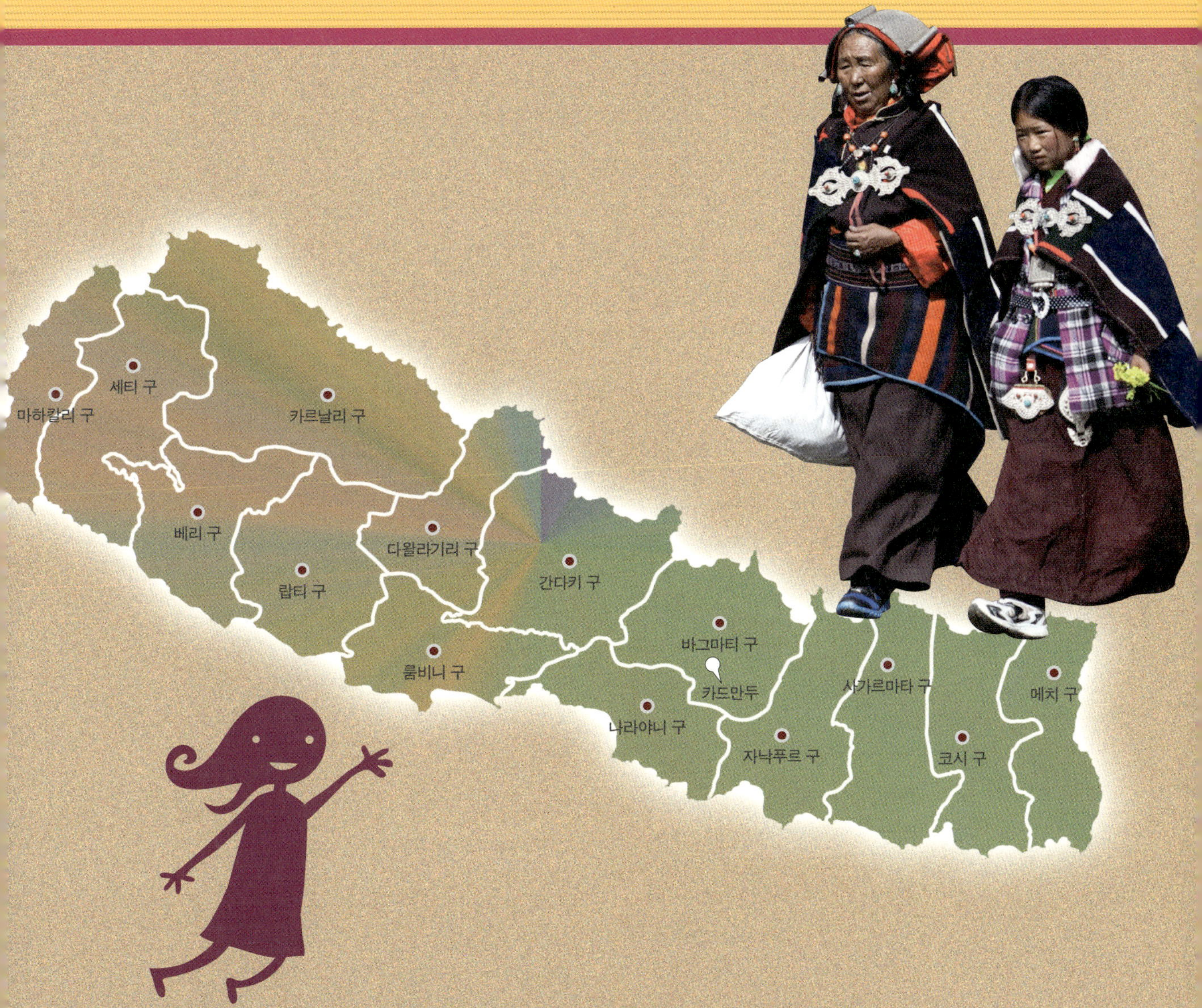

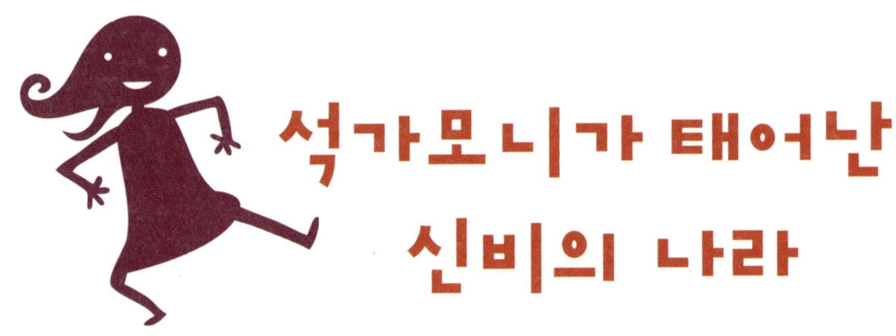

석가모니가 태어난 신비의 나라

히말라야 산맥에 있는 나라

네팔은 히말라야 산맥에 있는 나라예요. 중국 국경과 맞닿아 있는 네팔 북부의 히말라야 산맥에는 '세계의 지붕'이라고 불릴 정도로 높은 산들이 많이 있어요.

세계에서 가장 높은 에베레스트 산도 여기에 있어요. 에베레스트 산의 높이는 8,848미터에 달하지요.

히말라야 산맥 산꼭대기에는 빙하가 많아요. 고도가 100미터 올라갈 때마다 기온이 0.5도씩 내려가서 한여름에도 얼음이 녹지 않기 때문이에요.

세계 각국의 등산객들은 히말라야 산맥에 있는 산을 오르려고 네팔을 많이 찾아요.

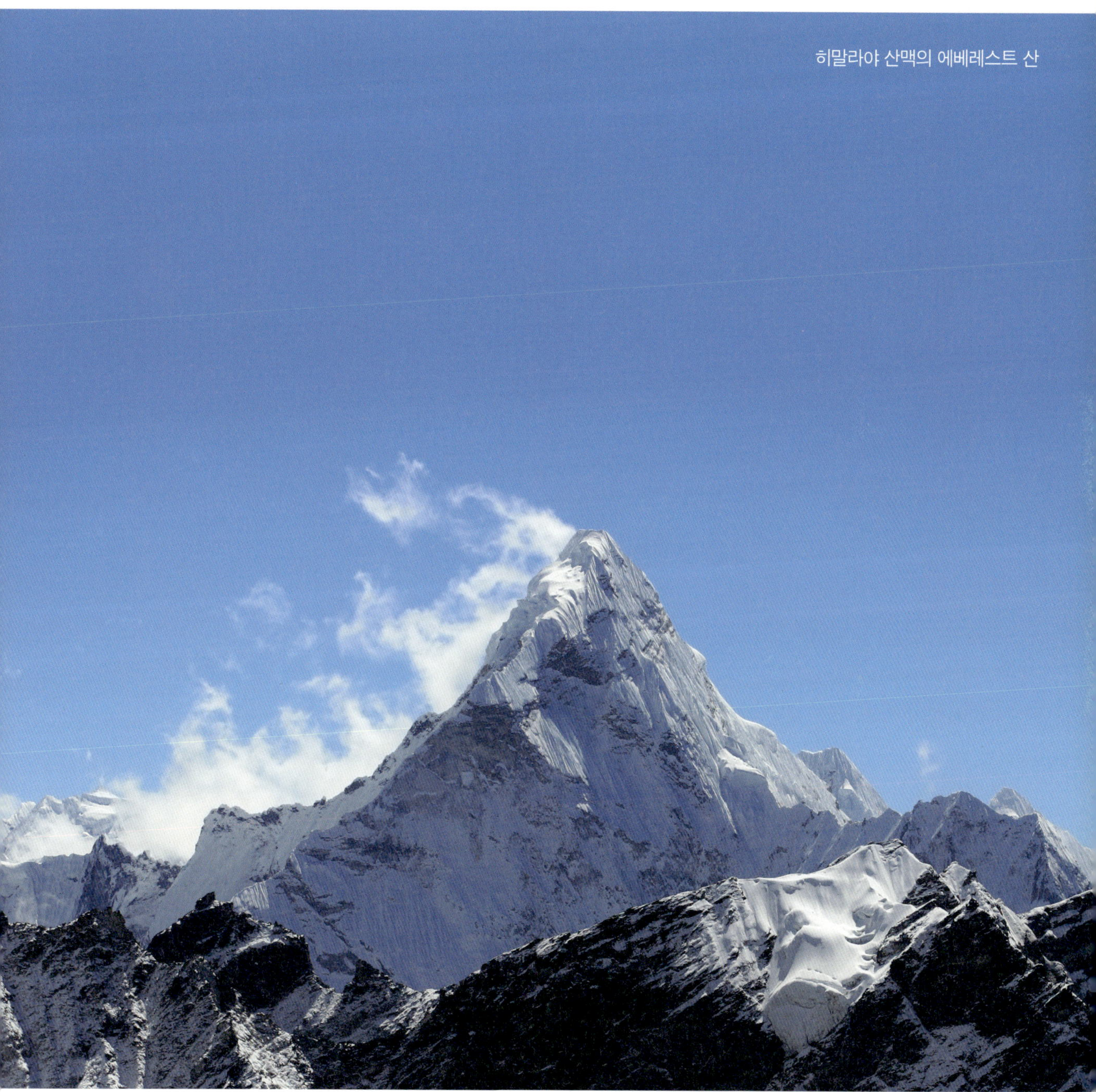

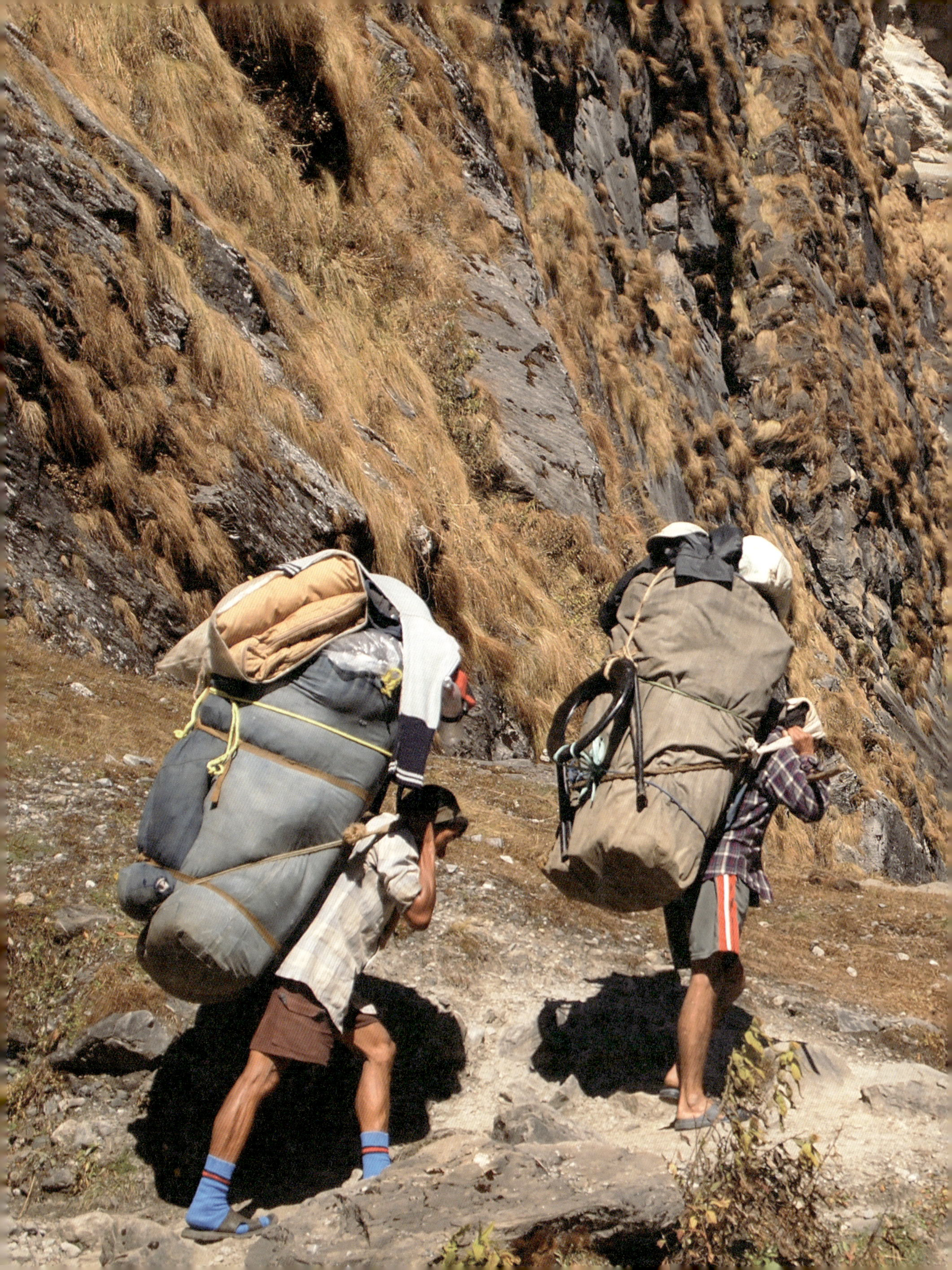

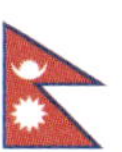 ## 히말라야 산맥의 셰르파

네팔의 산악 지대에는 '셰르파'가 살고 있어요. 셰르파는 티베트어로 '동쪽에서 온 사람'을 의미해요. 셰르파는 약 500년 전에 티베트에서 네팔 산악 지대로 온 사람들이 시초이며 티베트계 네팔인을 통틀어 부르는 말이에요.

보통 사람들은 높은 산에 올라가면 귀가 멍멍해지고 피로해지거나 현기증이 나지난 셰르파는 높은 곳에도 잘 적응해요. 그래서 히말라야를 오르는 산악 원정대의 안내자이자 짐꾼으로 활약하고 있어요.

실제로 '아파 셰르파'라는 사람은 보통 사람이라면 한 번도 오르기 어려운 에베레스트 산꼭대기에 16회나 오르는 기록을 남기기도 했어요.

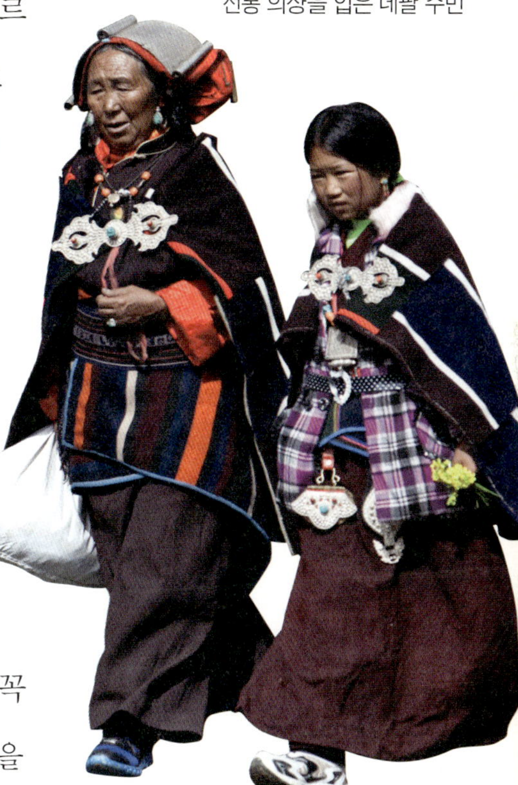
전통 의상을 입은 네팔 주민

짐을 등에 지고 산을 오르는 셰르파

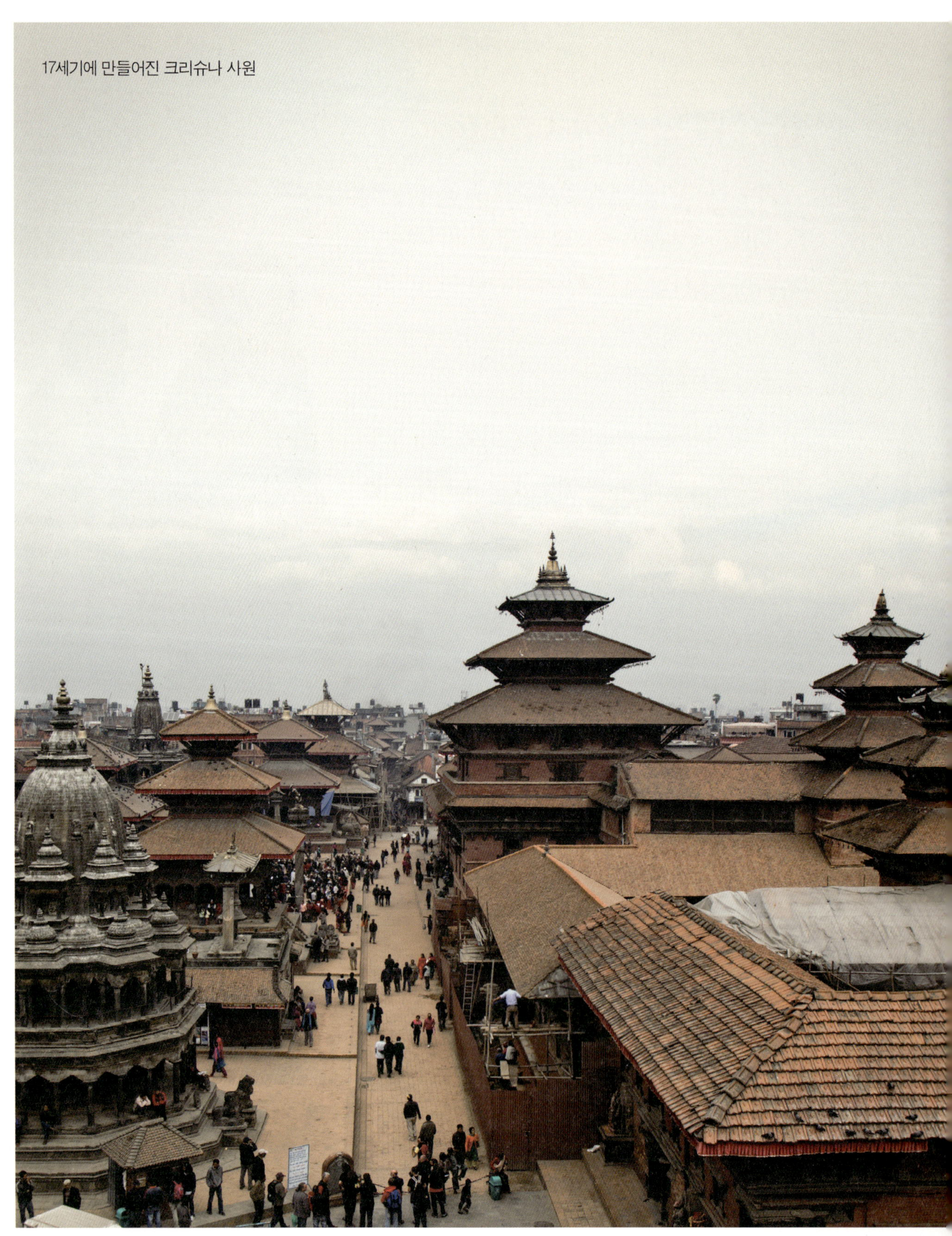

17세기에 만들어진 크리슈나 사원

힌두교를 믿는 네팔 사람들

네팔은 석가모니가 태어난 나라이지만 국민 대부분은 힌두교를 믿어요. 네팔에는 힌두교의 영향으로 인도와 같은 카스트 제도가 있어요. 현대에 와서 카스트 제도는 폐지되었지만, 여전히 네팔 사회에는 카스트 제도가 남아 있어요. 특히 결혼 상대자를 선택하거나 장례를 치를 때 카스트 제도를 엄격하게 적용해요. 남녀 차별도 아직까지 심한 편이에요. 최근 네팔에서는 여성을 남성과 평등하게 대하기 위해 법을 새로 만드는 등 많은 노력을 기울이고 있어요.

여러 문화가 뒤섞인 네팔

네팔 문화는 티베트, 몽골, 힌두교, 불교문화가 섞여 있어요. 인도와 중국 사이에 있는 탓에 여러 문화의 영향을 받았기 때문이에요. 특히 힌두교와 불교의 조화가 잘 이루어졌어요. 네팔에서는 불교 사원 안에 힌두교 사원이, 힌두교 사원 안에 불상이 있는 경우를 어렵지 않게 볼 수 있어요. 종교 행사를 힌두교인과 불교인이 함께 치르는 경우도 많아요.

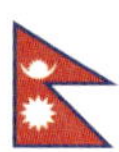

석가모니의 탄생지, 룸비니

인도와 국경을 이루는 네팔 남부 타라이 지방에는 석가모니가 태어난 '룸비니'라는 곳이 있어요.

기원전 623년 음력 4월, 석가모니의 어머니인 마야 부인은 출산을 하기 위해 친정에 가던 중 룸비니 호수에서 잠시 쉬게 되었어요. 그런데 몸을 씻고 나올 때 갑자기 진통이 시작되었어요.

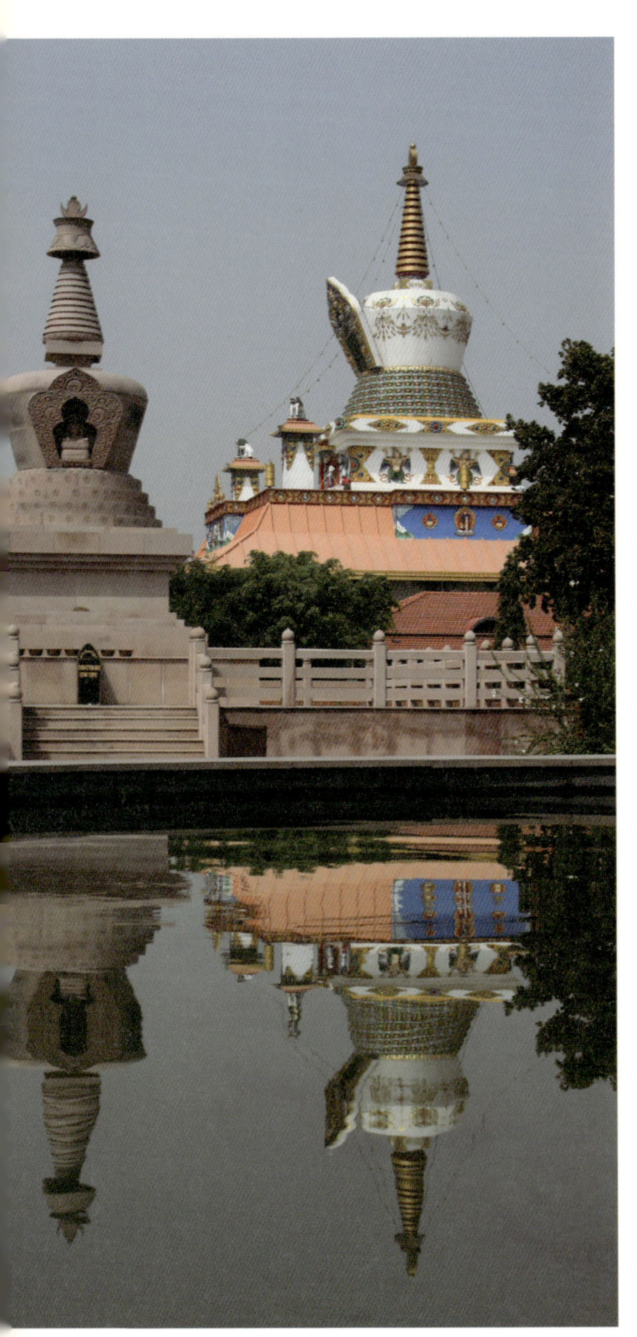

석가모니가 태어난 룸비니

마야 부인은 룸비니의 무우수 나무 아래에서 싯다르타 왕자를 낳았어요. 이 왕자가 바로 훗날 불교를 창시한 석가모니예요. 이날을 기념하기 위해 우리나라를 비롯한 불교를 믿는 나라들에서는 매년 음력 4월 8일을 '석가탄신일'로 정해 기념하고 있어요.

룸비니는 석가모니가 탄생한 곳으로 널리 알려져 지금도 많은 사람들이 찾아와요. 기원전 249년에 인도 마우리아 왕조의 아소카 왕도 이곳을 찾았어요. 불교에 대한 믿음이 두텁던 아소카 왕은 석가모니의 탄생을 기념하기 위해 이곳에 네 개의 불탑과 돌기둥 하나를 세웠어요. 돌기둥에는 말 조각을 새기고 이곳이 석가모니가 태어난 성스러운 마을이라는 내용의 글을 새겼지요.

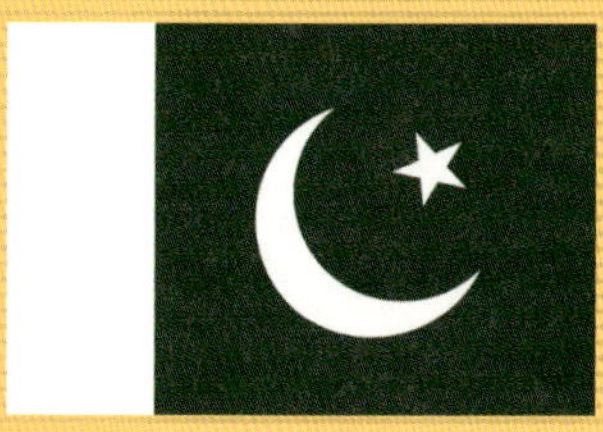

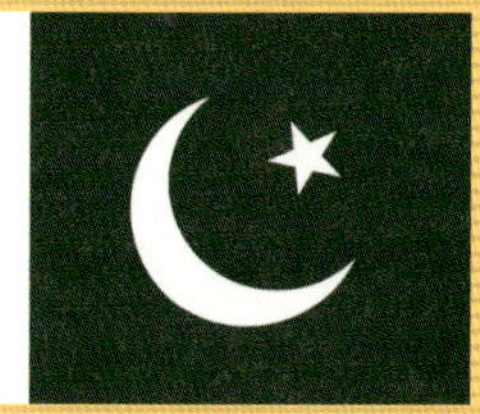

Pakistan

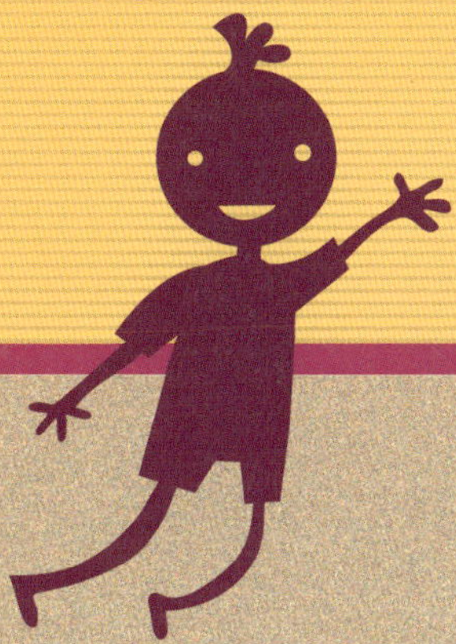

파키스탄 이야기

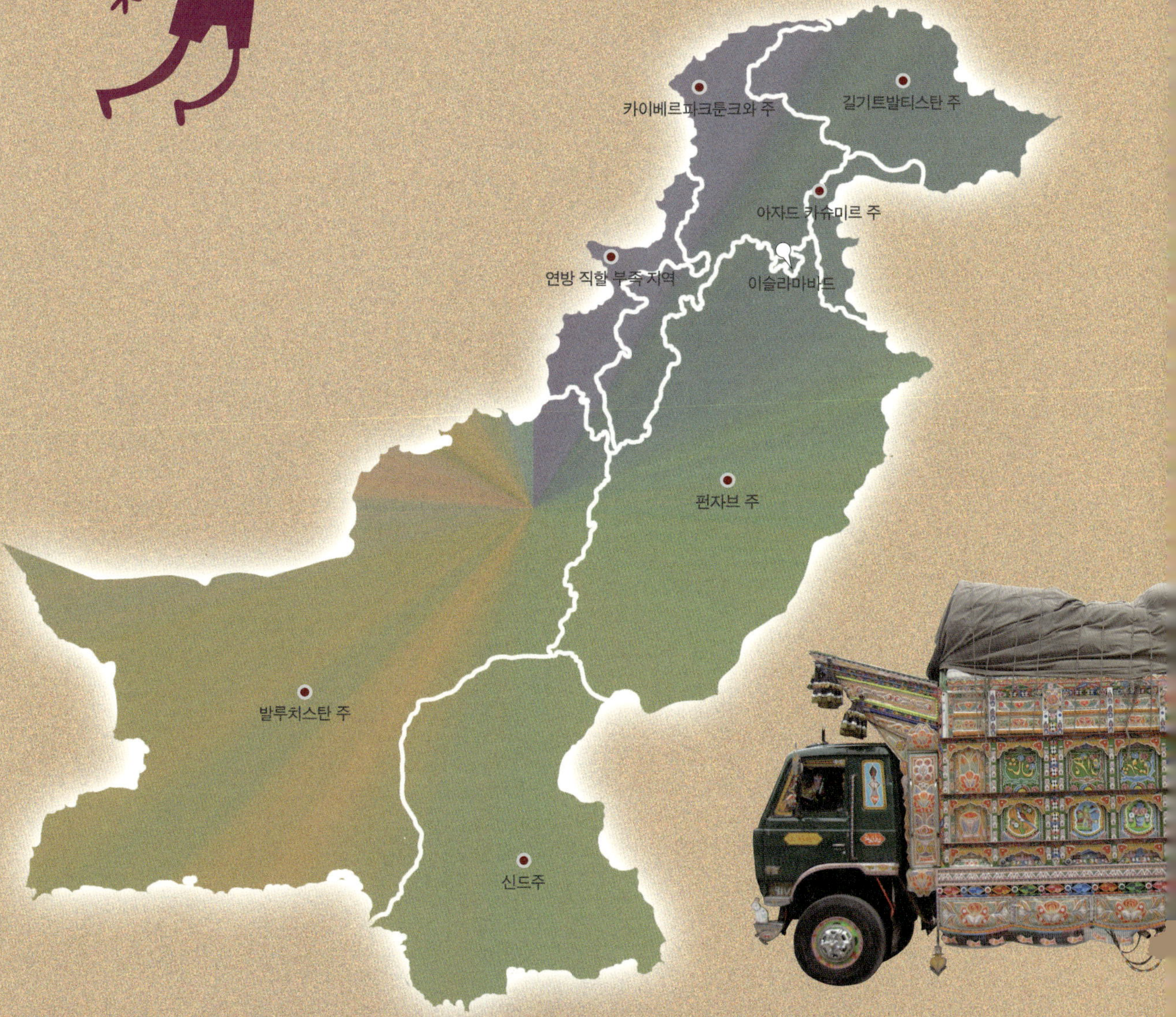

인도에서 독립한 나라

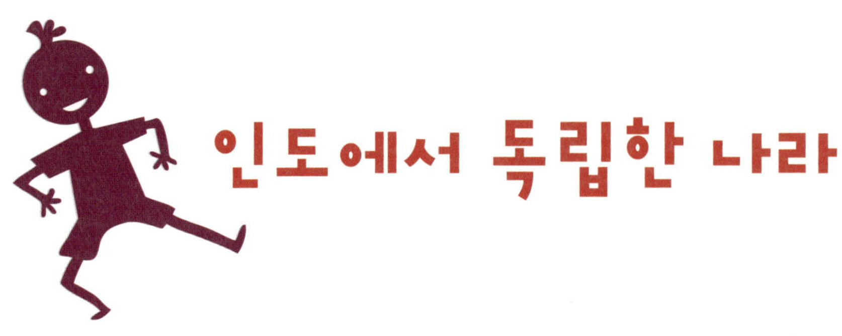

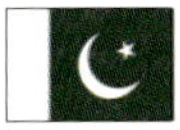

세계에서 두 번째로 이슬람교도가 많은 파키스탄

인도의 서북부에 있는 파키스탄은 60여 년 전에 세워졌지만,
그 역사는 수천 년을 거슬러 올라가요. 1947년에 인도에서 분리

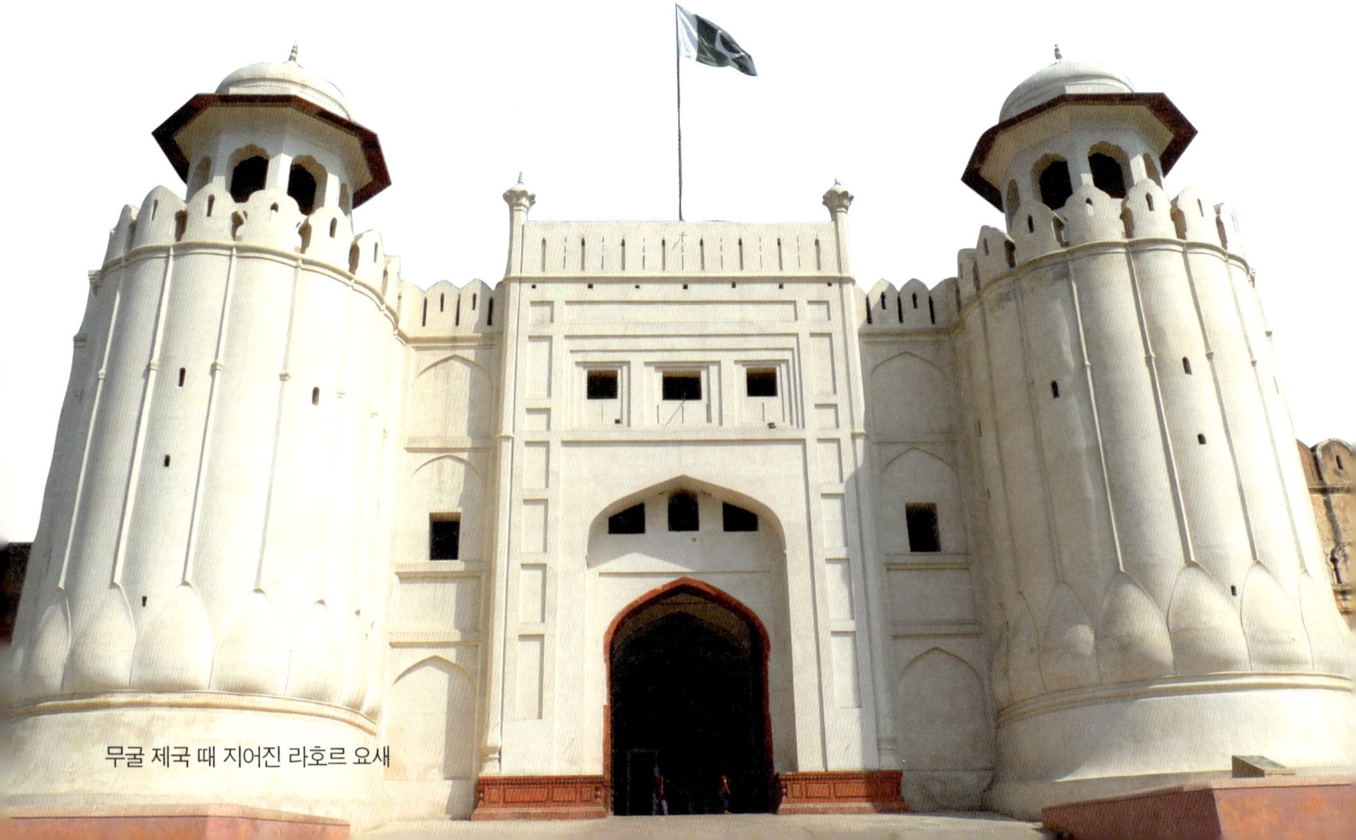

무굴 제국 때 지어진 라호르 요새

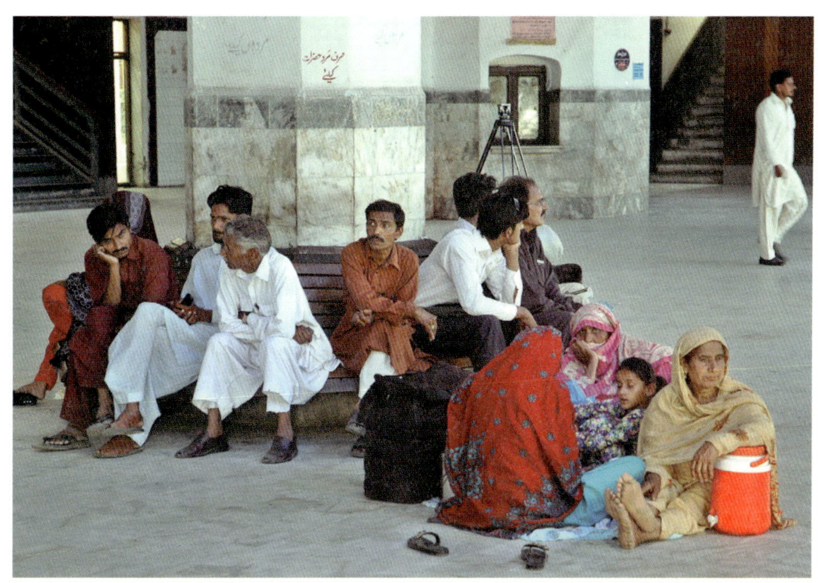

파키스탄의 기차역에서 기차를 기다리는 파키스탄 사람들

되어 독립한 나라이기 때문이에요.

영국이 인도를 식민지로 만들자 독립 운동이 거세게 일어났고 결국 인도는 1947년에 독립을 하게 되었어요. 하지만 영국의 식민지 생활을 거치면서, 인도 안에서 힌두교도와 이슬람교도 간의 사이가 나빠졌어요. 종교에 따라 생활하는 방식이나 생각이 달랐고 영국이 두 종교 간의 갈등을 부추겼기 때문이에요.

인도 사람들은 대부분 힌두교를 믿었지만 펀자브 지역에는 이슬람교를 믿는 사람이 많았어요. 그래서 이슬람교도가 대다수인 펀자브 지역은 인도에서 독립해 나와 파키스탄을 새로 세우게 되었어요.

지금도 파키스탄 사람들은 90퍼센트 이상이 이슬람교를 믿어
요. 이슬람교 중에서도 가장 큰 종파는 수니파로 77퍼센트를 차
지하고 있으며 시아파는 20퍼센트를 차지하고 있어요.

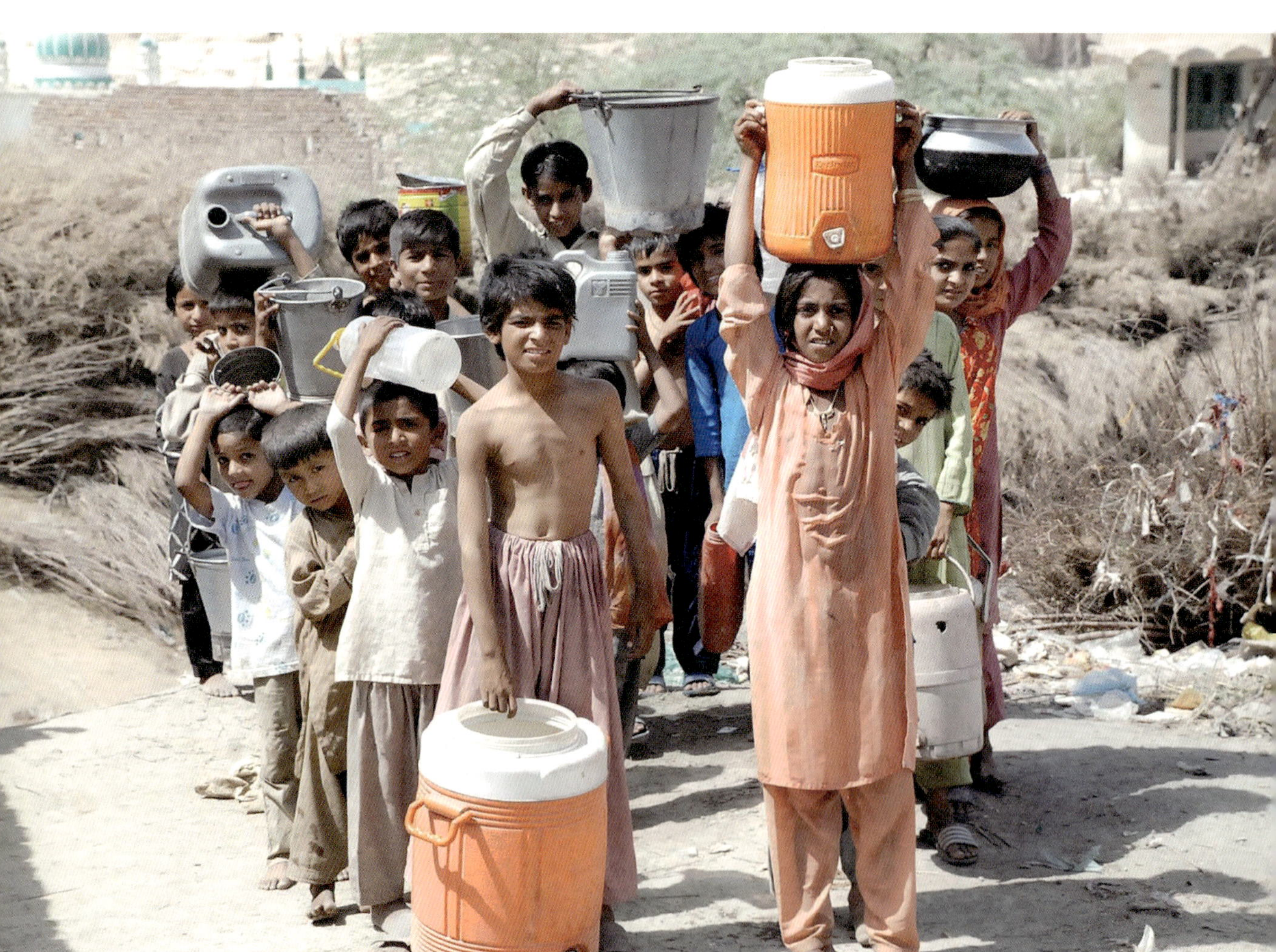

물을 구하러 가는 파키스탄 어린이들

혼란스러운 파키스탄

파키스탄이 인도에서 분리되었지만, 두 나라는 아직도 사이가 좋지 않아요. 파키스탄과 인도는 국경을 맞댄 채 아직까지 대립하고 있지요. 특히 인도가 파키스탄 쪽으로 흘러가는 물의 흐름을 막으면서 파키스탄은 물 부족에 시달리게 되었어요. 물이 부족해진 파키스탄은 이 상태가 계속되면 전쟁을 벌이겠다고 인도에 경고했어요. 뿐만 아니라 두 나라 사이에는 계속해서 테러 사건도 일어나고 있어요.

파키스탄에서 독립한 방글라데시

파키스탄은 다시 동파키스탄과 서파키스탄으로 갈라지게 되었어요. 동쪽과 서쪽이 사용하는 언어가 달랐고, 정부가 서쪽에만 유리한 정책을 내놓았기 때문이에요. 동파키스탄은 독립을 요구하였고, 서파키스탄과 사이가 좋지 않던 인도는 동파키스탄의 편을 들었어요. 결국 인도와 동파키스탄은 손을 잡고 서파키스탄과 전쟁을 벌였어요. 세 차례의 전쟁을 거쳐 동파키스탄은 1971년에 독립을 했어요. 동파키스탄은 나라 이름을 '방글라데시'라고 새로 지었어요. 우리가 알고 있는 방글라데시라는 나라는 이렇게 탄생한 거예요.

파키스탄의 트럭

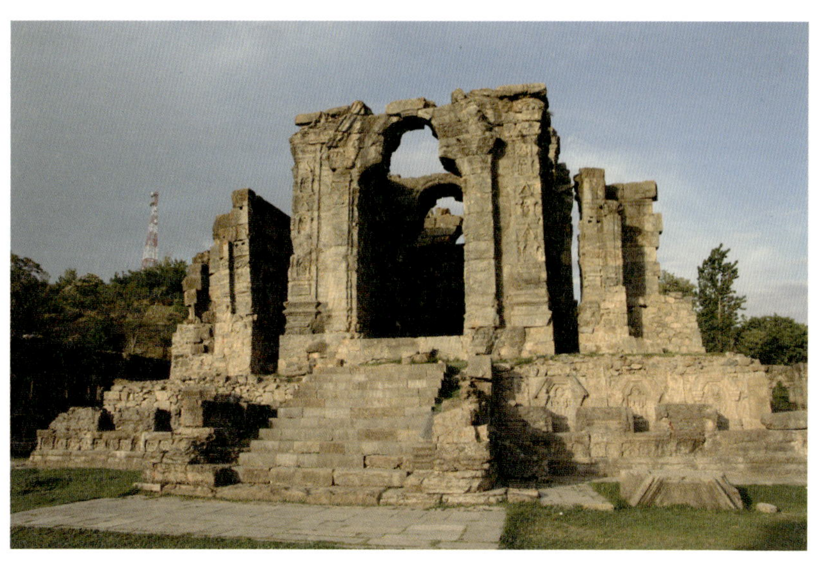

모헨조다로 유적지 일부

🇵🇰 찬란한 도시 유적, 모헨조다로

인더스 강 유역에서는 약 9,000년 전부터 사람들이 한 곳에 머무르며 농사를 짓기 시작했어요. 이를 바탕으로 '모헨조다로'와 '하라파'와 같은 도시 문명이 만들어졌어요.

모헨조다로는 인더스 문명의 주요 유적지로서, 현재 파키스탄의 인더스 강 주변에 있어요. 모헨조다로는 '죽은 자들의 언덕'이라는 뜻이에요. 모헨조다로 유적을 살펴보면 도로가 바둑판처럼 나 있고 도로를 따라 하수구가 정비되어 있어요. 우물과 큰 목욕탕, 의회 등 대규모 시설도 발견되었어요. 철저히 계획해서 도시를 건설했다는 것을 짐작할 수 있지요. 모헨조다로는 발달된 인더스 문명의 한 면을 보여 주고 있어요.

Vietnam

베트남 이야기

동북
서북
홍강삼각주
하노이
북중부
남중부
서부고원
동남부
메콩강 삼각주

LÝ THÁI TỔ
974 - 1028

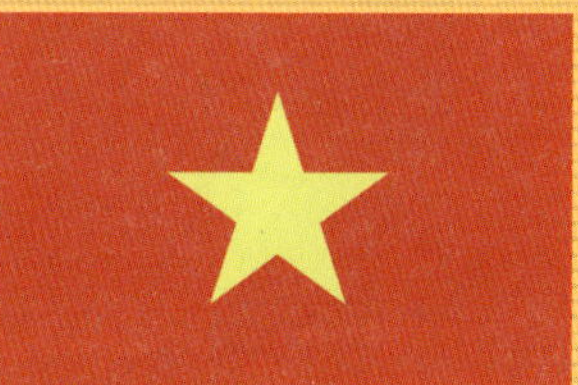

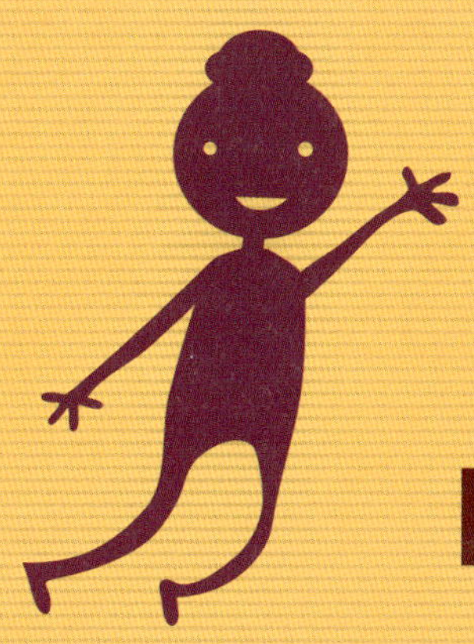

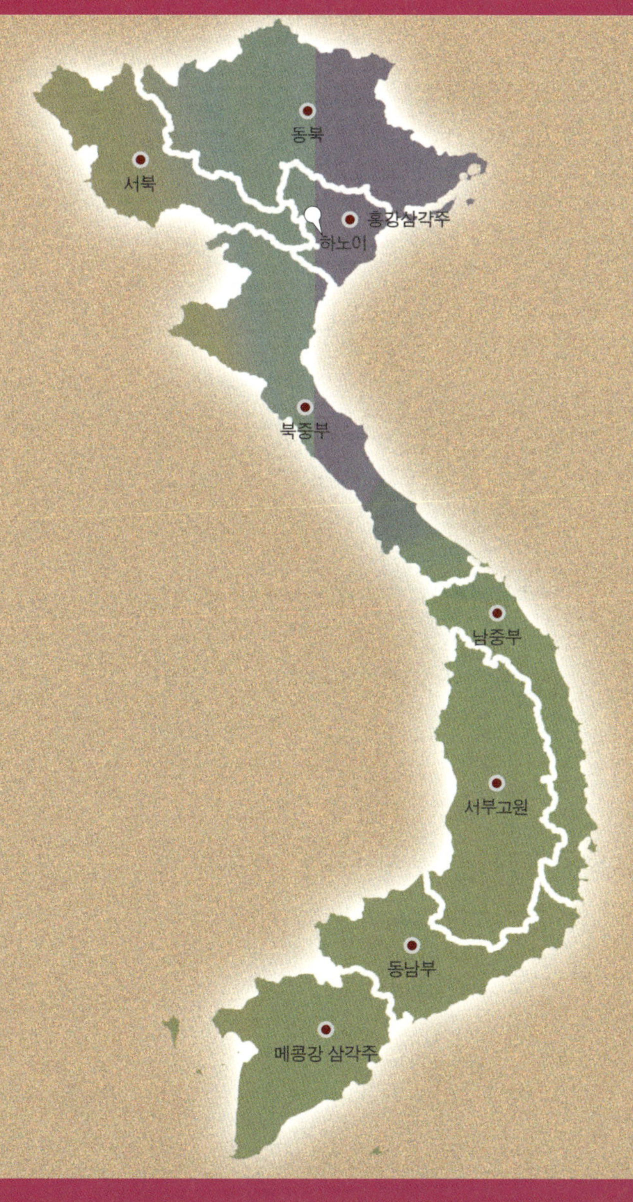

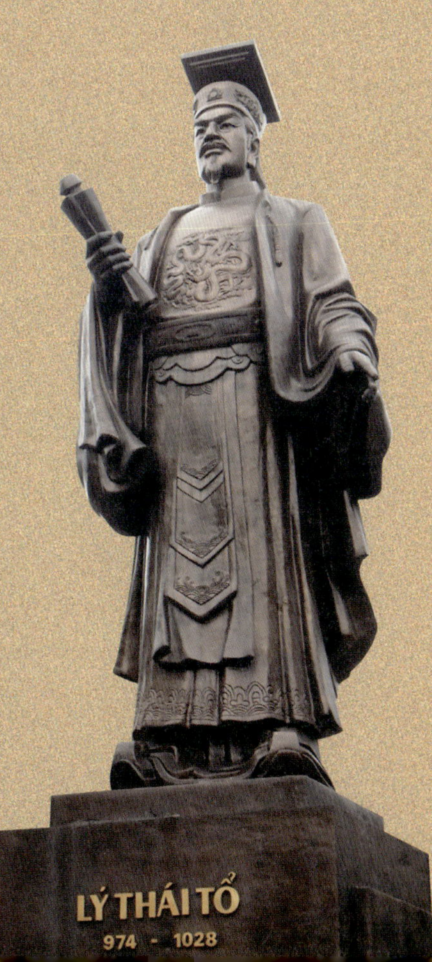

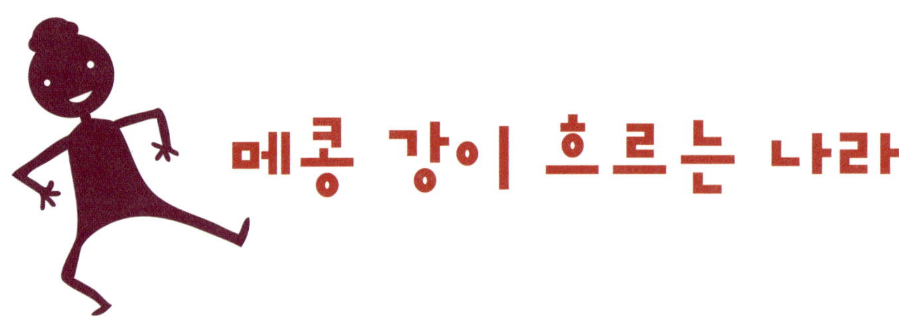

메콩 강이 흐르는 나라

⭐ 벼농사가 발달한 베트남

베트남은 북쪽으로는 중국, 서쪽으로는 라오스, 캄보디아와 국경을 접하고 있는 나라예요. 인도차이나 반도에서 인구가 가

베트남에서 벼농사를 짓는 모습

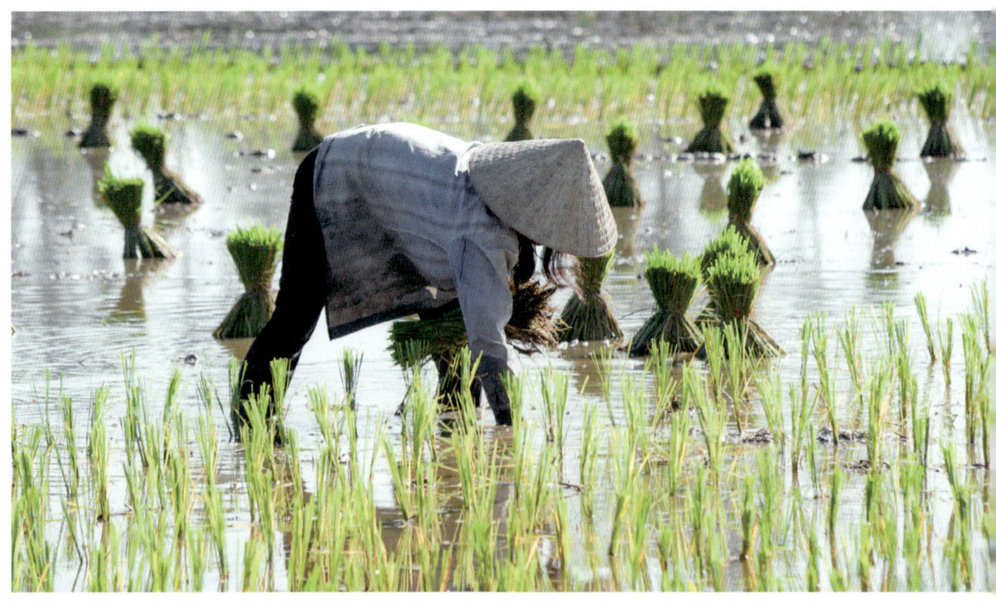

베트남 쌀국수

쌀국수는 베트남 사람들이 오래 전부터 즐겨 먹던 전통 음식이에요. 쇠고기나 닭고기, 해물로 만든 육수에 쌀가루로 만든 국수와 숙주, 고추, 레몬 등을 넣어 먹어요. 독특한 향과 맛이 나며, 소화가 잘 되고 영양 성분이 고르게 들어

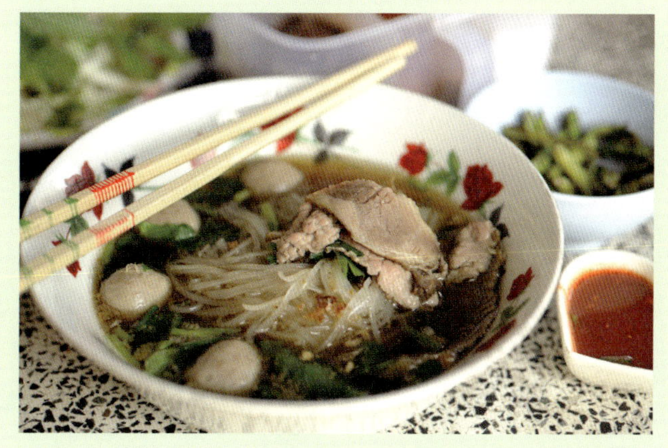

베트남 쌀국수

있어 건강 음식으로 알려져 있어요. 원래 베트남에서는 쇠고기를 먹지 않았어요. 하지만 1880년 중반에 베트남을 지배한 프랑스군이 쇠고기 요리법을 전해 주면서 비로소 쌀국수와 쇠고기를 함께 먹게 되었지요.

장 많은 나라이기도 해요.

베트남에는 동남아시아에서 가장 큰 강인 메콩 강이 흘러요. 메콩 강 하류에는 기름진 땅이 넓게 펼쳐져 있어서 벼농사가 발달했어요. 날씨가 따뜻하고 비가 자주 내려서 일 년에 세 번 수확하는 삼모작이 이루어지기도 해요.

베트남에서 쌀은 식사에서 빠져서는 안 될 중요한 재료예요. 쌀의 종류만도 열 가지가 넘어서, 만드는 음식에 따라 종류가 다른 쌀을 사용하지요.

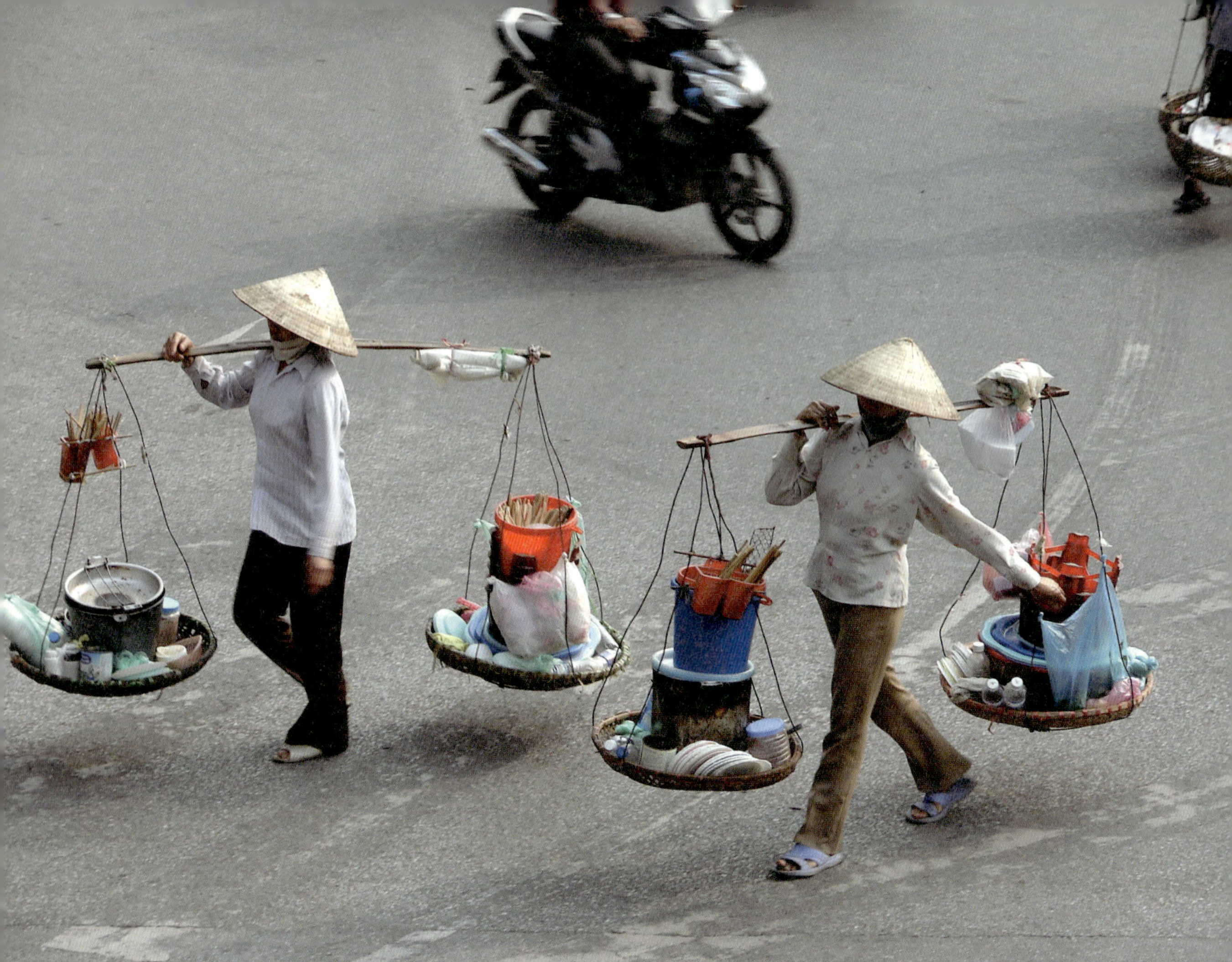

베트남식 지게인 '가잉'

⭐ 중국의 영향을 받은 베트남

베트남에는 구석기 시대부터 사람들이 산 흔적이 발견됐어요. 기원전 300년경에는 베트남 최초의 문화인 '동손 문화'가 세워졌어요. 이후 홍 왕조가 베트남 최초의 국가를 세운 이래로 많은 나라들이 생겼다 사라지기를 거듭했어요.

그러던 중 기원전 111년에 중국 한나라가 베트남을 침입해 왔어요. 그 후 939년까지 약 1,000년이라는 오랜 시간 동안 베트남은 중국의 지배를 받게 되었어요. 이때 중국으로부터 불교, 유교, 한자 등이 들어와 베트남 사회에 많은 영향을 주었어요. 지금도 베트남에는 웃어른을 공경하고 조상에게 제사를 지내는 등 유교의 전통이 뿌리 깊이 남아 있어요.

독립 왕조를 세우다

939년에 응오 꾸엔 장군이 중국을 물리치고 독립 왕조인 '응오 왕조'를 세웠어요. 1,000년 넘게 계속되던 중국의 지배에서 벗어나게 된 거예요. 이후 '딘 왕조'가 나라를 통일한 뒤 '레 왕조'와 '리 왕조', '쩐 왕조', '호 왕조'까지, 500년 동안 여러 왕조가 생겼다 사라졌어요.

베트남은 1407년에 잠시 명나라의 지배를 받게 되었지만 1428년, 레 러이와 응웬 짜이가 명나라를 몰아냈어요. 이들은 레 왕조를 이어받아

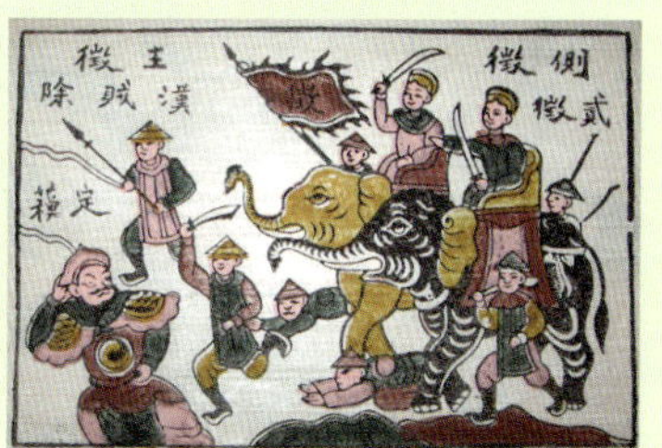

코끼리를 타고 전투에 나가는 쯩 자매

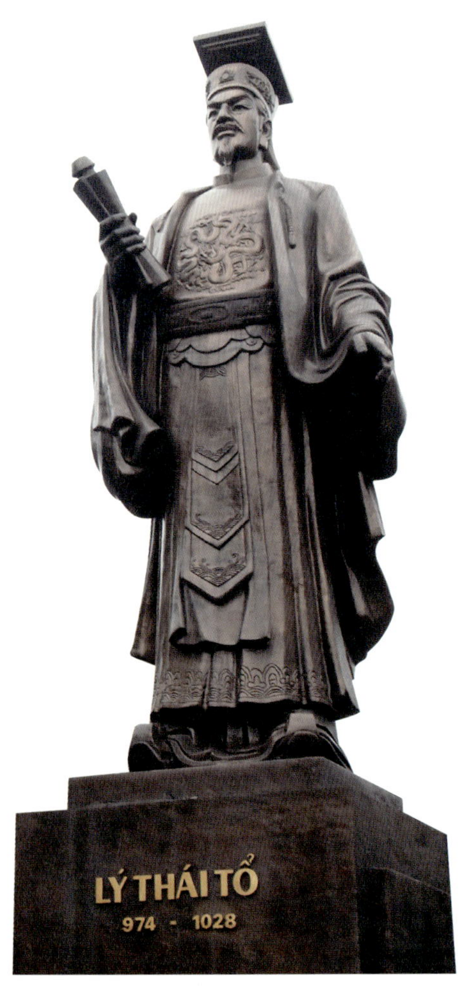

후기 레 왕조를 세운 레 러이의 동상

'후기 레 왕조'를 세웠어요. 후기 레 왕조는 베트남 왕조 중 가장 오랫동안 베트남을 다스리면서, 군사 제도를 고치고 유교를 정비했어요. 또한 남쪽으로 영토를 넓히고 베트남만의 전통문화를 만들며 베트남의 황금기를 열었지요.

프랑스의 식민지가 되다

후기 레 왕조는 18세기 말에 세력이 약해지기 시작했어요. 나라에서 농민 반란이 일어나기도 했지요. 그 틈을 타 응우옌이 반란을 일으켜 후기 레 왕조를 무너뜨리고 1802년에 '응우옌 왕조'를 세웠어요.

19세기 들어 서양 강대국들 사이에 식민지 쟁탈전이 벌어졌어요. 프랑스는 베트남을 식민지로 삼으려고 베트남에 쳐들어 왔어요. 응우옌 왕조는 프랑스와 맞서 싸웠지만 프랑스의 군사력에 밀려 결국 항복하고 말았어요. 그 결과 응우옌 왕조는 이름만 남고 프랑스가 베트남을 다스리기 시작했어요. 이렇게 베트남은 프랑스의 식민지가 되고 말았어요.

⭐ 계속되는 독립 운동

베트남 사람들은 프랑스의 식민지가 된 뒤에도 독립 운동을 계속했어요. 1930년에는 독립 운동을 위해 사회주의자들이 '베트남 공산당'을 만들었어요. 사회주의자는 개인이 재산을 갖는 것을 금지하고 모든 자원을 사회의 것으로 만들어, 모두가 평등하게 살도록 만들자고 주장하는 사람들이에요.

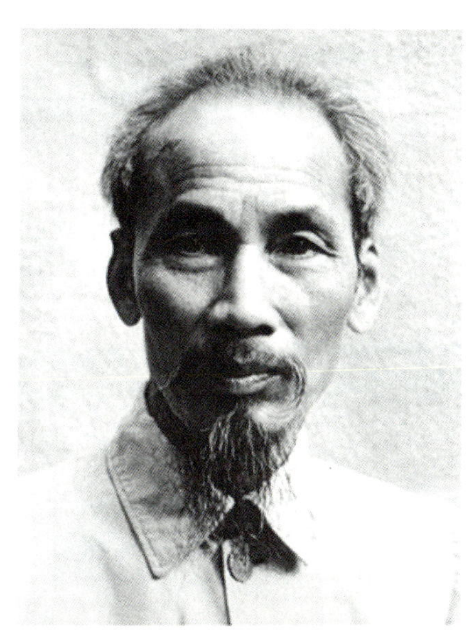

베트남 독립 운동을 이끈 호찌민

제2차 세계 대전 당시 프랑스가 독일의 침략을 받아 세력이 약해지자, 일본 세력이 베트남에 손을 뻗쳤어요. 결국 베트남은 1940년 일본의 보호국이 되었지요. 1945년에 전쟁이 끝나며 일본이 물러가자, 베트남 공산주의자들은 응우옌 왕조를 무너뜨리고 베트남 민주 공화국을 세워 독립을 선언했어요.

제2차 세계 대전이 끝난 후에도 프랑스는 계속해서 베트남 지역을 다스리려 했어요. 결국 두 나라 사이에 전쟁이 일어났어요. 8년간의 전쟁 끝에 베트남은 공식적인 독립을 이루었어요. 그러나 서양 강대국에 의해 베트남은 호찌민이 이끄는 북쪽과 미국의 지원을 받는 남쪽으로 나뉘게 되어요.

'아오자이'는 베트남 여성들이 즐겨 입는 기다란 전통 의상이에요. 원래는 높은 귀족들만 입는 옷이었지만 시간이 흐르며 평상복으로 입게 되었어요. 아오자이의 윗옷은 길고 바지는 헐렁헐렁해요. 베트남 여성들은 아오자이를 각종 예식에서 즐겨 입어요. 아오자이는 여고생들의 교복이나 기업의 제복으로도 사용되고 있어요.

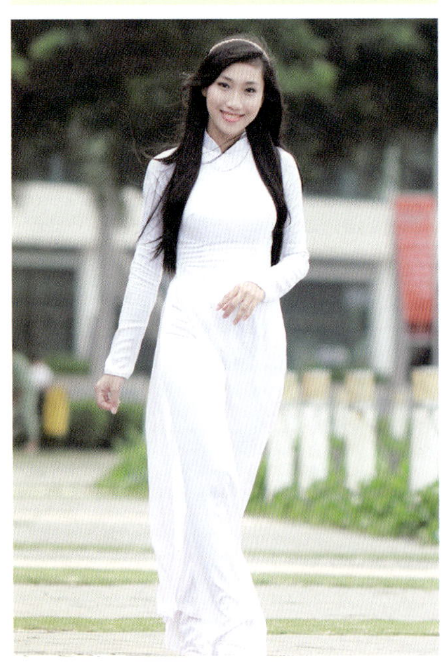

베트남의 전통 의상인 아오자이

★ 베트남의 영웅, 호찌민

호찌민은 베트남의 혁명가이자 정치가로, 베트남의 독립 운동을 이끌고 베트남을 세우는 데 큰 역할을 한 사람이에요. 베트남의 초대 주석이기도 하지요.

호찌민은 평범한 농민의 아들로 태어나 젊은 시절에 프랑스와 영국, 미국을 떠돌며 힘든 생활을 했어요. 그러나 그는 좌절하지 않고 넓은 세상을 보며 베트남의 독립을 꿈꾸게 되었지요. 제1차 세계 대전이 끝나고 베트남으로 돌아온 호찌민은 본격적으로 독립 운동에 뛰어들었어요.

이후 제2차 세계 대전이 끝나자 호찌민은 베트남의 독립을 선언했어요. 그리고 프랑스군에 맞선 1953년 '디엔비엔푸 전투'에서 승리를 거두면서 베트남 독립의 계기를 마련했지요. 호찌민은 지금까지도 베트남을 만든 가장 중요한 영웅으로 불리며 베트남 국민들의 존경을 받고 있어요.

⭐ 미국을 이긴 베트남 전쟁

베트남은 프랑스와의 디엔비엔푸 전투에서 승리를 거두었지만, 서양 강대국들에 의해 남과 북으로 갈라지게 되었어요. 호찌민이 이끌던 북베트남의 공산당은 조국의 통일을 원했지만, 남베트남은 분단된 상황을 유지하려 했어요.

하지만 차츰 북베트남의 세력이 커지자 미국은 이를 막기 위해 베트남 전쟁을 벌였했어요. 미국은 베트남이 공산주의 국가가 되는 것을 싫어했거든요. 강대국 미국이 베트남에 쳐들어오자, 다들 미국이 전쟁에서 승리할 것이라고 생각했어요. 하지만 베트남군은 미군에 맞서 무려 20년 동안이나 전쟁을 계속했어요.

전쟁이 길어지자 결국 1975년에 미국이 물러나면서 베트남 전쟁은 끝났어요. 베트남은 다음 해에 하노이를 수도로, 베트남의 주요 도시였던 사이공의 이름을 호찌민의 이름을 딴 호찌민 시로 바꾸었어요. 이렇게 해서 베트남 사회주의 공화국이 탄생하였지요. 베트남 사람들은 외국 세력에 지지 않고 그들을 물리쳐 낸 자신들을 자랑스러워해요.

베트남을 공격하는
미국의 폭격기

★ 무섭게 발전하는 오늘의 베트남

3년 뒤인 1978년에 베트남은 다시 캄보디아와 국경 문제로 전쟁을 하게 되었어요. 이때 중국이 캄보디아의 편을 들었고, 미국이 베트남과의 무역을 금지하면서 베트남의 경제 상황은 악화되었어요.

이에 베트남 정부는 1986년에 개혁이라는 의미의 '도이 머이 정책'을 내세워 경제를 개방하고 수출에 힘썼어요. 이후 무역 활동이 활발해지고 다른 나라와의 관계도 좋아졌어요. 지금까지도 베트남의 경제는 무섭게 발전하고 있어요.

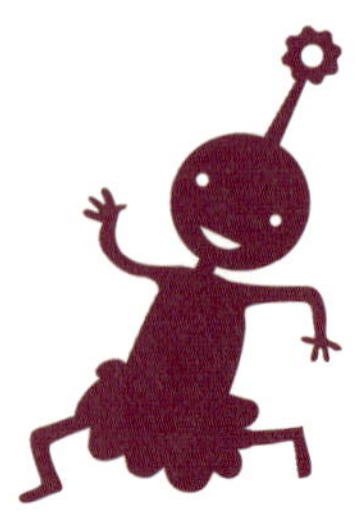

Cambodia

캄보디아이야기

오다르메안체이 주
반테아이메안체이 주
시엠레아프 주
프레아비헤아르 주
스퉁트렝 주
라타나키리 주
바탐방 주
파일린
캄퐁톰 주
크라티에 주
몬둘키리 주
푸르사트 주
캄퐁치낭 주
캄퐁참 주
캄퐁스페우 주
프놈펜
프레이벵 주
코콩 주
칸달 주
스바이리엠 주
타케오 주
캄포트 주
시아누크
케프

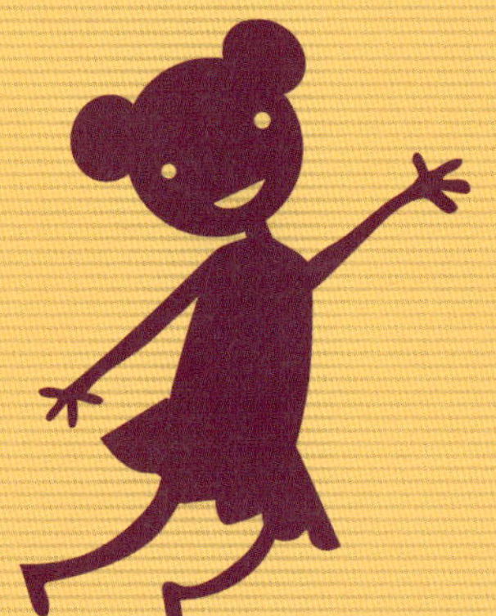

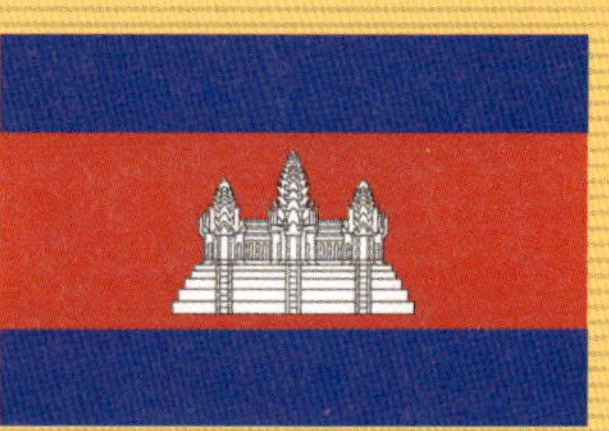

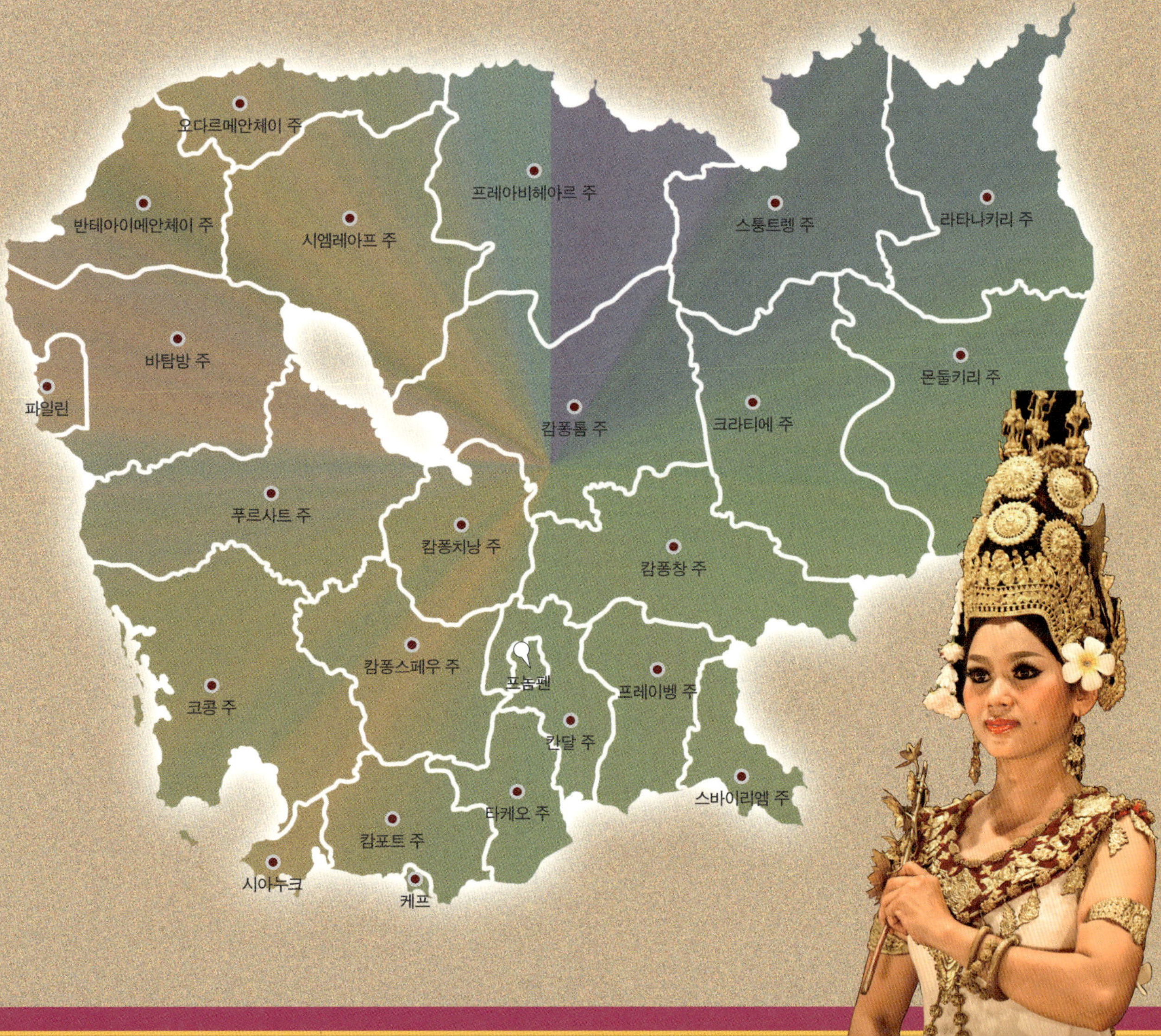

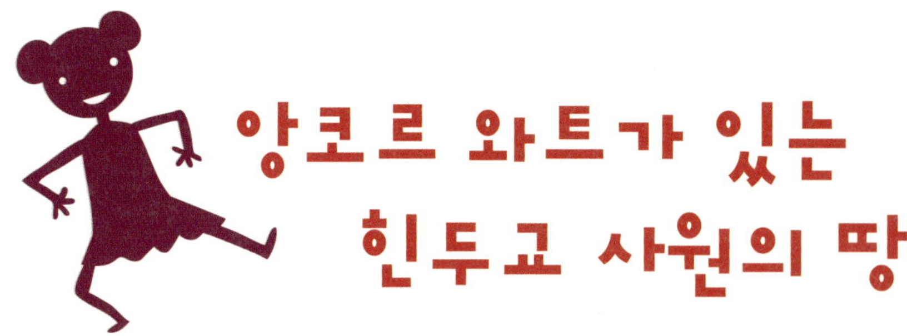

앙코르 와트가 있는 힌두교 사원의 땅

빛나는 크메르 왕국

　기원전 2000년 전, 중국에서 건너 온 사람들이 캄보디아에 살기 시작했어요. 이들은 메콩 강 주변에서 물고기를 잡고 농사를 지으며 캄보디아에 첫 번째 국가인 '푸난'을 세웠어요. 푸난은 1세기부터 6세기 말 경까지 번영했어요.

　이후 캄보디아는 고대 9세기에서 15세기에 최고의 전성기를 누렸는데, 당시에 있던 나라가 바로 '크메르 왕국'이에요. 9세기에 크메르 왕국의 자야바르만 2세는 전쟁을 통해 영토를 넓히고, 앙코르에 수도를 세웠어요. 크메르 왕국은 찬란한 문화를 꽃피웠어요. 돌로 만든 사원인 '앙코르 와트'가 세워진 것도 이 시기의 일이에요. 그러나 크메르 제국의 세력은 점차 약해져서 15세기 중반에는 앙코르를 태국의 아유타야 왕국에 빼앗기고, 프놈펜으로 수도를 옮기게 되었어요.

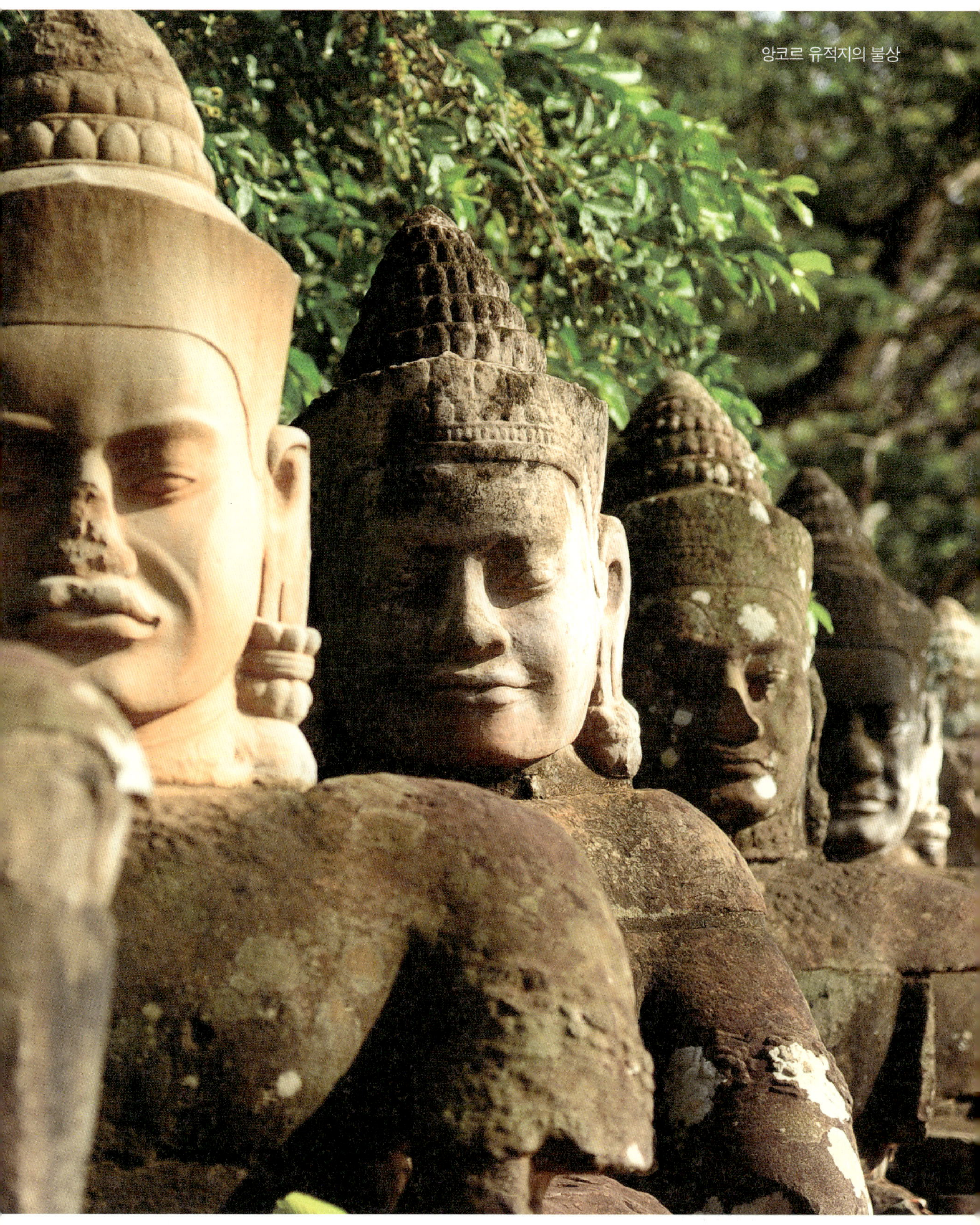

앙코르 유적지의 불상

고대 문명의 신비, 앙코르 유적지

캄보디아 정글 속에 있는 앙코르 유적지는 크메르 왕조가 있었던 9세기부터 15세기 초까지 600여 년에 걸쳐 지어진 곳이에요. 앙코르 유적지의 탑과 조각은 힌두교와 불교의 영향을 받고 크메르 사람들만의 독창적인 문화를 녹여 냈지요.

앙코르 유적지에는 힌두교 사원인 앙코르 와트, 앙코르 톰 등의 많은 유적이 있어요. 유적들은 저마다 흥미로운 이야기를 담고 있고 볼거리도 풍부해요. 또한 앙코르 유적지는 '세계 8대 불가사의' 중 하나로 꼽힐 만큼 건물이 웅장할 뿐만 아니라 당시 문명으로는 굉장히 만들기 힘들었을 신비한 건축물이에요.

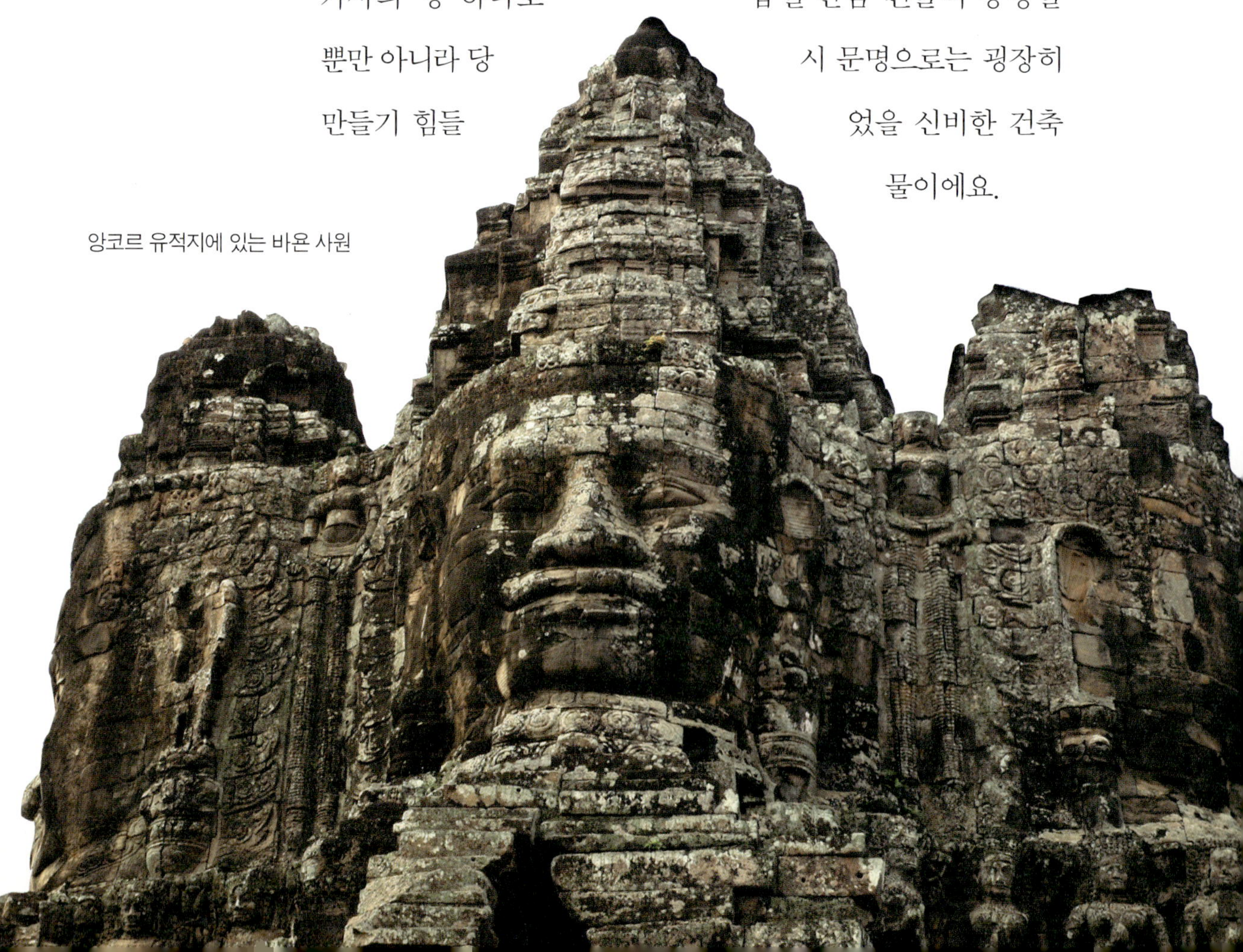

앙코르 유적지에 있는 바욘 사원

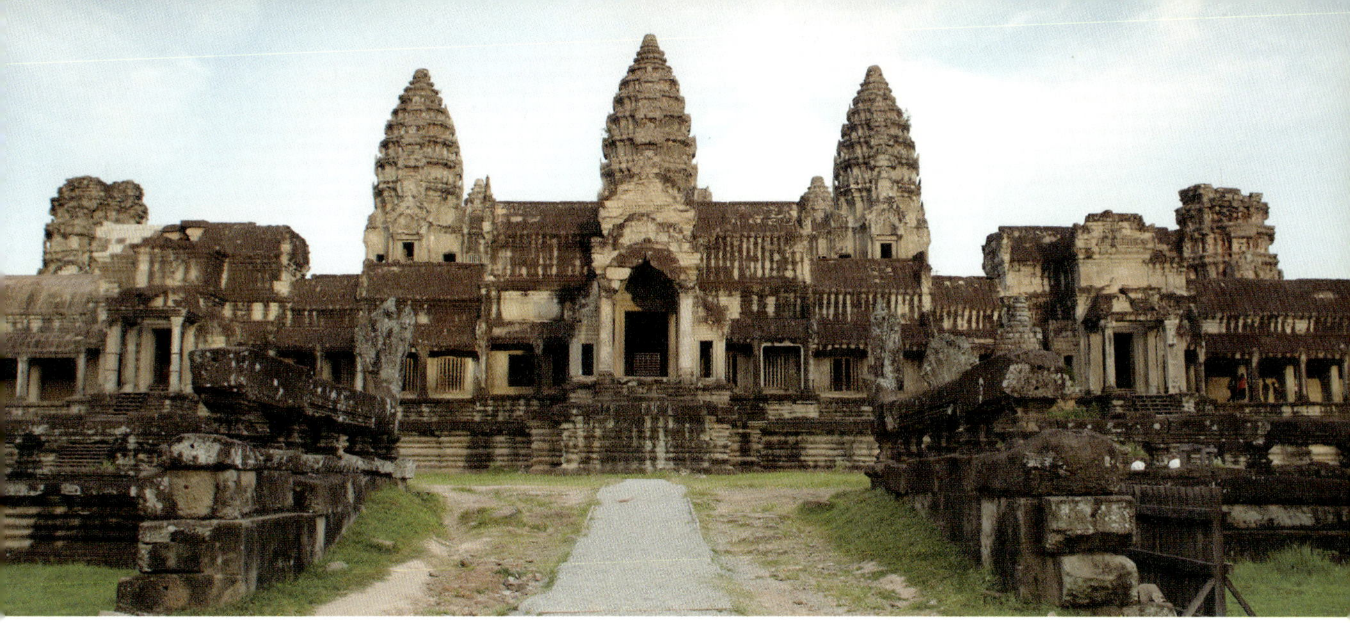

크메르 미술을 대표하는 앙코르 와트

그래서 캄보디아 사람들은 앙코르 유적에 대해 큰 자부심을 갖고 있어요. 국기와 화폐에도 앙코르 유적지를 그려 넣을 정도예요. 앙코르 유적지는 오랜 내전과 외국과의 전쟁, 약탈, 관리 소홀 등으로 많은 피해를 입기도 했지만, 크메르 왕국의 독자적인 문화를 잘 담은 유적으로 평가받고 있어요. 지금도 앙코르 유적지를 보기 위해서 전 세계 사람들이 캄보디아를 찾고 있어요.

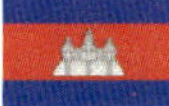 우주를 담은 앙코르 와트

'앙코르 와트'는 크메르 왕국의 전성기인 12세기 때 지어진 힌두교 사원이에요. 앙코르 유적지에는 많은 유적들이 있지만, 그 중에서도 앙코르 와트가 가장 유명해요. 시간과 해의 위치에 따

라 모습이 조금씩 다르게 보일 뿐만 아니라 사원을 정교하고 아
름답게 만들었기 때문이에요. 힌두교 사원이지만 불교 조각 양
식의 영향을 받기도 했어요.

앙코르 와트 주변에는 사원 주위를 둘러 싼 연못이 파여 있어
요. 이 연못은 끝없는 바다를 의미해요. 앙코르 와트 가운데에는
높은 탑이 솟아 있는데, 이것은 불교에서 세계의 중앙에 있다
고 말하는 산을 의미해요. 그리고 사원의 벽은 히말라야 산
맥을 상징한다고 해요. 이렇게 앙코르 와트는 단순한 건축
물이 아니라, 크메르 사람들의 당시 종교를 나타내고 있
어요. 그래서 사람들은 앙코르 와트에는 '우주가 담겨 있
다.'라고도 해요.

끊임없이 외국의 침략을 받다

캄보디아는 끊임없이 다른 나라의 지배를
받았어요.

15세기에는 태국이 캄보디아를 다스렸
고, 베트남의 지배를 받기도 했어요. 19세
기 중반에 캄보디아는 프랑스의 식민지가
되었어요. 1954년에 프랑스에서 독립했지

캄보디아 전통
의상을 입은 여인

만, 베트남 전쟁의 영향으로 인해 나라 안은 계속 혼란스러웠어요. 1980년대 말까지 전쟁이 계속되었고, 이 시기에 캄보디아 주민들을 참혹하게 죽인 '킬링필드'가 일어나기도 했어요.

이후 캄보디아의 여러 세력들은 국제 연합인 UN의 감독 아래 평화 조약을 맺었어요. 그때부터 캄보디아는 왕이 나라를 다스리는 입헌 군주국으로 자리를 잡았지요.

비극의 킬링필드

'킬링필드'는 1975년에서 1979년 사이, 크메르 루주라는 단체가 캄보디아 주민들을 이유 없이 참혹하게 죽인 일을 말해요.

베트남 전쟁이 끝나고 미국의 지원을 받던 크메르 공화국의 세력이 약해진 사이, '크메르 루주'가 캄보디아의 수도 프놈펜에서 혁명을 일으켰어요.

공산주의를 내세운 크메르 루주는 화폐 사용과 무역을 금지하고, 산업 시설을 파괴하기 시작했어요. 도시에 있는 주민들을

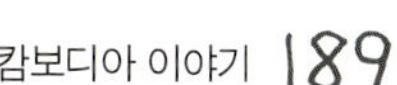

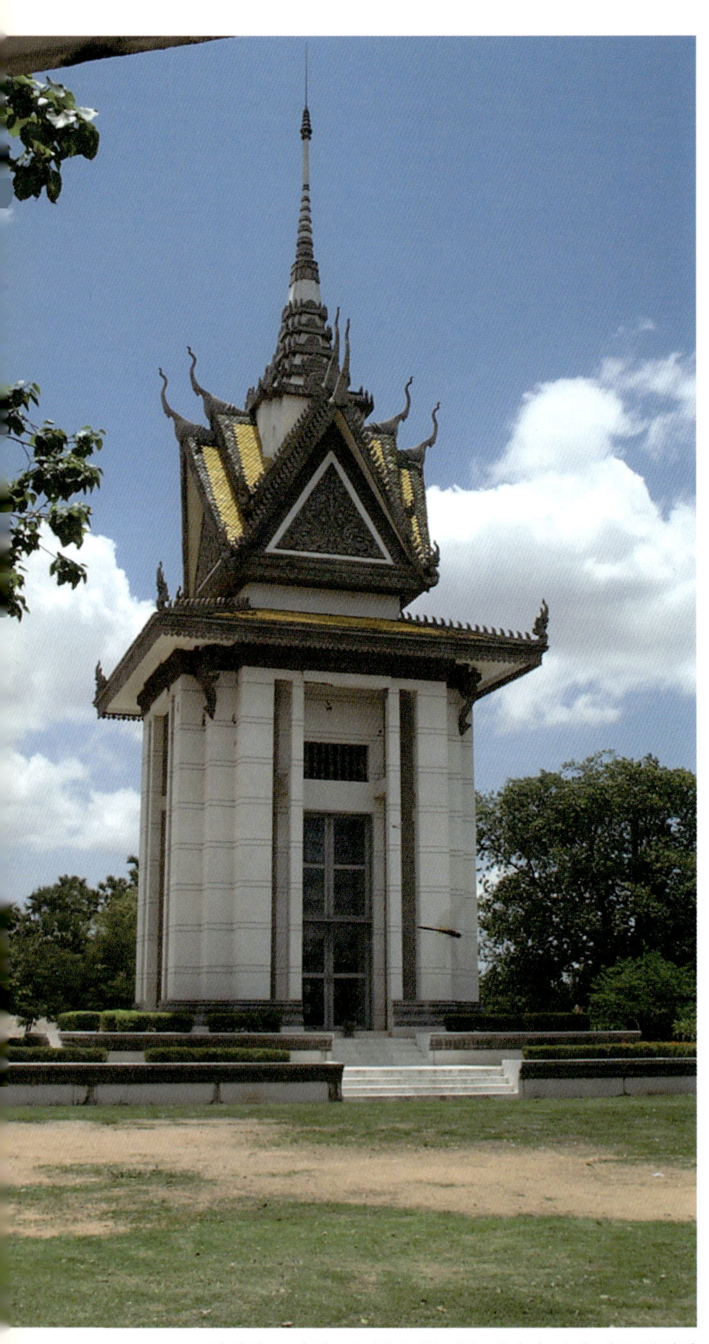

킬링필드 사건으로 죽은 주민을 기리기 위해 세운 위령탑

강제로 농촌에서 살게 하기도
했어요. 미국에 협조적이었던
관료들과 지식인들을 처형하고
죄 없는 시민들까지 무차별적으
로 죽이기 시작했어요.

당시 죽임을 당한 사람들의
수는 무려 200만 명에 달한다고
해요. 죄 없는 시민들을 잡아 처
형했던 대표적인 장소가 프놈펜
주변에 있는 '킬링필드'라는 들
판이에요. 크메르 루주는 시민
들을 죽이고 그대로 방치해 두
어서, 지금도 킬링필드에서는
어렵지 않게 사람들의 뼈를 발
견할 수 있어요. 킬링필드는 지
금도 캄보디아 사람들에게 아픈
기억으로 남아 있지요.

Saudi Arabia

사우디아라비아 이야기

자우프 주
북부 변경 주
타부크 주
하일 주
카심 주
메디나 주
리야드
리야드 주
동부 주
메카 주
바하 주
아시르 주
나즈란 주
지잔 주
OIL

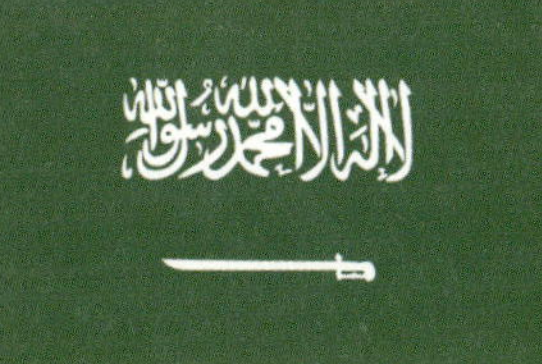

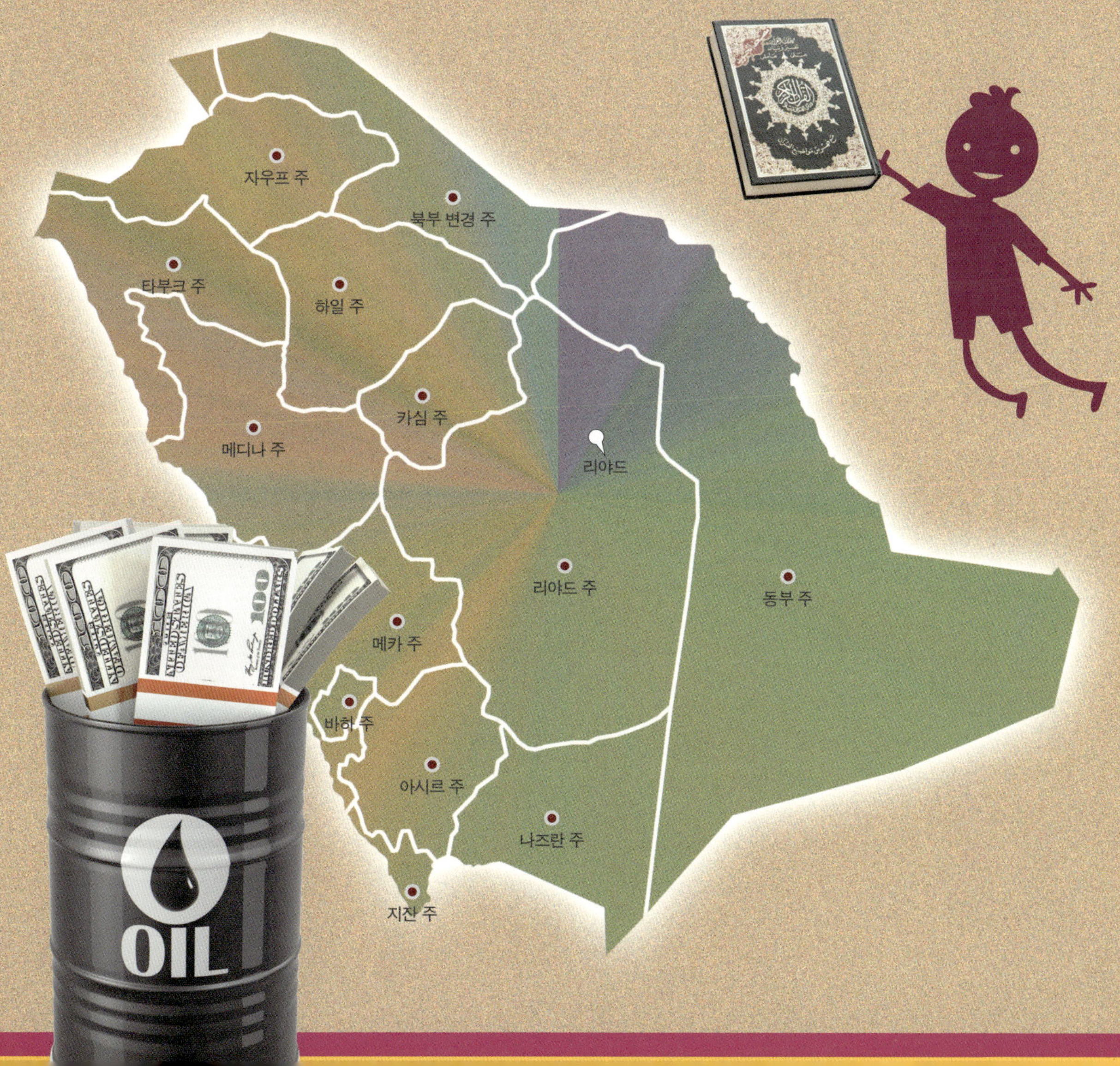

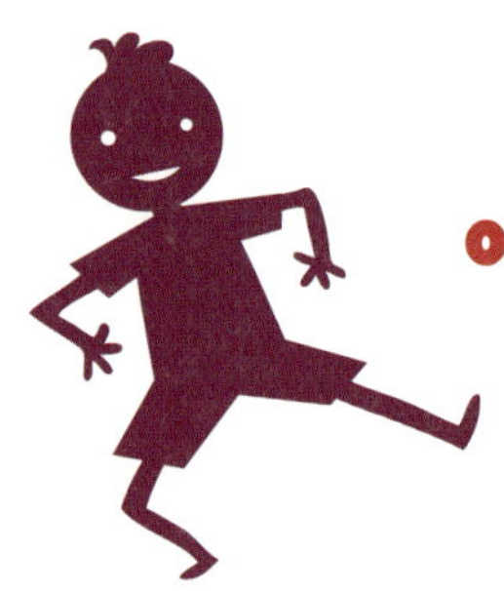

이슬람교의 최대 성지

세계 최대의 원유 생산국

사우디아라비아는 아시아 서부에 있는 아라비아 반도의 대부
분을 차지하는 나라예요. 지금도 왕이 나라를 다스리는 절대 군
주국이기도 하지요.

원유를 뽑아내는 모습

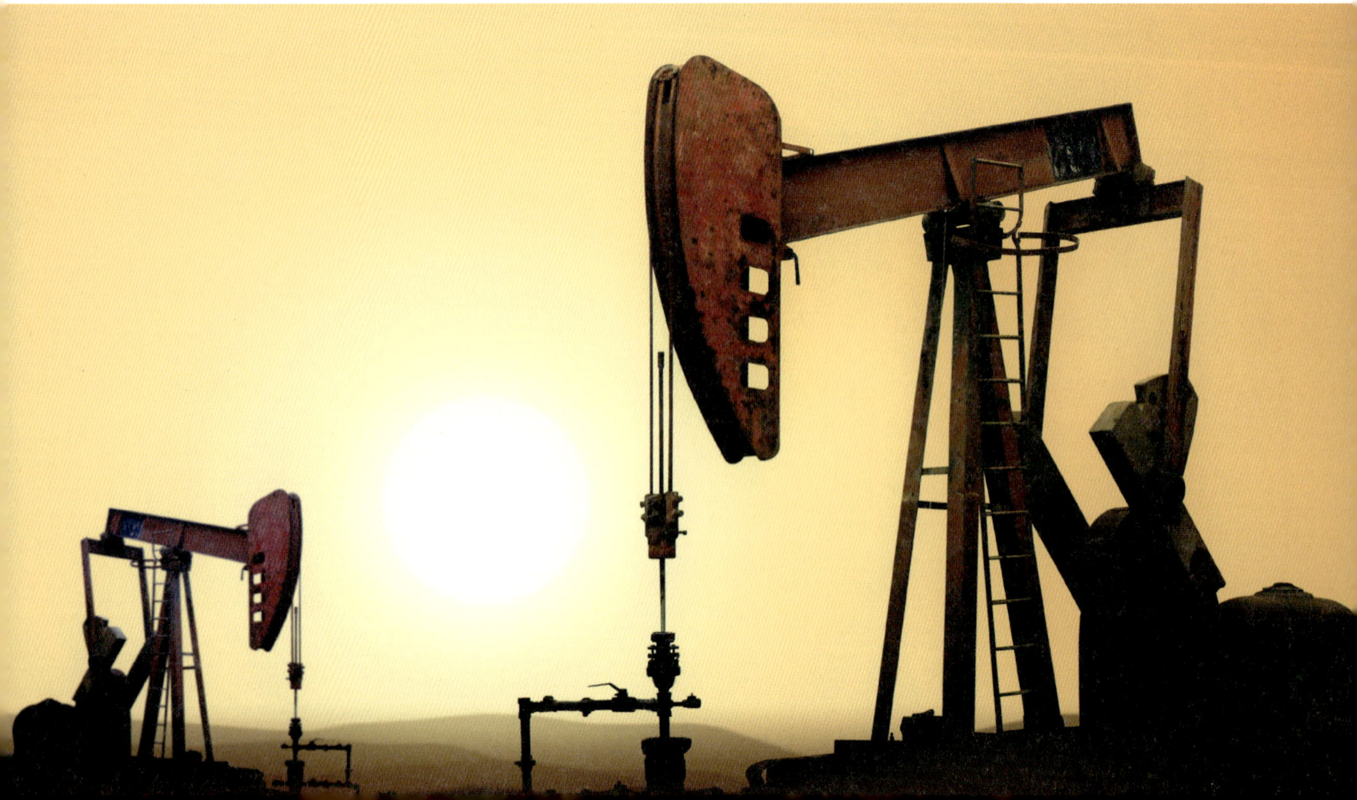

사우디아라비아는 대부분의 땅이 사막으로 이루어져 있어요. 그래서 강이나 호수가 거의 없고 모래 폭풍이 자주 일어나요. 사막에서는 농사를 잘 지을 수 없기 때문에 사우디아라비아 사람들은 전통적으로 유목을 하거나 무역을 했어요.

그러던 중 1938년부터 원유를 본격적으로 생산하게 되었어요. 원유가 많이 묻혀 있는 큰 원전들을 발견한 거예요. 원유란 땅속에서 뽑아낸 거르지 않은 기름을 말해요. 여러 가지 석유 제품, 화학 공업의 원료가 되는 재료이지요. 사우디아라비아는 원유를 여러 나라에 수출하며 막대한 외화를 벌어들이고 부자 나라가 되었어요. 이렇게 벌어들인 돈을 '오일 머니'라고 해요. 오일 머니를 바탕으로 사우디아라비아는 현대적인 공업과 산업도 많이 발전시켰어요. 지금도 사우디아라비아는 세계에서 제일 큰 원유 생산국이에요.

석유 수출국 기구, 오펙 (OPEC)

석유 수출국 기구는 원유가 나는 나라들 간의 원유 정책을 조정하기 위해 1960년에 만들어진 단체예요. 영어로는 오펙(OPEC)이라고 해요. 석유 수출국 기구는 원유가 가격이 떨어지는 것을 막고 가격을 통일시키기 위해 만들어졌어요. 그 외에도 자원 보호, 석유 산업 등의 일을 하고 있어요. 원유가 제대로 공급되지 않거나 원유 가격이 높아지면 세계 경제는 큰 타격을 받아요. 그래서 전 세계 대부분의 원유 공급을 좌우하는 석유 수출국 기구는 경제에 막강한 영향을 미치고 있지요. 현재 여기에 가입한 나라로는 사우디아라비아를 비롯해 이란, 쿠웨이트, 이라크, 리비아, 아랍에미리트, 알제리 등 열두 나라가 있어요.

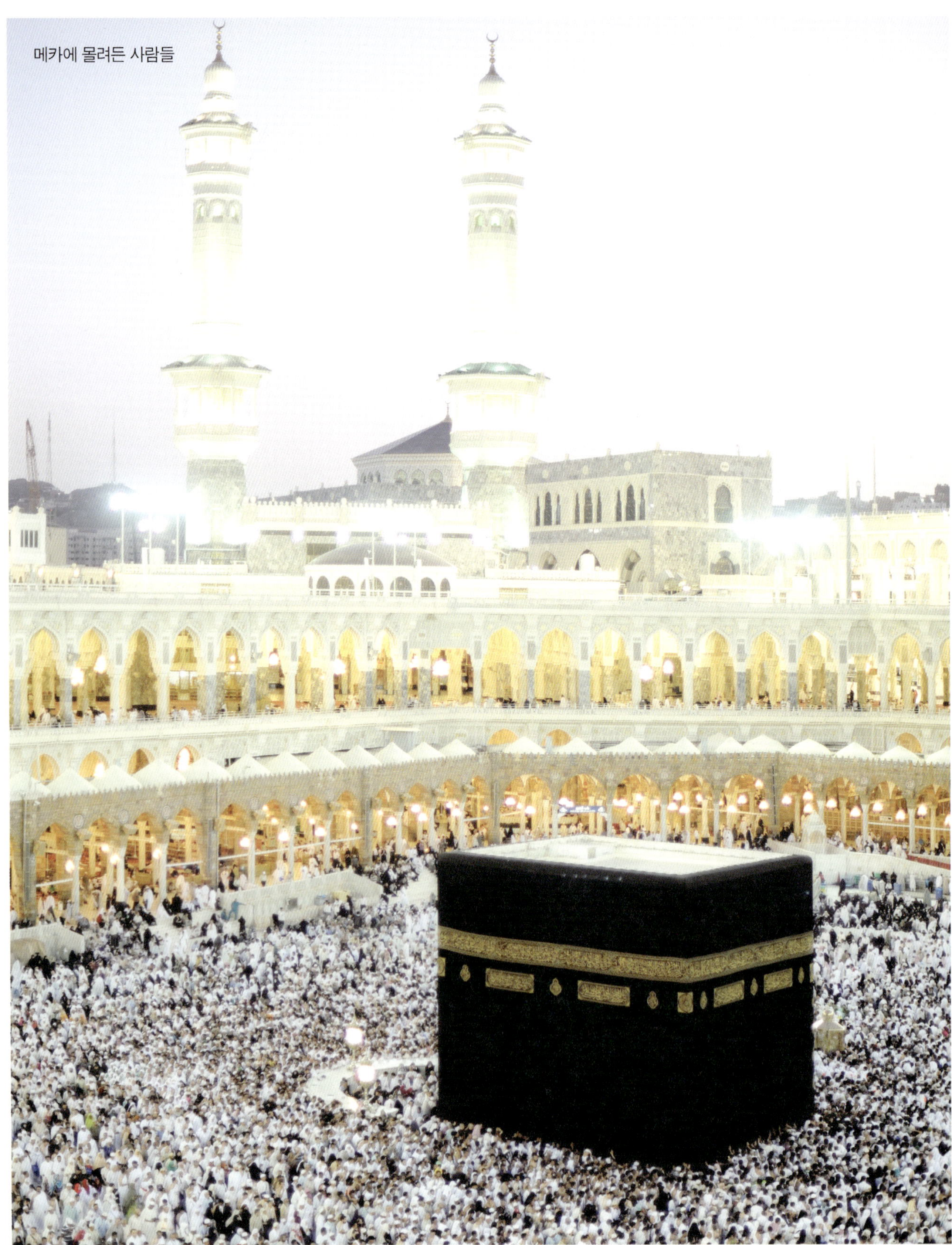

메카에 몰려든 사람들

 ## 이슬람 성지인 메카

사우디아라비아 국민 대부분은 이슬람교를 믿고 있어요. 그리고 이슬람권 국가 중에서 가장 엄격하게 이슬람 생활과 전통 관습을 지키고 있지요.

사우디아라비아에는 이슬람교를 처음 만든 마호메트가 태어난 곳이자 이슬람교에서 가장 신성한 도시로 여겨지는 메카가 있어요. 이슬람교에는 메카를 방문해야 하는 '하즈'라는 의무가 있어요. 그래서 전 세계 이슬람교도들은 매년 12월에 이슬람교의 성스러운 장소인 메카에 모여들어 종교의식을 치러요. 이때 모여드는 인원은 약 300만 명 정도라고 해요.

일반적으로 어떤 분야의 중심이 되어 사람들이 우러러 보는 장소를 말할 때 '메카'라는 표현을 써요. 이 표현은 이슬람교의 최대 성지를 가리키는 메카에서 비롯된 말이지요.

 ## 이슬람의 창시자, 마호메트

마호메트는 메카에서 강력한 권력을 지녔던 쿠라이시 부족에서 태어났어요. 마호메트는 어려서부터 부모를 잃고 할아버지 밑에서 자라났어요. 그는 세 살 때 알라신의 선택을 받았다고 해요. 유모의 아들과 함께 놀고 있던 마호메트 앞에 하얀 옷을 입

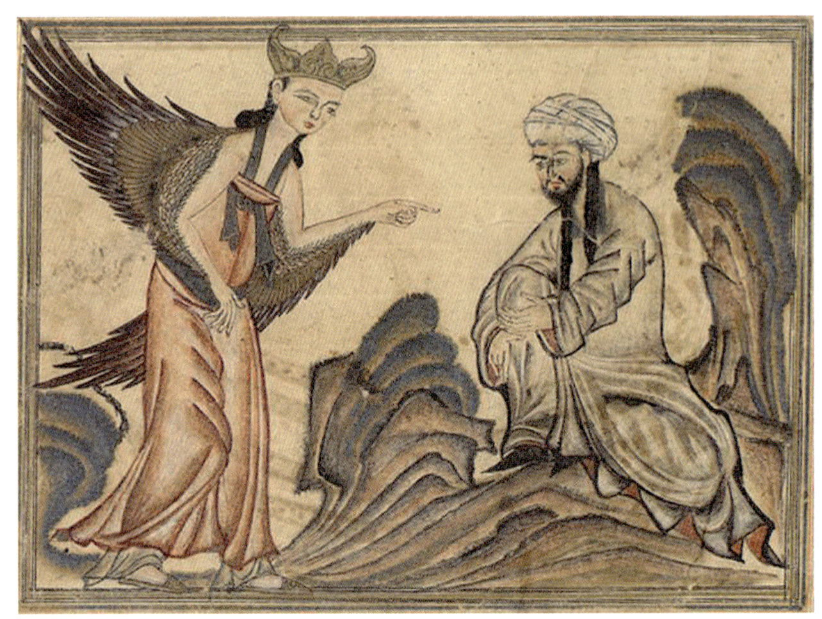

천사의 계시를 받고 있는 마호메트

은 두 명의 천사가 나타나 그를 눕힌 다음 배를 가르고 무언가를 꺼냈다는 것이지요.

이후 마호메트는 매우 풍족하게 살다가 마흔 살이 되던 해, 세상의 진리에 대한 의문을 품고 메카 북쪽 산에 있는 히라 동굴에 들어가 수행을 시작했어요. 묵묵히 수행을 계속하던 어느 날, 그에게 신비로운 목소리가 들려왔어요. 바로 신의 첫 계시가 내려온 것이지요. 고된 수행에 지친 마호메트는 동굴에서 깜빡 잠이 들고 말았는데, 그때 천사가 한 손에 종이 한 장을 들고 나타나 마호메트에게 '읽어라.'라는 말을 건넸어요.

이때 '읽어라.'는 아랍어로 '코란'이라고 하는데 이슬람교의
경전을 뜻하는 말인 『코란』은 바로 여기에서 비롯된 것이에요.
『코란』에는 마호메트가 처음 신의 계시를 받은 610년부터 그가
세상을 떠난 632년까지 그에게 들려온 알라의 계시가 모두 기록
되어 있지요.

천사가 들고 온 종이에 적힌 내용은 다음과 같았어요.

"만물을 창조하신 주님의 이름으로 읽어라.
그분은 한 방울의 피로 인간을 창조하셨노라.
읽어라. 주님은 가장 은혜로운 분으로, 연필로 쓰는 것을 가
르쳐 주셨으며 인간이 알지 못하는 것도 가르
쳐 주셨노라."
『코란』 96장. 1-5절

예언자로서의 자신의 임무를 깨달은 마호메
트는 이 일을 아내에게 털어놓았어요. 아내는 남
편의 거짓말 같은 이야기를 한 치의 의심도 없이
믿어 주었어요. 그리고 이슬람교의 첫 신자가 되었
어요.

하지만 여러 신을 섬기는 다신교에 익숙했던 당시

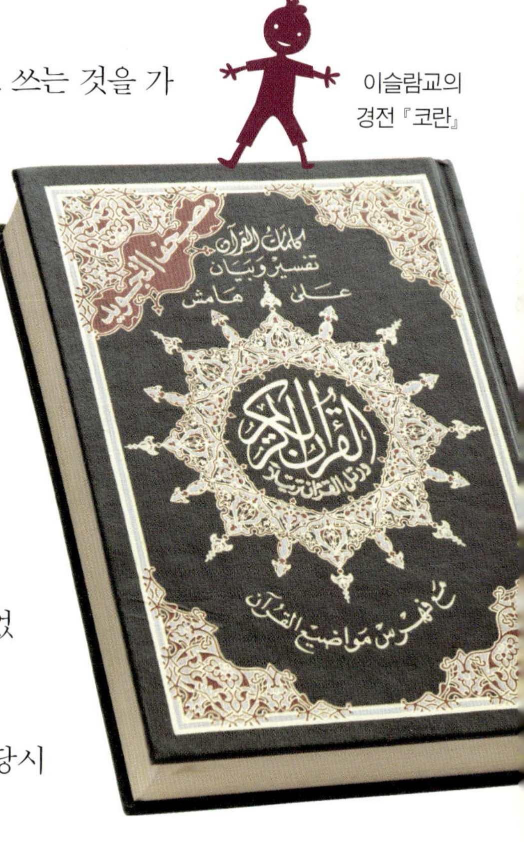

이슬람교의
경전 『코란』

사람들은 마호메트를 거짓말쟁이라며 무시했어요. 특히 쿠라이시 부족 사람들은 신이 하나라고 주장하는 마호메트가 자신들에게 위협이 된다고 생각해서 더욱더 업신여겼지요.

결국 마호메트는 메카를 떠나게 되었어요. 하지만 결코 포기하지 않고 사우디아라비아 서쪽에 있는 메디나라는 도시로 가서 이슬람 공동체를 만들었어요. 마호메트는 이슬람교를 전하려면 나라의 힘이 강해야 한다고 생각했어요. 그래서 정복 전쟁을 계속해 아라비아 반도 대부분을 통일하였어요.

마호메트는 630년, 메카로 돌아와 카바 신전의 여러 우상을 파괴하면서 "진리는 왔고, 거짓은 멸망하였다."라는 말을 남겼어요. 그리고 2년 뒤, 마호메트는 예언자로서의 임무를 다하고 조용히 숨을 거두었어요.

수니파와 시아파

이슬람교는 크게 수니파와 시아파라는 두개의 종파로 나누어져요.

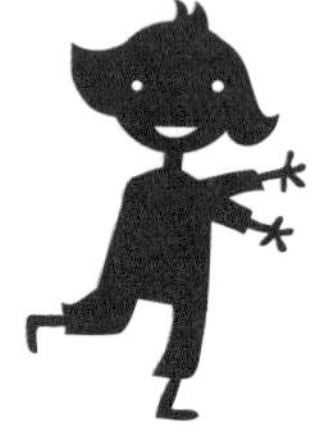

먼저 수니파는 전 세계 이슬람교도의 83퍼센트를 차지하는 이슬람교의 전통파예요. 수니파는 아랍어로 '코란과 순나를 따르는 자'를 뜻해요. 수니파는 역대 칼리프 왕조를 모두 인정하고,

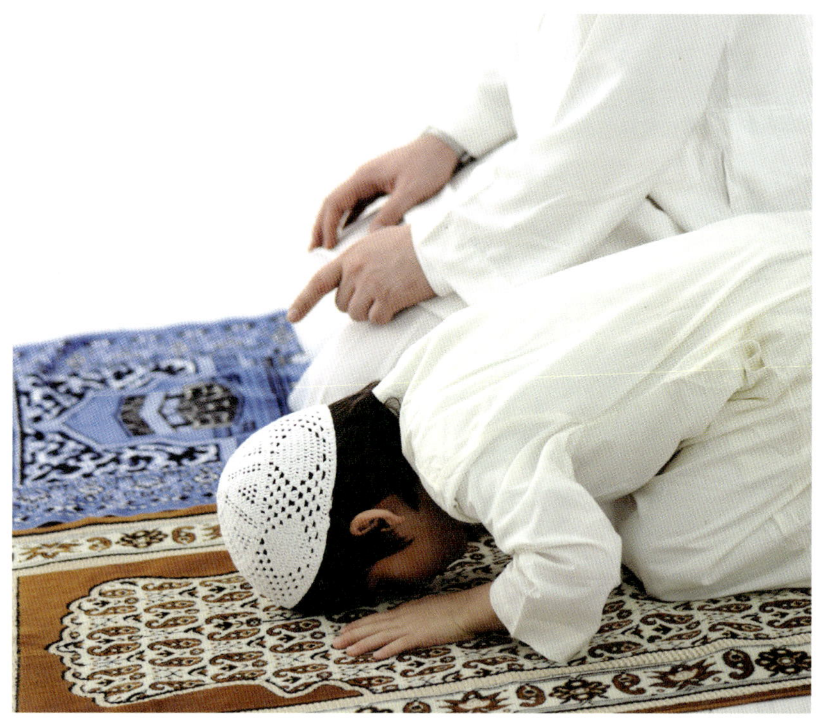

이슬람식 예배를 드리는 모습

이맘이라는 예배 인도자의 존재를 그리 중요하지 않게 여겨요. 그리고 하루 다섯 번 예배를 드리는 걸 규칙으로 삼아요.

시아파는 예언자 마호메트의 혈통만이 이슬람의 지도자인 칼리파가 될 수 있다고 믿는 이슬람교의 종파예요. 시아파는 마호메트의 사위인 알리를 숨어 있는 인도자 이맘이라고 여기고, 언젠가 다시 돌아올 구세주라고 믿고 있어요. 그래서 수니파와 달리 이맘의 존재를 중요하게 생각하지요. 시아파는 하루에 세 번 예배를 드린다고 해요. 시아파가 수니파보다 더 많은 나라는 이란과 이라크 두 나라밖에 없어요.

시아파가 생기면서 이슬람교는 정치적,
종교적으로 갈라지게 되었어요. 이 현상은
오늘날까지 계속되며 여러 가지 갈등을 낳고
있지요.

여성은 얼굴을 가려야 한다?

이슬람교 여성들은 외출할 때 얼굴이나
가슴을 가리기 위해 머리에 스카프 같은 것
을 써요. 히잡, 차도르 등 여러 가지 종류가
있어요.

먼저 히잡은 이슬람교 여성들이 외출할 때 쓰는 스카프예요.
히잡은 얼굴을 가리지 않아요. 차도르는 이슬람교 여성들이 쓰
는 망토형 겉옷으로 온몸을 두를 수 있을 만큼 크지요. 차도르는
머리, 목, 몸을 전체적으로 휘감아서 눈이나 얼굴만 밖을 볼 수
있게 뚫려 있어요.

비교적 개방적인 시리아 같은 나라에서는 히잡을 쓰지만 엄
격한 이슬람 국가인 사우디아라비아에서는 여성들에게 차도르
를 반드시 쓰도록 하고 있어요. 사우디아라비아는 이슬람 율법

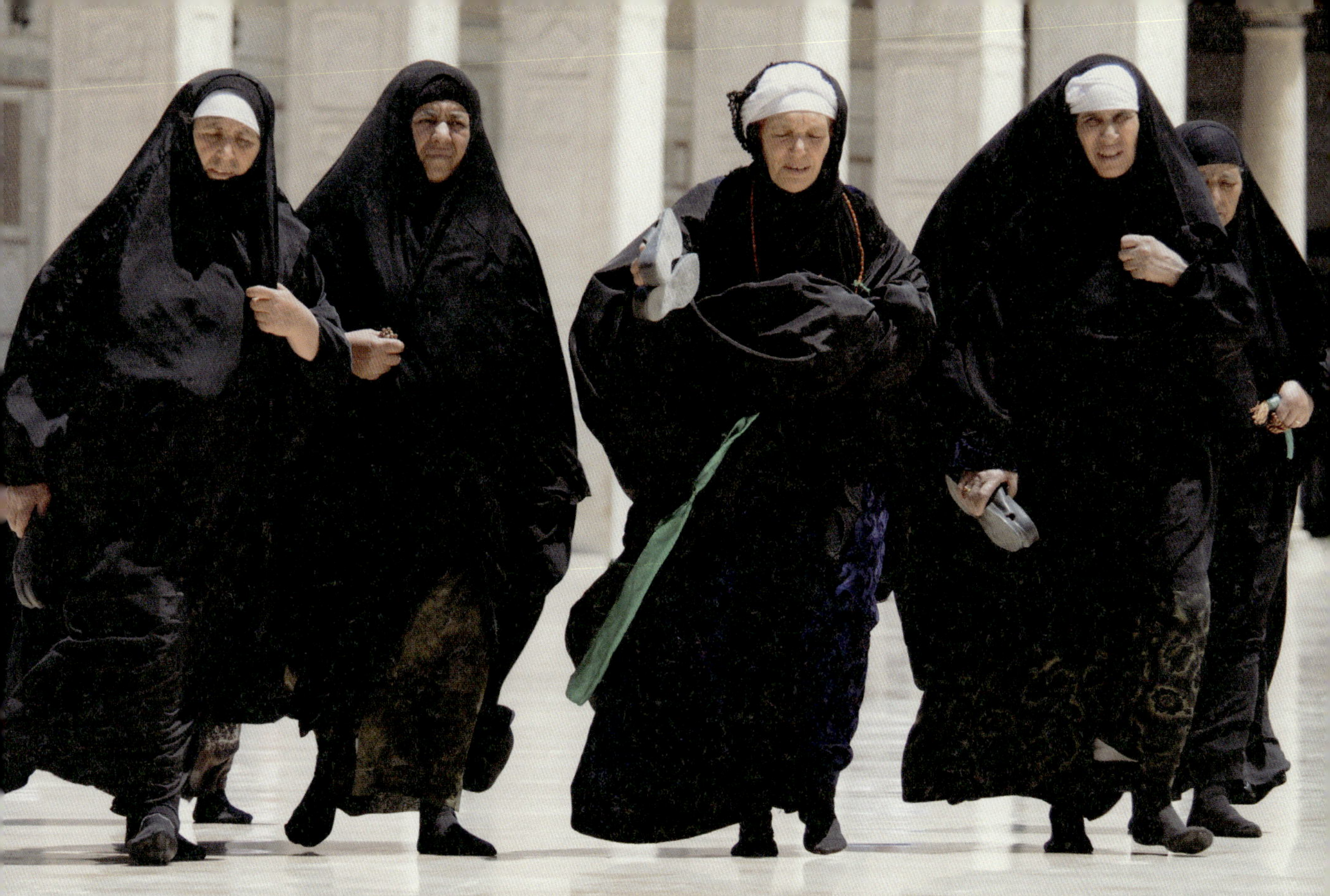

차도르를 두른 여인들

인 '샤리아'를 엄격하게 적용하기 때문이에요. 그래서 사우디아라비아 여성들은 일상생활의 많은 부분에서 제약을 받아요. 사우디아라비아 여성들은 운전을 할 수 없고, 해외여행도 제한되며, 투표에도 모두 참여할 수 없어요. 여성은 길을 다닐 때 반드시 보호자와 같이 다녀야 하고, 차를 탈 때는 운전수나 가족이 운전하는 차에 타야만 해요. 뿐만 아니라 결혼이나 취직, 공부, 여행, 병원 치료 등에 대해서도 남편이나 아버지, 남자 형제의 허락을 받아야 해요.

최근 이슬람 국가에서도 여성들의 사회 참여 등을 주장하는 페미니즘 운동이 일어나고 있어요. 그러면서 히잡, 차도르가 여성을 차별하고 억누른다고 여겨, 이를 쓰지 않는 여성들이 늘고 있어요. 여성들의 사회 진출도 점차 늘고 있지요. 그러나 대부분의 이슬람 국가에서는 여성의 지위가 여전히 낮아요.

사우디아라비아의 탄생

사우디아라비아가 세워진 것은 1927년의 일이에요. 이전에는 아라비아 만의 네지드 왕국, 홍해 부근의 헤자즈 왕국 등 여러 왕국이 있었어요. 종교적으로는 모두 이슬람교를 믿어서 하나를 이루었지만 정치적으로는 통일되지 않았던 거예요.

그러던 중 1932년에 압둘 아지즈가 이들 세력을 통일하고 '사우디아라비아'라는 이름을 내걸었어요. 사우디아라비아는 근대 입헌 군주국으로 거듭나게 되었지요.

이렇게 탄생한 사우디아라비아는 1970년대 들어서 중동 전쟁에 참여하고, 석유 수출국 기구를 주도하며 아랍 세계는 물론 전 세계에 큰 영향을 미치고 있어요.

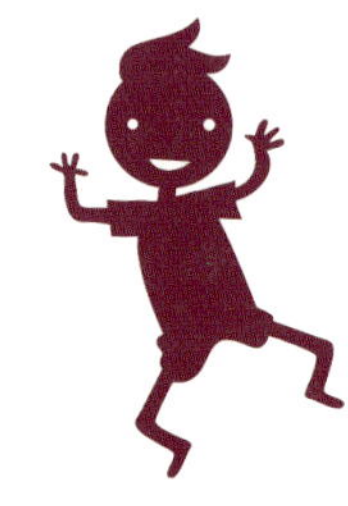

Iran

이란 이야기

아자르바이잔에가르비 주
아르다빌 주
아자르바이잔에샤르키 주
길란주
잔잔 주
가즈빈 주
마잔다란 주
테헤란
코르데스탄 주
테헤란 주
호라산에쇼말리 주
골레스탄 주
하마단 주
성난 주
호라산에라자비 주
케르만샤 주
콤 주
마르카지 주
로레스탄 주
이스파한 주
일참주
야즈드 주
호라산에조누비 주
차하르마찰에바흐티아리 주
후제스탄 주
코길루예부예르아마드 주
케르만 주
파르스 주
부셰르 주
시스탄오발루체스탄 주
호르모즈가 주

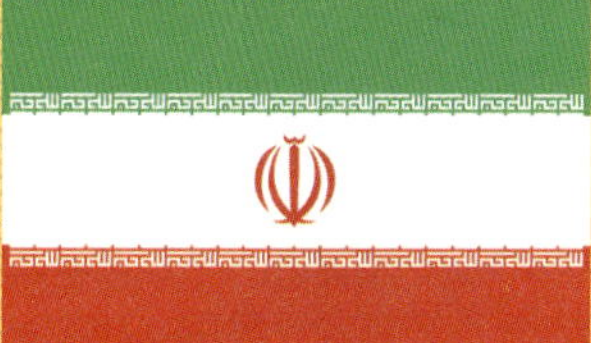

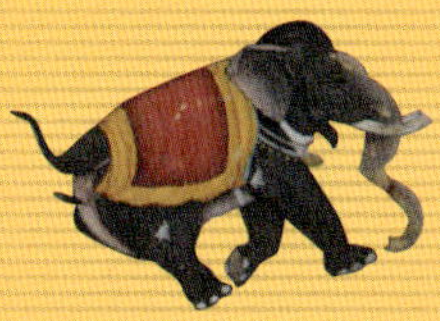

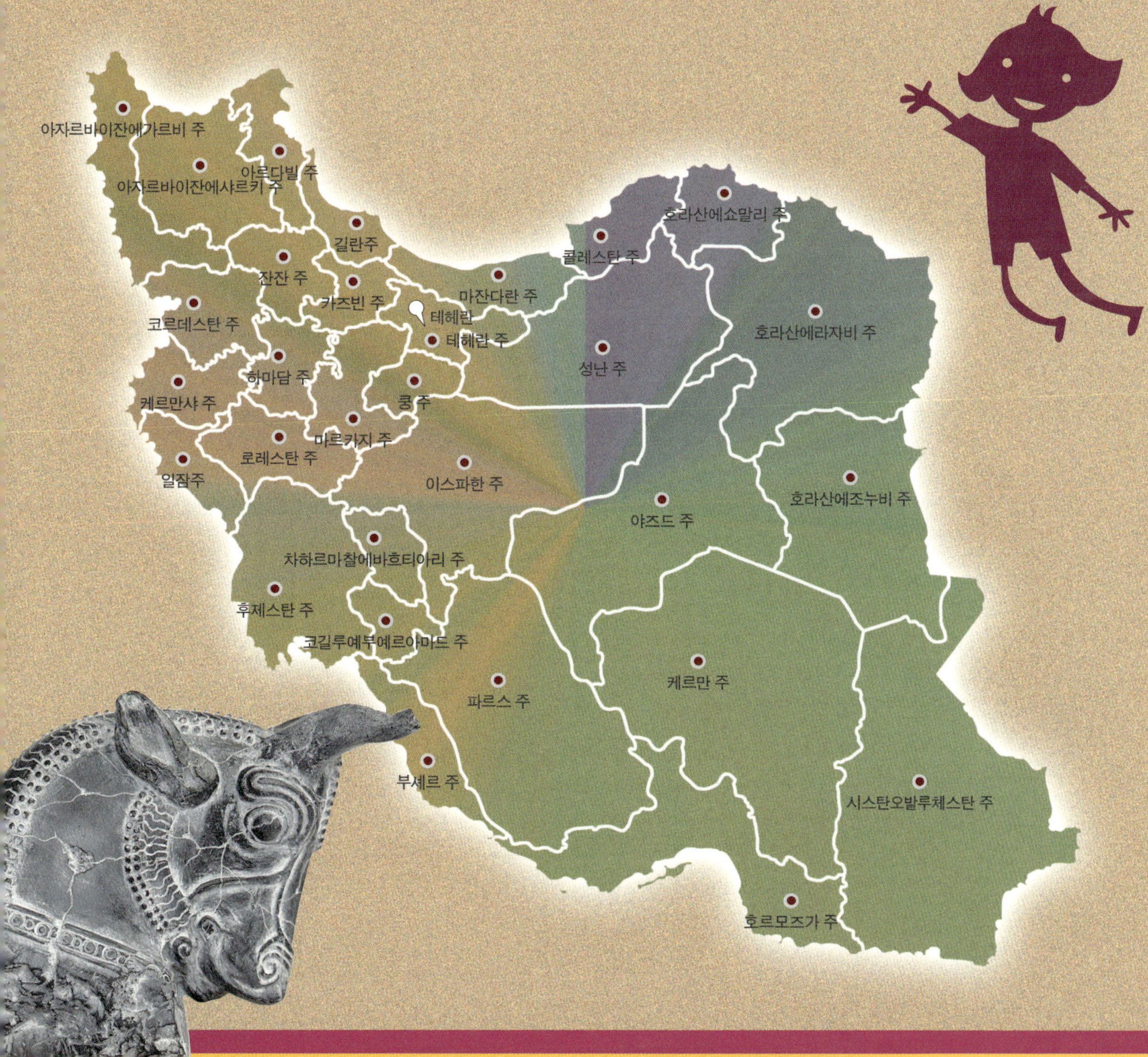

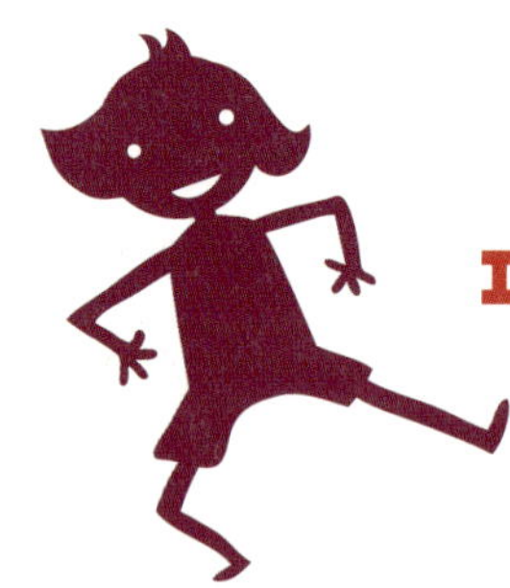

페르시아 제국을 세운 아리아인의 나라

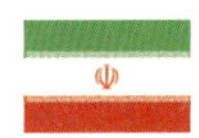 찬란한 페르시아 제국

이란은 서남아시아에 있는 역사가 아주 오래 된 나라예요.

기원전 6세기 초부터 이란 땅에는 파르사족이 많이 살았어요. 페르시아인을 가리키는 파르사족의 후손이자 '아케메네스 왕조'를 세운 키루스 2세는 기원전 533년에 메디아를 무너뜨리고 '페르시아 제국'을 세웠어요. 페르시아 제국은 흑해, 나일 강, 인더스 강 쪽으로 영토를 확장하며 거대한 제국을 세웠어요. 사방의 모든 민족들이 매년 조공을 바칠 정도로 페르시아 제국의 힘은 막강해졌지요. 그중에서도 다리우스 1세는 제도를 정리

페르세폴리스의 장식물

204

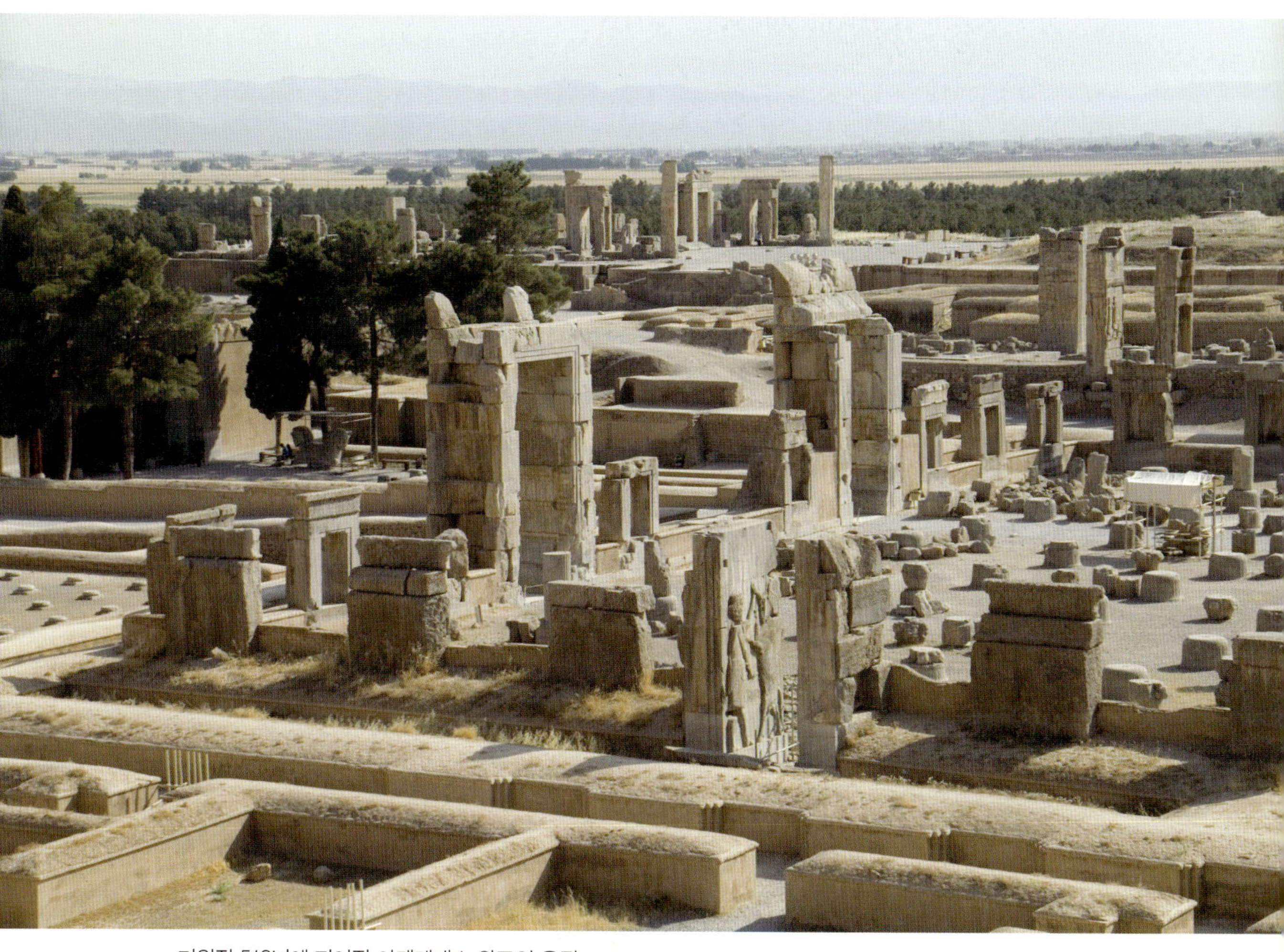

기원전 518년에 지어진 아케메네스 왕조의 유적

하고 무역을 크게 발전시키며 페르시아 제국의 전성기를 이끌었
어요.

그러나 페르시아 제국은 기원전 490년, 그리스 아테네 군과
의 전투에서 크게 패한 뒤에 점점 약해지기 시작했어요. 결국 기

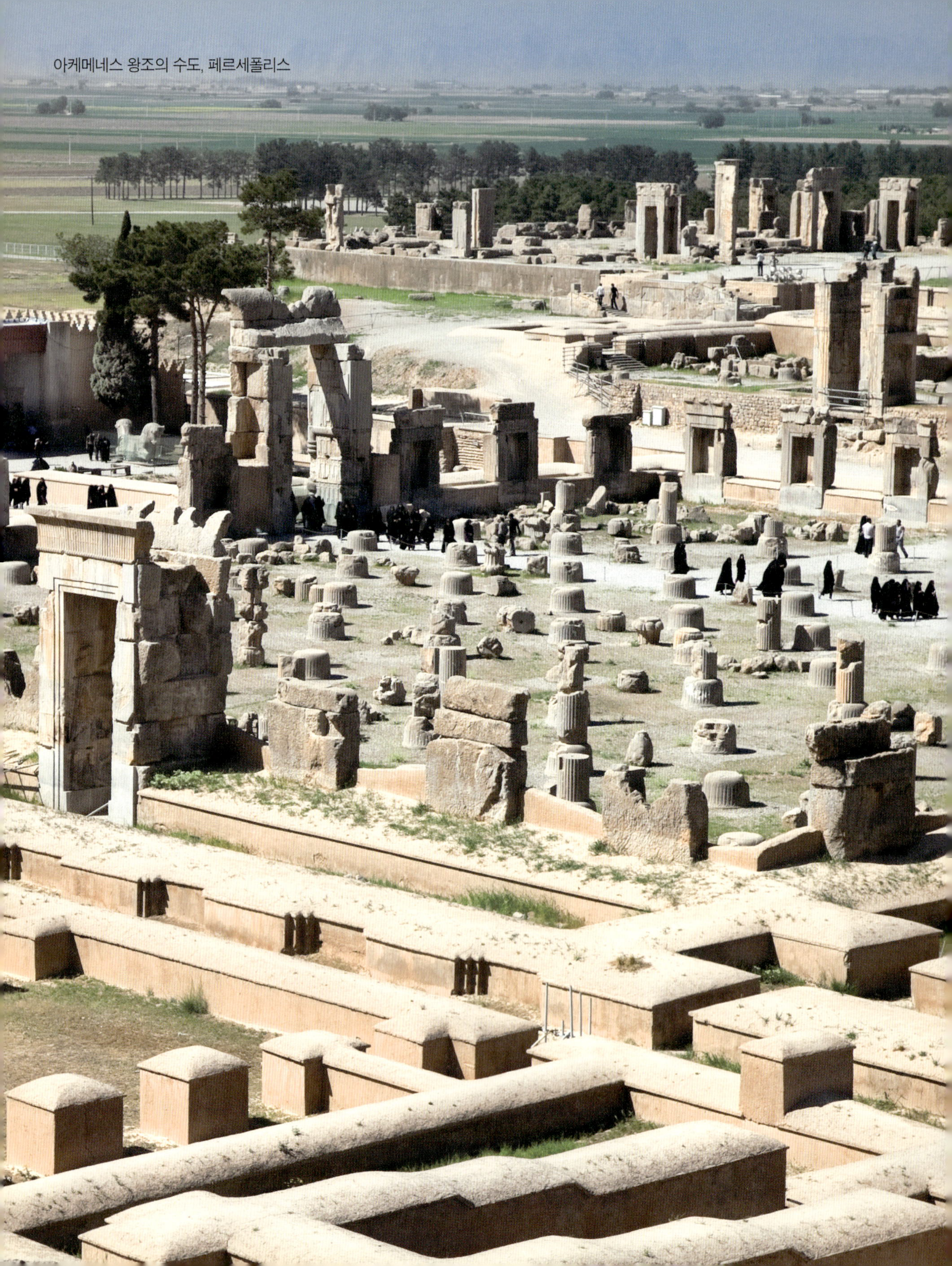
아케메네스 왕조의 수도, 페르세폴리스

원전 330년에 마케도니아의 알렉산드로스 대왕이 페르시아 제국을 정복하면서 아케메네스 왕조는 멸망하고 말았지요.

3세기 초에는 '사산조 페르시아'가 페르시아 제국을 이어받아 동로마 제국과 싸우며 옛 땅의 일부분을 통일했어요. 사산조 페르시아는 '조로아스터교'라는 종교를 국교로 삼고, 독특한 문화를 만들어 나갔어요. 사산조 페르시아는 약 400년 동안 페르시아 땅을 다스리다가 651년, 아랍인들이 세운 사라센 제국의 침입으로 멸망하였어요. 찬란했던 페르시아 왕조는 이렇게 막을 내렸지요.

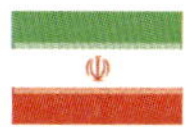 사파비 왕조와 카자르 왕조

그 후 7세기부터 16세기까지 다른 민족들이 이란 땅을 다스렸어요. 7세기부터 11세기까지는 아랍인이, 16세기까지는 몽골인이 지배하게 되었지요. 아랍이 이란 땅을 지배하면서 이란의 전통적인 조로아스터교 대신 이슬람교가 퍼져 나가기 시작했어요.

그러다가 1502년, 이스마일 1세가 외국 세력들을 물리치고 이란 민족으로 이루어진 '사파비 왕조'를 세웠어요. 사파비 왕조는 이슬람교를 국교로 삼고 정치적·문화적으로 큰 번영을 이루었지요. 당

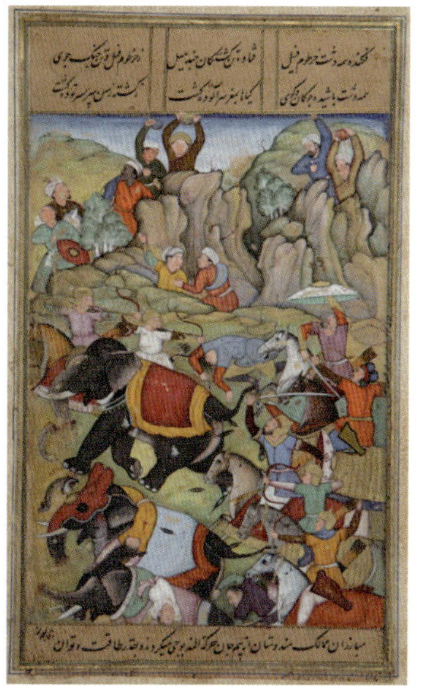

페르시아 군대의 모습

시 수도였던 이스파한은 '세계의 중심'으로 불릴 정도였어요.

18세기 들어 여러 나라의 침략을 받아 사파비 왕조는 세력이 약해졌고, 1736년 멸망하게 되었어요. 하지만 '카자르 왕조'가 대를 잇게 되었지요. 수도를 테헤란으로 옮긴 카자르 왕조는 1925년까지 계속되었어요. 19세기 말에 접어들어 카자르 왕조는 여러 개혁을 시도하며 강대국 사이에서 살아남기 위해 노력했지만, 1921년 리자 칸이 쿠데타를 일으키면서 1925년에 막을 내리게 되었어요.

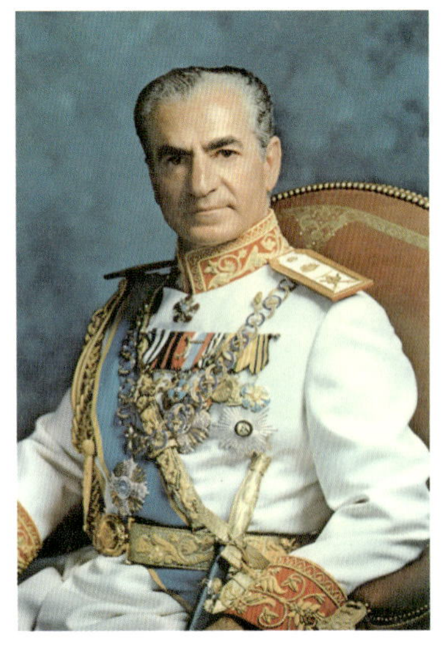

팔레비 왕조의
마지막 왕인
리자 샤 팔레비

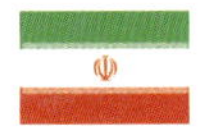 **팔레비 왕조**

제1차 세계 대전이 일어나자 이란은 어느 편도 들지 않겠다며 중립을 선언하였으나 받아들여지지 않았어요. 결국 이란 땅은 다른 나라들의 전쟁터가 되었어요. 그리고 1918년에 이란은 영국의 보호령에 속하게 되어, 식민지와 다름없는 상태가 되었어요. 이러한 상황 속에서 1921년, 리자 칸이 반란을 일으켜 카자르 왕조를 무너뜨렸어요. 그리고는 1925년에 새로운 정부인 '팔레비 왕조'를 세웠지요. 리자 칸은 스스로를 리자 샤 팔레비라고 부르

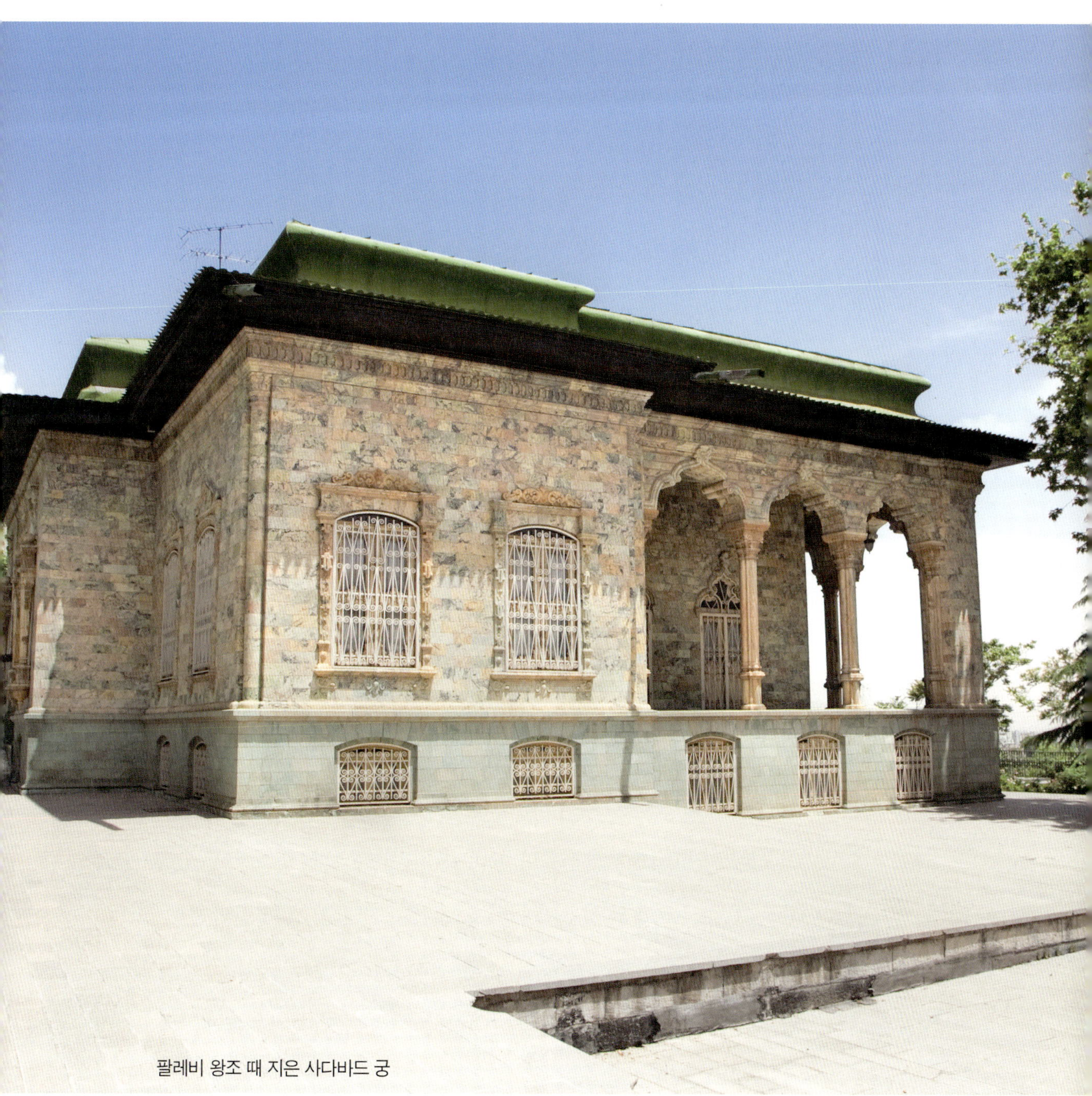

팔레비 왕조 때 지은 사다바드 궁

이맘 사원은 푸른색의 장식 타일이 아름다워 이슬람 사원의 걸작으로 꼽혀요. 광장 서쪽에 있는 알리카푸 궁전은 15세기에 지은 궁전을 고쳐 지은 것이에요. 또 광장 서쪽의 세이크 루트폴라 사원은 청색이나 초록색 타일을 사용한 다른 사원들과 달리 황색 돔으로 안을 꾸민 것이 특징이에요.

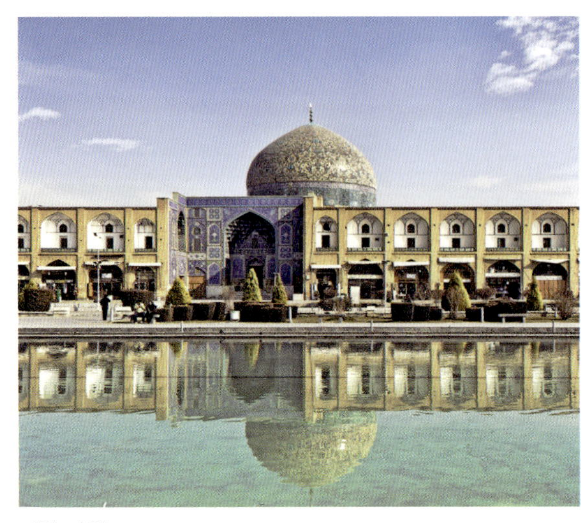

이맘 사원

며 서구화를 위한 개혁을 해 나갔어요. 그래서 여성들이 차도르를 쓰는 것을 금지하고 철도를 세웠으며 농민들에게 토지를 나누어 주었어요. 나라 이름도 페르시아에서 지금의 이란으로 바꾸게 되었어요.

그러나 개혁이 빠르게 이루어지자 이슬람교 지도자들은 강하게 반대하고 나섰어요. 서구 문물이 들어오면 이슬람교를 뿌리 삼아 이루어진 이란 사회가 바뀔 거라고 여긴 이슬람교 지도자들이 자신들의 위치가 불안해질 것이라 생각했기 때문이에요. 결국 1979년, 종교 지도자인 호메이니가 혁명을 일으켜 팔레비 왕조는 무너지고 말았어요. 이때부터 이란은 엄격한 이슬람 국가로 다시 돌아가게 되었지요.

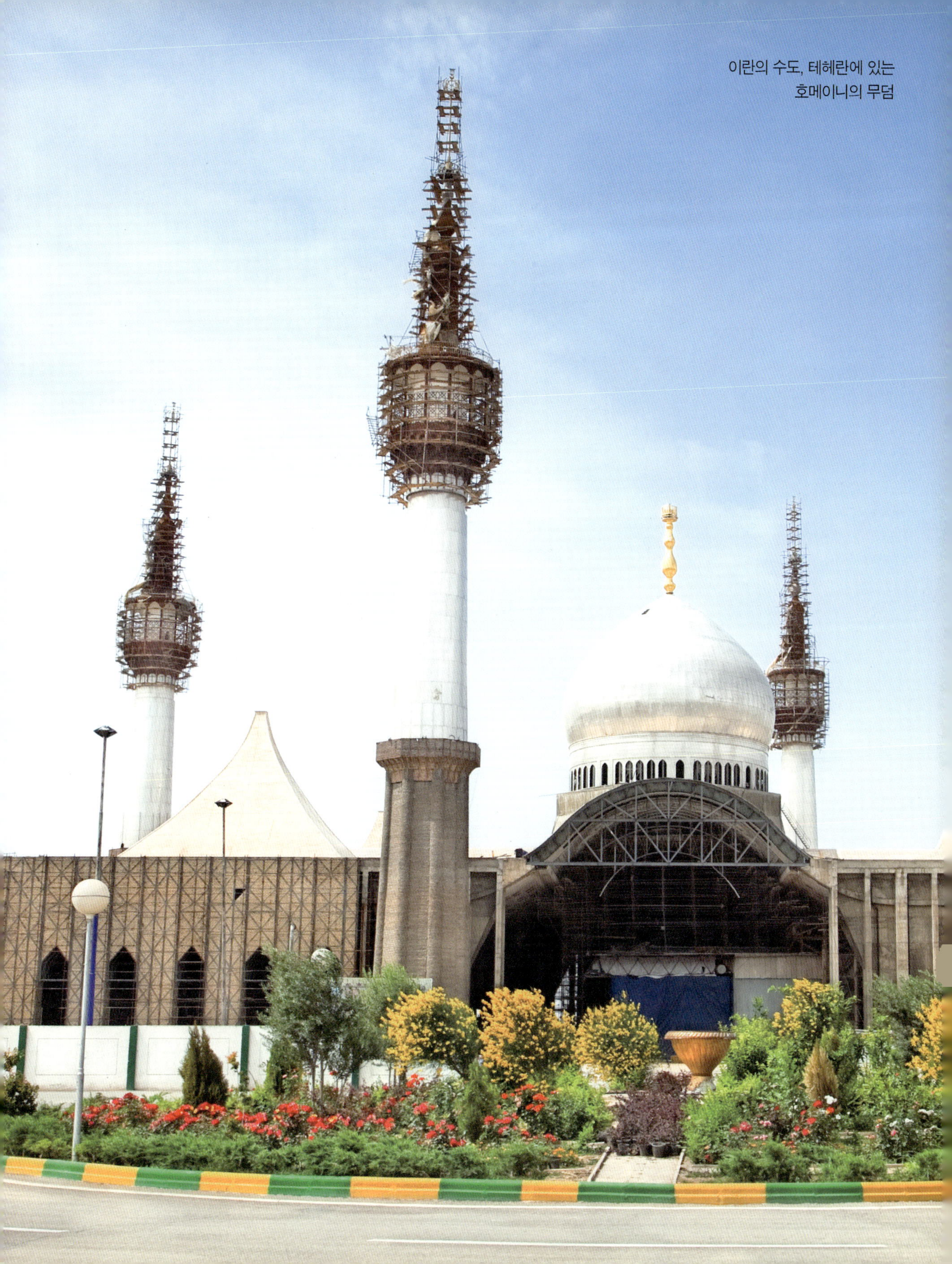

이란의 수도, 테헤란에 있는
호메이니의 무덤

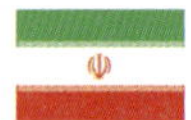 # 호메이니가 만든 오늘날의 이란

호메이니는 이란의 종교가이자 혁명가로 지금의 이란을 만드는 데 가장 큰 공을 세운 인물이에요. 호메이니는 1960년대 초에 이란 시아파의 최고 지도자가 되었어요.

팔레비 왕조가 토지를 개혁하고 여성들이 사회에 진출하도록 하자, 호메이니는 이슬람 정신에 어긋난다며 크게 반대했어요. 그래서 1979년, 이슬람 혁명을 일으켜 팔레비 왕조를 무너뜨리고 지금의 이란을 세웠어요. 그러고는 1989년에 사망할 때까지 이란을 다스렸어요. 호메이니는 시아파 무슬림들에게 신성한 지

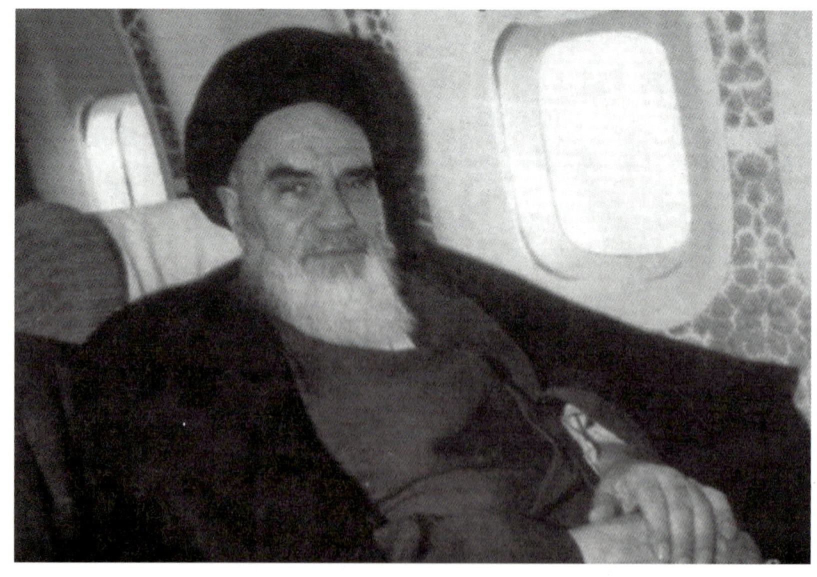

이란 혁명의 지도자, 호메이니

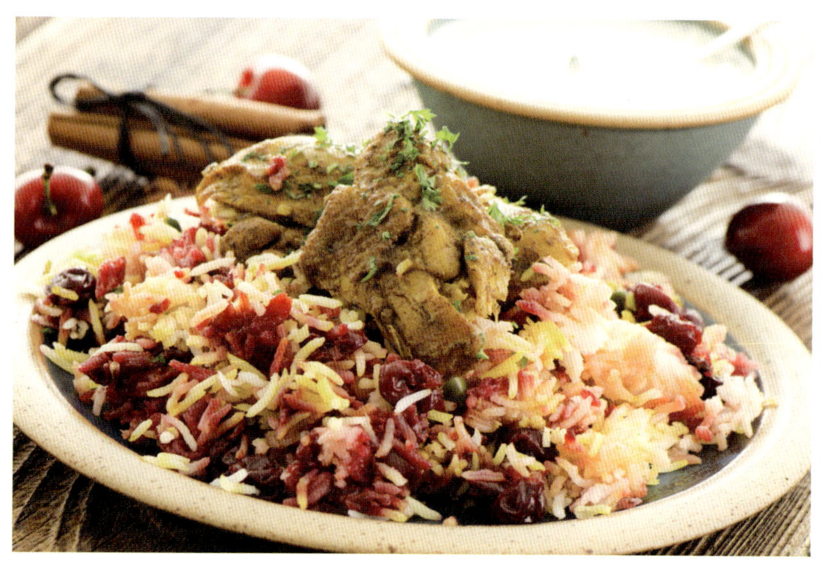

쌀과 닭고기로 만든 이란의 전통 요리, 모르그 폴로

도자로 여겨지지만, 독재 정치를 펴고 여성의 인권을 억누른 독재자로 평가되기도 해요.

이란·이라크 전쟁과 현대의 이란

1980년, 이라크가 이란을 공격하면서 이란·이라크 전쟁이 일어났어요. 이란과 이라크 국민의 대다수가 이슬람교를 믿었지만 이란은 시아파가 많고, 이라크는 수니파가 많았어요. 이러한 종교적 차이로 이라크와 이란은 사이가 틀어지기 시작했어요. 또한 이란과 이라크는 서로 자신이 페르시아 제국을 계승했다고 이란 사람들은 대체로 온화하고 여러 사람이 함께 토론하고 대화하는 것을 좋아해요. 또 "인샬라"라는 말을 자주 사용하지요. 이 말은 '모든 것은 신에게 달려 있다.'는 뜻이에요. 대부분의 이슬람 국가에서 널리 사용되는 말이기도 하지요. 이란 사람들에게는 이러한 인샬라 정신이 깊이 새겨져 있어서 언제나 느긋하고 일을 결정하는 데 오랜 시간이 걸려요. 그러나 상대방이 자신의 잘못을 지적하는 경우 잘 참지 못하고 화를 내는 면도 있지요.

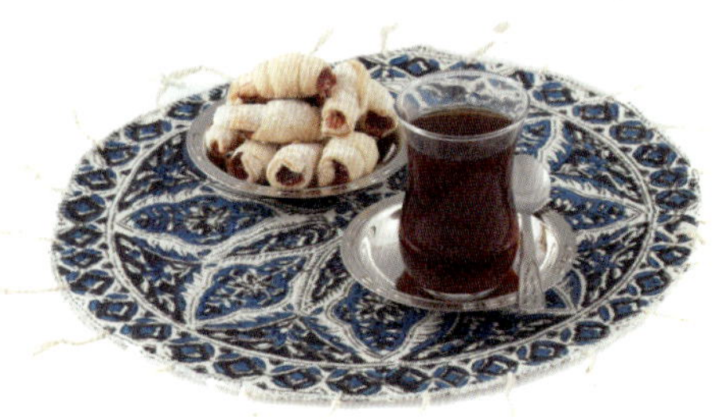

이란의 전통 차

주장하며 땅을 차지하는 것을 두고도 다투었어요.

이렇게 시작된 두 나라의 전쟁은 8년이 지나서야 흐지부지 끝났어요. 하지만 긴 전쟁 탓에 이란은 막대한 피해를 입게 되었지요. 전쟁 후, 이란은 어려움을 극복하기 위해 여러 가지 시도를 해 나갔어요. 지금도 이란은 우여곡절을 겪으면서 더 좋은 나라를 향해 달려가고 있어요.

Iraq

이라크 이야기

다후크 주
아르빌 주
니나와 주
술라이마니야 주
키르쿠크 주
살라딘 주
디얄라 주
바그다드 주(바그다드)
안바르 주
바벨 주
카르빌라 주
와시트 주
마이산 주
카디시야 주
나자프 주
디카르 주
무탄나 주
바스라 주

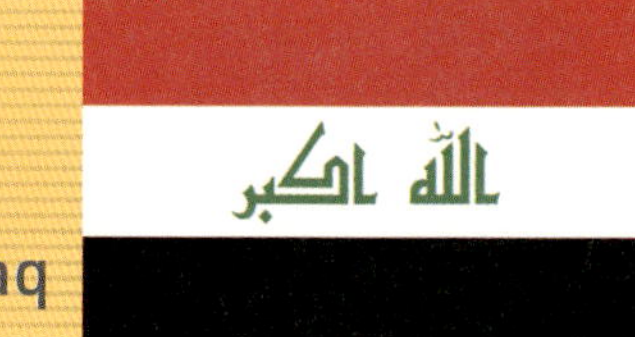

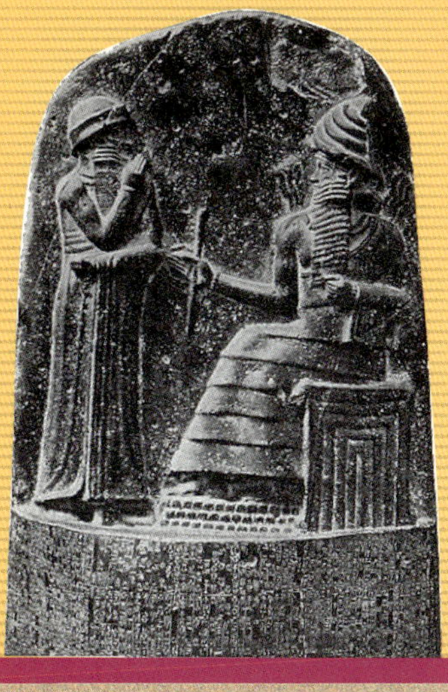

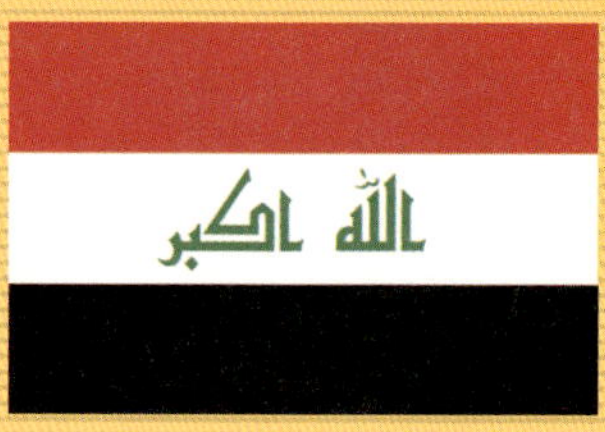

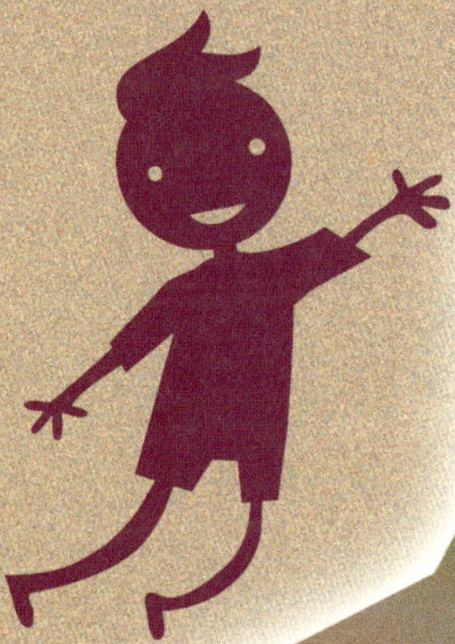

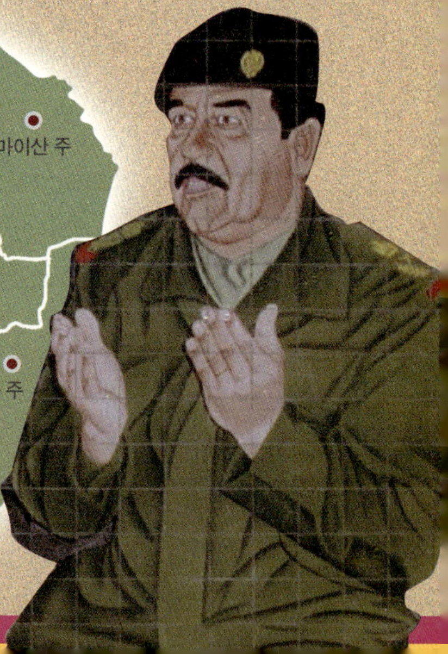

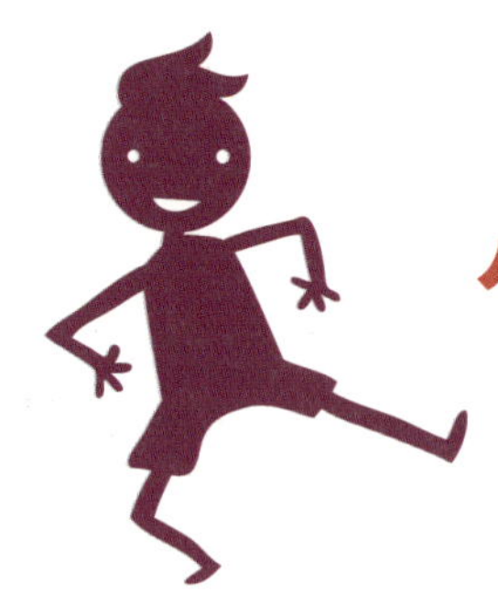

석유를 둘러싼 끝없는 전쟁의 나라

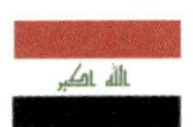 ## 메소포타미아 문명의 나라

서아시아 서남쪽에 있는 이라크는 티그리스 강과 유프라테스 강을 끼고 있어요. 이곳은 고대 4대 문명인 메소포타미아 문명이 발생했던 지역이에요. 메소포타미아 문명은 기원전 4000년에 발생하여 4대 문명 중에서도 세계에서 가장 오래 된 문명이지요.

당시 이 지역에는 기름진 땅과 많은 자원을 바탕으로 수메르·바빌로니아·아시리아 등 많은 고대 국가가 세워졌어요. 그래서 이라크에는 고대 문명의 수많은 유적이 남아 있어요.

이슬람의 나라가 되다

7세기 중엽, 이라크 땅에 이슬람교 사람들이 침입해 왔어요.

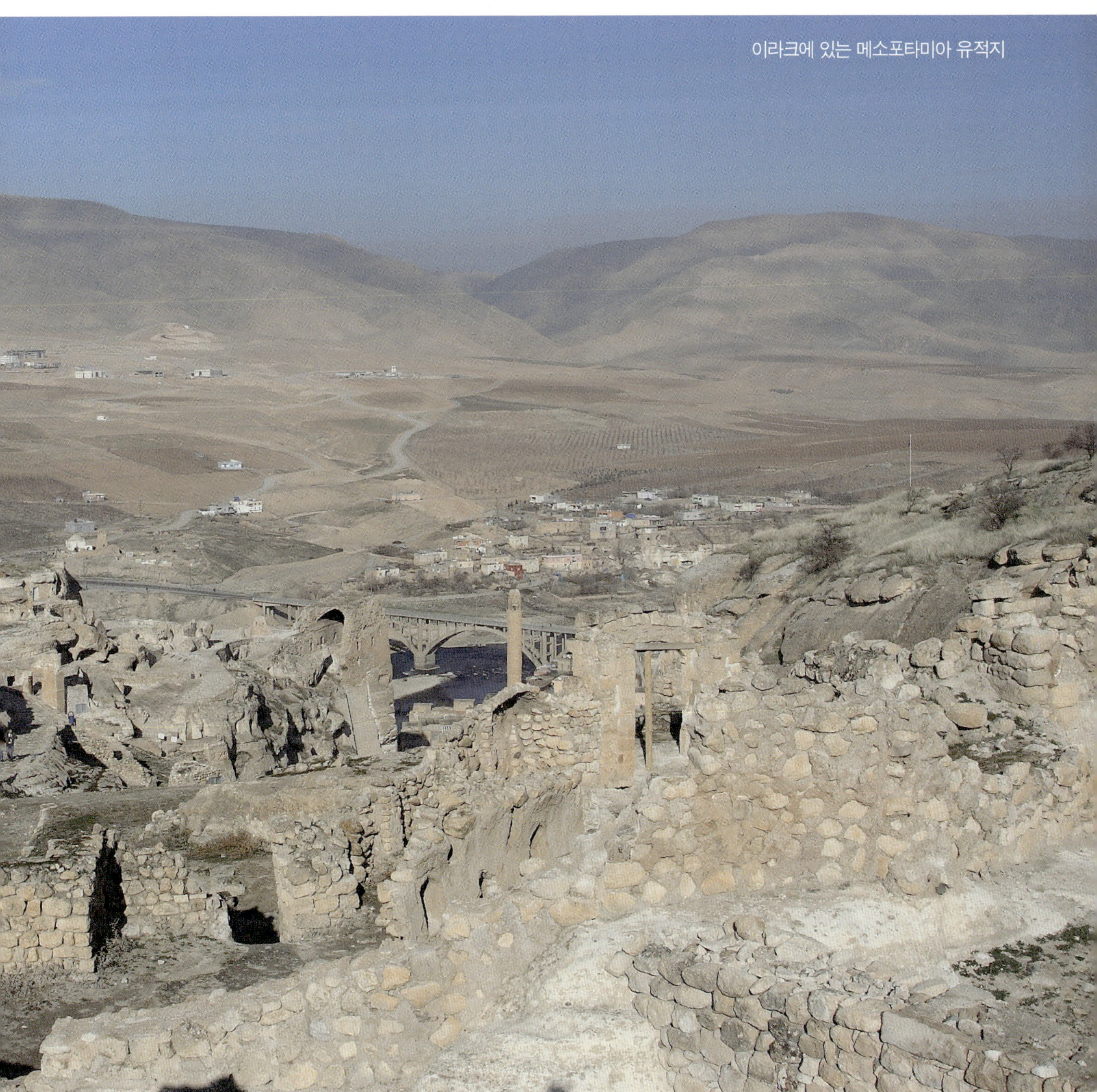

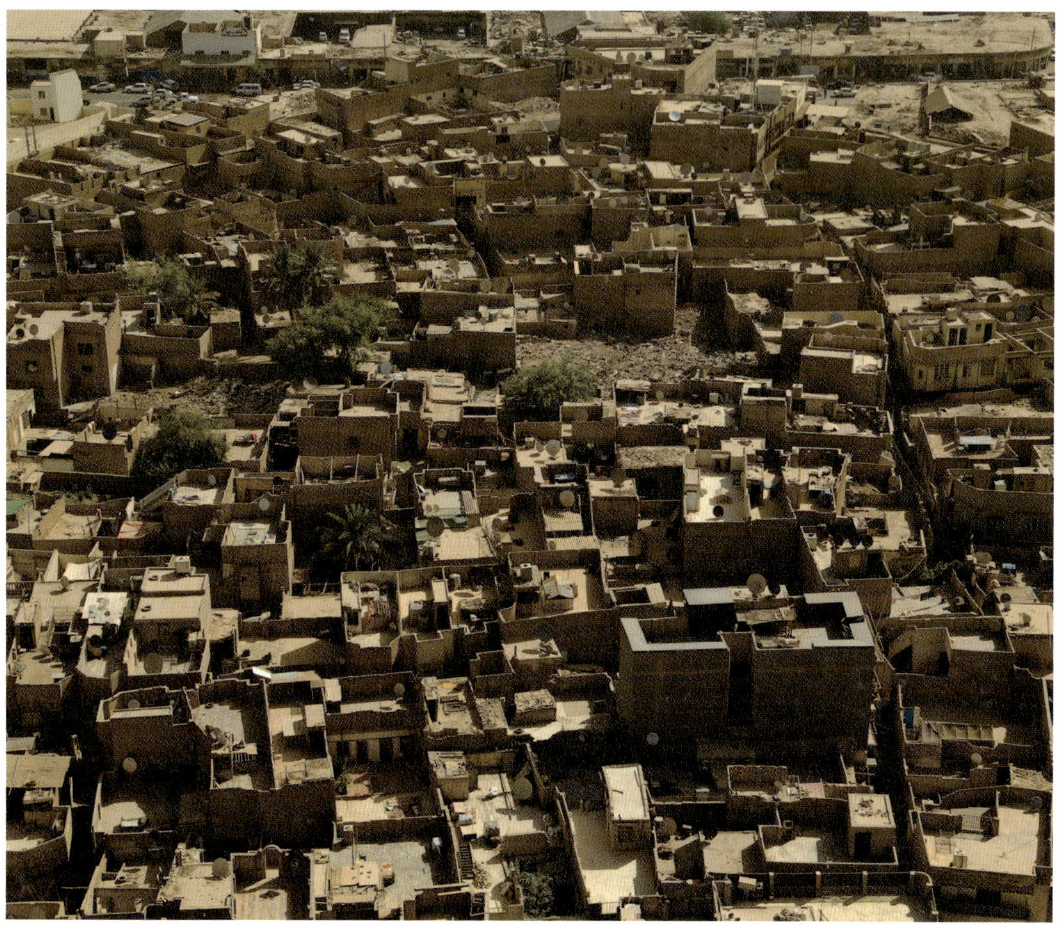

바그다드

바그다드는 762년 사라센 제국의 제2대 칼리프가 수도로 정하면서 발달하기 시작했어요. 바그다드는 육지와 해상 교통로의 중심지였고, 아프리카·아시아·북유럽의 물자가 모두 모이는 곳이어서 막대한 돈이 쌓이게 되었어요. 9세기경에는 전 세계에서 손꼽히는 큰 도시가 되어, 인구도 200만 명에 이르렀다고 해요. 이슬람 문화도 사람들이 많이 모이는 바그다드에서 크게 발전할 수 있었어요.

이들의 영향을 받아 이라크는 이슬람교를 믿게 되었어요.

8세기는 이라크의 수도인 바그다드가 이슬람 문화의 중심지가 되었어요. 바그다드는 티그리스 강을 사이에 둔 정치·경제·문화의 중심지예요. 고대 메소포타미아 문명 이후로 많은 사람들이 바그다드에 모여 밀·양모·옷감 등을 사고팔았어요.

이라크는 11세기 이후에 셀주크 제국, 몽골의 지배를 받았어요. 1534년부터 제1차 세계 대전이 일어나 1914년까지 약 400년간은 터키에서 생겨난 오스만 제국에 속하게 되었지요.

새로운 이라크의 탄생

400년간 오스만 제국의 지배 아래 있던 이라크는 제1차 세계 대전이 벌어지자 영국이 이라크를 맡아 다스리면서 오스만 제국의 지배에서 벗어났어요. 이때 이라크에서 독립 운동이 일어났고, 그 결과 1932년 독립 왕국을 세웠어요. 1958년에는 청년 장교들이 들고 일어나 왕을 무너뜨리고 공화정을 세웠는데, 이를 '이라크 혁명'이라고

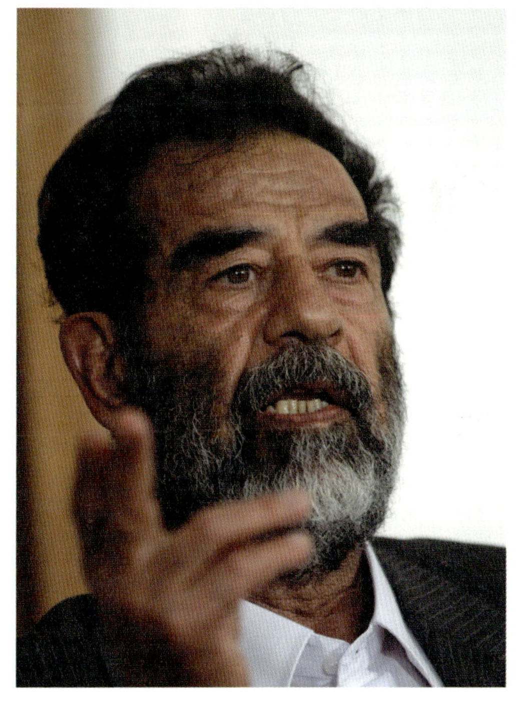

독재 정치를 했던 사담 후세인

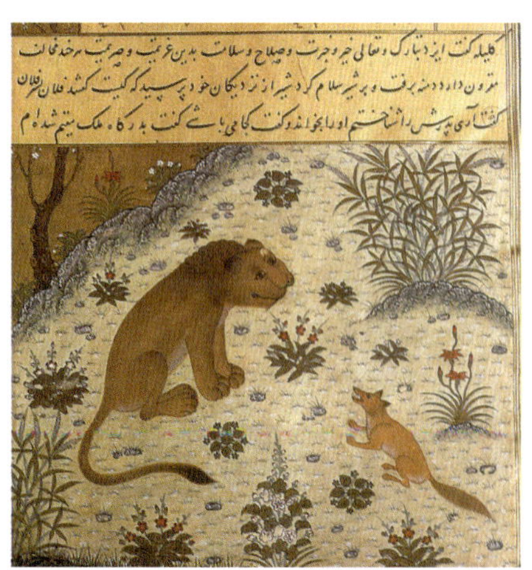

15세기에 펴낸 『아라비안나이트』의 한 장면

불러요.

하지만 왕을 무너뜨린 사람들은 서로가
권력을 잡기 위해 싸우기 바빴고, 나라는 혼
란스러워졌어요. 그러던 중 1968년에 이슬람
사회주의를 내세운 '바트당'이 세력을 잡게 되
었어요. 바트당을 이끌던 사담 후세인은 이라
크의 제5대 대통령이 되었어요. 이때부터 사
담 후세인이 권력을 독차지하였고 독재 정치
가 시작되었어요.

이란과 쿠웨이트를 공격하다

사담 후세인 정권은 이란에서 팔레비 왕
조가 붕괴되는 틈을 타서 1980년, 이란에 쳐
들어갔어요. 이렇게 이란·이라크 전쟁이 시
작되었어요. 이란과 이라크는 8년간 전쟁을
벌이다가 큰 소득 없이 전쟁을 멈추게 되었
어요.

1990년, 이라크는 풍부한 석유 자원을 가
진 쿠웨이트를 공격했어요. 이라크는 금세

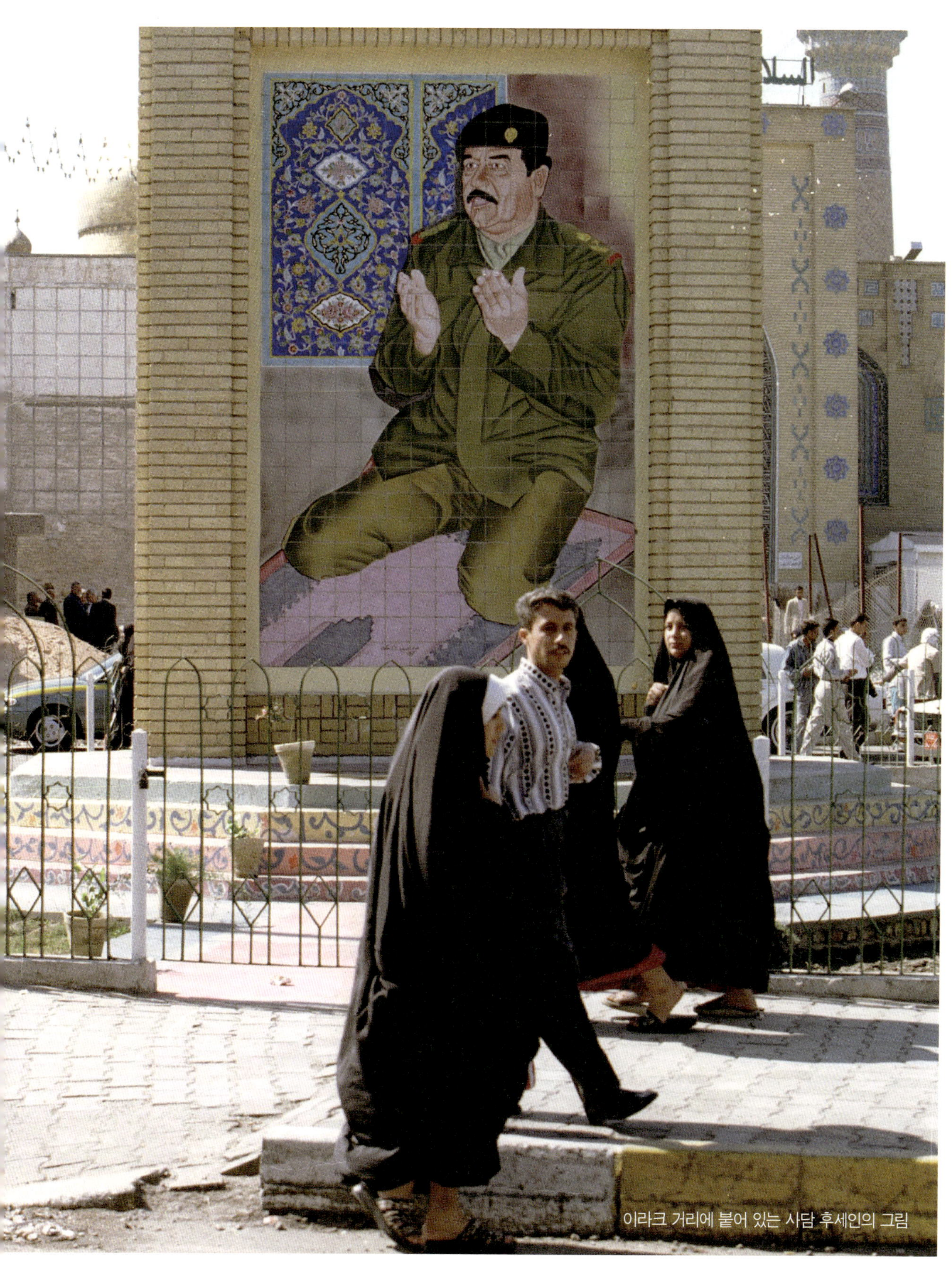

이라크 거리에 붙어 있는 사담 후세인의 그림

사담 후세인은 1979년에 이라크의 대통령이 되었어요. 후세인은 가난한 나라였던 이라크를 아랍에서 손꼽히는 강한 나라로 만들었어요. 이라크에서 나던 원유를 모두 나라의 것으로 돌리고 군사를 키웠지요. 그러나 후세인은 자신에게 반대하는 세력을 모두 없애 버렸어요. 그리고 오랜 세월 동안 대통령의 자리에서 내려오지 않고 독재 정치를 폈어요. 후세인은 국민 서로가 서로를 감시하도록 하고, 죄 없는 사람을 잡아 가두었어요. 이라크 거리에는 후세인의 모습을 한 거대한 동상과 조각들이 세워졌어요. 이라크 국민들이 후세인을 신처럼 우러러 보도록 하기 위한 거예요.

쿠웨이트를 점령했어요. 하지만 1991년에 미국을 중심으로 한 여러 나라의 군대가 이라크를 공격해 왔어요. 이라크는 막대한 피해를 입은 채 쿠웨이트에서 군대를 거두어들였어요. 이를 '걸프 전쟁'이라고 해요.

이라크 전쟁과 후세인의 죽음

2003년, 미국은 이라크가 중동을 어지럽히고 많은 사람을 죽일 수 있는 무기를 가지고 있다는 이유를 들어 이라크를 공격했어요. 이것을 계기로 '이라크 전쟁'이 일어났어요. 이라크군은 100만 명이 넘었지만, 최신 무기를 앞세운 미국 군대 앞에서는

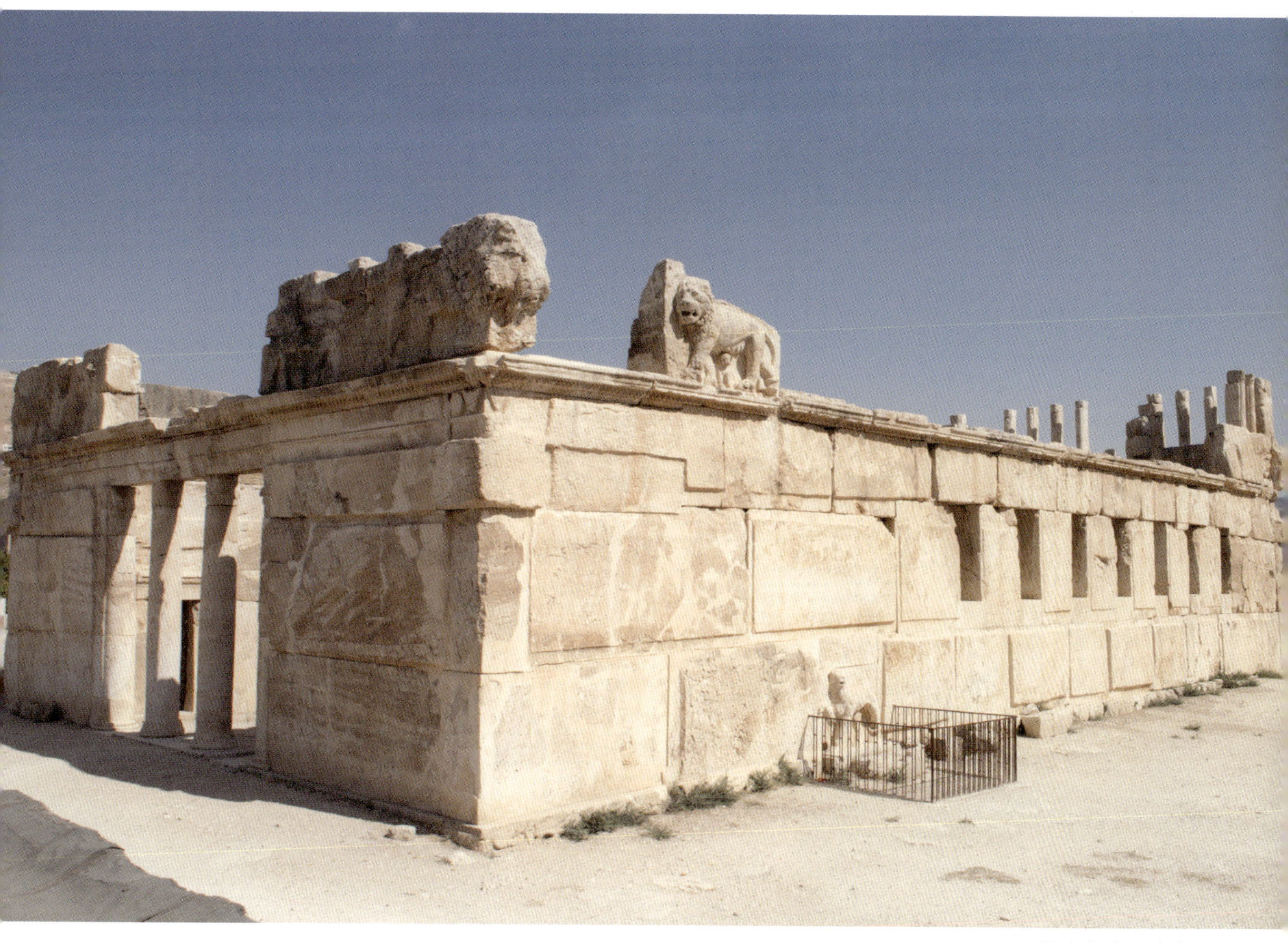

제대로 싸워 보지도 못했어요. 이라크가 불리해지면서 후세인의

두 아들이 전쟁으로 죽고, 후세인은 다른 곳으로 몸을 피했어요.

하지만 얼마 가지 않아 그는 미군에 체포되었고 재판 결과 사형

이 선고되었어요. 결국 사담 후세인이 2006년 11월에 사형되면

이라크 북부에는 여러 유적지가 있는 '하트라'라는 도시가 있어요. 하트라는 1세기 무렵에 파르티아 왕국에서 여러 상인들이 오가던 도시예요. 나중에는 군사들을 키우고 상인들이 쉬었다 가는 도시로 유명해졌어요. 하트라의 성벽은 높고 두터워서 로마 제국의 침략을 받고도 성이 무너지지 않고 오늘날까지 거의 그대로 남아 있을 수 있었어요. 하트라 유적지 중에서는 메소포타미아 문명의 신 '샤마슈'를 모신 신전도 유명해요.

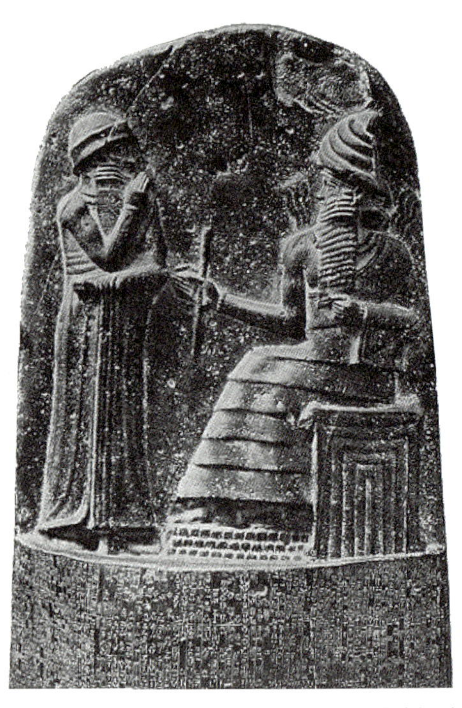

메소포타미아 문명의 샤마슈 신

서 전쟁은 막을 내렸어요.

수년간 이어진 전쟁으로 이라크는 가난에 시달리게 되었어요. 하지만 이라크는 새로운 정부를 다시 세우고, 전쟁의 아픔을 이겨 내어 새로운 나라로 발전하기 위한 노력을 계속하고 있어요.

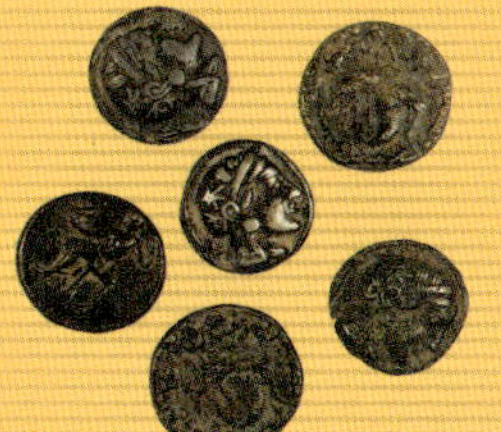
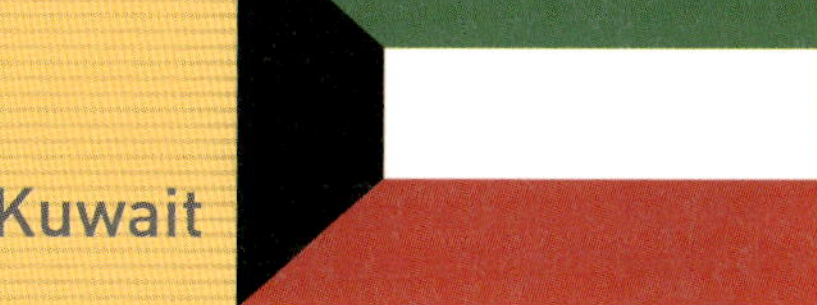

쿠웨이트 이야기

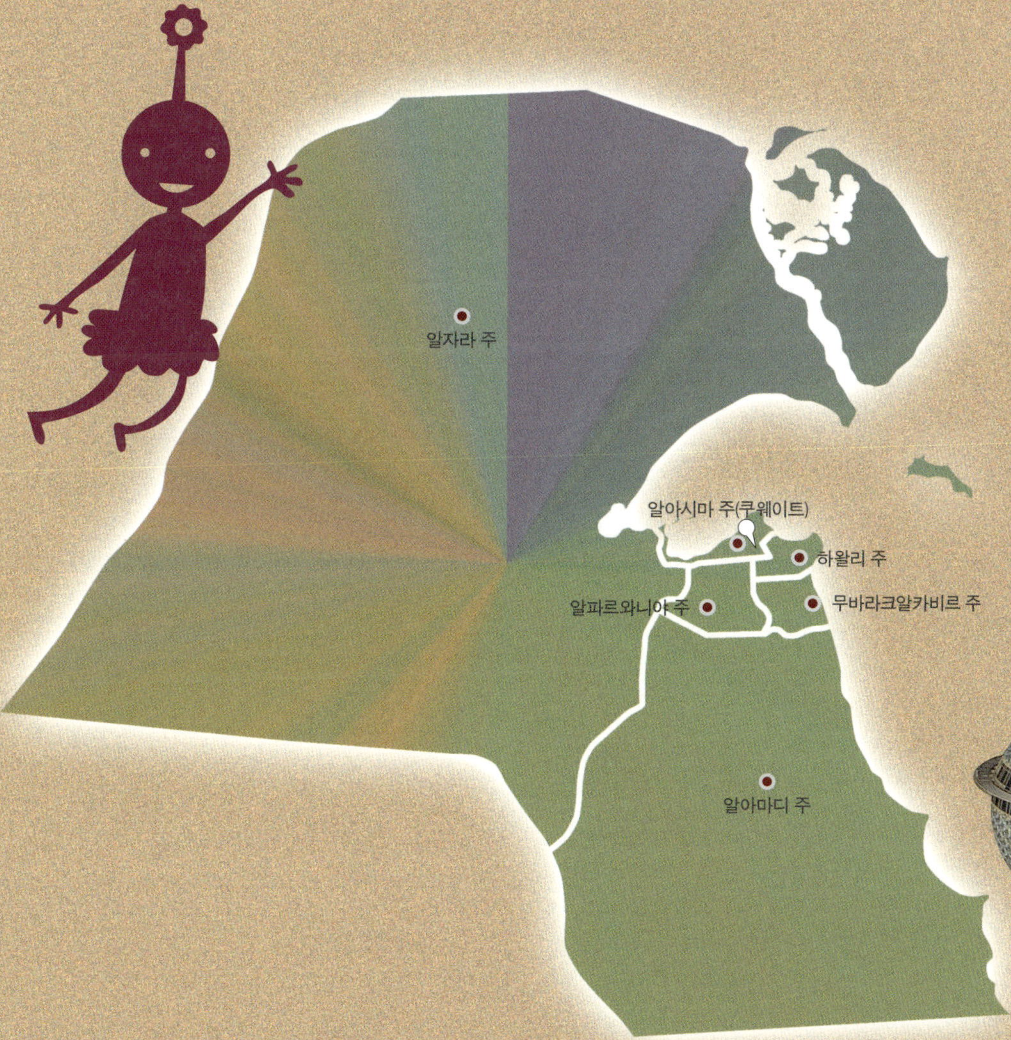

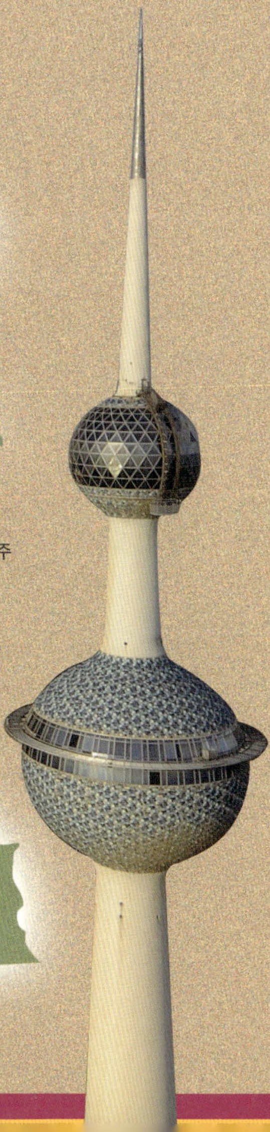

비교적 개방적인 이슬람 국가

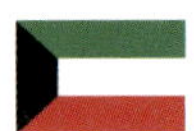 ## 이슬람교를 믿는 쿠웨이트

사우디아라비아, 이라크와 국경을 접하고 있는 쿠웨이트는 왕이 다스리는 군주국이에요. 쿠웨이트 사람들은 대부분 이슬람교를 믿어요. 다른 이슬람 국가처럼 쿠웨이트에서도 여성이 아무 옷이나 함부로 입지 못하고 돼지고기를 먹지 않아요.

하지만 남편 한 명이 아내 여러 명하고 결혼할 수 있는 다른 이슬람 국가와 달리, 쿠웨이트에서는 오래전부터 남편 한 명이 아내 한 명하고만 결혼할 수 있는 일부일처제를 유지하고 있어요. 그리고 여성이 사회 활동을 할 수 있고, 운전도 할 수 있어요.

이처럼 쿠웨이트는 이슬람 국가로서는 비교적 개방적인 나라로 평가받고 있어요.

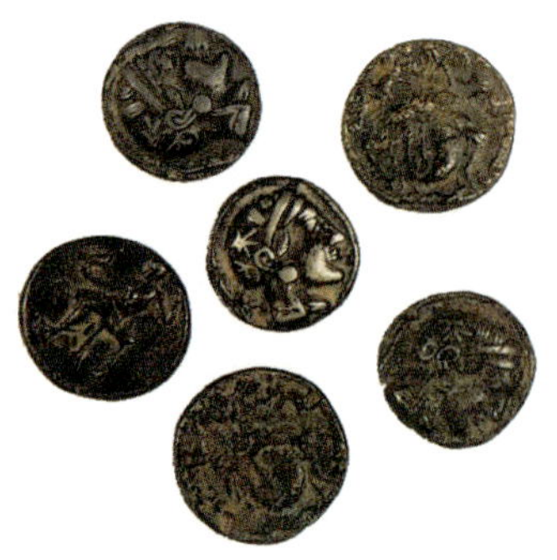

쿠웨이트의 고대 동전

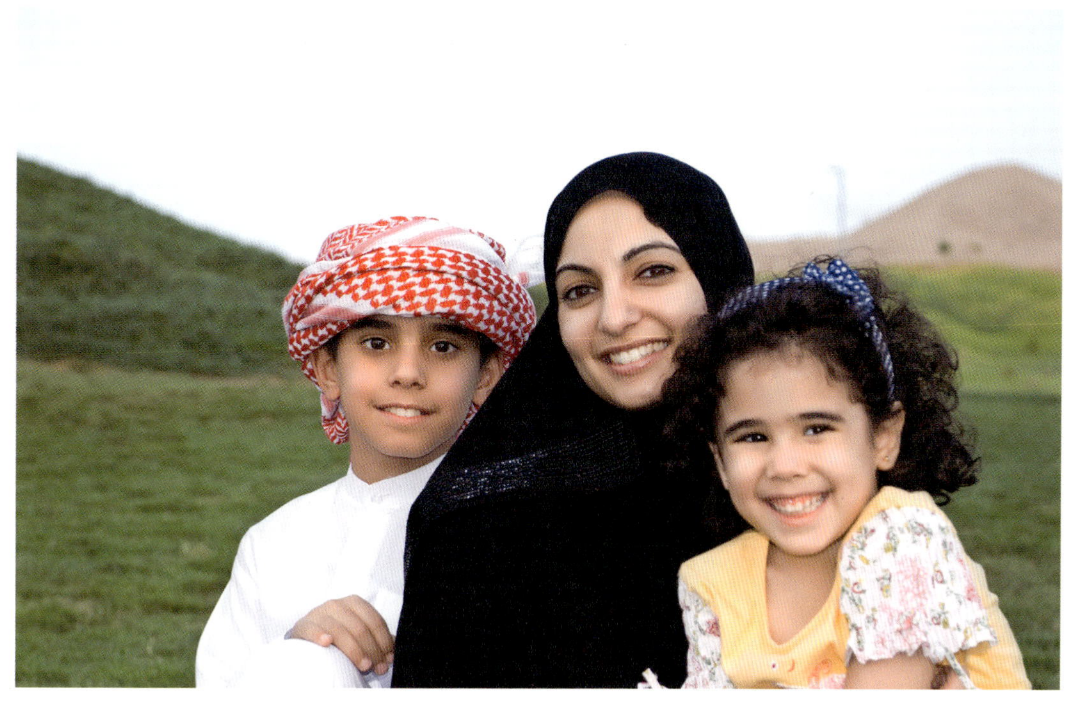

이슬람 국가 중 비교적 개방적인 쿠웨이트 가족

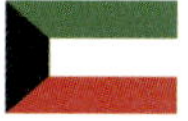 돼지고기를 먹지 않는 나라

이슬람교에서는 『코란』에 나온 가르침에 따라 돼지고기를 먹지 않아요. 대신 쇠고기나 양고기, 닭고기를 먹지요. 그러나 이러한 고기 또한 이슬람식으로 잡아서 죽였을 때에만 먹을 수 있어요.

이슬람교에서는 짐승을 죽일 때 '하느님의 이름으로'라는 뜻인 '보쓰밀라'를 외친 다음 날카로운 칼로 짐승의 목을 단번에 베야 해요. 이것은 생명을 잃는 짐승의 고통을 최대한 줄여 주려는 의미가 담긴 거예요. 또 짐승의 목을 벤 뒤에는 거꾸로 매달아 몸 안의 피를 모두 빼내는데, 이는 고기가 빨리 썩는 것을 막으려는 목적도 있지만 무엇보다 피가 생명의 근본이라는 믿음 때문이라고 해요.

비교적 개방적인 쿠웨이트에서도 돼지고기를 먹는 것은 금지되어 있어요. 주위에서 돼지고기를 먹는 사람을 보면 불쾌감을 나타내지요.

한편 이슬람교에서는 해산물도 아무것이나 먹을 수 없어요. 비늘이 있는 것은 먹지 않고, 오징어나 문어, 낙지 등을 먹지 못하는 경우도 있지요.

1년에 30일은 음식을 먹지 않는 라마단

이슬람교에서는 1년 중 30일 정도 음식을 먹지 않는 기간인 '라마단'이 있어요. 라마단이 시작되면 신자들은 새벽부터 저녁까지 아무 음식도 먹지 않아요. 공공장소나 음식점에서도 이때는 음식을 팔거나 먹는 것을 법으로 금지하고 있어요. 어린이, 군인, 여행자, 임산부, 환자의 경우 음식을 먹어도 되지만 이들 또한 라마단에 참여하지 못했던 기간만큼 나중에 보충해야 해요.

이슬람교에서는 라마단을 알라신에 대한 감사와 복종을 나타낼 기회로 삼아요. 또한 개인적으로는 마음을 갈고 닦아서 스스로의 나약함을 극복할 수도 있지요.

하지만 굶는 것이 일하는 사람들에게는 부담이 되기도 했어요. 그리하여 20세기 후반, 이집트와 튀니지같이 비교적 개방적인 이슬람 국가에서는 라마단을 제대로 지키지 않게 되었어요. 하지만 여전히 사우디아라비아를 비롯한 나라의 독실한 이슬람교도들은 라마단을 굳게 지키고 있어요.

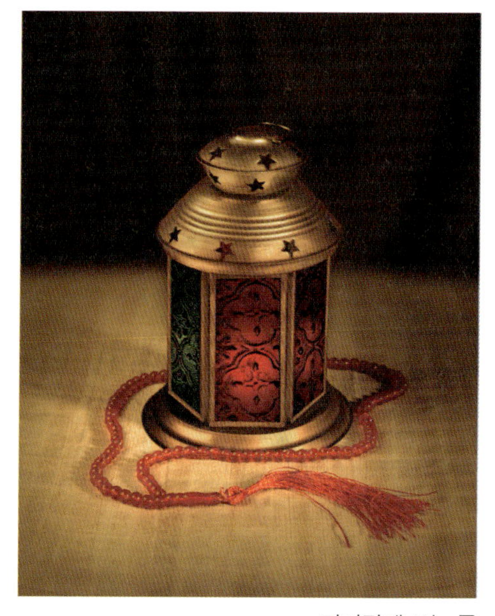

라마단에 쓰는 등

석유로 부자가 된 나라

18세기 쿠웨이트 땅에 '사바하 왕조'가 들어섰어요. 사바하 왕조는 19세기 말에 오스만 제국의 지배를 받다가 20년 뒤 영국의 보호국이 되어 지배를 받게 되었어요. 1920년대부터는 주변 나라에게 기존의 영토를 빼앗기 시작하면서 쿠웨이트는 지금의 크기가 되었어요.

하지만 1930년대에 쿠웨이트 땅에서 원유가 발견되었고, 50

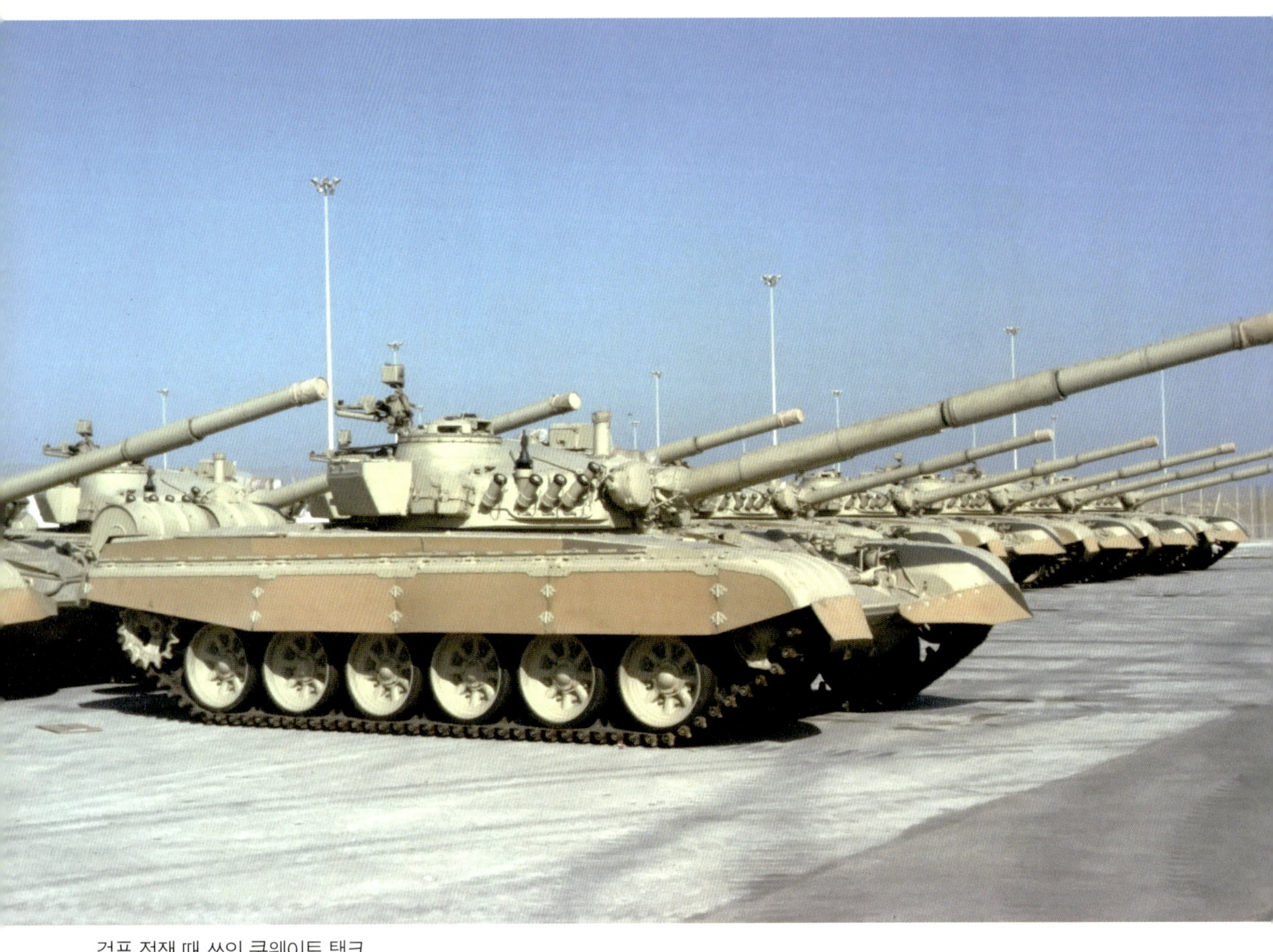

걸프 전쟁 때 쓰인 쿠웨이트 탱크

년대부터 대규모로 원유를 생산하면서 엄청난 부자 나라가 되었
어요. 쿠웨이트는 1961년에 마침내 영국으로부터 독립을 했어
요. 1990년에는 쿠웨이트의 원유를 노린 이라크가 쳐들어와서
걸프 전쟁이 일어나기도 했지만, 미국이 이끈 다국적 군대가 1년

만에 쿠웨이트에서 이라크를 몰아냈어요. 그 덕분에 쿠웨이트는 현재의 국가를 유지하고 있어요.

인사를 중요하게 여기는 쿠웨이트

쿠웨이트에서는 인사를 매우 중요하게 여겨요. 사람들을 대접하는 일을 중요하게 여겨서 대접의 일부인 인사도 중요하게 생각하게 된 거예요.

쿠웨이트의 전통적인 인사는 악수와 양 볼에 입 맞추는 것이에요. 남녀 사이에는 몇 마디의 인사와 간단한 악수만 하는 것이 예의이지요. 그러나 만약에 남녀 사이라고 해도 친척이라면 양 볼에 입 맞추는 것이 일반적이에요. 그렇게 친밀한 인사를 나누고 나면 분위기가 훨씬 부드러워져서 이야기가 쉽게 오갈 수 있지요.

차는 쿠웨이트의 인사 문화에서 아주 큰 역할을 해요. 쿠웨이트인들은 자기 집으로 초대한 손님에게 차를 대접하는 것을 중요하게 여겨요. 만약에 손님이 차 대접을 거절하면 쿠웨이트인들은 모욕으로 받아들인다고 해요. 왜냐하면 차 대접은 친절함을 전달하기 위한 수단이거든요.

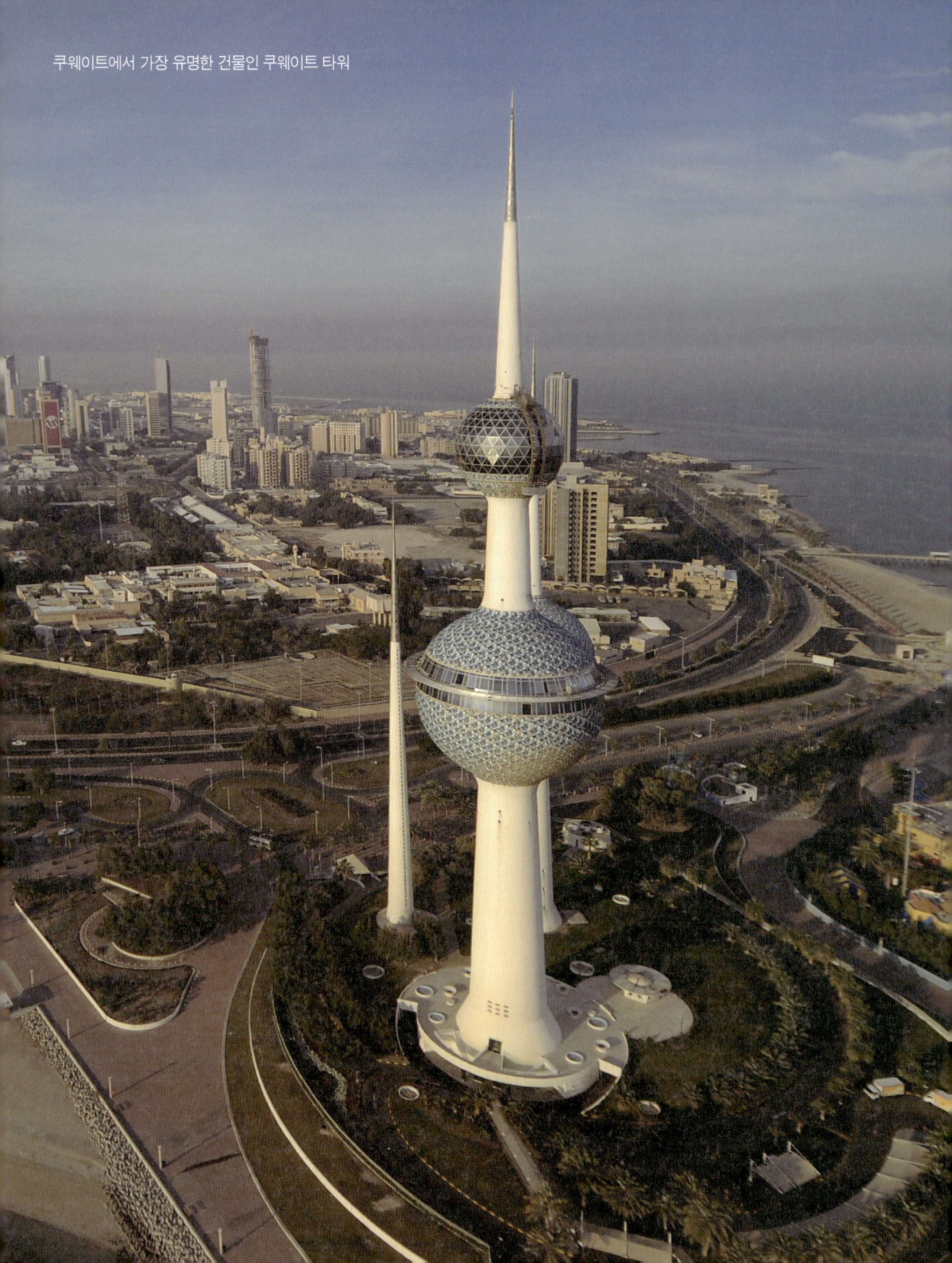
쿠웨이트에서 가장 유명한 건물인 쿠웨이트 타워

Turkey

터키 이야기

흑해 지역
마르마라 지역
앙카라
에게 해 지역
동부 아나톨리아 지역
중부 아나톨리아 지역
지중해 지역
남동부 아나톨리아 지역

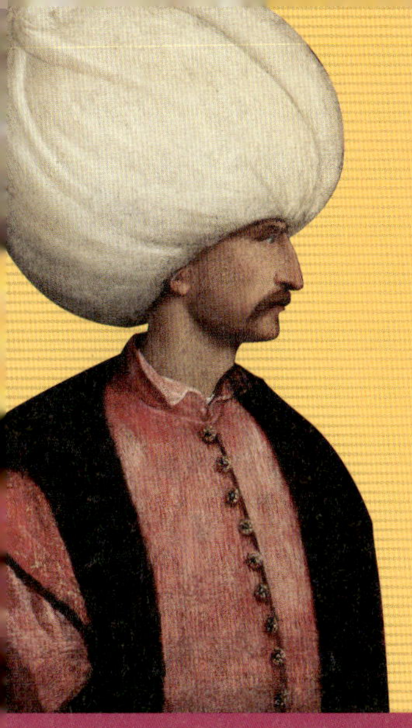

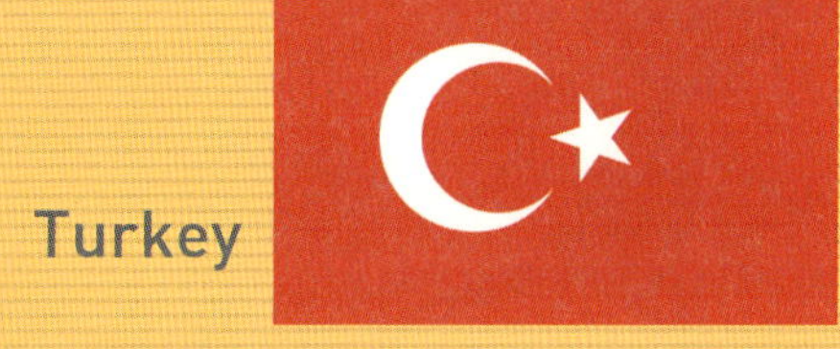

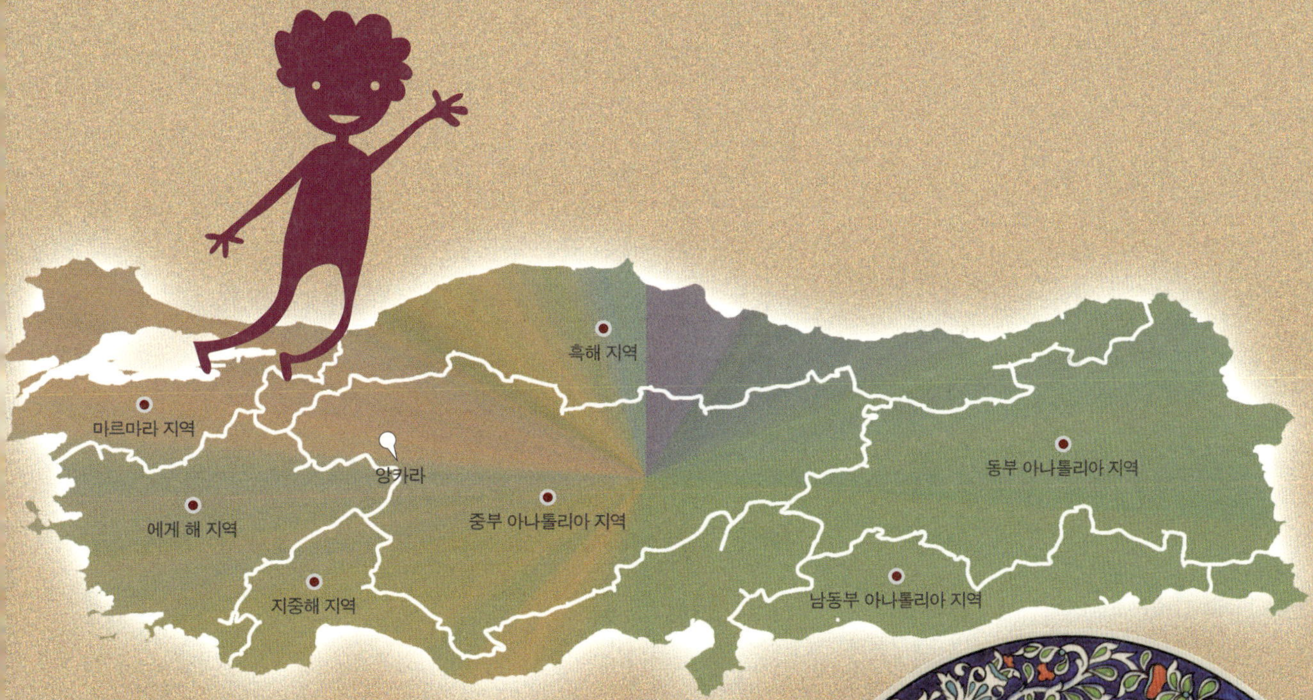

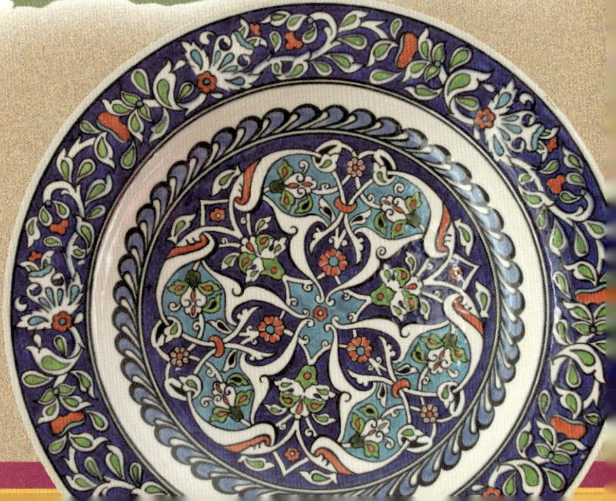

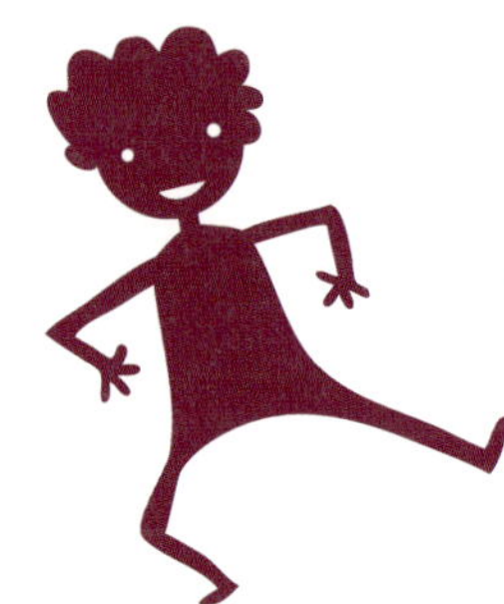

아시아와 유럽의 통로

동양과 서양의 문명이 조화된 터키

터키식 무늬가 새겨진 접시

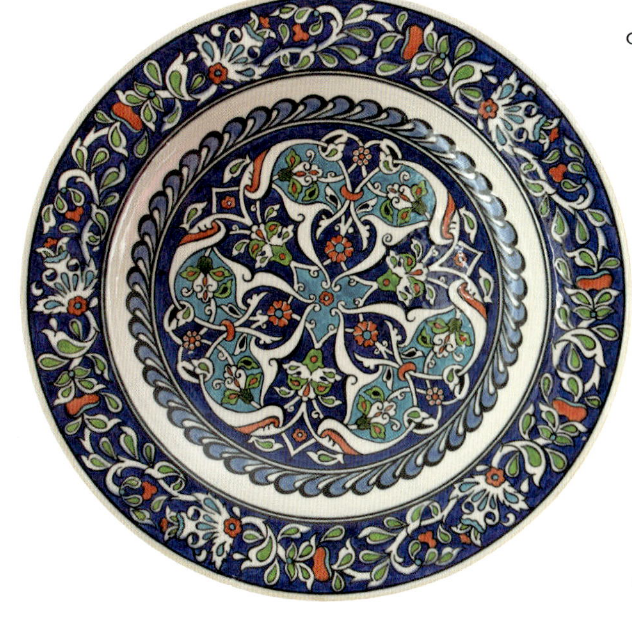

터키의 수도 이스탄불은 동쪽은 아시아, 서쪽은 유럽에 걸쳐
져 있어요. 이스탄불은 아시아와 유럽을 잇는 길목이
어서 교역을 하는 데 매우 중요한 곳이었
어요. 위치의 특성 때문에 터키에
는 예부터 여러 나라의 상인들
이 많이 오갔지요. 상인들은
터키에서 다른 나라의 문물
과 문화를 배워 갔어요. 그래
서 터키를 '아시아와 유럽의
통로' 또는 '동양과 서양을 잇는
다리'라고 말해요.
한편 터키 사람들은 오랫동안 유럽

과 아시아의 영향을 동시에 받아 왔어요. 그러면서 유럽과 아시아의 특징을 합친 독특한 터키만의 문화가 만들어졌어요.

현대에도 터키는 여전히 유럽과 아시아를 잇는 중요한 통로 역할을 하고 있어요. 이렇게 좋은 위치를 이용하여 터키 사람들은 경제 발전에도 힘을 싣고 있어요.

셀주크 제국의 등장

오늘날의 터키 땅에는 매우 오래전부터 인류가 살았어요. 여러 나라가 터키를 거쳐 가다가 10세기경, 튀르크족이 터키로 건너오게 되었어요. 튀르크족은 처음에는 페르시아 제국의 신하로 있었어요. 하지만 셀주크라는 이름의 족장이 이들을 이끌어 1037년에 새로운 나라를 세웠지요. 이 나라를 '셀주크 제국'이라고 해요.

셀주크 제국은 페르시아어로 된 독자적인 문화를 발전시키며 11세기경부터 14세기까지 중앙아시아와 중동 일대를 다스렸어요. 이슬람교 수니파를 국교로 삼고, 여러 나

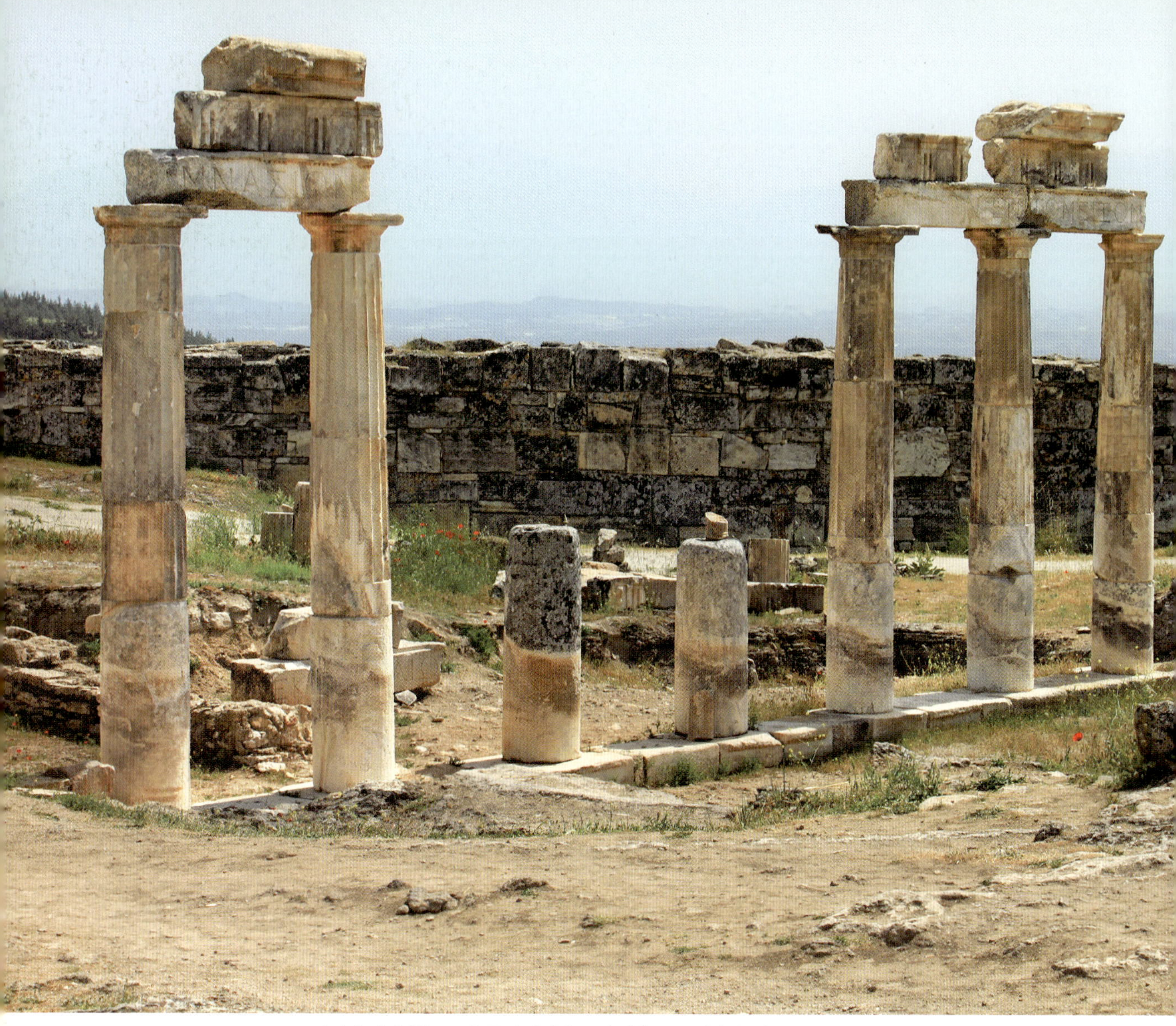

터키에 남아 있는 고대 도시 에페소스의 셀수스 도서관 유적

라를 침략하며 국경도 넓혀 나갔어요. 동쪽으로는 중국, 서쪽으로는 비잔티움 제국까지 세력이 미쳤지요.

그러나 왕자들의 싸움으로 나라 안이 시끄러워지고 십자군 전쟁에서 패배하면서 셀주크 제국의 세력은 약해져 갔어요. 이

후 조그맣게 나라를 이어 오다가 13세기에 이르러 몽골이 쳐들
어와서 멸망했어요.

위대한 영광, 오스만 제국

　1299년에 오스만 1세가 셀주크 제국을 무너뜨리고 이슬람
국가를 새로 세웠어요. 이 나라가 바로 600여 년간 아시아, 아프
리카, 유럽 세 대륙에 걸친 넓디넓은 땅을 지배한 오스만 제국
이에요.

　15세기에 오스만 제국은 수도를 이스탄불로 옮기고 비잔틴
제국을 멸망시켰어요. 그러고는 동아시아와 서유럽이 통하는 바
닷길을 차지해서 해상 무역을 독점했어요.

　오스만 제국은 제10대 군주인 쉴레이만 1
세가 다스리던 16세기에 전성기를 이루었어
요. 오스만 제국의 영역은 북쪽으로는 유럽,
남쪽으로는 북아프리카까지 넓어졌어요. 여
기에 감히 맞설 나라는 아무도 없었지요.

　오스만 제국은 동양과 서양의 통로에 위
치한 탓에 문화 교류의 중심지 역할을 했어
요. 또한 유럽의 비잔틴 문화와 아시아의 이

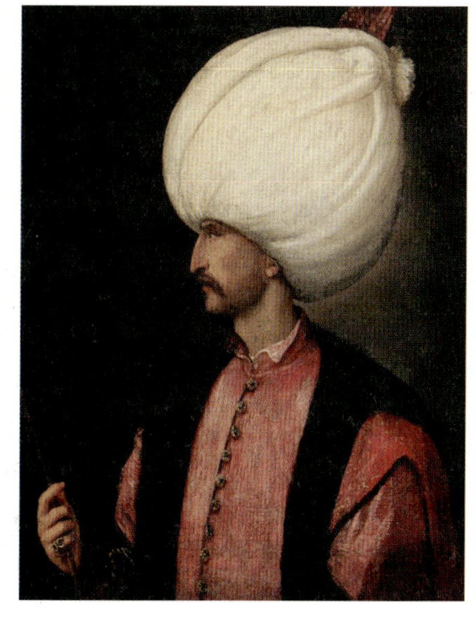

오스만 제국의 제10대 군주, 쉴레이만 1세

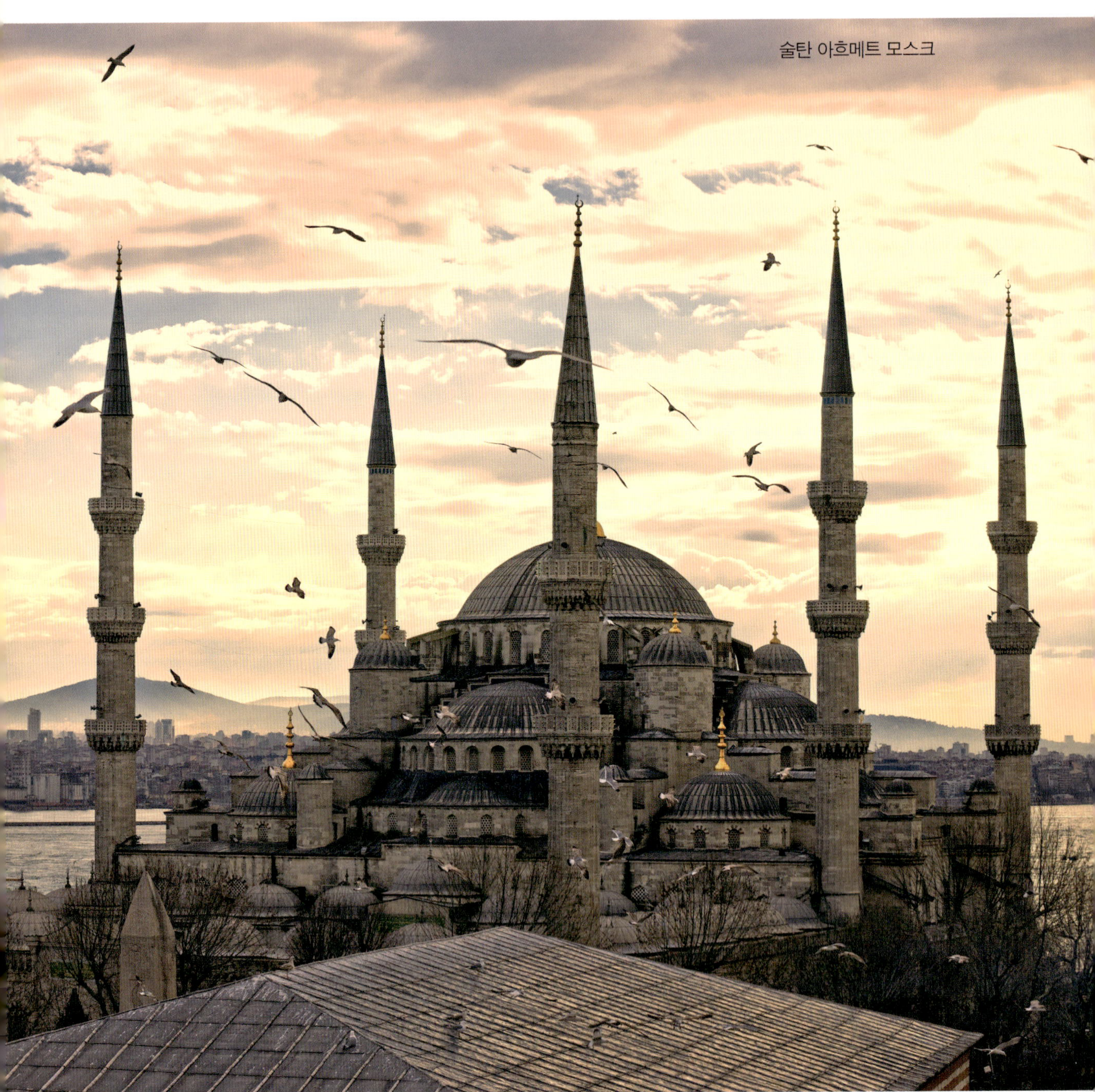

술탄 아흐메트 모스크

슬람 문화를 섞어 독창적인 문화를 만들었어요. 유럽의 비잔티움 양식으로 이슬람 사원이 세워지는가 하면, 페르시아의 전통을 잇는 궁정 문학이 발달했지요. 그 외에 천문학, 수학, 지리학 등 실용적인 학문도 발달했어요. 오늘날 터키의 수도인 이스탄불이 바로 오스만 제국의 옛 수도인 콘스탄티노플의 자리예요.

하지만 오스만 제국은 서양 강대국과 대립하면서 힘이 점점 약해졌어요. 결국 제1차 세계 대전 이후, 국민 혁명이 일어나 멸망하고 말았지요.

터키의 탄생

18세기에 이르러 오스만 제국의 세력이 약해지자, 여기저기서 반란이 일어났어요. 이 과정에서 그리스가 독립해 나가고 프랑스에게 알제리를 빼앗기면서 오스만 제국은 서서히 무너지기 시작했어요.

그런데도 술탄이 정치를 제대로 하지 않자, 터키 지식인들은 술탄에게 개혁을 요구했어요. 그래서 근대적 헌법이 발표되었어

'술탄 아흐메트 모스크'는 터키를 대표하는 이슬람 사원이에요. 사원의 내부가 파란색과 녹색의 타일로 장식되어서 '블루 모스크'라는 이름으로 더 널리 알려졌어요. 술탄 아흐메트 모스크는 오스만 제국의 제14대 술탄, 아흐메트 1세 때 지어졌어요. 규모가 커서 짓는 데 7년이나 걸렸지요. 사원에는 뾰족한 탑이 여섯 개 있는데, 이것은 통치자 술탄의 권력을 뜻해요. 또 이슬람교도가 지켜야 할 1일 5회의 기도를 의미하기도 해요.

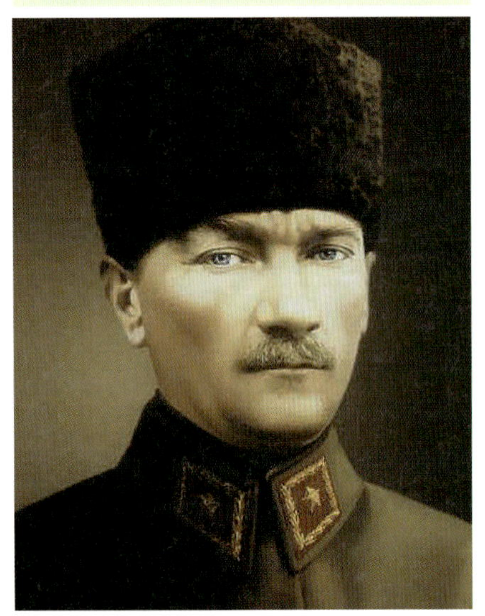

터키의 독립 전쟁을 이끈 무스타파 케말

요. 그러나 술탄은 이듬해 헌법을 정지시키고 혼자서만 나라를 다스리려 했어요. 결국 1908년, 이에 반대하는 청년 장교들이 '청년 튀르크당'을 만들었어요. 이들은 군대를 내세워 술탄에게 의회 정치를 하도록 했어요. 이것이 바로 '청년 튀르크당의 혁명'이에요. 이것을 계기로 1923년에 혁명이 일어나 오스만 제국이 무너지고 오늘날의 터키가 탄생하게 되었어요.

터키의 아버지, 무스타파 케말

19세기가 되자 유럽 강대국들은 오스만 제국을 침략하여 영토를 나눠 가지려 했어요. 이 과정에서 그리스와 이집트가 독립하고, 여기저기서 격렬한 독립 운동이 일어났어요. 오스만 제국은 제1차 세계 대전에서도 패배하여 최대의 위기를 맞아요.

이때 터키의 민족주의를 내세우며 독립 전쟁을 이끈 사람이 무스타파 케말이에요.

무스타파 케말은 그리스와 전쟁을 벌여 영토를 회복했어요. 그리고 1923년, 오스만 제국을 무너뜨리고 터키를 세웠어요.

무스타파 케말은 15년 동안 터키의 대통령 자리에 있으면서 수많은 개혁을 이끌었어요. 종교와 정치에서 이슬람 최고 지도자 역할을 했던 칼리프 제도를 없애고 아랍 문자 대신 알파벳을 쓰게 하였으며, 여성의 지위를 높였어요. 현재 터키의 기본이 된 많은 개혁은 모두 이때 이루어진 것이에요. 그래서 터키 사람들은 무스타파 케말을 '터키의 아버지'라는 뜻인 '아타튀르크'라고도 불러요.

다양한 터키의 음식

터키 요리는 중국, 프랑스 요리와 함께 세계 3대 요리로 손꼽혀요. 아시아와 유럽 사이에 위치한 탓에 음식이 다양한 데다, 오스만 제국의 독특한 궁중 요리가 더해져서 유명해졌지요.

가장 유명하고 대표적인 터키 음식은 '케밥'이에요. 케밥은 얇게 썬 양고기, 쇠고기, 닭고기 따위를 긴 꼬치에 꿰어서 숯불에 구워 낸 요리예요. 꼬치에 끼워서 만든 쉬시 케밥, 고기 반죽 덩어리를 쇠기둥에 끼워 돌리

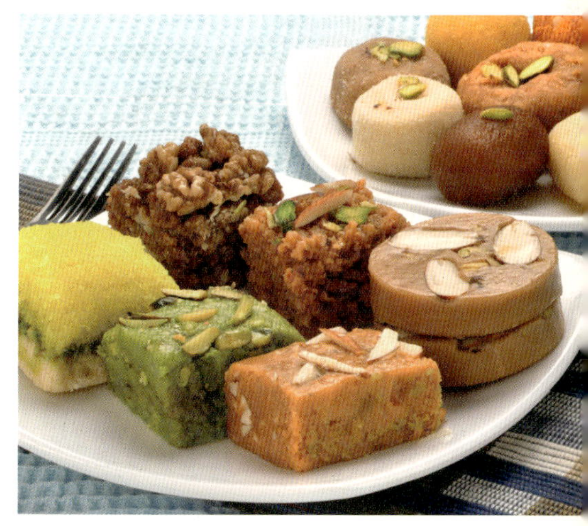

터키의 전통 과자인 할바

터키 사람들은 이슬람교의 영향으로 자신의 몸을 닦는 것을 중요하게 생각해요. 그래서 목욕 문화가 발달하였어요. 각 집마다 욕실이 잘 갖춰진 것은 물론, 공중목욕탕인 '하맘'도 여기저기서 찾아볼 수 있지요. 하맘은 로마 제국의 목욕 문화를 이어받아 오스만 제국 때 생긴 것으로, 단순히 몸을 씻는 장소가 아니라 사람들을 만나고 이야기를 나누는 곳이었어요. 하맘에 들어갈 때는 수영복 같은 것을 입어요. 또 대리석 바닥이 미끄럽기 때문에 '날린'이라는 나막신도 신지요.

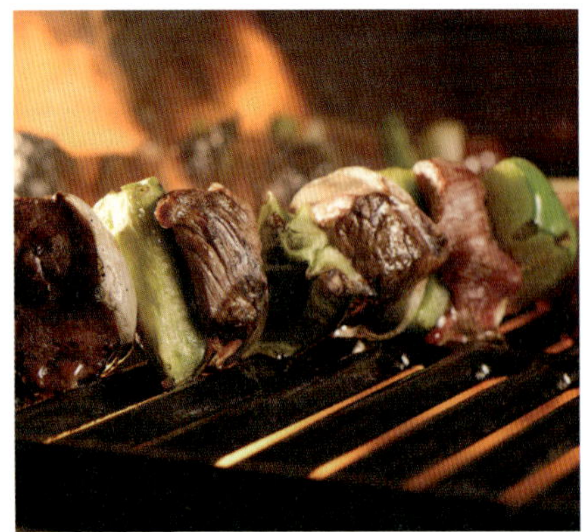

터키의 전통 음식인 케밥

면서 구워 먹는 되네르 케밥 등 종류도 다양하지요.

얇고 납작하게 구운 터키식 피자 '피데'도 유명해요. 또 디저트 문화가 발달하여 과자나 사탕, 초콜릿의 종류가 다양하지요. 터키의 홍차인 '차이'도 인기가 많아요. 터키 사람들은 보통 하루에 여섯 잔 이상 차이를 마신다고 해요.

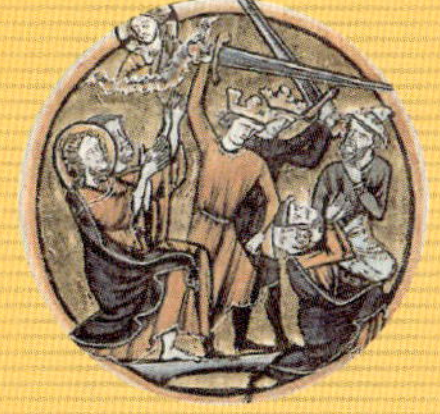

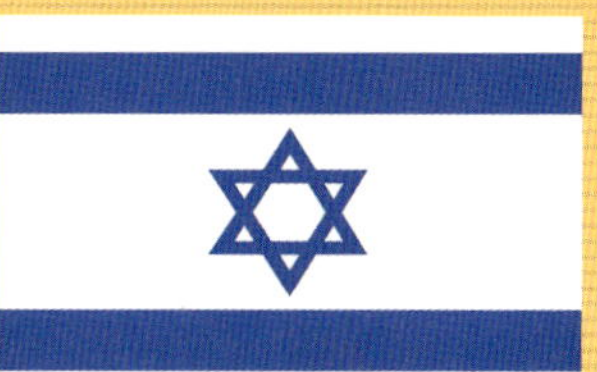

Israel

이스라엘이야기

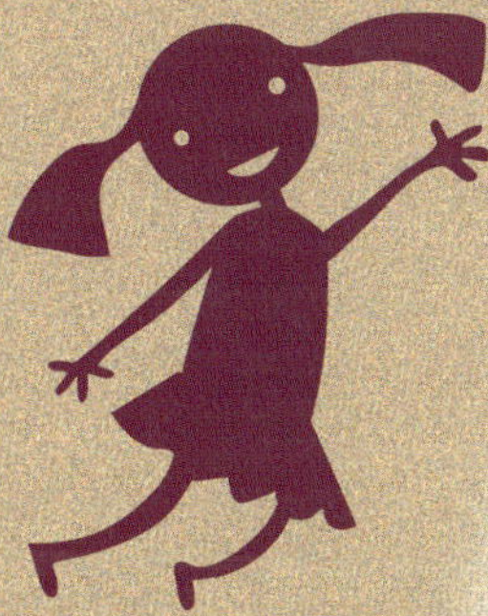

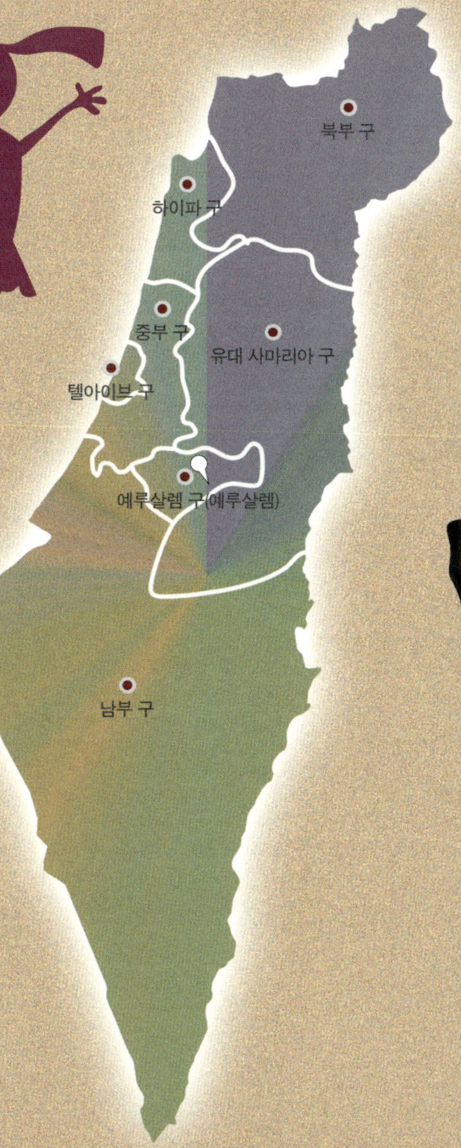

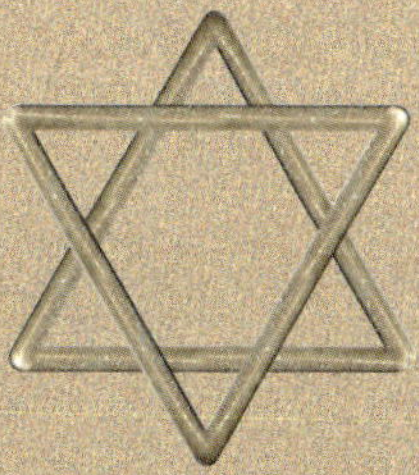

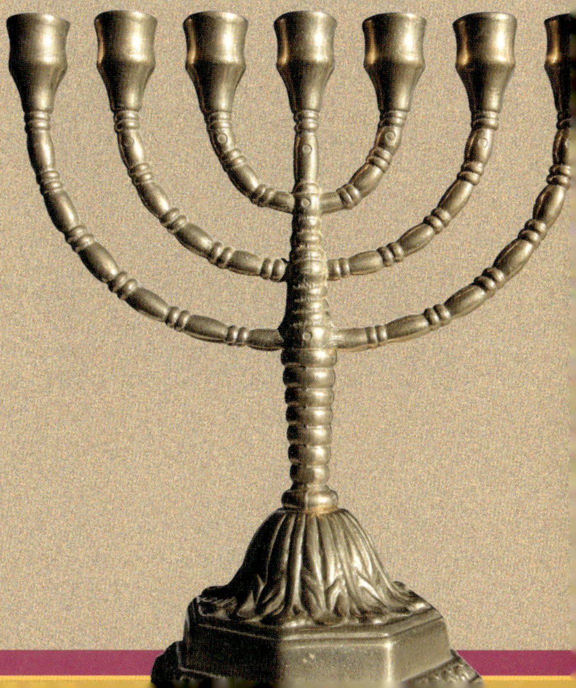

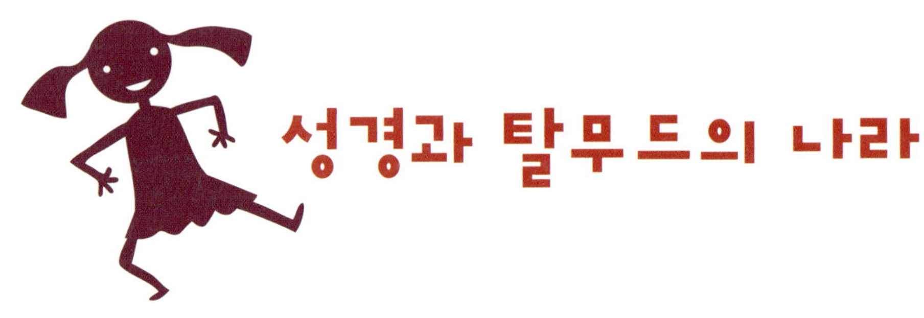

성경과 탈무드의 나라

똑똑한 유대인의 나라

이스라엘은 서아시아에 위치해 지중해와 맞닿아 있는 나라예요. 이스라엘에 사는 사람들은 대부분 유대인이에요. 유대인은 유대교를 믿고 히브리어를 사용하는 민족이에요. 고대에는 팔레스타인에 살다가 로마에게 쫓겨나 세계 각지로 흩어져 살게 되었어요. 유대인들은 나라 없이 떠돌면서 갖은 고난을 겪었지만 민족의 식을 잃지 않고 살아남아 1948년, 팔레스타인 땅에 이스라엘을 세웠어요.

2,000년 동안이나 떠돌아다니는 생활을 하던 유대인들은 변변한 직업을 가질 수 없었어요. 그래서 당시 사람들이 푸대접하던 상업과 금융업 쪽에서 일했지요. 하지만 점

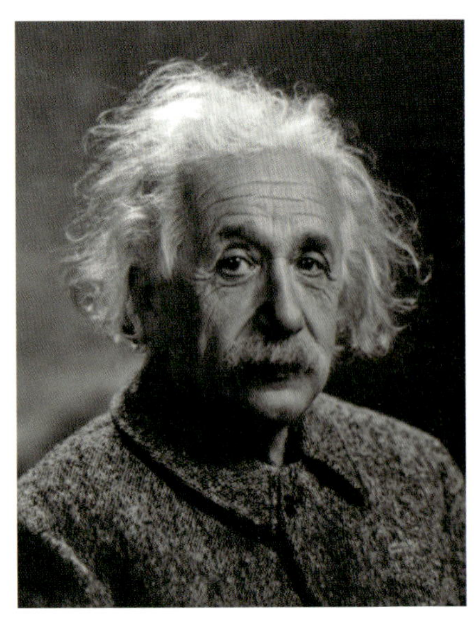

유대인 과학자 아인슈타인

점 상업과 금융업을 중요하게 여기면서, 유대인들은 큰 힘을 갖게 되었어요. 현재에도 미국의 유명한 금융 회사, 신문·방송사, 영화사 대부분을 유대인이 운영하고 있을 정도이지요.

유대인은 다양한 분야에서 널리 활약하고 있어요. 천재 과학자 아인슈타인, 정신 분석학자 프로이트, 영화감독 스티븐 스필버그 등 유명한 유대인을 손꼽자면 끝이 없어요. 노벨상을 수상한 유대인은 지금까지 무려 179명에 달한다고 해요. 오늘날 유대인은 이스라엘뿐 아니라 미국, 유럽 등에도 많이 살면서 전 세계에 막강한 영향력을 미치고 있어요.

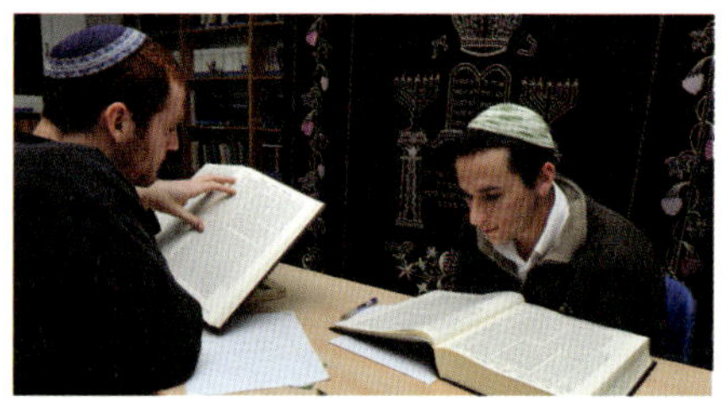
공부하는 유대인 학생들

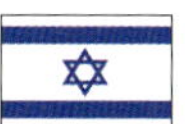 ## 대대로 전해 내려온 유대교

유대교는 기원전 4세기경부터 모세의 십계명에 기반해 발달한 유대인의 민족 종교예요.

전설에 의하면 하나님은 고대 히브리 사람인 아브라함의 자손에게 가나안 땅을 주겠다는 약속을 했다고 해요. 아브라함에게는

유대인은 토론을 무척 중요하게 생각해요. 그래서 아이들에게 무슨 일이든 자신의 의견을 표현하도록 가르쳐요. 위기에 닥쳤을 때 누군가에게 의지하지 않고 스스로 해결책을 마련할 수 있는 습관을 자연스레 길러 주는 것이지요. 이처럼 스스로 움직이고 생각할 수 있도록 하는 교육을 통해 유대인들은 모진 세월 속에서도 꿋꿋하게 민족정신을 이어 올 수 있었어요.

두 아들이 있었는데 둘째인 이삭이 가나안 땅을 물려받았지요. 이삭의 후예가 바로 유대인이에요. 유대인은 유대교를 바로 세우고 여호와를 굳게 믿고 따랐어요.

하지만 기독교와 달리 유대인은 예수를 믿지 않아요. 예수가 태어나기 전, 하나님의 말을 기록한 『구약성경』만을 중요하게 생각하지요. 그들은 입에서 입으로 전해져 내려 온 유대교의 규범을 『탈무드』라는 책으로 묶었어요. 유대인은 종교 지도자인 랍비를 중심으로 『탈무드』에 기초한 생활을 엄격히 지켜 나갔어요.

유대교는 유대인들에게 대대로 전해지며 단순한 종교를 넘어 역사와 전통, 생활 습관에까지 막대한 영향을 미치고 있어요.

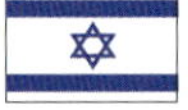

유대교를 상징하는 다윗의 별과 촛대

유대교의 선민의식

유대교에서는 하나님이 세계의 모든 백성 가운데에서 유일신을 믿는 유대인만을 선택하였다고 믿어요. 그래서 세상이 끝나는 순간에 구세주가 나타나 다른 민족들을 벌하고 유대인만을 구해 줄 것이라고 말하지요. 신이 유대인에게 약속의 땅

246

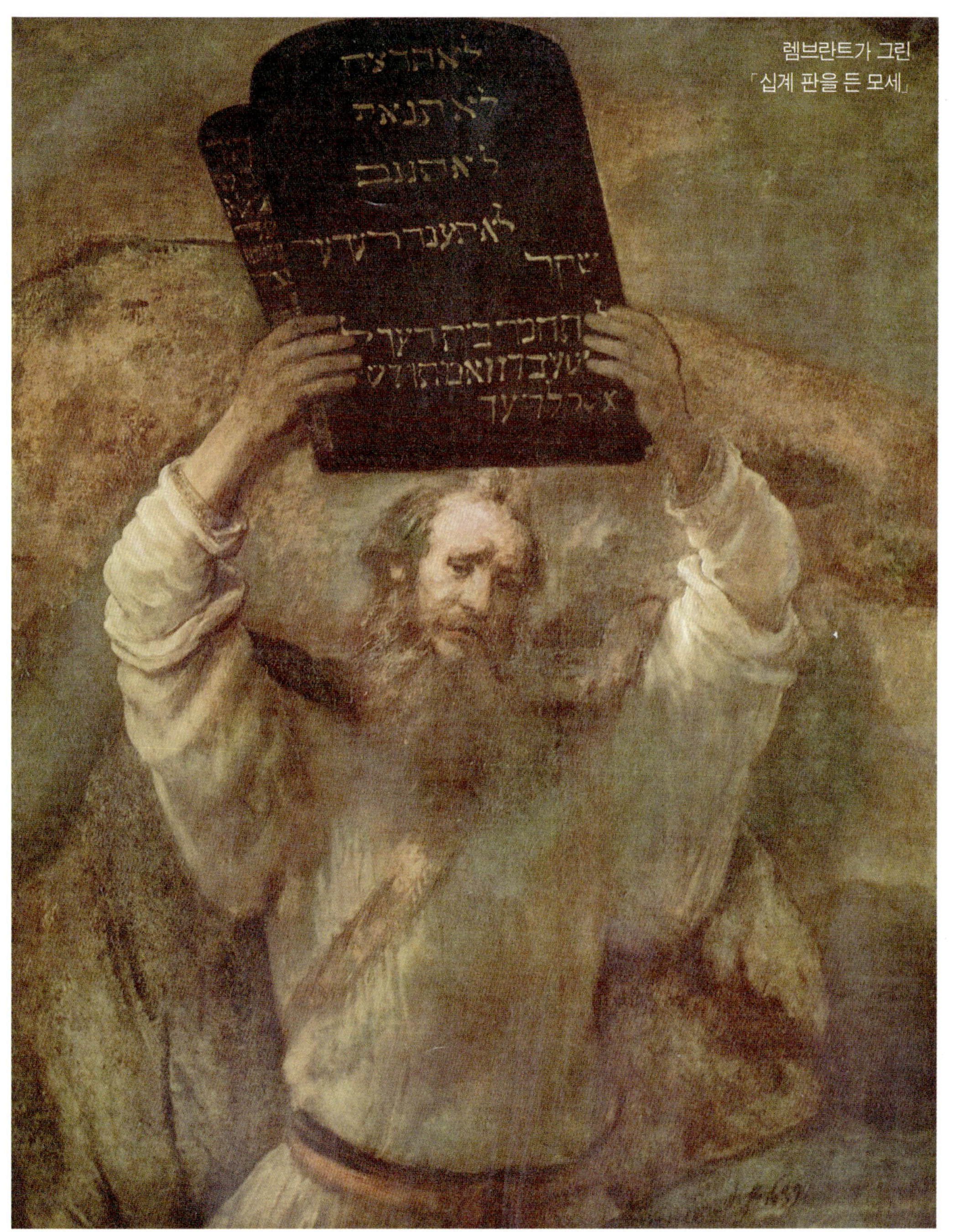

렘브란트가 그린
「십계 판을 든 모세」

랍비는 유대교를 공부하고 사람들에게 가르침을 주는 성직자예요. 히브리어로 '나의 스승', '나의 주인'이라는 뜻이지요. 유대인은 랍비를 매우 존경하고 있어요. 『탈무드』는 유대교의 율법, 전통, 관습, 축제 등을 모두 모아 놓은 책이에요. 일상생활에서 일어날 수 있는 대부분의 문제에 대해 쓰여 있어서 유대인은 늘 이것을 생활의 근거로 삼았어요. 랍비가 되려면 『탈무드』를 열심히 연구해야 하지요.

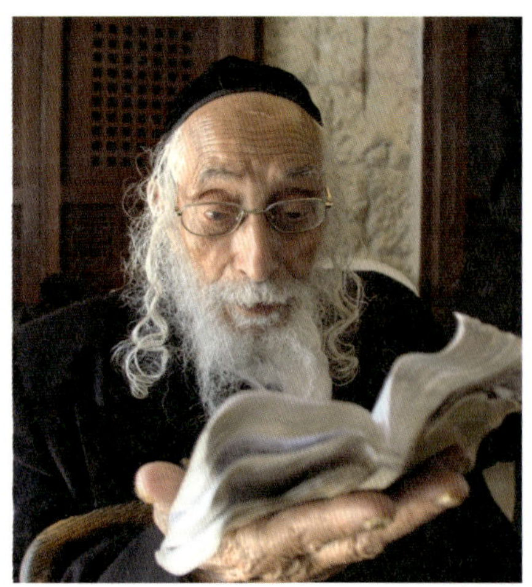

유대교의 율법 학자인 랍비

을 주고 그들을 축복한다고도 말해요. 이러한 생각을 '선민의식'이라고 해요.

유대교의 선민의식은 다른 종교와의 사이를 나쁘게 만들고 다른 종교를 가진 사람들이 유대인을 괴롭히는 원인이 되기도 했어요.

모두의 성지, 예루살렘

이스라엘의 수도 예루살렘은 무척 복잡한 땅이에요. 이슬람교와 기독교, 그리고 유대교에서 모두 성스러운 장소로 여기기 때문이지요.

이슬람교에서 예루살렘은 이슬람교의 창시자 무함마드가 하늘에 올라 천국을 다녀온 기적을 행한 장소예요. 이슬람교에서는 메카, 메디나와 더불어 이슬람 최대의 성지로 여기고 있어요.

기독교에서 예루살렘은 예수가 태어나고 승천한 곳이에요. 중세 시대 유럽의 기독교인은 성스러운 땅인 예루살렘을 손에 넣기

통곡의 벽

통곡의 벽은 예루살렘을 둘러싸고 있는 사원의 서쪽
벽이에요. 고대 이스라엘 왕국의 헤롯왕이 세운 것으
로 전해져요. 로마 군대가 이스라엘 왕국을 공격할
때, 예루살렘 성전을 거의 파괴하였으나 일부분은 후
손에게 보여 주기 위해 남겨 놓았다고 전해져요.
유대인들은 무너진 성벽 앞에 모여서 성전이 파괴된
것을 슬퍼하며 흐느꼈어요. 그리고 매주 금요일에 통
곡의 벽에 모여 기도를 올리고 노래를 불렀지요. 마
치 그 소리가 다른 교도들에게는 벽이 울부짖는 것처
럼 들린다고 해요. 그 뒤로 '통곡의 벽'이라는 이름이 붙여졌지요. 지금도 이스라엘의 명
절인 안식일이 되면 통곡의 벽을 찾아와 기도하는 사람들로 가득해요.

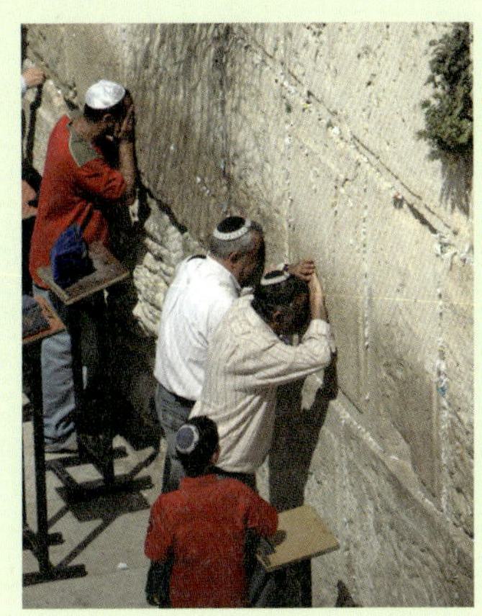

통곡의 벽에서
기도를 드리는 사람들

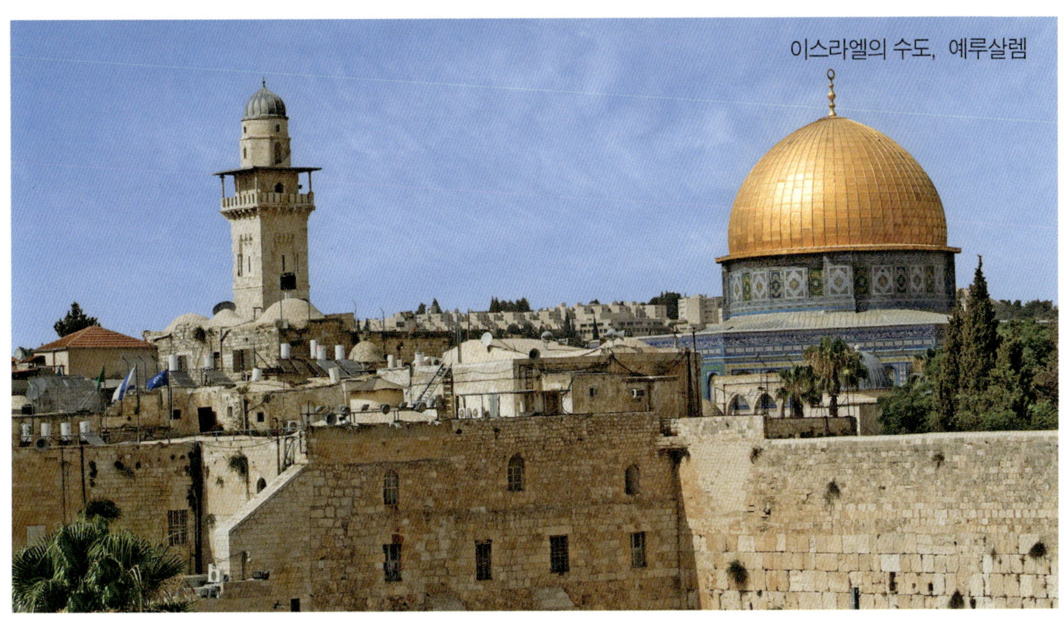

이스라엘의 수도, 예루살렘

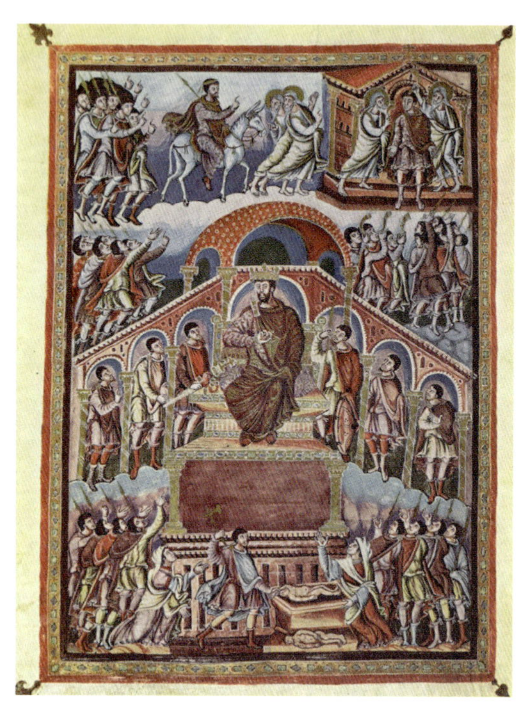

지혜로운 판결을 내리는 솔로몬 왕

위해서 십자군 전쟁을 일으키기도 했어요.

유대교 또한 마찬가지에요. 그들에게 예루살렘은 하느님이 약속한 땅이에요. 유대인의 역사와 희망을 상징하는 곳이지요.

이렇듯 예루살렘은 복잡한 역사를 가진 탓에 이곳을 차지하기 위해 많은 다툼이 일어났으며 오늘날에도 끊임없는 몸살을 앓고 있어요.

이스라엘 왕국

기원전 2000년경, 유대인의 조상들이 오늘날의 팔레스타인에 '이스라엘 왕국'을 세웠어요.

지혜로운 왕으로 유명한 제3대 솔로몬 왕이 나라를 잘 이끌며 힘을 키웠어요. 솔로몬 왕은 예루살렘에 유대교 사원을 세우고 왕권을 강화했어요. 이때 솔로몬 왕이 나라를 매우 잘 다스렸기 때문에 지금도 뛰어난 지혜를 가리켜 '솔로몬의 지혜'라고 말하게 되었지요.

하지만 솔로몬 왕이 죽은 뒤 이스라엘 왕국은 북쪽의 이스라엘 왕국과 남쪽의 유다 왕국으로 나뉘어져요. 그리고 기원전 6세기에 바빌로니아가 유다 왕국을 멸망시켰어요. 바빌로니아 사람들은 유대인을 바빌론으로 끌고 가 노예로 부렸어요. 도망친 유대인들은 나라가 없어서 떠돌아다니게 되었지요.

로마 제국의 지배

페르시아에 의해 바빌로니아가 멸망하자 유대인들은 고향으로 돌아왔어요.

하지만 기원전 63년, 이스라엘은 다시 로마의 지배를 받게 되었어요. 유대인은 여러 차례 반란을 일으켰지만 성공하지 못했지요. 로마는 유대인이 예루살렘에 가는 것도 금지시켰어요.

한편 예루살렘에서는 예수의 기독교가 퍼지게 되었어요. 하지만 유대인들은 기독교가 유대교와 어긋난다며 로마의 힘을 빌려 예수를 처형했어요.

이후 로마는 기독교를 없애려 했고 동시에 유대교도 괴롭혔어요. 유대인의 수도 예루살렘을 파괴하거나 많은 유대인을 학살하고 쫓아냈어요.

쫓겨난 유대인들은 유럽, 아프리카, 아시아 등

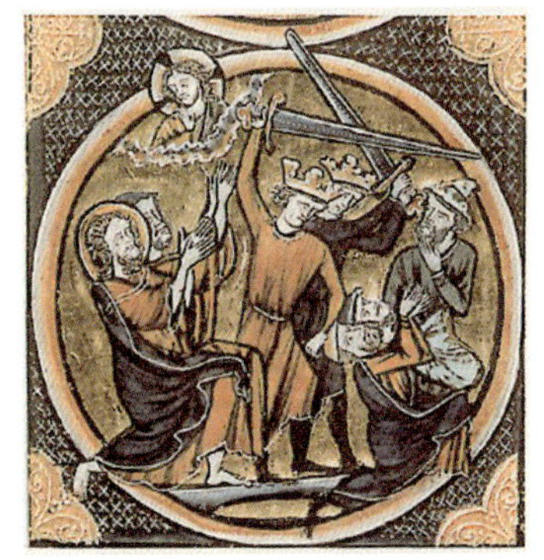

로마인들에게 죽임을 당하는 유대인

전 세계로 흩어져 살게 되었어요. 그러나 고향을 잃고 쫓겨 온 유대인을 반겨 주는 곳은 어디에도 없었어요. 특히 유럽의 기독교인들은 과거 유대인이 예수를 죽인 것 때문에 이들을 푸대접했어요. 유대인은 마음대로 직업을 고를 수도 없었고 사는 곳도 아무데서나 살 수 없었어요. 때문에 유대인들은 당시 기독교에서 인정하지 않던 돈을 빌려 주고 이자를 받는 금융업을 하게 되었어요.

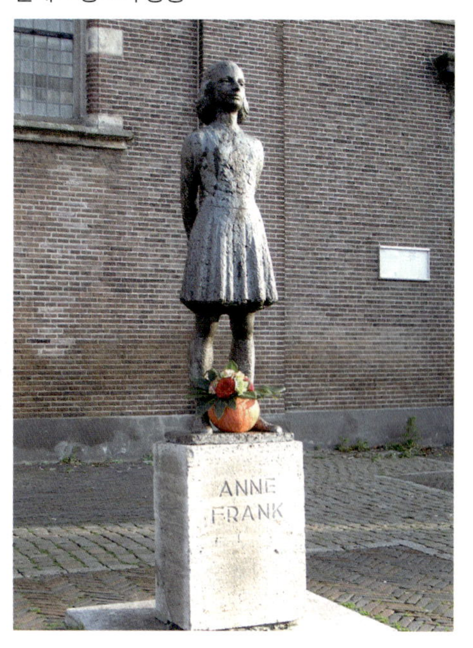

제2차 세계 대전 때
죽임을 당한 유대인 소녀
안네 프랑크의 동상

🇮🇱 유대인 대학살

그러던 중 제2차 세계 대전이 발생하면서 유대인들은 그들의 역사상 가장 참담한 일을 겪게 돼요. 독일이 '유대인 대학살'을 시작한 거예요.

제1차 세계 대전 후에 자기 민족을 중시하고 지배자에게 절대적으로 복종을 강요하는 사람들이 나타났어요. 이러한 흐름을 타고 독일의 히틀러는 '나치당'을 세우고 권력을 차지했어요.

기독교를 믿던 히틀러는 유대인을 매

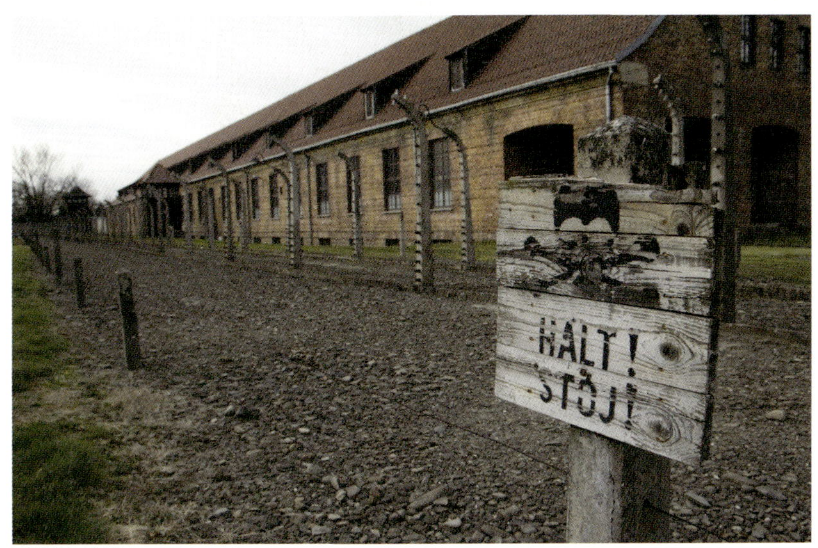

유대인들을 학살한 아우슈비츠 수용소

우 싫어했어요. 또한 독일 국민이 가장 위대하다고 믿었어요. 당시 독일은 제1차 세계 대전에서 패배한 후 혼란스럽고 경제적으로도 어려운 상태였어요. 이를 극복하고 국민을 하나로 모으기 위해 히틀러는 독일에 있는 유대인들을 적으로 만들어 차별하기 시작했어요.

유대인들은 하루아침에 직장과 재산, 국적을 잃었어요. 뿐만 아니라 독일인과 결혼을 할 수도 없게 되었고, 길을 다닐 때는 유대인임을 나타내는 별 모양의 표시를 항상 달고 다녀야 했어요.

독일은 1940년부터 인종 청소를 한다며 모든 유대인을 강제로 수용소로 보내기 시작했어요. 이때 600만 명에 이르는 유대

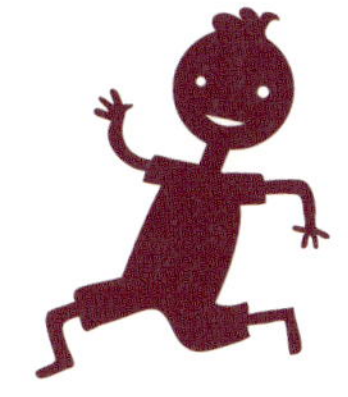

인이 가스실에서 참혹한 죽음을 맞았다고 해요.

수많은 사람들이 억울하게 목숨을 잃은 유대인 대학살은 인류 역사상 가장 큰 비극으로 남아 있어요.

팔레스타인은 우리의 땅

팔레스타인은 레바논과 시리아, 이집트에 둘러싸인 지역으로, 현재 이스라엘이 차지하고 있는 땅이에요. 『성경』에 따르면 팔레스타인 땅은 본래 하느님의 땅, 약속의 땅으로 '가나안'이라는 명칭으로 불렸다고 해요. 하지만 아랍인들이 자리를 잡고 이

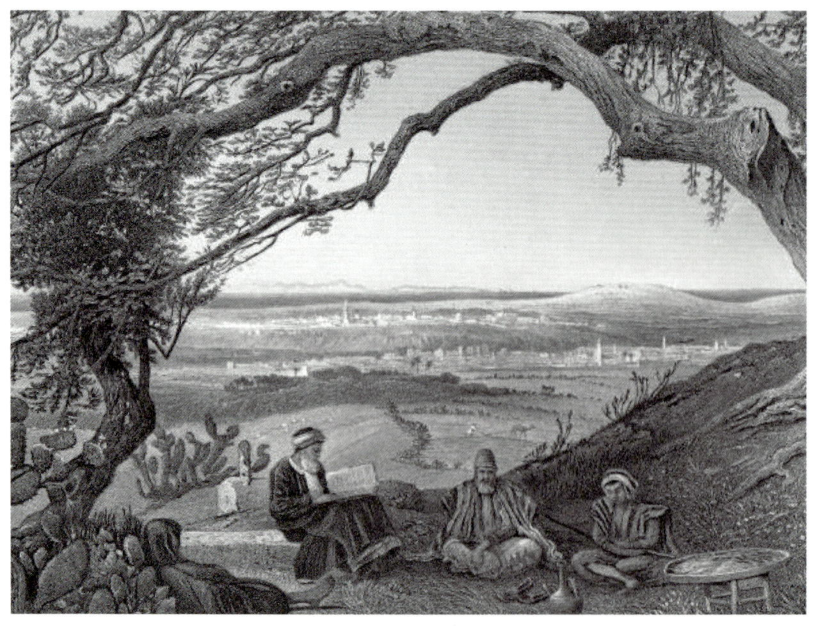

19세기, 팔레스타인 가자에서 코란을 읽고 있는 아랍인

슬람교가 일어난 뒤부터 '이슬람의 다섯 기둥'이라는 뜻의 팔레스타인이 되었어요.

고대에는 여기에 유대 민족이 터를 잡았으나, 로마에게 쫓겨난 뒤로 아랍 민족이 뿌리를 내리고 살았어요. 이들은 대대로 이슬람교를 믿고 아랍어를 썼지요.

팔레스타인 사람들은 페르시아, 오스만 제국, 영국 등 끊임없이 다른 나라의 지배를 받았어요. 때문에 자신들의 국가를 세울 수 없었어요. 영국의 지배가 끝난 뒤에는 유대인들이 들어와 이스라엘을 세우는 바람에 독립 국가를 세우지 못하고 고향에서 쫓겨났지요.

팔레스타인 사람들은 1964년에 '팔레스타인 해방 기구'를 세우고 팔레스타인을 독립 국가로 만들기 위해 오늘날까지 노력하고 있어요.

이스라엘·팔레스타인 전쟁

이스라엘과 팔레스타인은 영토를 가지고 계속 다퉈 왔어요. 유대인들은 2,000년 전에 약속된 땅이니 팔레스타인이 자신들의 영토라고 주장했어요. 팔레스타인 사람들은 대대로 살아온 땅을 빼앗길 수 없다고 말했어요.

한편 제1차 세계 대전 중 영국은 전쟁을 성공적으로 치르려고 이스라엘과 팔레스타인 양쪽 모두에게 '전쟁에 협력하면 팔레스타인 땅을 내주겠다.'는 약속을 했어요. 이러한 이중 약속은 두 나라 사이의 전쟁의 불씨가 되었지요.

이스라엘과 팔레스타인은 1947년부터 네 차례에 걸쳐 전쟁을 치르게 되었어요. 유대인들은 1948년 팔레스타인 땅에 이스라엘을 세우고, 미국과 유럽으로부터 무기 지원을 받아 첫 번째 전쟁에서 승리했어요. 이후 전쟁에서도 모두 팔레스타인이 패배하였어요.

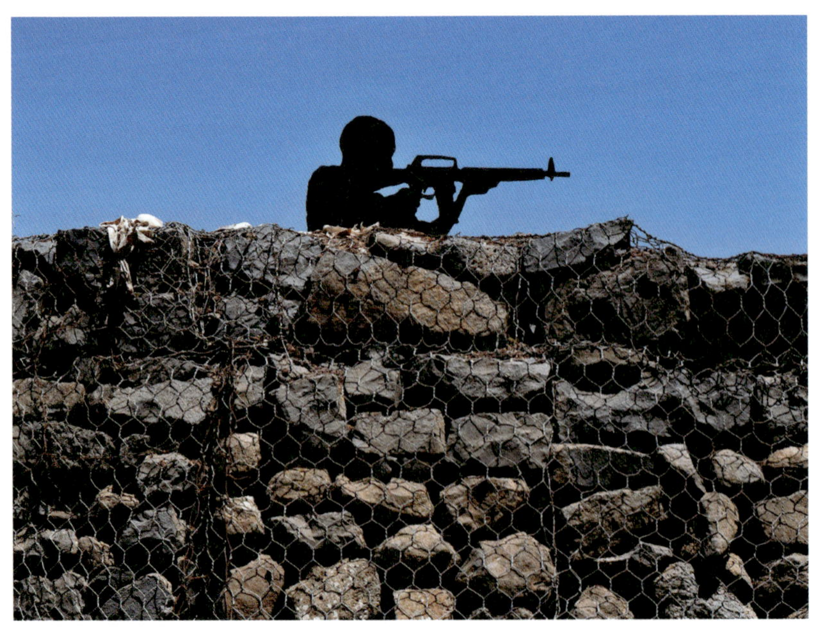

팔레스타인 군대에 총을 겨누는 이스라엘 군인

　　세 번째 전쟁 이후 팔레스타인 사람들은 고향에서 쫓겨나 주변의 아랍 국가로 몸을 피해 살게 되었어요. 이때 팔레스타인 땅을 떠난 팔레스타인 사람들이 70만 명에 달해요.

　　고향을 잃은 팔레스타인 사람들은 이스라엘과 계속 싸웠어요. 1993년, 이스라엘과 합의하여 팔레스타인 가자 지구에 '팔레스타인 자치 정부'가 세워졌지만, 현재까지도 다툼은 계속되고 있어요.

백만 엄마들의 가슴을 뛰게 만든 바로 그 책,
〈공부가 되는〉 시리즈

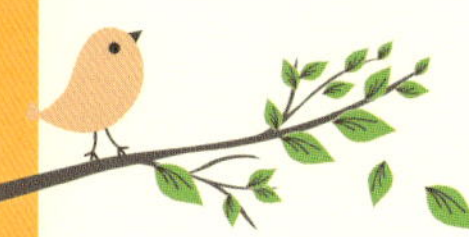

- 재미와 호기심을 충족시키며 교과 연계 학습까지 되는 **기초 교양 학습서**
- 연이은 백만 엄마들의 뜨거운 호평, 출간 즉시 **베스트셀러 도서**
- 통섭과 융합형 교과서로 **하버드 대학 교수가 추천한 도서**

★ 2010, 2011, 2012 문화체육관광부 · 어린이문화진흥원 · 행복한 아침독서 ★
★ 국립어린이청소년도서관 · 학교도서관 사서협의회 추천 도서 선정 ★

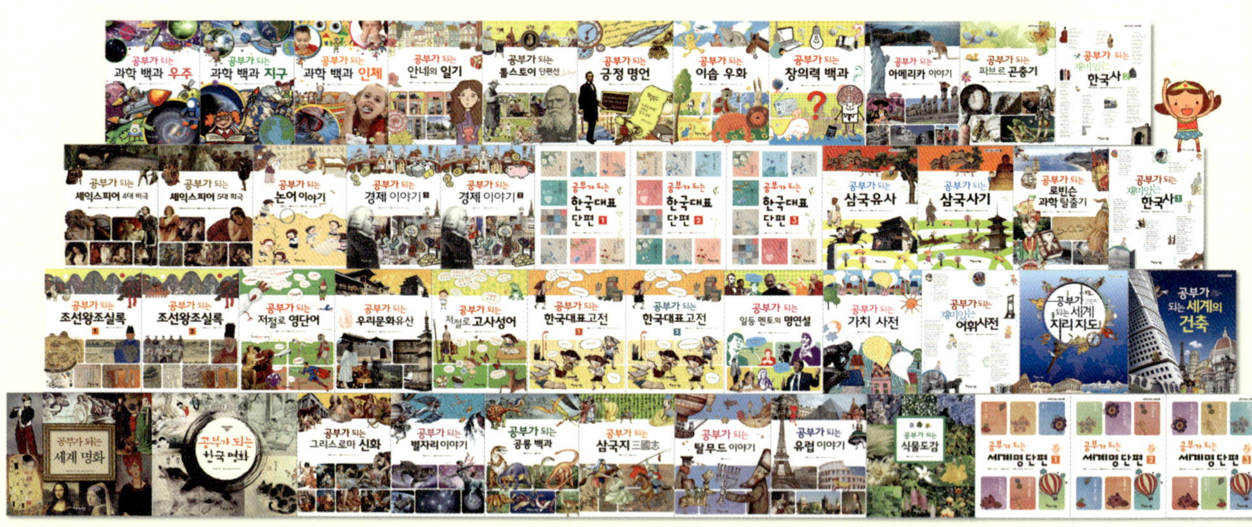

1. 공부가 되는 세계 명화
2. 공부가 되는 한국 명화
3. 공부가 되는 식물도감
4. 공부가 되는 공룡 백과
5. 공부가 되는 유럽 이야기
6. 공부가 되는 그리스로마 신화
7. 공부가 되는 별자리 이야기
8. 공부가 되는 삼국지
9. 공부가 되는 탈무드 이야기
10, 11. 공부가 되는 조선왕조실록〈전2권〉
12. 공부가 되는 저절로 영단어
13. 공부가 되는 저절로 고사성어
14, 15. 공부가 되는 한국대표고전〈전2권〉

16, 17. 공부가 되는 셰익스피어 4대 비극 · 5대 희극〈전2권〉
18. 공부가 되는 논어 이야기
19. 공부가 되는 우리문화유산
20, 21. 공부가 되는 경제 이야기〈전2권〉
22, 23, 24. 공부가 되는 한국대표단편〈전3권〉
25. 공부가 되는 로빈슨 과학 탈출기
26. 공부가 되는 일등 멘토의 명연설
27, 28, 29. 공부가 되는 과학백과 우주, 지구, 인체〈전3권〉
30. 공부가 되는 가치 사전
31. 공부가 되는 안네의 일기
32. 공부가 되는 톨스토이 단편선
33. 공부가 되는 긍정 명언
34. 공부가 되는 이솝 우화

35. 공부가 되는 창의력 백과
36. 공부가 되는 재미있는 어휘사전
37. 공부가 되는 삼국유사
38. 공부가 되는 삼국사기
39. 공부가 되는 재미있는 한국사 1
40. 공부가 되는 아메리카 이야기
41. 공부가 되는 세계 지리 지도
42. 공부가 되는 재미있는 한국사 2
43. 공부가 되는 파브르 곤충기
44, 45, 46. 공부가 되는 세계명단편〈전3권〉
47. 공부가 되는 세계의 건축
48, 49, 50. 공부가 되는 세계사〈전3권〉〈근간〉

〈공부가 되는〉 시리즈는 계속 출간됩니다.

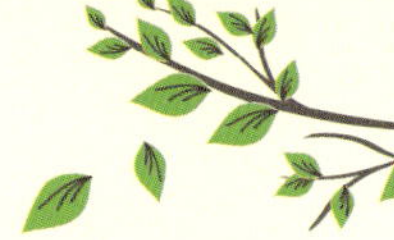

호주 초·중등학교 최고의 인성 교재

십대가 시작되는 시기부터
늘 머리맡에 두고 반복해서 읽어야 할 책

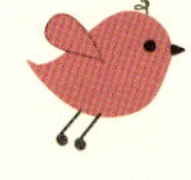

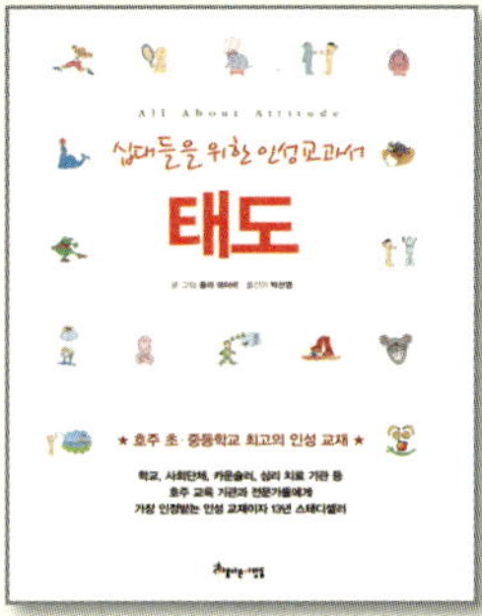

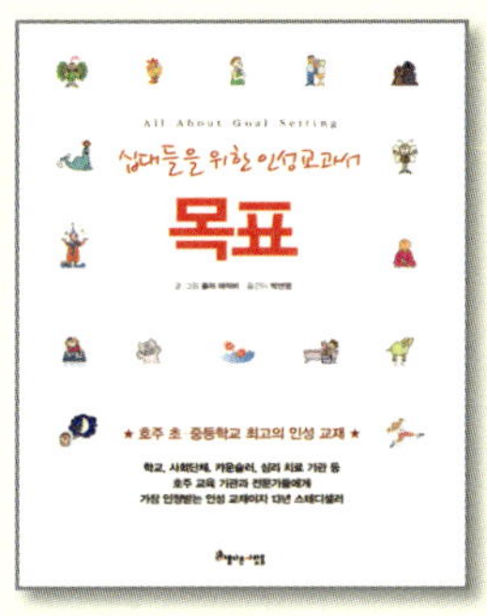

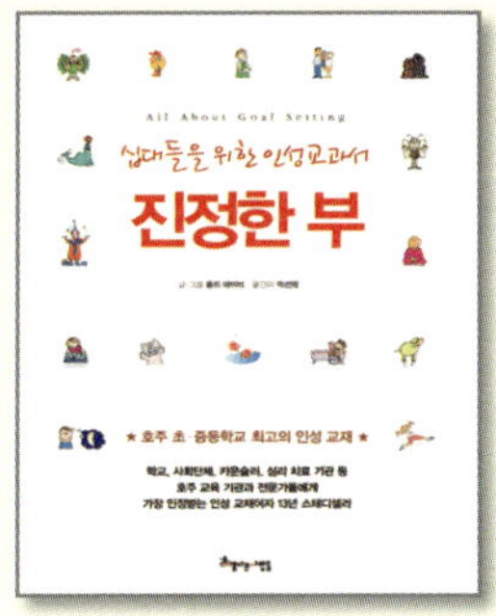

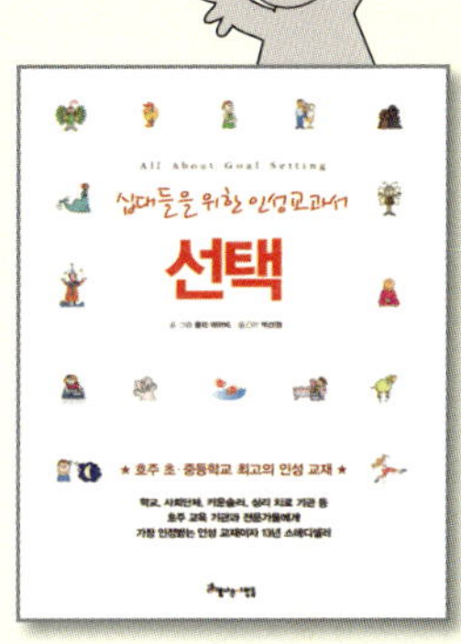

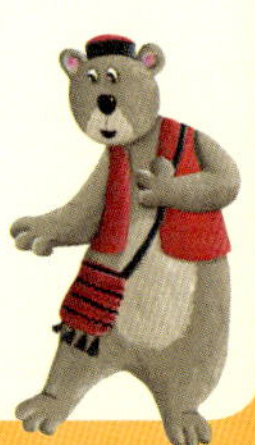

태도
줄리 데이비 글, 그림 | 박선영 옮김
14,000원

목표
줄리 데이비 글, 그림 | 박선영 옮김
14,000원

진정한 부
줄리 데이비 글, 그림 | 장선하 옮김
14,000원

선택
줄리 데이비 글, 그림 | 장선하 옮김
14,000원

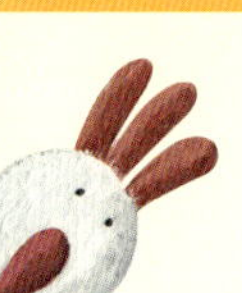

〈초록별〉 시리즈

꿈이 되는 이야기, 마음을 키우는 책 읽기

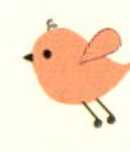

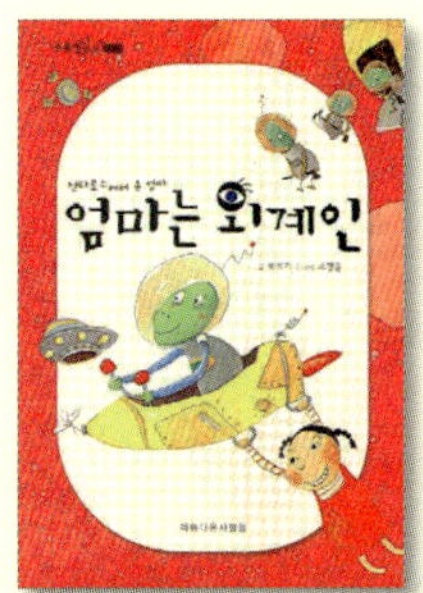

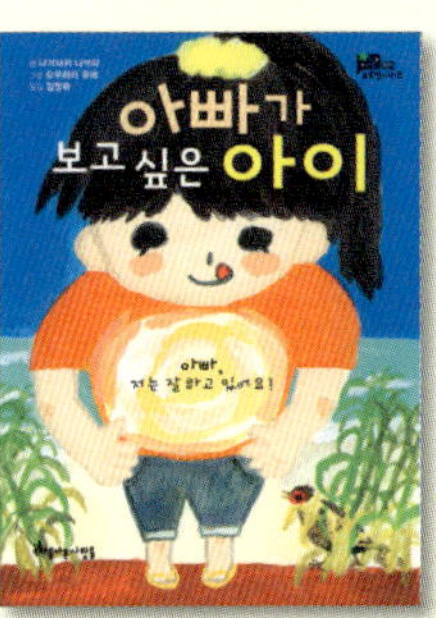

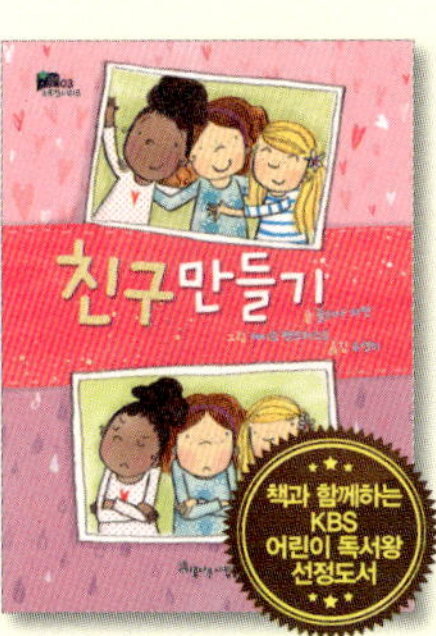

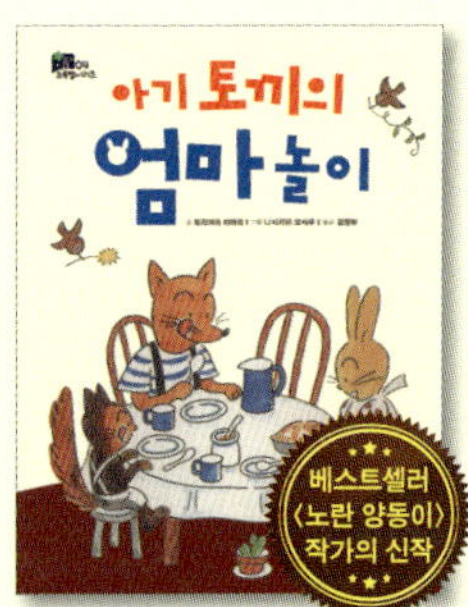

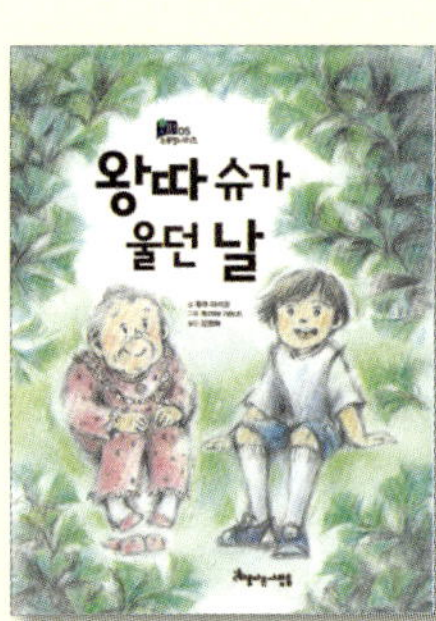

엄마는 외계인
박지기 글 | 조형윤 그림 | 8,500원

아빠가 보고 싶은 아이
나가사키 나쓰미 글
오쿠하라 유메 그림
김정화 옮김 | 11,000원

친구 만들기
줄리아 자만 글
케이트 팽크허스트 그림
조영미 옮김 | 11,000원

아기 토끼의 엄마 놀이
모리야마 미야코 글
니시카와 오사무 그림
김정화 옮김 | 11,000원

왕따 슈가 울던 날
후쿠 아키코 글
후리야 가요코 그림
김정화 옮김 | 11,000원